U0910749

谨将此书献给

肩负中华民族伟大复兴重任的中国企业家们

全民参与的企业“**混改**”模式大讨论

激活中国资本市场正能量的醒世通鉴

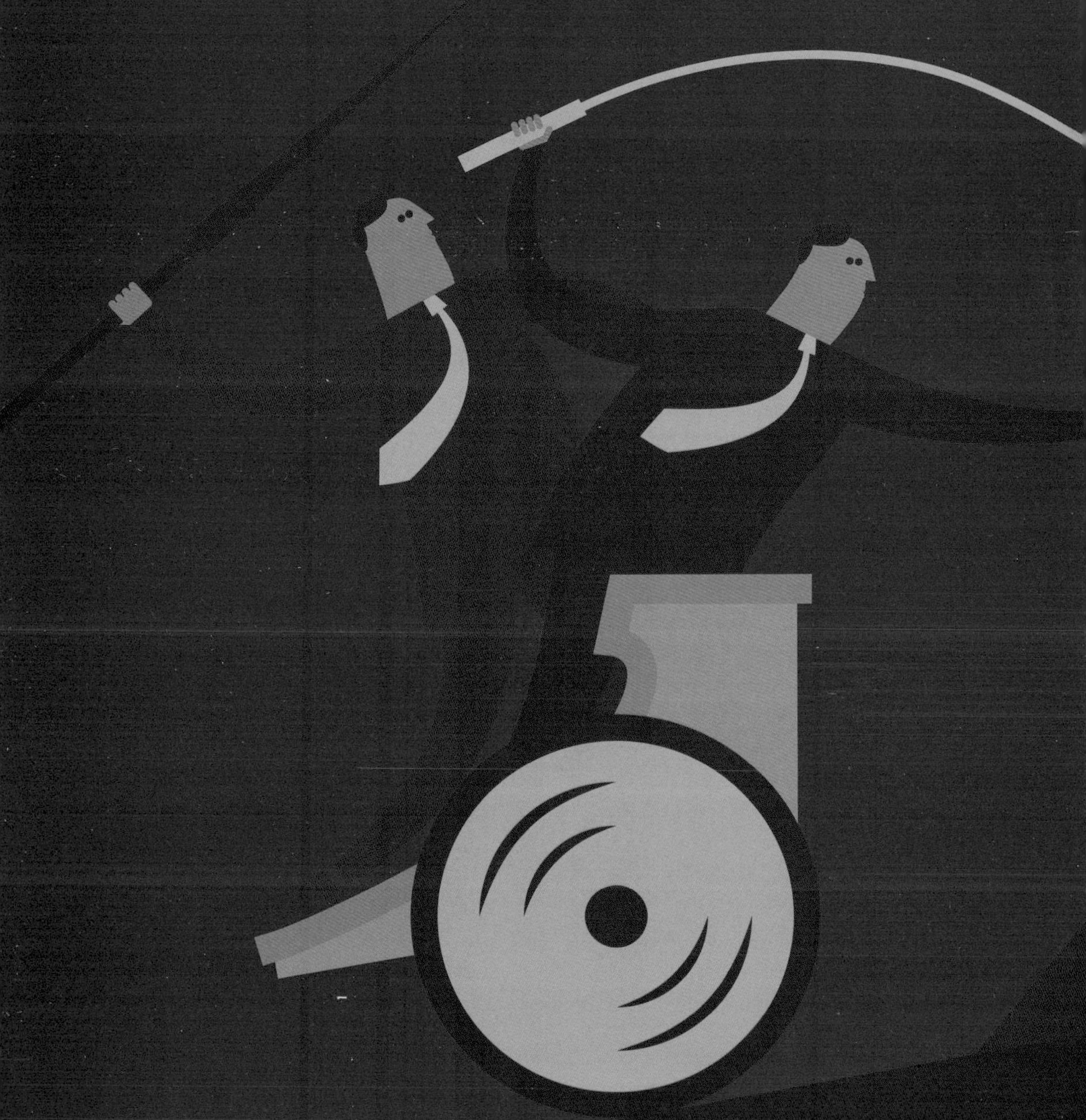

WHO'S SAVING Vanke?

谁在拯救万科

影响世界的权力、资本、知识的角逐

韦桂华◎著

中国经济出版社
CHINA ECONOMIC PUBLISHING HOUSE
·北京·

图书在版编目（CIP）数据

谁在拯救万科——影响世界的权力、资本、知识的角逐/韦桂华著．
北京：中国经济出版社，2017.4
ISBN 978-7-5136-4645-1
Ⅰ．①谁… Ⅱ．①韦… Ⅲ．①房地产企业—企业管理—研究—中国 Ⅳ．①F299.233.3
中国版本图书馆 CIP 数据核字（2017）第 057074 号

策划编辑 崔姜薇
责任编辑 张 博
责任印制 马小宾
封面设计 任燕飞装帧设计工作室

出版发行 中国经济出版社
印 刷 者 北京柏力行彩印有限公司
经 销 者 各地新华书店
开 本 710mm×1000mm 1/16
印 张 22.5
字 数 400 千字
版 次 2017 年 4 月第 1 版
印 次 2017 年 4 月第 1 次
定 价 58.00 元
广告经营许可证 京西工商广字第 8179 号

中国经济出版社 **网址** www.economyph.com **社址** 北京市西城区百万庄北街 3 号 **邮编** 100037
本版图书如存在印装质量问题，请与本社发行中心联系调换（联系电话：010-68330607）

序　言
权力、资本、知识的角逐

一个人有两个我，一个在黑暗里醒着，一个在光明中睡着。
我是烈火，我也是枯枝，一部分的我消耗了另一部分的我。

——纪伯伦

一

世界很乱。

作为欧盟核心国，英国以全民公投方式宣布退出欧盟，让世界经济的一极立马成为“鸡肋”。下一个脱欧的是谁？韩国朴瑾惠，“亲信门”事件持续发酵，让20多年的生命追求毁于一旦，延续弹劾、下台、入狱式的韩国总统“杯具”，这是大韩民族的命？土耳其爆发军事政变，击落俄罗斯战机的英雄一夜间成为国家的叛乱者，拔刀相见的俄罗斯总统普京与土耳其总统埃尔多安奇迹般成为同床共枕的“政治夫妻”，国家利益玩的就是变脸？……

当然，最乱还数美国。

巴拉克·奥巴马（Barack Obama）说，“你们喜欢我吗？那就投希拉里的票”……美国主流媒体们大都旗帜鲜明支持希拉里，华府高层纷纷为希拉里站台，外国政客大都押宝希拉里，所有严肃的民调、分析机构都预测希拉里会获胜。可以说，除了选民，几乎没有人站在特朗普这边。

唐纳德·特朗普（Donald Trump）说，“墨西哥人都是强奸犯”“禁止穆斯林入境”“我告诉你们，我们的制度就是个破烂。”就是这样一个说话粗俗、大嘴巴、网红、疯子、歧视女性，一千个人能够贴上一千种标签，连个村官都没当过的政治素人，在2016年11月8日那天，杀出重围直接去当美国总统，的确史无前例。

2017年1月20日，特朗普在美国首都华盛顿国会山正式宣誓就任美国第45任总统。华盛顿、芝加哥、纽约、洛杉矶、波士顿、费城、旧金山、丹佛、休斯顿、亚特兰大以及迈阿密等主要城市爆发大规模示威游行，“欢迎总统先生”的横幅和“他不是我的总统”的标语同时出现。在社交网站推特上，更有12000多条推文呼吁将其刺杀，同样史无前例。

特朗普上任首周，签署一系列行政命令，美国退出跨太平洋伙伴关系协定、奥巴马医改瓦解、美墨边境筑墙等。1月27日，特朗普签署“穆斯林禁令”，在未来90天内，禁止向伊拉克、叙利亚、伊朗、苏丹、索马里、也门和利比亚7个伊斯兰国家的普通公民发放签证。1月30日，美国华盛顿州总检察长宣布对特朗普提出诉讼，随后明尼苏达州等也加入诉讼。2月3日，西雅图联邦法官罗巴特裁定，全美暂缓执行禁令。2月4日，美国司法部向联邦上诉法院提起上诉。2月5日，美国联邦上诉法院驳回特朗普针对穆斯林移民禁令。9日晚，美国第九联邦巡回上诉法院裁定继续冻结美国总统特朗普限制移民和难民的行政命令，让特朗普在推特上咆哮：“我们最高法院见！我们国家的安全正处于危险之中！”

2016年12月14日，特朗普在纽约曼哈顿组织了一场硅谷大佬“群英会”，包括苹果、特斯拉、脸书等在内的美国高技术大公司“掌门”一同出席。特朗普在会谈开始前表示：“我来这里是帮你们的……我们希望你们能继续进行惊人的创造……任何我们能帮忙的，我们都将为你们做……我们将使贸易公平，将使你们做跨境贸易更容易。”不出两月，包括苹果、FACEBOOK、谷歌、微软、NETFLIX、推特和UBER等科技巨头企业在内的97家公司向法院递交专家意见，支持针对美国总统特朗普的移民行政令提起诉讼。蜜月结束。

无疑，特朗普政府权威受到挑战，特朗普在推特上怒喷“如果一个法官就可以阻挡国土部的法令，这个国家将何去何从！”“政治门外汉”的特朗普是否有足够的权威、行政能力等来推动国家机器去履行其此前“信誓旦旦”的政策承诺？

二

“美国优先”，硅谷愤怒，全球冲突。

怀揣“让美国再次伟大（Let the United States once again strong.）”诺言的特朗普刚入住白宫，便开始抱怨：“我们帮助其他国家走上了富裕之路，自己的财富、力量和自信却逐渐消失在地平线上。”他誓言：“我们会夺回属于我们的工作。我们会重新守卫住国界。我们会赢回我们的财富。我们要重新实现我们的梦想。”这，不知是商人的睿智，还是政治家的远见。

2017 年 1 月 10 日，当今世界最精明的两个商人走到一起，谈笑风生，进行了一场“Great Meeting”非常棒的会谈，结束后两人共同出现在特朗普大厦的大堂接受记者采访。这两个人，一个是中国企业家的标杆性人物马云，一个是美国地产商特朗普。他们有着共同的特点，都爱吹牛，都是商人。

> 马云：特朗普非常聪明，思想开通，会想听我的意见。我表达了我的观点，比如如何改善贸易，特别是改善中美两方的中小企业贸易。特朗普表达了他的担忧和其设想的解决办法。但核心是他是有意愿和中国沟通的，也希望和阿里巴巴沟通合作的。
>
> 特朗普：我和 Jack Ma 进行了一场非常棒的会谈。他是一位很棒很棒的企业家，世界最棒之一。Jack Ma 爱美国，爱中国。我和 Jack 将致力在美国开创大的事业。

最让特朗普两眼放光的，是马云甩出了一个大手笔，承诺为美国提供 100 万个就业岗位。这让人联想到 2016 年 5 月份，马云在白宫与奥巴马共进午餐。不过奥巴马政府还是在 2016 年年底把阿里巴巴置入了“恶名市场”名单。

中国人都记得，特朗普竞选时曾叫嚣“对中国商品征收 45% 关税”。当特朗普不经意间把手搭在马云肩上，称赞马云是世界上最棒的企业家之一，并说“马云和我将要做一些很棒的事”时，马云只是灿烂地微笑，谦虚地说“小生意，小生意”。以小搏大，让马云出任驻美大使，也许是个不错的想法。

中国是海，世界是海。特朗普关上美国的窗，习近平敞开中国的门。

> 世界经济的大海，你要还是不要，都在那儿，是回避不了的。想人为切断各国经济的资金流、技术流、产品流、产业流、人员流，让世界经济的大海退回到一个一个孤立的小湖泊、小河流，是不可能的，也是不符合历史潮流的。
>
> 中国人民深知实现国家繁荣富强的艰辛，对各国人民取得的发展成就都点赞，都为他们祝福，都希望他们的日子越过越好，不会犯“红眼病”，不会抱怨他人从中国发展中得到了巨大机遇和丰厚回报。中国人民张开双臂欢迎各国人民搭乘中国发展的“快车”“便车”。
>
> ——习近平，2017 年 1 月 17 日，达沃斯论坛开幕式

2 月 4 日，马云在阿里巴巴的澳大利亚新西兰总部成立仪式上警告：全球化的倒退只会导致麻烦，“所有人都担心贸易战的发生。当贸易停止，贸易战争就开始了。你可以做的唯一一件事就是参与其中，然后积极证明一件事——贸易有利于人际沟通。我们应该进行公平、透明且包容的贸易活动。”真的希望全球化的未来一“马”平“川”。

但我们必须清醒，全球化这幢高耸的摩天大楼，再精妙的设计、再华丽的装饰、再现代的配置，都需要坚固的桩基乃至厚实的持力层，没有此一切皆为空谈。管理、技术先进的实体经济依然是建筑中华民族复兴大厦的持力层。在此，想起董明珠的告诫：

只要是真正的投资者，是谁都没有关系。创造性的企业，所有的人都要记住自己的责任——我是中国人，你的行为需要和国家的发展结合在一起。不要破坏中国制造，成为社会的罪人。

三

董明珠，王石的及时雨。

“女人佩服自己，男人就佩服王石”。但董明珠的声音的确比王石

的“情怀”更有震慑力和穿透力。真正点拨王石的还是黄奇帆，关注宝能的资金来路！

“资本市场不允许任何人呼风唤雨，兴风作浪，随心所欲，赌场也没这么干的。”“惊涛骇浪的资本市场一定是弱肉强食者在操纵。”“资本市场不允许大鳄呼风唤雨，对散户扒皮吸血，要有计划的把一批资本大鳄逮回来。”

——刘士余，2017 年 2 月 10 日

“这里我希望资产管理人，不当奢淫无度的土豪、不做兴风作浪的妖精、不做坑民害民的害人精。……你用来路不当的钱从事杠杆收购，行为上从门口的陌生人变成野蛮人，最后变成行业的强盗，这是不可以的。这是在挑战国家金融法律法规的底线，也是挑战职业操守的底线，这是人性和商业道德的倒退和沦丧，根本不是金融创新。”

——刘士余，2016 年 12 月 3 日

不能说是董明珠的痛斥、黄奇帆的点拨引发刘士余的狠话，一个重要的事实，权力剑锋所指，各路市场玩家纷纷俯首称臣。宝能传言有意从万科退出，恒大宣布无意控股万科，窥觑万科控制权的诸路豪强，偃旗息鼓，退出争战。昨日还悲叹：“当你曾经依靠、信任的央企华润毫无遮掩的公开和你阻击的恶意收购者联手，彻底否认万科管理层时，遮羞布全撕去了。好吧，天要下雨、娘要改嫁。还能说什么?”王石转眼便以胜利者的姿态，傲视江湖，轻松表示，万科重组已有时间表，在“解决宝万之争”后工作生活一切照常，未来会继续爬山游学。

好一个江湖变色龙！这些年来，万科一直是王石的避风港。王石虽然拥有经营天赋，志趣却在登山戏水，游学泡星，这是王石生活的主轴，即便演讲、布道，依然是情怀、弃股、性感等老调，谈不上什么战略前瞻、运营创新。事实上他乐于万科“虚位领袖”，满世界标榜坚守万科30 年形成的企业文化，满足神仙快乐、云隐世界的企外生活。以满嘴的“家国情怀”掩饰其对公司发展的生疏与无谓，沉湎央企“财务投资者”定位安享自己的风花雪月，如果不是姚振华轰炸了他的

避风港，动了他的神仙库，他或许真希望自己终老于万科“虚位领袖”的位置上。

殊不知，万科文化的正能量已被王石消耗殆尽，权力展示的威严感所带来的冲击也将长久的笼罩在资本市场和中国经济体中。

这是万科的杯具！这是王石创造的杯具！！

四

尽管董明珠欣赏王石，但笔者不以为然。站立华为任正非、格力董明珠面前，王石黯然失色！

公权力的出手，拯救的不是王石，不是万科，而是实体经济，尤其是中国智造。

近现代以来，制造业始终是一国经济发展并走向强盛的基础。德国前总统赫尔佐克曾说：“为保持经济竞争力，德国需要的不是更多的博士，而是更多的技师。”2008年金融危机后，美国制定了“制造业回归战略”，德国推出“‘工业4.0’战略”，欧盟提出“再制造化”战略。在经历了20多年的“制造迷失”之后，世界各国政府重新审视制造业。

或许你还记得，翻转任何一个iPad或者iPhone到背面，都可看到“中国组装”字样。当然还有另外几个字：“加州创造”。即便如此，特朗普2016年1月在利伯缇大学演讲时仍然高喊：“我们将让苹果在美国生产他们的电脑，而不是在其他国家”。

中国制造起步于一穷二白，筚路蓝缕，从无到有，从小到大，历经近70年奋斗，成为当今世界唯一在联合国工业大类目录中拥有所有工业门类的国家，具有全球最为完备的工业体系和产业配套能力，规模跃居世界第一。中国人正推动中国向具有全球影响力的经济大国的跃变。

> “世人皆言外洋以商务立国，此皮毛之论也，不知外洋富民强国之本，实在于工，讲格致，通化学，用机器，精制造，化粗为精，化贱为贵，而后商贾有懋迁之资，有倍□之利。”
>
> ——张謇《代鄂督条陈立国自强疏》

几十年前“超英赶美”的追求，听上去比较荒诞，但如今已基本实现“超英”。深谙大国崛起之道的新一届国家领导人，这些年都站在了中国制造营销的第一线，从“一带一路”到“亚投行”，全力为中国制造吆喝。

“实体经济是国家的本钱，要发展制造业尤其是先进制造业，加强技术创新，加快信息化、工业化融合。”

——习近平，2013 年 8 月 30 日，沈阳

“第一步：力争用十年时间，迈入制造强国行列。第二步：到 2035 年，我国制造业整体达到世界制造强国阵营中等水平。第三步：新中国成立一百年时，制造业大国地位更加巩固，综合实力进入世界制造强国前列。制造业主要领域具有创新引领能力和明显竞争优势，建成全球领先的技术体系和产业体系。”

——《中国制造 2025》，2015 年 5 月 8 日

任正非、董明珠、马云……在一夜暴富神话盛行、资本市场众声喧哗的现实语境中，他们依然火红于中国，火红于世界。因为，他们让世界不再小看中国制造。

“你说未来有一个中国公司领导世界，我相信那一定不会是华为，因为华为是全球化公司，不是一个中国公司。”

——任正非，华为 CEO，2016 年 6 月 27 日

“外国消费者不相信中国产品，让我觉得很耻辱。”“让世界爱上中国造，我们认为它是一种责任担当。”

——董明珠，格力电器董事长，2016 年 3 月

一位证券业资深人士告诉我们：“制造业的重要地位无论在蒸汽机时代、电气化时代还是今天的互联网时代都是不可动摇的。制造业是国之根本，是一切经济活动的源泉和所有其他行业的基础。一国的制造业规模和水平决定了一个国家的综合实力，抵御风险危机的能力，国防安全的能力，也决定了一个国家的命运。”

优质的“中国制造”需要“勤劳的双手”，独特的“中国智造”

更需要“智慧的大脑”。开发13亿人这个世界上最大的脑矿，推动中国制造业“独领风骚”的核心技术创新，实现真正的“技术跨越”，中国制造才能坚定地从世界经济舞台的边缘走向世界经济舞台的中央。

有专家指出，“制造强国”基本拥有这五大特征：一是拥有一定数量世界知名的企业；二是具备高创新能力及竞争力；三是掌握尖端技术和核心技术；四是效率提升与质量安全兼具；五是具备可持续发展的潜力。科技界飞速发展的“人工智能、机器人和数字制造”三大技术，将重新构筑制造业的竞争格局。2012年1月11日，美国一篇题为《为什么说现在是轮到中国担心制造业了?》的文章说：未来20年里，美国将利用新技术挖空中国的制造业，并重新在制造业领域获取“绝对竞争优势”。

“未来的制造业变革不是今天简单意义的制造，而是以创新为基础的创造，是智慧的制造。智慧制造和传统意义的制造的最大区别就是大数据，过去制造业靠的是人口红利即低成本，而未来的制造业将依靠大数据赋予人类的思想力。”

——马云，阿里巴巴董事局主席

五

这是世界制造业的大趋势，中国制造面临着巨大的挑战。这是中央政府为何坚定呵护中国制造的本因。我们只有用智慧去拥抱，而不是用资本去砍伐。而资本贪婪的血性又注定它时时狩猎着实体经济的价值洼地和财富高地。

内敛的郁亮，早已洞察了万科门前的“野蛮人”。他，才是万科的狠角色。1990年加盟万科的郁亮，在1994年“君万之争”中崭露头角，2001年后就任万科总经理，送走了王石时代的众多“大神”，开始将万科控制权牢牢掌握在自己手中，而让王石这位“虚位领袖”在国人面前长袖弄舞。

熟悉万科的人深知，王石一直都坚持专业化，并坚决反对做商业地产。2009年11月，郁亮高调宣布万科新战略，进军商业地产。郁亮的想法引来王石的极大反弹："如果有一天，万科不走住宅专业化道路了，我即使躺在棺材里，也会举起手来反对。即使哪一天中国不需要建商品住宅了，我希望，城市里最后一套住宅是万科造的。"

无奈的是王石，"对我而言，只要不是致命的，即使你认为对方是错的，你也要尊重""该怎么做，郁亮说了算。"诚如郁亮 2015 年 12 月 18 日在成都万科区域媒体答谢会上所言：

"主席的性格测试是'老虎加孔雀'，老虎很有决断力，孔雀很有感染力，而我是猫头鹰。猫头鹰是什么特点呢？一只眼睛睁着，一只眼睛闭着，一只眼睛看机会，一只眼睛看风险。王石主席理想的时候比我更理想，理性的时候比我理性更多，他钟摆比较大，而我钟摆比较小。"

这些年，郁亮是一只眼睛盯着"野蛮人"，一只眼睛盯着大股东华润，够累的。这种累在于他不甘于听人摆布，要成为万科真正的主人。于是，郁亮在万科推出引发社会广泛争议的合伙人制度，"我们不仅是职业经理人，我们还是事业合伙人，我们更是股东。"

万科的局势，王石已经无法左右，更谈不上什么王石的万科，我们真正要迎接的，是郁亮的万科，郁亮世界级的万科。郁亮有这样的能力，也有这样的欲望；有这样的雄心，也有这样的野心！

六

华润关注的不是野蛮人会否敲门，华润忧心的是郁亮的野心耽搁地产帝国的战略企图。华润的战略企图，被王石的"家国情怀"、被万科的企业文化、被郁亮的强力内控、被宁高宁惺惺相惜的企业家情结，也被华润开明"财务投资人"的赞誉掣肘。10 多年来，王石一直占据万科董事长座椅，华润虽为万科第一大股东，其董事长也只能陪任万科副董事长。

> 长期以来，我们从来没把股东放在眼里，同大股东几乎没有任何联系，除了让他们承担责任，让他们签字。举个例子：2007 年，我们业务做的不错，制定了新的发展战略，我带着完整报告给华润董事长宋林汇报工作，当我洋洋得意地讲完之后，宋林董事长沉默了一分钟，然后问了我一句话："郁亮，你告诉我，股东在哪里？在万科整个发展战略里面，股东在哪里？"
>
> ——郁亮，万科 CEO

踌躇傍徨、首鼠两端、决而不行……既企盼将万科纳入华润战略版图，实现地产帝国的伟大抱负，又担忧王石郁亮"揭竿而起"，影响个人声誉与仕途，如此一打盹，棒已传至傅育宁。

久居香港，熟悉地产业，深谙市场之道的傅育宁，没有前任的那么多掣肘，还有着比前任更为激进的抱负，不甘陪任万科副董事长，一改前任做法，委派副手出任，向万科传递出做战略投资者的强烈信号，但同样忧于华润的声誉、万科的抵触，他需要资本的力量，以迂回的方式。

野蛮人的叩门声在万科响起。让野蛮人打翻王石的"情怀"、打碎郁亮的"野心"、打破万科的"文化"，在举国讨伐"野蛮人"的舆情中，悄然接过其筹码，实现华润的地产拼图。没有了王石，甚至没有了郁亮的万科，继续高歌猛进，傅育宁的声誉自然超越前任，直达巅峰；倘或万科颓废不前，那是野蛮人作的恶，与华润何涉？华润同是受害者，更何况比他人更了解万科的华润，深知这是块肥肉，这样的概率很低。

爱惜羽毛，谨慎有余的傅育宁，失去了万科股价跌入低谷增持万科股份的机会；失去了野蛮人入侵王石求援顺势整合华润地产的机会；失去了深圳地铁资产入股万科、深圳市政府承诺华润保持第一大股东的机会。那身令世人惊艳的羽毛，最终被孔武有力的权力、资本和知识，剥得干干净净，满身披挂的是质疑、讨伐与抨击。

2017 年 1 月 12 日，华润股份及其全资子公司中润贸易与深圳地铁集团签署《关于万科企业股份有限公司之股份转让协议》，以协议转让的方式将其持有的万科 A 股 15.31% 的股份，合计 1689599817 股万科

A 股转让给地铁集团。标的股份的转让价格为人民币 37171195974 元，对应的每股交易价格为 22.00 元/股。转让完成后，华润股份和中润贸易将不再持有公司股份。

随后，华润集团对转让万科股权一事发表两点声明：

华润集团转让所持有的万科股权是综合考虑自身发展战略和产业布局的需要，也是国有资产保值增值的需要；此次股权转让有利于万科健康稳定发展，有利于地方企业资源整合协同，是一个多方共赢的方式。

官方的说辞是“央企不与地方争利”，而本质是姚振华的资本贪婪与初心改变，超越了傅育宁的承受，打乱了华润的战略布局，才给了王石和郁亮寻求深圳地铁的机会。

据《21 世纪经济报道》与《财新》称，2016 年元宵节刚过，姚振华主动拜访华润集团，与傅育宁进行了一个多小时的密谈。春节前，华润与“宝能系”在新加坡密谈，华润有意收购宝能系手中的万科股票，但由于价格太低不被后者接受。

初心一变，傅育宁遭罪，搬起石头砸了自己的脚，更让华润地产帝国梦碎一地！

七

姚振华也很冤！

世界上一切的纷争都是围绕资源分配发生的，而资源的分配似乎从来就没有合理过。原本是卖小菜卖豪宅的姚振华，被欲望指引着踏进了万科这座山，不曾想这是座蕴藏巨大财富的超级金矿。只给个勘探费就让我退出，那怎么行？既然拥有了勘探的路条，要么给我一份高额的回报，要么我自己夺下这座金矿自我开采！

欲望是兽性，是动物本能，也是资本本质。欲望无穷。姚振华对王石等万科高层开出的“罢免令”，引发舆论抨击的转向；姚振华试图“绑架”华润的做法，更让傅育宁进退失据。

完全抛开华润的姚振华，不仅敲打万科的门，还掀翻了南玻A的屋，让管理团队集体离去；甚至还拍格力的窗，让董小姐拍床痛斥。

南玻A被称为玻璃行业的“黄埔军校”，位于深圳蛇口工业六路的南玻总部，路口耸立着一块标语“空谈误国，实干兴邦”。格力更是中国制造的代言，“格力的未来，不仅是世界家用空调的老大，还要做世界商用空调的老大。”

与姚振华的宝能系并肩的险资，纷纷效仿，举牌国内有影响力的制造企业。谁是下一个王石？任正非、董明珠、马云……资本敲打万科这样的地产企业，权力高层静观其变；资本撼动国家的本钱，让实体经济掌门人惶惶不可终日，这是权力高层绝对不可容忍的。中国需要的是资本对实体经济的助推力，而不是破坏力！

2016年12月9日，中央政治局召开会议分析研究2017年经济工作，会议提到“一些领域金融风险显现”，提出“大力振兴实体经济”。2017年2月22日，保监会主席项俊波撂下狠话：“保险市场就必须遵守保险监管的规矩，就必须承担保险业对社会、对实体经济、对人民群众的社会责任，否则我们就要坚决把它驱逐出保险业。”“对个别浑水摸鱼、火中取栗且不收敛、不收手的机构，依法依规采取顶格处罚，坚决采取停止新业务、处罚高管人员直至吊销牌照等监管措施，绝不能把保险办成富豪俱乐部，更不容许保险被金融大鳄所借道和藏身。”

2017年2月24日，保监会对前海人寿及其董事长姚振华开出了一份行政处罚书，姚振华被撤销任职资格并禁止进入保险业10年。从保监会的处罚书来看，保监会对前海人寿列出了“五宗罪”：编制提供虚假资料的行为；违规运用保险资金的行为；一是权益类投资比例超过总资产30%后投资非蓝筹股票，二是办理T+0结构性存款业务；股权投资基金管理人资质不符合监管要求；未按规定披露基金管理人资质情况；部分项目公司借款未提供担保。

顶格处罚，史上最重。这样的结局不在姚振华的欲望规划中。谁是下一个王石？转眼变成，谁是下一个姚振华？

但宝能，依然是万科的第一大股东，姚振华依然是宝能的实际控制人！

八

不把资本放在眼中的郁亮，信奉的是知识："我相信知识不会成为资本的奴隶，资本跟知识两者同等重要"，"当今的世界，已经从资本时代过渡到知识时代，无论是国内还是国外，很多优秀企业都意识到知识才是企业最重要的动力来源。可以说，从微软到脸谱，到谷歌，再到国内的淘宝、华为、腾讯，都可以说明知识在公司发展当中的重要作用，而不是资本。"

但真正起决定作用的还是公权力，在万宝之争的初期，我就曾预测：

> 万科战局如何解局，王石已经无法左右，考验的是地方政府的智慧，甚至是中央政府的智慧。而最重要又最核心，是将万科置放于一个怎样的发展语境。这是智慧与境界的博弈！

2017 年 1 月 20 日晚间，万科公告称，国务院国资委已发批复文件，批准华润将所持万科股份转让给深圳地铁。这意味着，地方国企深圳地铁将替代央企华润，成为万科第二大股东，持股 15.31%。

深圳地铁迈进万科可谓一波三折：2016 年 3 月 12 日，万科与深圳地铁签署合作备忘录，万科将以发行新股的方式，购买深圳地铁集团下属公司的全部或部分股权，并以此获得深圳地铁 400 亿—600 亿元的物业资产注入。6 月 17 日，万科公告称，向深圳地铁集团发行 28.72 亿股，购买深圳地铁集团持有的深圳地铁前海国际发展有限公司 100% 的股权，资产预估值 456.13 亿元，股份发行价 15.88 元/股。此重组方案遭到华润的反对。9 月 10 日，深圳地铁董事长林茂德表示，深圳地铁进入（成为大股东后）万科必须每年每股分红 1 元，对赌协议风波爆发。12 月 18 日，万科宣布，考虑到公司 A 股股价自复牌以来波动较大，当前各方尚无法就具体方案达成一致意见，董事会同意终止与深圳地铁集团重大资产重组。

事隔不足一月，深圳地铁就以接盘华润的方式昂首推进万科。这是在国务院国资委和深圳市政府主持下，通过数轮谈判实现的。2017 年 1 月 12 日晚间，深圳铁集团在官网发布声明表示，将支持万科管理团队按照既定战略目标，实施运营和管理。声明称，作为国内房地产行业龙头企业，万科拥有优秀的管理团队，丰富的开发经验和扎实的发展基础；入股万科将有利于双方在发挥各自优势的同时，形成更有效的战略协同。深圳地铁集团将支持万科管理团队按照既定战略目标，实施运营和管理。

2017 年 1 月 13 日晚间，“宝能系”例外地在官网发声明：欢迎深圳地铁投资万科，愿共同为深圳及万科的发展而努力。宝能看好万科，作为财务投资者，支持万科健康稳定发展。宝能的态度 180 度转变，从坚定反对者变成欢迎支持者，角色也做了调整，明确做“财务投资者”。

尽管深圳地铁付出的代价远远超过原来规划的方案，但依然是这场股权之争的最后赢家。

九

许家印的角色有点尴尬！

恒大闪电般杀进万科，的确出乎笔者的预料。直到现在依然没有想清楚背后的逻辑，就像当年恒大足球偷换胸前广告。

2015 年 11 月 21 日，广州恒大在亚冠决赛次回合中战胜对手，勇夺冠军。但人们惊疑发现恒大球衣的胸前广告本应是“东风日产启辰 T70”，比赛中恒大球员们披着的却是胸前广告为“恒大人寿”的球衣。事后东风日产连发两则声明，谴责恒大违背最起码的契约精神，并诉诸法律。两天之后，恒大被迫承认更改胸前广告违约。2016 年 6 月，法院认定恒大淘宝违约，判决其赔偿东风日产约 2478 万元人民币。

有学者指出，恒大一而再再而三地违反赞助合同，背叛支持自己两年多的赞助商，如果发生在极为重视契约与信誉的欧洲，那他们将永远无法迎来新的赞助商。

如此来看，恒大闪电出招万科，成为万科股权之争横空杀出的最大一匹黑马，也就不足为怪了。截至 2016 年 11 月 29 日，中国恒大先后收购万科 15.53 亿股，总成本近 363 亿元，持有万科股权 14.07%，平均每股成本约为 23.35 元。

媒体披露，恒大掌门许家印的背后，有一支来自香港的财富力量。更有一种说法，恒大出手是为了深圳地铁顺利重组万科。双方达成的方案大致为许家印协助深圳地铁集团完成万科重组，顶替中途脱队的安邦保险。作为对价，恒大将获得一个深圳国资的干净壳资源，以用于恒大地产实现一个漂亮的A股回归。万科公告也称，在“恒大系”公司买入万科股权之前是有跟公司管理层接触并知会的。

惯于投机的许家印不会干赔本的买卖，羊毛要出在牛身上。按2017年2月24日收盘价20.72元计算，恒大举牌浮亏40.84亿元。2016年9月12日，恒大地产将总部从注册于广州天河区的恒大地产迁出，变更为深圳市前海深港合作区前湾一路1号A栋201室。2016年12月17日，在亚太住房联盟国际研讨会上，恒大集团总裁夏海钧向央视财经记者表示，恒大集团无意也不会成为万科的控股股东。同日，中国恒大向深圳市委、市政府方面递交书面报告，宣称从大局出发，作出五点表态：“不再增持万科；不做万科控股股东；可将所持股份转让予深圳地铁；也愿遵照深圳市委、市政府安排，暂时持有万科股份；后续坚决听从市委、市政府统一部署，全力支持各种万科重组方案。”

用资本去讨好权力，是许家印的惯招，屡试不爽。但无法掩饰其契约精神的缺失和在权力、境界面前的狼狈！市场会重新评价！

十

至此，万科股权之争尘埃落定。

深圳地铁拥有了坚实的话语权，不仅拥有从华润转让的15.31%股权，还控制着恒大臣服的14.07%股权，实际控制力将达到29.38%，未来不排除以增发股票的方式收购其拥有的资产，成为万科真正的实际控制人，终结万科无实际控制人的历史。

姚振华遭受连番打击，被逐出保险业，成为权力与知识的弃儿。此时，宝能虽然持有万科25.4%股权，为万科第一大股东，但已再无任何能力与深圳地铁一搏，未来将会沦为第二股东。姚振华应该明白该做什么，做到什么，兑现“做市场的友好投资者和长期投资者”，做个乖乖的“财务投资者”，或许会免除破产的厄运。何况，宝能在万科有上百亿的浮盈，没有蛇吞象，能够蛇吞蛙，也蛮好。

恒大以浮亏的方式获得了万科以外的收益，已经志不在万科，对万科又能有何求？未来需要思考的是与万科的战略竞争，亦或战略合作，同城同业。伯仲之间，彼此现在的默契会随着万科股权之争的落幕而被打破。

王石已经出局，即便他还在这个位置上，但属于他的时代已经不再。郁亮还有那个野心吗？未来还会高调知本吗？我想不会。2017年1月初，万科董事会以全票方式表决通过《关于第二次修订项目跟投制度细则的议案》，细则降低了跟投总额度上限，明确保障公司优先于跟投人获得收益等。未来的郁亮，要么做个安稳而伟大的职业经理人，要么自己悄然离去创业。未来的万科需要的是对资本尊重和默契的知识，而非鄙视与对抗的知识，共生共赢方为正道。

华润的内伤很重，尤其是傅育宁。372亿的钞票看似收获颇丰，但与华润傅育宁时代的企图心相比，不值一提。尽管这列动车已从万科身边驶去，但它留给央企混改的思考却深刻而久远。无为而治，真的是央企混改的方向吗？

2017年3月份，万科董事会将改选，原本会上演一出波澜壮阔、惊心动魄的强大博弈的大戏，如今已被证监会、保监会以及国资委、深圳市政府等联手提前化解。一切都会按既定的剧本演出，无论是谁进出董事会，都无关万科未来发展的大局。

"万科第四个十年是1万亿。"在"2017年目标与行动沟通会"上，郁亮重提"万亿大万科"，并表示，万科已经取得了阶段性胜利。即将到来的董事会改选将不会影响万科稳定，支持万科管理层的股东将占多数。

王石在1月7日的最新一次公开露面活动中，坦陈了管理层的诉求——

"我不能要求你一批一批的高管像你一样扮演圣人，更何况你还不是圣人，你不能要求他们像你一样。所以万科也无法摆脱这样一个高管流失的程度，在达到天花板之后，他就要决定离开自己创业，自己要成为所有者。大家一定要和公司经营、分享权密切的连接在一起，这个制度就是现在万科提出来的，尝试的合伙人制度。所以谈到未来，我就要说的，大道当然，合伙人奋斗。"

诉求的核心点，就是事业合伙人的机制将在万科的发展中起到重要的凝聚团队作用，万科管理团队的利益要得到保障，未来将以企业所有者之一的身份参与经营。这与深圳地铁的愿景并不冲突。

一切颠覆的欲望，皆被遏制！

十一

乔布斯走了，但乔布斯事件还会再来。

很多经济学家和历史学家总说，公权力在经济领域的介入，都是罪恶的。这世界上哪里有绝对的东西呢？老子在《道德经》中讲“上善若水”，“上善”不是指高层次的善，也不是指地位高的善，更不是指空间高的善，而是指境界高的善。思想境界不高，行善如恶，思想境界高，行恶如善。

更何况，人类结成部落特别是建立政权以来，权力、资本、知识这三个要素就成为人类必须直视的主题。知识来到人间，每个毛孔里都泛射着力和征服；权力来到人间，每个毛孔里都充盈着欲和毁灭；资本来到人间，每个毛孔里都流淌着血和野蛮。而这个世界，又恰恰是权力、资本、知识之间构成的微妙平衡。三个要素的融合，释放各自的正能量，就会汇聚成人类前行的强大动力，倘若各自为战，鄙视其他，亦或释放的都是负能量，就会打破这种微妙平衡，形成冲突，给人类带来巨大的破坏力，甚至灾难、战争。

万科股权之争，让我们见证了权力、资本、知识的角逐，它醒示我们必须要认真思考规则的建立和制度的配置。权力不是资本的老子，知识也不是资本的儿子，一切都必须置身于规则与制度的语境中，股权的博弈还要用股权的办法解决，市场的冲突必须用市场的办法来化解。暴力的手段，一定会带来更具暴力的副产品。

> 股权事件涉及到了情怀和规则、市场和法治，涉及经济问题也涉及政治问题，涉及监管体系要分业还是综合，涉及中央和地方，国有和民营等等，股权事件成为当今中国企业界和经济界持续一年多的热点事件，在国际上也引起广泛关注，可见这个问题非常复杂。
>
> ——郁亮，万科 CEO，2017 年 1 月 4 日

谁在拯救万科？不是权力，不是资本，也不是知识，而是这个时代。

这个世界，真乱！

韦桂华

2017年2月26日　上海长城大厦

目　录 CONTENTS

第一章　野蛮人叩门

第二章　谁懂华润心

第三章 万科的档案

第四章 深圳的召唤

第五章 国际潜伏者

第六章 权力的游戏

在成书过程中，作者参阅和摘引了部分文献资料、著作。由于时间仓促及作者地址不详，无法一一取得联系。望著作权人见书后及时与我们联系。

邮箱：frank-aa11@163. com

万科股权之争时间轴

2015年1月	“宝能系”旗下前海人寿开始试探性买入万科A股票。
2015年7月10日	“宝能系”第一次举牌，达万科A5%股权。“宝能系”旗下前海人寿集中竞价买入万科A5%的股份。以当时披露的中间价14.375元/股估算，动用资金约80亿元。
2015年7月24日	“宝能系”第二次举牌，达万科A10%股权。其中，旗下前海人寿集中竞价买入万科A0.93%的股份，钜盛华集中竞价交易买入万科A0.26%的股份。另外，钜盛华还以收益互换的形式持有万科A3.81%的股份。
2015年8月26日	“宝能系”第三次举牌，达万科A15.04%股权，取代央企华润成为第一大股东。其中，旗下前海人寿竞价交易买入万科0.73%股份，钜盛华通过杠杆工具买入万科4.31%股份。
2015年8月27日	“宝能系”回应增持万科，仍是财务投资。
2015年8月31日	万科召开临时股东大会。
2015年9月1日	华润增持万科A至15.23%，重夺第一大股东之位。
2015年12月4日	“宝能系”第4次举牌，达万科A总股本的20.008%。万科公告称，自11月27日起，前海人寿及钜盛华陆续通过南方资本管理有限公司、泰信基金、西部利得基金等七个资管计划增持万科，共买入万科A股5.5亿股，占公司总股本的4.969%，合计持有万科A股22.11亿股，占万科总股本的20.008%。“宝能系”再夺万科第一大股东地位。
2015年12月7日	安邦保险集团通过其旗下安邦人寿保险、安邦财产保险、和谐健康保险及安邦养老保险合计持有公司股份55252.63万股，占公司总股本的5%，达到第一次举牌。
2015年12月10日	深交所公司管理部向钜盛华发出“关注函”，要求钜盛华说明借道资管计划入股万科A的资金来源、信披程序等问题，并令其四日之内亦即12月14日之前给出答复。
2015年12月12日	“宝能系”再次增持万科股票，所持万科股票总计达22.45%。
2015年12月15日	钜盛华做出回应，万科当日晚间公告予以披露。针对深交所询问第四次举牌万科的资金来源等事宜，钜盛华回应称是以3倍杠杆取得万科4.97%股份的表决权，高杠杆融资平仓风险凸显。
2015年12月17日	王石内部讲话：不欢迎大股东宝能。
2015年12月18日	万科宣布停牌重组。“宝能系”对万科持股达24.26%。
2015年12月18日	“宝能系”声明，“重视每一笔投资，相信市场的力量”。
2015年12月18日	证监会新闻发言人张晓军回应宝能举牌万科一事，市场主体之间，收购与被收购是市场化行为，在符合法律法规的前提下，监管机构不会干预。
2015年12月19日	王石微博称‘下周一见’，随即删除。
2015年12月24日	王石平安夜现身中国香港赴机构拜票。
2015年12月24日	安邦保险发布声明称，看好万科发展前景，会积极支持万科发展，希望万科管理层、经营风格保持稳定，继续为所有股东创造更大的价值。

2015年12月25日	对于宝能举牌万科一事，证监会再度回应：核实研判。
2015年12月30日	安邦表示：险资举牌支持实体。
2016年1月4日	万科公告称，公司重大资产重组事项的相关工作正常推进，取得了一定进展。
2016年1月4日	万科公告称，截至回购期限结束日2015年12月31日，公司回购A股股份数量为1248.03万股，占公司总股本的0.113%，成交的最高价为13.16元/股，最低价为12.57元/股，支付总金额为1.6亿元(含交易费用)，符合公司回购部分A股股份方案的要求。
2016年1月6日	万科H股复牌，股价低开11.35%，以20.3港元开盘。万科企业在港交所公告称，万科A股继续停牌，且在停牌30日期满后(至1月18日)可能继续停牌。
2016年1月8日	王石深入浙商银行大本营，出席2016中国（杭州）“互联网+”金融大会中国工商银行举办的关于“银行互联网之路”分论坛，并发表主旨演讲。同时，王石还会见了神秘人物。
2016年1月16日	万科宣布将申请继续停牌，因本次筹划的重大资产重组极为复杂，涉及的资产、业务、财务等各方面核查工作量较大，预计自停牌首日起不超过3个月的时间内，即在2016年3月18日前披露重大资产重组预案或报告书。
2016年1月22日	万科公告称，已与一名潜在交易对手签署了一份不具有法律约束力的合作意向书；除与前述潜在交易对手继续谈判之外，还在与其他潜在对手方进行谈判和协商；公司A股股票将继续停牌。
2016年1月23日	王石参加世界自然基金会(WWF)活动发言时透露心声：“我还有点野心，我希望万科不仅仅今天存在，明天也存在。”
2016年1月25日	深圳市和信吉实业发展有限公司在京召开发布会，实名举报深圳宝能投资集团实际控制人姚建辉，指其在获取深圳“宝能城”项目股权的过程中存在违规行为。宝能否认。
2016年1月29日	万科公告称，公司A股股票将继续停牌，目前尚无法确定2016年3月18日前是否可以披露重大资产重组预案或报告书，或将继续停牌至2016年6月18日。
2016年1月30日	王石参加新疆首届“天山峰会”时表示，在他对万科的设计中，一直是“国有股占第一大股东”。
2016年2月14日	前海人寿回应称：“法律法规对减持有相关规定，公司遵守国家法律法规。”
2016年3月8日	华润集团董事长傅育宁表示，现在市场比较敏感，不能多说。但他认为万科是个好企业，华润集团会全力支持。
2016年3月12日	自媒体“拆哪儿”爆料，地方国企深圳地铁将成为万科第一大股东，形式是两块价值500亿元的地产资产注入，“国资委已批复”。
2016年4月8日	万科公告称，公司股东钜盛华于4月6日与其一致行动人前海人寿签署了表决权让渡协议，钜盛华将其直接及间接持有的万科约14.73亿股股份所对应的全部表决权不可撤销的、无偿让渡给前海人寿。
2016年6月17日	万科公告宣布通过引入深铁的重组预案，万科拟以发行股份的方式购买深圳市地铁集团持有的前海国际100%股权，初步交易价格为456.13亿元。华润投反对票。

2016年6月18日 华润集团发表五点声明，解释了华润为何对重组议案投了反对票，且对万科已经发布的上市公司公告的法律效力提出了质疑。

2016年6月19日 万科在中国香港证券交易所发布公告，披露了万科自2015年底停牌前6个月内，万科董事、监事、高级管理人员和经办人员等买卖万科A的情况。公告显示，包括周彤、张纪文等万科高管大举抛售个人持有的万科股票。

2016年6月23日 宝能系发布公告称，明确反对万科发行股份购买资产预案，后续在股东大会表决上将据此行使股东权利。

2016年6月23日 华润发布公告，重申反对万科重组预案，高度关注万科存在的内部人控制等公司治理问题。

2016年6月26日 宝能系提案罢免万科王石、郁亮等12名董事。万科公告称，收到公司股东深圳市钜盛华股份有限公司及前海人寿保险股份有限公司向公司发出的“关于提请万科企业股份有限公司董事会召开2016年第二次临时股东大会的通知”。

2016年6月27日 万科发内部信，万科内部信指出：逐利是资本无可厚非的特征。一支优秀的团队是资本争夺的资源，而不是排斥的对象。我们不是资本的奴隶，过去不是，未来也不是。资本市场正日益发达和便利，知识经济是不可逆转的趋势和潮流。

2016年6月27日 万科召开年度股东大会。

2016年6月30日 万科员工发表保卫万科请愿书前往市政府。万科回应，已劝回赴政府请愿员工。

2016年6月30日 华润声明：不同意罢免万科全部董事提议

2016年7月1日 万科董事会通过“关于不同意深圳市钜盛华股份有限公司及前海人寿保险股份有限公司提请召开2016年第二次临时股东大会的议案”。

2016年7月4日 万科A复牌。

2016年7月4日 万科第一大自然人股东刘元生向证监会等七部委发举报信，质疑华润和宝能。

2016年7月4日 华润公告：江平等13位法学家认定万科董事会决议不成立。

2016年7月4日 华润回应称刘元生举报信造谣，将追究其法律责任。

2016年7月4日 万科工会起诉宝能损害股东利益，法院已受理。

2016年7月5日 宝能系再增持万科0.682%股份，持股达24.972%。

2016年7月6日 万科公告称，股东钜盛华于2016年7月5日至2016年7月6日通过资产管理计划在二级市场增持公司A股股份78⊠392⊠300股，占公司总股份的0.710%。本次权益变动完成后，钜盛华及其一致行动人前海人寿合计持有公司A股2⊠759⊠788⊠024股，占总股份的比例为25.00%。

2016年7月8日 深交所向万科发出关注函，要求其说明将转变为国有控股企业传闻是否属实。

2016年7月8日 港媒曝港交所告密信，指万科拟购黑石资产保控制权。

2016年7月12日	万科公告就与黑石交易的相关报道发布声明，称公司尚未订立任何具备约束力的协议。万科与黑石就129亿元人民币收购地产资产进行磋商。交易的对价不涉及公司发行任何证券。同时，双方已经组成了一个有限合伙制基金，万科拟透过全资子公司投入38.89亿元。
2016年7月12日	钜盛华将持有的万科3735.7万股无限售流通A股通过质押式回购方式质押给中国银河证券股份有限公司，质押期限自2016年7月12日起至质押解除之日止。
2016年7月19日	万科发布《关于提请查处钜盛华及其控制的相关资管计划违法违规行为的报告》，提交给中国证监会、证券投资基金业协会、深交所、证监会深圳监管局，举报宝能资管计划违法违规。
2016年7月20日	针对万科公开举报信，证监会紧急召开多场相关会议，讨论相关法律认定和对策。同时专门成立处理宝万事件的领导小组，包括办公厅、市场部、法律部、会计部、基金业协会等部门。
2016年7月21日	万科公告称，拟投资38.89亿元和黑石成立联合收购平台 已获董事会通过。
2016年7月27日	万科董事长王石前往位于中国香港的华润总部拜访。
2016年7月29日	万科向媒体公开钜盛华9个资管文件，多个关键信息被涂改抹黑。
2016年8月4日	恒大通过附属公司在市场上共购入516,870,628股万科A股，占万科已发行总股本约4.68%，共耗资约91.10亿元。
2016年8月8日	万科公告称，恒大地产集团旗下7家公司于7月25日—8月8日期间，通过集中竞价交易系统买入万科5.52亿股，占公司总股本的5.00%，成交均价为18.06元/股，成交金额合计约99.68亿元。
2016年8月15日	恒大集团发布公告披露，恒大共持有752,663,291股万科A股，占万科已发行股本总额约6.82%。
2016年11月9日	中国恒大公告再次增持万科已至8.285%，总共花费约为187.7亿元。
2016年11月23日	继7月大举买入并超过举牌线之后，恒大系再度举牌万科A，合计持股比例已达10%。
2016年11月30日	中国恒大公告，恒大共计持有15.532亿股万科A股，占万科已发行总股本的14.07%，累计耗资362.73亿元人民币。
2016年12月18日	万科发布公告称，公司与深圳市地铁集团已于12月16日签署了《万科企业股份有限公司与深圳市地铁集团有限公司之发行股份购买资产协议之终止协议》，本次发行股份购买资产事项终止。

第一章

野蛮人叩门

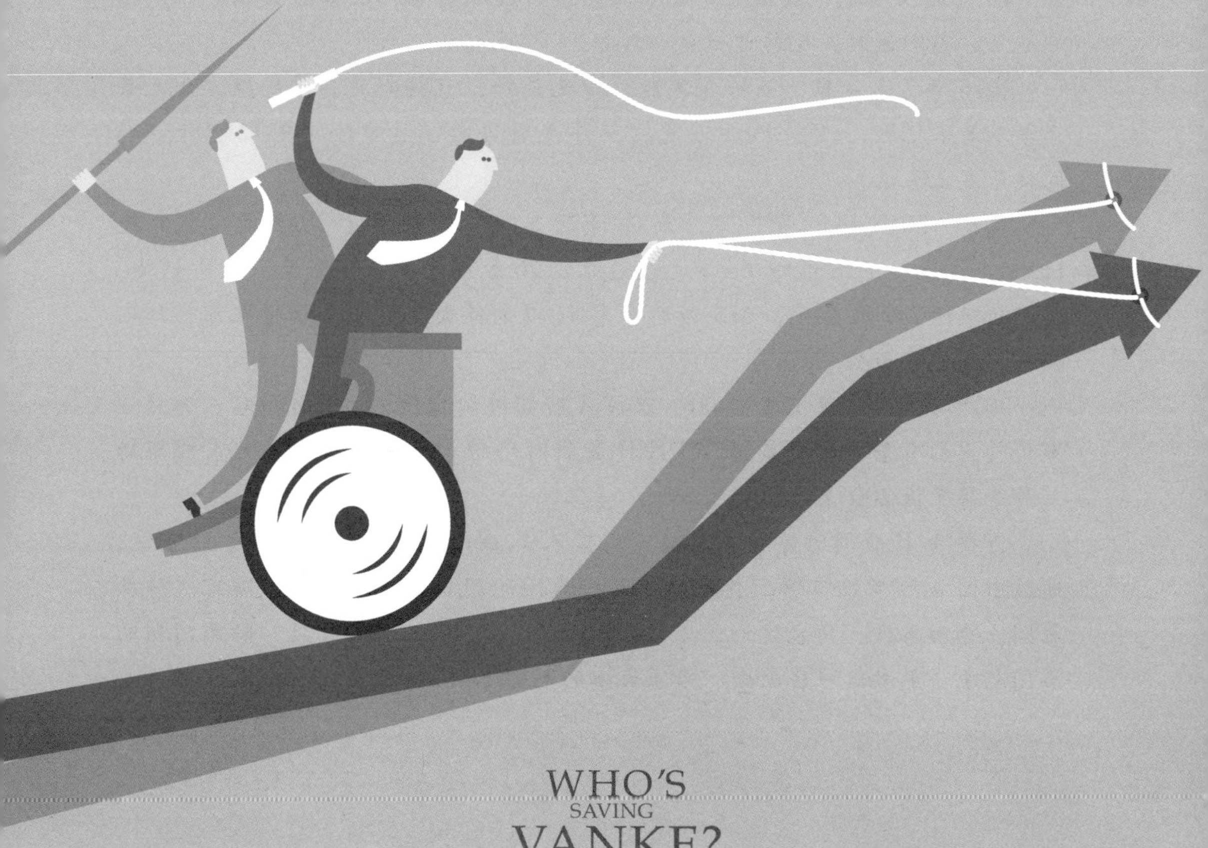

WHO'S
SAVING
VANKE?

风萧萧兮，易水寒，壮士一去兮，不复还。
探虎穴兮，入蛟宫，仰天呼气兮，成白虹。

——荆轲《易水歌》

现实生活始终是这个时代最伟大的编剧和导演。

13 亿国人围观、数百亿资金砸入的万科股权之争，犹如好莱坞大片，精彩迭呈，高潮迭起，反转迭出。

2016 年 7 月 4 日，万科 A 复牌，毫无悬念，直接封死在跌停板，全天成交额不足 1 亿元，仅为 9382 万元。万科 A 股停牌前总市值为 2372 亿元，瞬间便蒸发 237 亿。

此前，2016 年 1 月 6 日，万科 H 股复牌，开盘价为 20.3 港元，大跌 11.35%，最低下探至 19.68 港元，最终以 20.8 港元报收，全天下跌 9.17%，成交金额达 17.03 亿元，创下万科 B 转 H 以来最大单日交易规模纪录，日内换手率高达 6.36%。

2015 年 12 月 18 日 13：00，万科 A 股在继续拉出一个涨停板后，突然宣布停牌，称有重大资产重组。万科 H 股同时停牌。这一停，让中国 A 股市场静静等待了近 200 天。

万科 A/H 股同时停牌，缘起“野蛮人”敲门。“名不见经传”的宝能，通过中国 A 股二级市场，突然站在万科集团的门口，掀起了起伏跌宕、波澜壮阔、峰回路转、角色变幻的万科股权争夺战，揭开“王石们”命运问题的举国之争，更激起社会大众、名家大咖的遐想无数。

01 2015，股灾降临中国

历史不会重演，但总会惊人的相似。

——马克·吐温

2007 年 10 月 16 日，中国 A 股上证指数一飞冲天，勇攀 6124 点高峰，随后开始“暴跌式调整”，于 2008 年 10 月 28 日坠落于 1664 点土丘。其惨烈前所未有。撕心裂肺的过山车式的惊险，让中国散户过足了错乱癫、刺激瘾，瞬间从暴富天堂回归赤贫地狱。

2015 年 6 月 12 日，沉寂 7 年的中国 A 股在国际资本的鼓噪之中，牛气冲天，上证指数疯狂攀升，一举攻克 5178 点高地。就在万众呼唤“改革牛”，全民仰望一万点之际，中国 A 股市场突然陷入流动性黑洞，上演悬崖式暴跌，步入血雨腥风之中。一个日成交量逾 2 万亿、流动性最强的资本市场一泻千里，“27 道救市金牌”“数万亿敢死人民币”勇往直前，前赴后继，始终未能挽回颓势，最终演化为震惊全球的股灾。

这场中国股灾，“千股跌停”“千股停牌”“千股横盘”成为其独特的景观，A 股持仓投资者人均亏损 46. 65 万元，沪深两市总市值蒸发接近 25. 6 万亿，是中国资本市场诞生 25 年来最惊心动魄的一页。

身为 DeMark Analytics 创始人，曾成功预测上证综指 2013 年见底的汤姆·迪马克（Tom Demark）认为，中国股市未来从技术图形看，其走势与 1929 年美国股灾时如出一辙。

一位国际投资公司分析师 Julius Baer 说：“中国股票市场的自信心已被打碎，而且不大可能在短期内恢复。”“现在正是对中国的考验时刻”。中国人民大学财政金融学院副院长赵锡军指出：“当有超过 8000 万名散户的财富在一夕间蒸发，这将对国家造成难以想象的损失。”

股市暴跌后的爆笑段子，充塞于股民生活的每个角落、每个细节。无数的段子手脱颖而出，让人捧腹。人类似乎已经不能阻挡段子手们的脑洞了。人们惊呼“高手在民间”“大仙在眼前”。

“五千点的风和雨啊，藏了多少梦。绿色的盘惊恐的眼，没有了笑容。八千点美丽梦幻，像是一首歌。不论你来自何方，将去向何处。一样套牢，一样的痛，曾经的苦难，我们留在心中。一样割肉，一样的补。未来还有梦，我们一起开拓。手牵着手不分你我，昂首向前冲，让世界知道跳楼的都是中国人！”

“股市风光，千股跌停，望神州之内股民哀鸿遍野。飞流直下，泄洪涛涛。争相踩踏，夺门而逃，欲与跳水试比快。须止跌，看股市企稳，再来抄底。股市如此刺激，引各路人马竞折腰。惜无数散户追顶割低，一代神棍李大霄，只知细碎地球顶。俱往矣，六月过后，万山红遍再来削。”

事实上，又有哪个国家或地区的股市不曾爆发过股灾呢？

1929 年 10 月 24 日，美国爆发股灾，股价狂跌不止。一个小时内，11 个知名投机者自杀身亡，20 世纪最为著名的经济学家凯恩斯也几近破产。1987 年 10 月 19 日，美国再次爆发股灾，开盘仅 3 小时，道琼斯工业股票平均指数下跌 508. 32 点，跌幅达 22. 62%。恐慌随即蔓延至伦敦、东京、巴黎、法兰克福、多伦多、悉尼、惠灵顿等地。10 月 19 日到 10 月 26 日这 8 天时间，股市蒸发财富高达 2 万亿美元，是第二次世界大战中直接及间接损失总和 3380 亿美元的 5. 92 倍。

1990 年初，日本爆发股灾。仅仅 10 个月，日经平均股指便从 38915 点，跌破 20000 点，1992 年 8 月 18 日更降至 14309 点。200 多家证券公司全部入不敷出，整个国家的财富缩水近 50%。

1969 年 12 月 17 日，中国香港远东交易所开业。1973 年发生中国香港股票普及化后第一次股灾，恒生指数在一年内大跌超过九成，数以万计的市民因此而破产。1990 年 2 月，台湾指数从最高点 12682 点崩盘，一路暴跌，跌至 2485 点方止，8 个月跌掉 10000 多点。“台湾股票淹肚脐，台湾厝价淹下骸，台湾枪子淹目眉……”的台湾遭受股灾重创，许多股民多年积蓄毁于一旦，家破人亡，走上绝路的社会事件更是时有所闻，台湾股市变成名副其实的“吃人市场”。

历史往往会惩罚在错误时间做正确事情的人。美国证交会（SEC）前主席克里斯·考克斯后来总结说，中国并非唯一一个在股市下跌之际对自由市场原则丧失信心的国家。包括英国和美国在内，其他许多国家在 2008 年也曾禁止卖空银行和券商股票。在原则上，他们支持开放具有流动性的证券市场，买方和卖方可以自由互动；而在实践中，他们对此非常恐慌。但这一点用也没有——事实上，这对买卖双方的影响弊大于利。股市该跌多少还是跌多少，但交易成本变得更昂贵，而且监管部门进一步损害了自身声誉，“代价似乎超过了收益”。

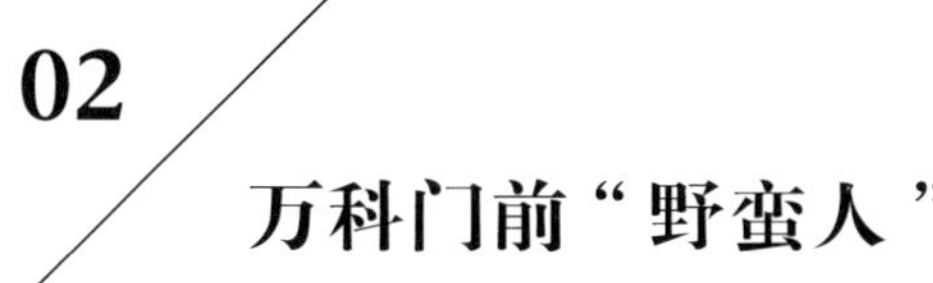

02 万科门前“野蛮人”

最终的成功来自于大胆的行动和可遇不可求的机会。

——布赖恩·伯勒（Bryan Burrough）《门口的野蛮人》

在2015年“A股保卫战”中，包括苏宁云商在内的中小企业板首50家公司于7月5日发出倡议，针对近期股市A股暴跌现象，承诺积极采取回购、增持、暂不减持等措施，提高信息披露透明度，加强投资者关系管理，坚定投资者信心。

2015年7月6日，万科推出一项举措，公司计划以总额不超过100亿元的自有资金回购A股股份，回购价格不超过2015年7月3日公司A股收盘价格，即不超过13.70元/股，预计可回购股份不少于7.30亿股，占本公司目前已发行总股本的比例不低于6.60%，意在抑制A股股票市场大幅震荡对万科A的冲击。

哪里有暴利的机会，哪里就有血腥的气息。资本的逐利性，驱使资本投资者“如一只贪婪的秃鹫，站在高高的山巅，等待一次精准的俯冲，血腥捕食它的猎物”。其鹰犬般的眼睛会贪婪地盯紧资本市场的一举一动，使其成为翻云覆雨获取超额利益的屠宰场。

作为中国房地产的龙头，万科此时的市值约1500亿元，ROE超过19%，分红收益率接近4%。万科业绩和股价一直比较平稳，属于标准的蓝筹股票，具备一定的上升空间。准确地讲，万科属“金融屠夫”及“资本野蛮人”眼中的奢侈级“猎物”。

2015年1月，前海人寿在二级市场开始试探性买入万科股票，通过竞价方式买入136万股万科A，成交价为13.13元~13.60元，随后不久在12.98元~13.2元卖出64.2万股；2月，前海人寿再以11.89元抛售114万股，这一卖出价几乎是当月万科股价最低点。两次卖出万科股份总数，超出1月份买入数额42.2万股，表明前海人寿早在2014年就已经持有万科股票。

2015 年 3 月，在割肉清仓后，前海人寿再次买入 3050 万股万科 A，并在 4 月份清仓；6 月，前海人寿以 14. 74 元买入 2. 05 万股万科 A，当月以 13. 16 元卖出 8700 股，高买低卖。频繁买进卖出，意在“操练”“演习”。

在 2015 年 6 月底，前海人寿持有的万科股票仅为 11861 股。进入 7 月份，前海人寿便大举买入万科股票，仅仅 8 个交易日，就买入 5 亿多股万科股票。2015 年 7 月 10 日，万科公告，前海人寿买入 5. 53 亿股万科 A 股，达到 5% 的举牌线。截至目前，前海人寿共动用 104. 22 亿元保险资金购买万科 A 股票，其中包括万能险账户保费资金 79. 6 亿元和传统保费资金 24. 62 亿元。本次权益变动前，前海人寿未持有万科的股份。

日期	买卖方向	价格区间（元/股）	成交数量（股）
2015 年 1 月	买入	13. 13 ~ 13. 60	1, 360, 161
2015 年 1 月	卖出	12. 98 ~ 13. 20	642, 000
2015 年 2 月	卖出	11. 89	1, 140, 100
2015 年 3 月	买入	12. 44 ~ 12. 58	30, 500, 156
2015 年 3 月	卖出	13. 18	100
2015 年 4 月	卖出	14. 12 ~ 14. 83	30, 499, 956
2015 年 6 月	买入	14. 74	20, 500
2015 年 6 月	卖出	15. 63	100
2015 年 7 月	卖出	13. 16	8, 700
2015 年 7 月	买入	13. 28 ~ 15. 47	655, 661, 803

公开资料显示，前海人寿 2015 年 7 月份增持价格区间为 13. 28 元/股 ~ 15. 47 元/股，以中间价 14. 375 元/股粗略计算，前海人寿此次举牌斥资约 80 亿元。前海人寿一跃成为万科排名第二的股东，仅次于单一大股东华润。

2015 年 7 月 14 日，万科推出颇为诱惑的分红方案，每 10 股现金分红 4. 75 元；7 月 14 日万科执行副总裁王文金自掏腰包 42 万元在二级市场增持；7 月 17 日，万科公告 100 亿回购的预案得到股东大会通过，回购价格下调至 13. 2 元/股。

但此刻，人们更多谈论的则是万科总裁郁亮曾经的担忧。2014 年，郁亮表示，“200 亿元就可以把肥的流油的万科拿下”。一年后，新“野蛮人”如约而至，悄然站到万科的门口。

03 钜盛华开始登场

像这样手里有好牌，却不想利用它的价值，又习惯过舒服日子的公司，如果赶上市场低迷，投资被套的时候，“野蛮人”就会出现。

——郁亮 2014 年 3 月

5% 依然只是个试探。

前海人寿只是个先锋，钜盛华才是主力部队。

2015 年 7 月 24 日晚间，万科再次公告前海人寿近期通过集中竞价交易买入万科 A 股 1.03 亿股，占万科总股本的 0.93%；同时其一致行动人深圳市钜盛华股份有限公司买入万科 A 股 4.5 亿股，占万科目前总股本的 4.07%。

此次举牌，钜盛华通过自有证券账户仅买入 2804.05 万股。其余股份由钜盛华缴纳部分现金作为履约保障品，证券公司按比例给予配资后买入股票。其中银河证券买入 2.97 亿股，华泰证券买入 1.24 亿股。通过券商收益互换，钜盛华享有这部分股份收益权。两次举牌，总耗资为 160 亿元左右。本次权益变动后，前海人寿及其一致行动人已占万科总股本的 10%。

钜盛华一登场，即不同凡响。8 月 26 日晚间，万科公告显示，前海人寿继续增持了万科 0.73% 的股份，钜盛华通过融资融券方式继续增持了万科 0.08% 的股份，同时钜盛华以收益互换的形式共计持有万科 4.23% 的股份。这意味着前海人寿及一致行动人此次共计增持了万科 5.04% 的股份，再加上此前两次增持，持股量达到 15.04%，超过了万科第一大股东华润。截至 2014 年底，华润持有万科股份 14.97%。

8 月 26 日晚，万科给媒体发了一份声明：万科是公众公司，万科股票属于公开交易品种，对万科股票的操作，由投资者自行判断和决定；公司管理团队将一如既往地为全体股东服务，努力为全体投资者创造更多价值。

前海人寿回应称：“看好万科，参股只是财务投资”。业内人士则表示：“前海人寿和钜盛华（以下称宝能系）在举牌万科过程中，并不太理会公众和投资者对其评价，说明它战略思路非常清晰，对万科确实是有备而来。”

04 王石的两次密会

心态不正，心境不雅，心界不宽，只看到自身的势，看不到时代的势，这往往是大多企业家宿命。在强大的时势面前，人其实很渺小，企业很弱小。

——韦桂华

2015 年 7 月间，久不参与万科实际管理事务的王石，一身盛装，携同万科总裁郁亮拜访华润决策层，以寻求第一大股东的支持。万科内部消息透露，在与华润集团决策层的会面过程中，双方谈及了近期前海人寿及其关联公司连续在二级市场上举牌收购万科股权的相关事宜。华润集团方面表示，十分关注这一情况，并愿意依据事态发展，与万科一起积极、妥善地面对和处理这一问题。据万科总裁郁亮透露，华润集团表示将继续支持万科。

“我们也的确有顾虑，主要顾虑是未来万科文化延续性的问题，目前万科已经和宝能系进行了初步沟通，主要交流对行业的看法、未来发展的思路等。”2015 年 7 月 31 日，万科企业股份有限公司高级副总裁、董事会秘书谭华杰接受中国房地产报采访时表示。

在宝能系第二次举牌万科，也就是 7 月 24 日左右，王石和宝能系掌门人姚振华在万通控股董事长冯仑的办公室进行了四个小时的长谈，从晚上 10 点谈到凌晨 2 点，但最终结果是双方的谈话不欢而散。

姚振华在谈话中，主要介绍了他的发家史，还反复表达了对王石的认可与仰慕，并暗示宝能系成为万科大股东后，“王石还是万科旗手，还会维护王石这面旗帜。”王石当时的态度是，在那个时间点上选择万科的股票、增持万科的股票是万科的荣幸，但是你想成为第一大股东，我是不欢迎的。在那次谈话中，他们还谈到了万科的另一位大股东华润。姚振华问王石，你怎么能保证华润一直做第一大股东呢？王石说他没办法保证。姚振华问，既然这样，你为什么接受华润不接受我们，就是因为你不愿意接受我们的管理？我们也可以像华润这样做，信任你王石培养的团队，不插手。王石说，你错了，你们对万科根本不了解，你们对华润更不了解。

王石的两次密会，改变了万科未来的运行轨迹，一切皆缘自心态。心态不正，心境不雅，心界不宽，只看到自身的势，看不到时代的势，这往往是大多企业家的宿命。在强大的时势面前，人其实很渺小，企业很弱小。

05 华润夺回第一大股东地位

万科的大股东就是中小股东，这是万科的股权结构决定的。既然是上市公司，股权一定要分散，这是符合全球大公司的基本情况的。公司的大股东应该像华润那样主动承担责任，积极扮演好大股东需要扮演的角色。

——王石 2015 年 8 月 31 日

2015 年 8 月 27 日 23 点 28 分，王石在微博写道，“滨海爆炸，万科三个小区首当其冲，一万多居民撤离家园；股市过山车，野蛮人强行入室……，此值特区成立 35 周年，万科进入 31 周年之际，万科人应对的姿态。”

2015 年 8 月 31 日下午，万科 2015 年第 1 次临时股东大会在总部召开，万科百亿回购计划获得高票通过。王石在会上表示，有些投资者现在疯狂买入，这是他们的选择，“过去有很多股东，都是非常支持万科，没有做过损害公司的事情。包括华润以前作为大股东也是一样，希望现在大股东也做同样的事情”。王石还表示，万科过去一直是股权分散的公司，万科的大股东就是中小股东；万科一直没有绝对控股和实际控制人，但有相对控股，无论第一大股东是谁，管理层仍有积极的发言权。

万科董秘谭华杰表示：“险资三次揽入公司股权后，是万科重要的投资者，当然会有接触。这几次沟通中，其明确表达增持是财务投资，对公司业绩和发展前景看好。”

面对前海人寿和钜盛华连续不断增持万科 A 股，此前 20 年一直身居万科大股东之位的华润，一直蛰伏，没有什么动静。

在被赶下万科第一大股东宝座后，华润开始反击。2015 年 9 月 4 日，港交所权益信息披露显示，华润在 8 月 31 日和 9 月 1 日两次增持万科，分别以均价 13. 37 元每股增持约 752. 15 万股；以均价 13. 34 元每股增持约 2974. 3 万股，两次增持共耗资约 4. 97 亿元。

增持完成后，华润股份共计持有约 16. 9 亿股万科股份，占万科 A + H 总股本的 15. 23%，加上旗下全资子公司中润国内贸易有限公司持有的股份，华润共计持有万科 15.29% 股份，超过宝能系 15.04% 的持股比例，重新回到万科第一大股东的位置。

相关媒体报道，一位接近华润集团高层的人士表示，华润不会轻易放弃万科第一大股东之位。多年来，华润虽然不干预万科的日常经营，但华润利用自己的资源对万科支持很多，而这也是一种投入。

应当看到，作为万科的第一大股东，华润没有在 8 月下旬万科股价跌到 13 元/股以下及时买入，而且增持的幅度有限。业界认为，华润增持之举意义不大，仅是给万科董事会主席王石一个面子而已，以及象征性地捍卫大股东地位。

06 宝能如愿坐上第一大股东宝座

我的立场是英雄不问出处，钱要讲清来历。你不能说卖菜的没资格举牌，但是举牌的钱要认真向社会披露，否则那个后果是各方都难以承担的。

——周其仁 北京大学国家发展研究院教授 2016 年 7 月 1 日

尽管前海人寿对华润表达了高度赞扬，称非常钦佩、敬重华润的领导和管理能力；并表示愿意与华润共同推动万科的进一步国际化和业务转型。但对于华润的增持，宝能也不示弱。

自 2015 年 11 月 27 日起，前海人寿及钜盛华陆续通过南方资本管理有限公司、泰信基金、西部利得基金等七个资管计划增持万科，共买入万科 A 股 5.5 亿股，占公司总股本的 4.969%，合计持有万科 A 股 22.11 亿股，占万科总股本的 20.008%，一举超过华润集团，迅速追赶上万科三方股东合计持股。

12 月 4 日晚，万科对网易房产称，公司股权结构分散，目前第一大股东虽然发生变更，但公司仍不存在控股股东和实际控制人。当晚，一身蒙古袍的郁亮在北京媒体答谢会上发表简短演讲，提到了“千里马”和“狼”，“万科要做千里马，要跑得快，还要能坚持。我们不做凶残的狼。”

宝能系仍在买入。港交所数据显示，12 月 10 日，钜盛华在场内买入万科 1.91 亿股，每股均价 19.33 元，涉及资金 36.92 亿元；12 月 11 日，钜盛华再次买入万科 7860 万股，每股均价 19.728 元，涉及资金 15.51 亿元，均价为 19.728 元。其对万科持股比例升至 22.45%，两天合计增持 52.43 亿元。

12 月 10 日，深交所公司管理部向“宝能系”旗下的钜盛华发出《关注函》，一连抛出了九大关注事项，要求钜盛华及财务顾问在 12 月 14 日前答复并给出证明文件。剑指钜盛华增持万科过程中存在的三大问题：信息披露、资金来源和是否拥有七个资管计划手中的股份表决权。

12 月 15 日晚间，逾期一天后，钜盛华对深交所的《关注函》予以回复。在这份万余字的回函中，宝能系详细回复了深圳证交所的 9 个问题。其中，对于质疑是否延迟公告成为第一大股东事实、12 月 3 日前海人寿的公告是否有违公众监督、是否有实际支配万科 A 股 4.97% 股份的表决权等问题，宝能系给出了“自觉信披并无违规”的理由。但对于自有资金的来源，钜盛华方面仍然没有透露。而在一并披露的万科 A 详式权益变动报告书（修改稿）中显示，前海人寿系继续保留原来的说法：未来 12 个月内不排除进一步增持或减持上市公司股份的可能性。

一问：是否延迟公告成为第一大股东事实？

回复：11 月 27 日的增持，没有触及举牌线，没有改变万科不存在控股股东和实际控制人的状态；而且，当时钜盛华并不清楚华润在万科的持股是否有变动以及变动情况，因此无从判断在 11 月 27 日是否已成为万科第一大股东。

二问：前海人寿的公告是否有违公众监督？

回复：前海人寿不存在应披露未披露事宜，理由有三。一是前海人寿发表上述声明当日未增持任何万科股票；二是到 12 月 3 日，前海人寿的一致行动人钜盛华累计增持万科股票 4.264%，未达到举牌线；三是，钜盛华无法实时确切掌握华润在万科的持股变动情况，无从判断是否已成为万科第一大股东。

在此期间，有媒体刊登了前海人寿的有关报道并自称对相关人士进行了采访，前海人寿于 2015 年 12 月 3 日发表上述声明，旨在说明其未授权任何媒体和个人发表有关公司的信息。

三问：是否有实际支配万科 A 股 4.97% 股份的表决权？

回复：确有 7 项资管计划表决权

值得注意的是，12 月 10 日证交所发出关注函后，12 月 14 日、12 月 15 日，钜盛华分别与泰信基金、西部利得基金再次补充签订协议，“出具指令”一词均被删除或替代，原因未披露。作为保障，各方约定将资管计划份额净值 0.8 元设置为平仓线，低于或等于平仓线时，钜盛华需按照管理人要求及时追加保障金。

30 年未有之大变局，应在了万科身上，宝能打破了 15 年来华润作为万科第一大股东的地位。

07 “气质”的歧见

你想增持万科股票，是万科的荣幸，但是想成为第一大股东，我是不欢迎的。

——王石 冯仑办公室 2015 年 7 月

2015 年 12 月 6 日，万科周刊发布一篇《投资者最近增持万科，主要是看上了哪一点丨深度解读》的推送，文中只有万科董事长王石的一张照片以及一句话：“主要看气质”。

2015 年 12 月 17 日傍晚，在北京朝阳公园南门西侧一幢四层小楼内的北京万科总部，王石首度发声，公开挑战宝能系，中国 A 股市场历史上规模最大的一场公司并购与反并购攻防战自此正式进入正面肉搏阶段。

王石在谈话中明确态度：不欢迎宝能系成为第一大股东。在王石看来，万科这样具备制度化和企业信用的企业，更需要优质的大股东在战略和信用体系上精心维护，而宝能系却在这方面与万科气质不符，王石直言：“你想增持万科股票，是万科的荣幸，但是想成为第一大股东，我是不欢迎的。”在王石看来，不欢迎的原因有二：一是宝能系“信用不够”。王石称，万科多年来股权分散，而在此情况下却靠着制度和团队受到了中小股东多年的跟随，如果宝能系通过大举借债、强买成为第一大股东，甚至私有化，很可能毁掉万科最为值钱的东西，那就是万科的品牌信用，这也是万科最大的无形资产。王石表示，由于都是在深圳发家的企业，对于宝能系知根知底，在王石看来宝能系的信用体系远不如万科。

“一旦宝能系控股，大的投资公司、大的金融机构以及商业评级机构会对万科的信用评级重新调整。最近几年，国际机构给万科的评级是全世界地产公司中最高的，这意味着我们的融资成本非常低，一旦宝能系进来，这个大股东的背景就可能影响万科的评级。”。

“万科的股票当然可以随买随卖，但是一旦超过5%，就不是短期投资。短债长投，这个风险是非常大的。尤其到了20%之后，拉了几个涨停板后还在买。我和郁亮的态度在他增持到10%的时候就一致了，现在更加明确。宝能系层层借钱，循环杠杆，没有退路。一直这样滚雪球滚下去，就像美国20世纪80年代的垃圾债券、杠杆收购，一旦撑不下去，后果不堪设想。”

“他们增持到30%之后，可能会要求召开临时股东大会，另外还可能在社会上散布我和郁亮不和的谣言，或者用其他方式分化瓦解万科管理层和员工，这些手段都是无用功。”

“现在宝能系一味倚靠资本的力量，但是社会已经到了依靠知识、依靠信用的时代。一旦你影响到万科品牌的信用，影响到万科的客户，影响到万科上下游产业链，这个时候只能说对不起，我们要为万科的信用、为万科这个品牌而战，为中小股东而战。”

12月18日，万科总裁郁亮出席成都举办的2015年万科媒体答谢会时表示，尽管和王石在性格、爱好等很多方面不一样，但是没有任何理由不跟王石在重大事件上保持一致。

25年前我面试万科就是王石，十年后我与王石交流更多，他喜欢高山我喜欢大海，大山雄伟，大海海纳百川，后来变了，他喜欢海我喜欢山。王石比我更理想，更理性。我属于闷骚型，对王石的表现能力，我自叹不如。

主席现在航海，推广赛艇运动；我这边在推广乐跑，这个好像爱好不同，但爱好本质相同，我们都爱好健康的运动，并希望把它带给更多的人。尽管我们在很多方面如语言表达、做事习惯不同，但在重大问题面前从来都是一致的。12月10号，是我加入万科整整25年。

宝能利用杠杆收购获取最大利益，我们今天遇到的情况与恶意收购一样。风险在哪里？以史为鉴，看美国20世纪80年代，无论是收购方和被收购方都不成功，投资者和银行都受到损失。20世纪的恶意收购都是不成功的，所以买万能险的投资者要注意，管理团队与股东有分歧是有风险的。

鞭策对我们来说，都是非常珍贵的，我在这里代表整个万科地产谢谢你们对我们的支持和帮助，谢谢！谢谢！

其后，王石微博转载一篇文章《万科被野蛮人侵背后的真相，一场大规模洗钱的犯罪》，文章称“保险公司成为一个洗钱的重要通道，就是大量的黑钱通过定向买入万能险或者投连险”。这条微博很快被删除。

随后，前海人寿在声明中提到，万能险起源于欧美，已有近百年历史，2000年左右引入中国，是人身保险常见的产品类型之一。

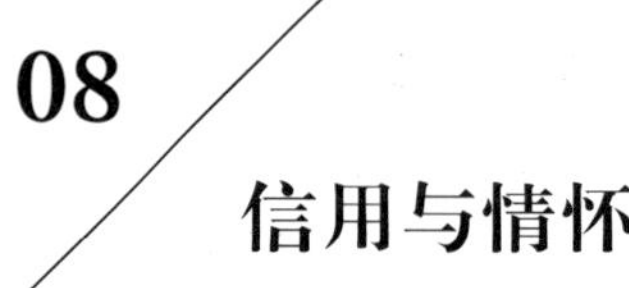

08 信用与情怀

记住，你如果来资本市场，就不要谈情怀。你让你的公司上市，就必须接受上市公司的游戏规则，必须尊重规则，否则，你就是耍流氓！

——马光远

2015年12月21日，王石在新浪微博发表题为《信用与情怀》的文章，回应外界对其道德绑架宝能的说法。文章指出，17号北京公司内部讲话，谈到管理层对宝能系增持万科股份的态度：不欢迎宝能系成为第一大股东。理由简单：信用不够。“讲话传出，矛盾公开激化，一种声音简单解读为‘情怀与资本’的对决，有人说我对宝能的态度是道德绑架。‘信用不够’并非道德评判，而是风险考量。”王石称，在国际资本市场，信用评级是融资成本的决定性因素。当然，信用有一个逐步积累的过程。“你的信用不够”，不一定是你不讲信用，而是因为你的积累时间还不够。信用本身就是最强的资本。

马光远对王石的《信用与情怀》提出质疑：上市公司本质上是“资合公司”而不是“人合公司”，这里要的是资本，是钱，是白花花的银子，一个人拿着自己的钱要，总比空谈情怀靠谱吧？

马光远在这篇《只讲情怀，不讲规则，是耍流氓》一文中指出，乔布斯当年被苹果赶走，没有人谈情怀；丘吉尔带领英国取得二战胜利，随后被英国人民用选票赶下台，没有人谈情怀。因为他们知道，尊重规则比空谈情怀更重要。只有对规则宗教般的信仰，才有对股东利益最好的保护。

他说，我不知道那些在这个时候大谈情怀到令人作呕程度的人，不知道他们是王石的真朋友，还是这个时候专门黑王石的。这和那些动辄拿王石的私生活说事的格调一样低下不堪。

12月22日，郁亮在其朋友圈说：“半百人生，从今开始。五年前，当我还是个胖叔叔的时候，开始为自己准备五十岁的生日礼物：登珠峰、跑全马和练出六块腹肌。为了不给自己留退路，我选择了从最难最危险的珠峰开始，这些看起来很遥远的目标如今逐一实现。人的潜能是无限的，只要心存梦想，坚守信念，勇于接受挑战，青春随时再出发。个人如此，企业亦如此。”

09 凶猛的资本玩家

潮州人在文化上十分独特。他们操纵着地球上最有钱、最强大的地下网络，是世界上最早的跨国公司之一。组织严密且向心力强。

——斯特林·西格雷夫《龙行天下》

宝能如此凶猛的买入，势必引发人们的关注：宝能，乃何方神圣？

公开资料显示，前海人寿成立于2012年2月，由深圳市钜盛华实业发展有限公司、深圳市深粤控股有限公司、广州立白企业集团有限公司、深圳粤商物流有限公司、深圳市凯诚恒信仓库有限公司、深圳市健马科技开发有限公司等6家公司共同发起筹建，注册地为深圳，注册资本为10亿元，主要经营区域为广东省。2013年9月26日，保监会批复了前海人寿的增资事项，注册资本变为20亿元。2013年12月26日，保监会再度批复前海人寿的注册资本变更为25亿元。2015年1月，前海人寿注册资本增至45亿元，这是前海人寿成立3年来的第4次资本扩张。2014年5月12日，上海分公司开业，打响广东省以外扩张的第一枪；2015年4月江苏分公司开业。目前，前海人寿在全国落子已20多家。

2013年是前海人寿开业第一个完整年度，规模保费突破百亿元，达143.1亿元，从其保费收入结构看，前海人寿保费的激增主要还是依靠销售“高现金价值保险产品”，即万能险。2014年，实现规模保费收入348.2亿元。在2015年前7个月的寿险公司排名中，前海人寿以420亿元保费收入、同比增长131%、全国市场份额2.8%位居全国第11位，排在中型保险公司第一的位置。

据保监会披露，前海人寿2015年1—10月原保费收入为136.45亿元，保户投资款新增缴费则高达481.5亿元。前海人寿2015年11月万能险结算利率公告显示，目前共有36款万能险在售，其中25款万能险年利率超过6.00%，最高达7.45%，仅有1款低于5.00%。

与前海人寿一起举牌万科的钜盛华，持有前海人寿20%的股本，而钜盛华99%的股本被深圳市宝能投资集团持有，前海人寿由此被人们视为宝能系旗下的金融旗舰。

深圳市钜盛华股份有限公司成立于2002年1月28日，注册资本163.03亿元，主营业务为实业投资与投资管理，以金融为纽带，涵盖现代物流、健康医疗、绿色农业等多种业态。数据显示，截至2015年12月30日，钜盛华总资产约2603.39亿元，营收约92.06亿元，负债约1964.79亿元，资产负债率为75.47%，利润总额约261.18亿元。公司实际控制人为姚振华。

姚振华曾经在公开场合称，“2014、2015、2016年都是前海人寿高速发展的机遇期，高速成长必然带来保费的增长，保费的增长必然带来投资的压力，把这些钱投向哪里?”

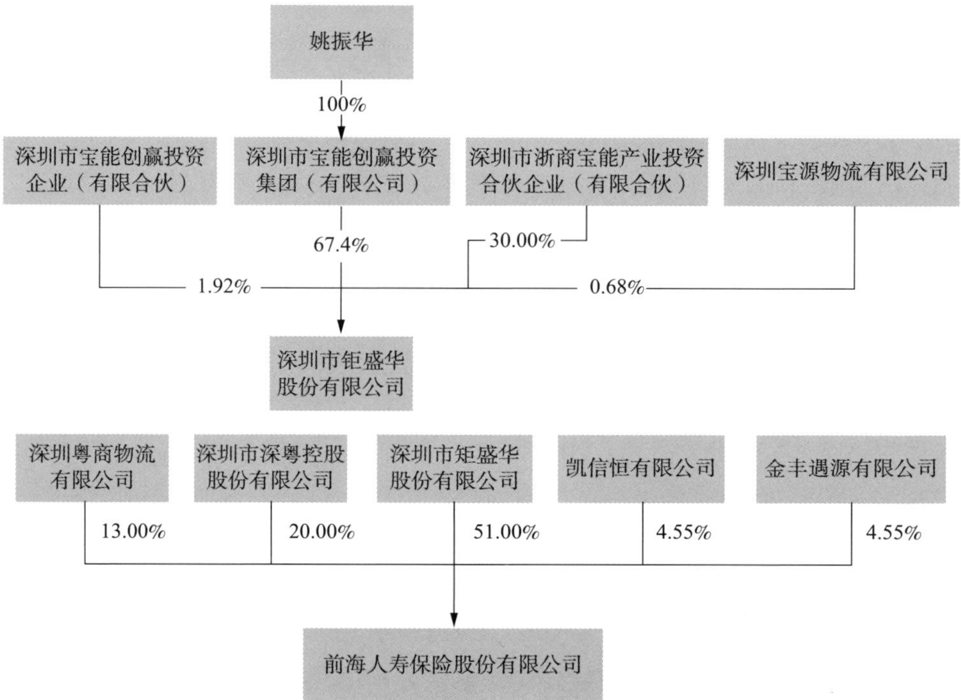

姚振华虽在万科股权之争前不为社会公众所周知，但也并非寂寂无名。2014年福布斯富豪榜中，姚振华以45.3亿元的身家位列第359位。福布斯中文网对姚振华的简介显示，早年靠卖蔬菜起家的宝能集团掌门人姚振华，现在构筑了一个多产业的庞大帝国。

姚振华掌控的庞大而神秘的商业王国，以宝能集团为平台，地产为主业，业务板块涉及综合物业开发、现代物流、商业运营、文化旅游、民生产业和金融产业等。在金融领域，目前已经布局了七大板块，包括保险（前海人寿）、保险经纪（前海世纪保险经纪）、保险公估（前海保险公估）、融资租赁（深圳前海融资租赁金融交易中心有限公司）、小贷（深圳市粤商小额贷款有限公司）、公募基金（新疆前海联合基金管理有限公司）、融资担保（深圳市前海融泰信用融资担保有限公司）。

姚振华1970年2月出生于汕头老潮阳棉城，1988年进入华南理工大学，攻读工业管理工程和食品工程双专业，1992年本科毕业，时逢邓小平南方讲话，便奔赴深圳。1996年，姚氏家族“新保康净菜超级市场”买卖开始起航，这成为坊间流传姚振华"卖蔬菜"起家的来源。

姚振华有一个胞弟姚建辉，1971年出生，两人被外界并称为姚氏兄弟。姚氏兄弟通过新保康净菜超市赚得"第一桶金"，开始进军房地产业，由此开启宝能系"多元化"发展的第一步。

宝能对外宣传称，其踏入地产事业的第一步，是1998年启动的深圳市福田区中港商业城项目。该项目为商住综合体，位于福田区福强路与石厦路交界处。但事实上，宝能进军房地产业的时间或许要更早。

2000年，姚氏兄弟的生意正式开始以“宝能”命名。2006年5月20日宝能投资与法国未来乐园集团签订总投资额为16亿元人民币的“深圳未来乐园”项目，乐园选址西丽，整个工程预计3年内完工。一年后的2009年6月，许宗衡落马。未来乐园项目则停留在了2008年。2013年，宝能商业宣布要效仿万达在5年内投资1200亿元，建设40个购物中心，全部自持。

网上流传一个关于姚振华的惊艳段子：

几年前的一天，宝能系老板姚振华坐在深圳的办公室里，在百度里搜索自己名字，百度马上弹出了一堆联想词汇“鸨能系”“姚正滑”“发家史”“靠山”。这位潮汕商人惊恐万分，对身边穿着制服的女秘书说：“亲，快去找百度，让他们设置下，在百度里绝对不能搜到我的名字！”

几年后，那位身着制服的女秘书一夜之间上位，成了姚振华的正房太太。那位想刻意低调的潮汕商人也在一夜之间上位，成了全球第一大开发商万科的第一大股东。他可以花400亿成为万科第一大股东，但他就算花400亿，现在也没法把“姚振华”三个字从网络世界抹掉了。

2016年5月16日，保监会批复同意新疆前海联合财产保险股份有限公司开业，注册资本为人民币10亿元，法定代表人为姚振华。7月7日，保监会核准姚振华新疆前海联合财产保险股份有限公司董事长的任职资格。

新疆前海联合财产保险股份有限公司包括深圳粤商物流有限公司、深圳市钜盛华股份有限公司、深圳建业工程集团股份有限公司、凯信恒有限公司、深圳市深粤控股股份有限公司。这些股东公司均为“宝能系”旗下，意味着新疆前海联合财险是“宝能系”旗下又一新开业保险公司，表明“宝能系”在寿险、财险领域也已完成布局。

潮汕人善于经商，民国初《清稗类钞》有一则《潮人善经商》的记述：“潮人善经商，窭空之子，只身出洋，皮枕毡衾以外无长物。受雇数年，稍稍谋独立之业，再越数年，几无不作海外巨商矣。”我结识的第一位潮汕人也姓姚，为姚记扑克掌门人姚文琛，那是在10多年前，姚记扑克还未上市，我在森达集团任副总经理，姚文琛有意邀请我加盟姚记，但最终擦肩而过；我结识的第二位潮汕人黄光裕，2010年与陈晓发生控制权之争，成就了我的著作《国美之战》；不曾想这次又碰到位潮汕人。

“潮汕人不需要鼓励，他们天生就有人人做老板的意识，自然而然的产生‘宁可睡地板，也要做老板’的思想观念，他们的父辈老是给新生代灌输这样的思想。”在清朝，潮商与晋商、徽商并列为三大商帮；在当代，不仅有中国香港商界老一辈掌舵人李嘉诚、李兆基，而且有多年盘踞广东的合生创展朱孟依、观澜湖地产创始人朱鼎健，还有奥飞动漫创始人蔡东青、国美电器创始人黄光裕、腾讯科技创始人马化腾……每一个都是如雷贯耳。曾有媒体统计，在2000年潮商最鼎盛的时期，中国香港股市40%的市值为潮汕人所有。

在资本市场，潮汕人一向是谁与争锋的狠角色，敏锐、胆大、敢冒险、作风凶悍。前海人寿自成立以来，共披露了15起重大关联交易，这些关联交易均与地产有着或多或少的联系。公开资料显示，前海人寿在2015年4月份通过集中竞价方式购买中炬高新7250.52万股，占中炬高新总股本的9.1%，持股比例逼近第一大股东中山火炬集团的10.72%股权，相差仅1.62%。此前，前海人寿还分别参与了华侨城A和南玻A的定增。通过增持和定增，前海人寿已顺利入主南玻A。前海人寿还以40亿参与华侨城的定增。

一道独特的风景是，从2014年开始，包括金地、金融街、佳兆业、华业集团、碧桂园等一批龙头房企，均在资本市场遭险资大鳄们的举牌或收购股权。最受关注的是2014年三季度末，同为“潮汕帮”出身的生命人寿，一度持有29.9%的金地集团股份，接近要约收购红线。

据 Wind 数据统计，133 家 A 股房企中，被险资进入前十大股东的房企为 23 家，占比达到 17%。其中，中国人保入股 5 家房企，安邦保险入股 4 家，中国人寿入股 3 家，生命人寿入股 2 家。

凶猛大胆的“资本玩家”，剑指万科，意欲何为？

10 20 年前的敲门声

参与一场推动前进的智慧与阻碍我们进步的胆怯无知之间的较量。

——1843《经济学人》（Economist）杂志

宝能，不是站在万科门口的第一个“野蛮人”。

1993 年 5 月 28 日万科成功发行 B 股。1994 年 3 月 30 日下午 3 时，君安证券宣布君安代表委托的四家股东——深圳新一代企业有限公司、海南证券公司、中国香港俊山投资有限公司和创益投资有限公司（四公司共持有万科总股份的 10.73%）发起《告万科企业股份有限公司全体股东书》，全文一万多字，直指万科经营和管理中存在的问题。

君安证券在其主导的发布会上提出，万科的产业结构“分散了公司的资源和管理层的经营重心”，已经不能适应现代市场竞争。君安证券等股东要求对万科业务、管理层进行重组，并推荐 8～10 位董事候选人进入董事会。

对于当年的“万君之战”，王石自己在《道路与梦想——我与万科 20 年》一书中详细记录了这段历史——

要知道，股民希望股价上涨，君安改组万科的提法对于不了解情况的股民而言，是一个相当不错的题材——市场上并不知道君安意图收购万科，只知道君安进行制度创新，建议改组董事会。只要股价上涨，就证明君安提出意见的正确性，股东大会就会顺理成章的召开，大会一开，便是万科易主之时。

所以，我们唯一能做的就是申请停牌！在停牌的时期内推动市场将这些消息充分消化。只要市场认为这不是一个收购题材，万科的股价便可以保持平稳。而新一代拥有万科 6.2% 的股份，海南证券公司占 1.1%，俊山投资和创益投资共占3.43%，中创公司则占万科股份的3%，万科如果同时能够争取到其他部分股东的支持，争取发起宣言的部分股东退出授权，便可成功击退来势汹汹的君安。

在约见部分股东的同时，我约见张希普，同他继续沟通，到了晚上9点多钟，张希普终于同意在退出委托股东队伍的声明上签字。而时任深圳市投资管理公司产权管理部部长的马恭元也明确表示了对万科的支持。

3月30日晚上11点，我和副总经理赵晓峰带着经张希普签字的声明，连夜赶到深圳发展中心大厦君安总部进行沟通。毫无疑问，根据目前的态势，作为持有万科股票6.2%的股东新一代，只要他退出倡议名单，君安所能控制的股份就很难达到10%。这样，君安要求召开临时股东大会的要求就无法成立。出乎我意料的是，张国庆竟然拿出一份新一代授权君安作为改革倡议行动的财务顾问的委托书！原来，君安在万科毫不知情之时，已经完成了具有法律效用的一系列精心策划和准备。与此同时，君安已经聘请了具有强大人脉关系和专业能力的中信作为法律顾问。

返回公司后，万科的高层还没有离开，我们便彻夜讨论，研究对策。

3月31日，一场角斗由深圳特区报上同时刊载的《告万科企业股份有限公司全体股东书》和张希普宣告退出倡议的声明拉开了颇有戏剧性的序幕。

上午，万科更换了具有更为强大能力的法律顾问，由中国香港一家律师行回应万言书，并请到证券法的起草人之一顾耕民帮助我们研究对策。并且，深圳特区发展公司总经理王新民也将行使股东权益的表决权授权给万科，万科还迅速获得了证券管理办公室和深圳证券交易所的豁免，得以在下午的会议上披露公司业绩。

而在上午同宁志强通的电话，则证实了之前我的一个怀疑：在30日夜晚我们的讨论中，我觉得君安突然发难并不是为了并购，而是在改组过程中出现的一个收购概念，如果这个假定成立的话，君安并不是为了买而发难，而是为了卖。那么，如果进行这样的交易，恐怕在股票市场上一定有基于内部交易而提前建立的仓位。经过核查，我们发现有两个仓位，一个在丹东，另一个在太原。而这两个仓位都是在君安证券公司建立的，这两个仓位的投资人正是宁志强。

下午2时，在水贝二路工业大厦，我和时任万科副总经理的陈祖望及万科财务股份有限公司总经理郁亮同时登场。由我先将公司情况做简要陈述，然后展开反击。会议上，万科又明确表示，已经在今日停牌基础上向深交所申请明日继续停牌一天。

我心里非常清楚，君安还掌握着撒手锏，新一代的委托给君安发言的6.2%股权仍旧是一个无法绕过去的槛儿。中创公司已经退出，占有1.1%的海南证券和占有2%的国有股的态度就成为君安能否成功举行股东大会的关键。当时管理国有股的是李德成，现在的政协主席。在君安和万科同时提出自身期望之时，李德成选择了弃权。

随后，海南证券也退出了联合发出声明的行列。同时在4月1日星期五，万科股票再次争取到停牌。

同日下午，深圳新一代企业有限公司在深圳阳光酒店举行发布会，向社会公众解释了其授权君安为财务顾问而后取消的始末，随后授权我为新一代担任这次新闻发布会的发言人。

星期六清晨，证监会正式下达红头文件，因可能牵扯到内幕交易给深交所施加压力，同意再次停牌。这一招，君安是无论如何也没有想到的。连续4天的停盘，加之星期日一共5天，市场已经足以消化纷至沓来的信息，股价根本无法操纵起来。

万科也在这一天再次发布公告，明确对君安这种行为予以反击。到了星期一上午开盘，所有的亲历者几乎都在看着这只股票。开盘时，万科的股票开始上升，而后停顿一下便归于平静

一切归于平静

1994年4月4日下午，万科召开新闻发布会宣布战斗结束。

今天，历史性一幕又一次出现在万科这只个股上，“宝能系”“不打招呼就进门，而且无视主人是谁”。2015年12月21日，王石在微博上致敬：“潮汕商帮是中国传统商帮的一支，聪明能吃苦善经营，其足迹遍布五湖四海，至今更在商场上扮演重要角色，成果累累。我佩服潮汕商人，万科不乏优秀的潮汕员工，老王亦有许多潮汕朋友。”

11 深振业的“三年之战”

但凡我们用生命去赌的，一定是最精彩的。

——唐万新

潮汕人往往被喻为中国的犹太人，他们对金钱的敏感超过任何其他商帮，他们的血液中流淌着市场精神和重商精神。潮汕三面高山环抱，一面大海浩瀚，是中国唯一一个富有海洋精神的地方，信奉“商者无域”。

早在5年前，宝能系就在中国资本市场掀起过一场腥风血雨，当时的交易对手是深圳国资委，两者就深振业的控股权展开了为期三年的争夺战，最终在深圳国资委的强势反击下偃旗息鼓。

2010年6月，宝能系通过钜盛华和银通投资向深振业的控制权发起攻击。2010年7月20日，深振业披露公告称，2010年6月18日至7月15日，深圳钜盛华实业与关联方银通投资通过二级市场，合计买入深振业A股3804.7万股，持股比例越过了5%的举牌红线。

深振业的第一大股东为深圳国资委，持股比例为22.07%。，面对突然出现的挑战者，在沉默一周后开始强势反击。2010年7月30日，深振业披露公告称，公司现第一大股东深圳国资委及其一致行动人于7月26日~7月29日4天内猛砸2.9亿元，闪电购入公司3793.37万股达到5%的举牌线。

挑战者“宝能系”举牌后也并未罢手，在2010年7月23日、26日和27日再度买入1783万股，占深振业A总股本的2.34%。到2010年12月，宝能系通过二级市场增持深振业A，持股比例达到10%，持股数7609万股。

2011年8月3日，钜盛华实业和银通投资将所持有的9892.5万股深振业A质押给中诚信托。9月宝能开始新一轮抢筹。2012年3月23日，钜盛华实业通过深圳证券交易所集中交易系统累计增持深振业A10万股股份，华利通投资通过深圳证券交易所集中交易系统累计增持深振业A4935万股股份，合计增持占深振业总股本的5%。至此，宝能系共持有深振业A1.48亿股，持股达到15%。

2012年5月14日，深振业A召开股东大会，此前宝能系提名7名董事人选，后撤销2个提名。董事会改选结果是，宝能系提名的5人中，有3人进入深振业 A 董事会，其中两位为董事，一位为独立董事。姚建辉在深振业 A 股东大会上直言，在政策允许的前提下有意把优质资产注入上市公司中。

2013 年 1 月 21 日，深长城将所持有的所有“深振业”A 股票协议转让给远致投资。6 月 25 日，深圳市国资委及远致投资再次增持深振业 A，合计持股比例达到 30. 363%。2014 年 2 月到 10 月间，深圳国资委及其一致行动人远致投资先后 5 次密集增持深振业 A，到 2014 年 10 月 15 日，深圳国资方面持股比例达到了 34%。深圳国资委毫无隐晦地表示，增持的目的为维护深圳市国资委对深振业的控股权。

宝能将资产注入上市公司并夺取深振业的控制权预期彻底落空，2014 年 11 月开始减持深振业 A，并最终出清所持有的深振业 A 股票。一场为期三年的股权争夺大戏就此落幕。

12　万科临时停牌

如何避免内部人控制，如何避免大股东一手遮天，如何保护创业者的激情，我们对此没有足够的思考。中国公司不仅需要一个强健的肌体，还需要一个强健的大脑和一个强健的心脏。

——韦桂华《国美之战》

未能免俗。

当“宝能系”兵临城下之际，万科最终还是采用了上市公司应对“野蛮人”的传统套路——停牌。

2015 年 12 月 18 日午间，万科 A 发公告称，因公司正在筹划股份发行，用于重大资产重组及收购资产，股票自 18 日下午起停牌，待公司刊登相关公告后复牌。12 月 20 日晚，万科再度公告确认，本次停牌将涉及重大资产重组，预计在不超过 30 个自然日的时间内披露重组方案。

18 日晚，在新浪网发起的近 3 万人参与的网络投票中，宝能系的支持率为 50. 5%，王石等管理层的支持率为 49. 5%，双方支持力量呈势均力敌之势。

当日晚间，还有一份疑似宝能“五问王石”的回应在网上广泛流传。该回应中质问王石在这样的关键时刻代表郁亮、代表员工、代表社会的秩序来发言，是否要有代表资格的确认？

Round　1

王石：我有钱，有信用，你不行！

宝能系不能成为第一大股东的原因有很多。首先，宝能系的信用等级不够。从宝能系的投资历史来看，宝能系的作风通常是富贵险中求，宝能系入股深业物流的三年后，股份分拆令宝能系获得了深业物流品牌的使用权。宝能系就是用这种办法发家的，这是万科不能接受的。

万科在近几年的企业评级中，在全世界地产公司中是最高的，一旦宝能系进入万科，他的背景可能会影响万科的评级。从交易额来讲，宝能的交易额跟万科比差得太远，如果让宝能来管控万科，能力是根本不够的。

宝能：我……也有钱！

企业信用的本质由什么构成？万科多卖房子体现企业的信用，宝能在资本市场受追捧为何不代表拥有同样的信用？

Round　2

王石：你才没钱，你的钱都是杠杆撬来的！

宝能系斥巨资收购万科的股份，高达22.45%。但宝能系收购万科用的是短债长投，他们用了大量的杠杆，几何倍数地放大了前海人寿的自有险金去收购万科的股份。

资本对资源的有效配置和追求透明的社会秩序本身是没有矛盾的，但宝能系的做法根本不能称为是对资源的有效配置。他这种滚雪球的方式是没有退路的，一旦撑不下去，后果不堪设想。

万科在乎的是自己的品牌，宝能系的做法对于稳健发展的万科来说是不能接受的。而且这一次万科的股权大战，可能引发中国的金融危机，将我们每个人都裹挟其中。

宝能：你管我钱哪来的，杠杆也合法！

资本对资源的有效配置，和追求透明的社会秩序的矛盾在哪里？

Round　3

王石：我原来的好基友华润对我真的好！

宝能系只看到了华润与万科的表面关系，对万科不了解，对华润更不了解。华润在做大股东的时候，表面上看，是将所有的管理权交给王石，但实际上，华润在整个管理架构的监督上起到了至关重要的作用。

万科曾经的高层管理人员，很多都是华润聘请或者他们推荐后选举出来的。华润推荐他们，就是对整个公司负责，对全体股东负责，对中小股东负责的一个态度。除此之外，华润作为国际化的公司，在万科的发展中都扮演着重要的角色。

宝能：老古董华润已经过时啦！

在房地产市场进入“白银时代”，加大资本投入，对中小投资者是利好还是利空？

Round　4

王石：我们是有知识有信用的社会企业！

万科能从一个小公司发展到现在的规模，靠的是荣誉和品牌的力量，诚心的力量。现在的社会是依靠知识和信用的时代，这是万科的无形资产，是属于整个企业和万科所有人的。只要这些无形资产还在，就一定会有资本支持我们。而宝能系一味地倚靠资本的力量，一旦宝能系影响到万科品牌的信用，我们一定会为万科而战。

宝能：归根结底还不是为了挣钱！

万科作为一个品牌企业，它的无形资产到底是属于企业的，还是部分人的，是可以带走的，还是不应该带走的？

Round　5

王石：我跟郁亮团结一致，代表小股东利益！

王石这一发言不仅表明了他的个人立场，也表明了万科管理层是齐心在战斗。郁亮也曾公开表示“局面是清晰的，齐心是必然的。”

宝能：别闹了，你代表不了那么多！

在这样的关键时刻代表郁亮，代表员工、代表社会的秩序来发言，是否要有些代表资格的确认？

裁判

证监会：你们玩，你们玩，不关我事！

今天下午，针对媒体对宝能系杠杆收购万科股权一事的关切，证监会新闻发言人张晓军表示，市场主体之间收购、被收购的行为属于市场化行为，只要符合相关法律法规的要求，监管部门不会干涉。

万科与宝能的战争，从“明刀明枪”开始转入“隔空暗战”。中信证券一名分析师指出，万科选择午间紧急停牌，或者是已经意识到事态的严峻甚至失控。万科管理层可能一直过于自信，迟迟未能出手，现在的局面已经非常被动。

13 万科安邦“在一起”

没人是完全自由的，即使是鸟儿，也有天空的约束。

——鲍勃·迪伦（Bob Dylan）

万科停牌后，2015 年 12 月 18 日到 12 月 20 日，媒体出现各种各样白衣骑士出场拯救万科的传闻，传言更绘声绘色地说中粮集团要借给王石 200 亿元。

2015 年 12 月 21 日，王石微博晒出泛舟北京通州大运河的照片，其微博配文是“零下 3 度，四人双桨……通州大运河是京杭大运河的起始端，京杭大运河是世界上古老的运河之一，开凿至今已有 2500 多年的历史。其部分河段依旧具有通航功能。”

2015 年 12 月 23 日早晨，王石登门拜访瑞士信贷，在演讲中表示：“停牌是为了做资产重组和重大收购。因信息披露的要求，细节不能透露。但肯定不是毒丸计划，更不是焦土战术。无论重组还是收购，能提升公司价值是底线。”王石还表示，从他掌握的情况来看，安邦应该和宝能不是一致行动人。安邦每次增持都和万科详细沟通，强调自己只是财务投资者。如果安邦和宝能不是一致行动人，那么万科股权大战的后续恐将有更多可能性。

此时，安邦保险持有 7.01% 的万科 A 股份，是左右双方战局十分重要的一股力量。成立于 2011 年 6 月 28 日的安邦保险，是近年崛起的一股金融新贵。其官网数据显示，安邦保险总资产规模已达 7000 亿元，其版图包括产险、寿险、健康险、养老险、国内资产管理公司、香港资产管理公司、保险销售、保险经纪，此外业务触角还包括了成都农商银行、邦银金租、世纪证券。2014 年先后举牌招商银行、金地集团、民生银行，收购华尔道夫酒店和比利时 FIDEA 公司，并成功向民生银行和招商银行派驻了董事。仅 2015 年 12 月安邦保险就在 A 股市场举牌 7 家公司。

2015 年 12 月 23 日深夜，万科集团在其官网发布《关于欢迎安邦保险集团成为万科重要股东的声明》，声明中称，安邦保险集团在举牌万科后，万科与其进行了卓有成效的沟通。安邦保险集团是国际上著名的中国公司，是令人尊敬的专业投资者，具有强大的资本实力和丰富的海内外地产投资经验，近年在保险、银行、投资等领域成绩卓著，亦是中国“一带一路”战略的优秀践行者。万科在声明中称欢迎安邦成为万科重要股东，并愿与安邦共同探索中国企业全球化发展的广阔未来，以及在养老地产、健康社区、地产金融等领域的全方位合作。

仅隔不到半小时，安邦集团在其官网也发表声明称，万科是中国房地产行业公认的标杆企业，拥有业内最优秀的团队和最受认可的品牌、信用。我们看好万科发展前景，会积极支持万科发展，希望万科管理层、经营风格保持稳定，继续为所有股东创造更大的价值。

安邦与万科遥相呼应，是利益上的各有所得还是政治上的嗅觉灵敏，不得而知，但万科安邦站“在一起”，这确是呈现给股市的一个客观现实。

2015 年 12 月 25 日，万科公告表示“希望实现多赢”，也希望管理层获得所有股东支持。而另一方面万科公告强调，停牌是为进行重大资产重组，方案还在筹划中，底线是提升公司价值。万科管理层表示，“希望公司的文化、品牌、信用能够保持，这是公司最珍贵的财富。”万科管理层为此希望获得所有股东的支持，而获得所有股东支持的前提基础是“证明现有团队是业内最好的团队”。

在 12 月 25 日证监会例行新闻发布会上，新闻发言人张晓军对万科股权之争再度表示高度关注，正核实研判。张晓军表示，在依法合规的情况下，证监会不会干预，但是一直高度关注此事。上市公司收购人等信披义务人。在上市公司收购中应依法履行信披义务，上市公司董事会对收购采取的决策应当有利于维护公司及其股东的利益。目前，证监会正会同银监会、保监会对此事进行核实研判，以更好地维护市场三公秩序和市场参与各方特别是中小投资者的利益。

“野蛮人”!

1989 年，《华尔街日报》记者布赖恩·伯勒（Bryan Burrough）、约翰·希利亚尔（John Helyar）的商战纪实巨著《门口的野蛮人：史上最强悍的资本收购》将这个词头活跃于国际资本市场。

作为这场世纪商战的亲历者，弗斯特曼始终强调，“野蛮人”一词是由他提出的。

《门口的野蛮人》译者在前言中指出，“野蛮人”在西方历史中具有特定的政治含义。罗马人在希腊文明的基础上创造了罗马文明，将自己称为“文明人”，将居住在化外之地的部落称之为“蛮族”或“野蛮人”。公元 410

年，哥特“蛮族”包围了罗马城，战马嘶鸣，战鼓震耳，喊杀声直入云霄。经过一场激战，野蛮人最终攻入罗马城，进行了三天三夜的洗劫。但野蛮人只垂涎于罗马帝国的财富，并未打算长期统治帝国，烧杀抢掠后不久，便丢下罗马城继续自己的游牧生活。

一千多年后，“野蛮部落”卷土重来，来到美国实业界的城门口，虎视眈眈城里的财富，最著名的莫过于20世纪80年代华尔街发生的对美国雷诺兹~纳贝斯克集团的争夺战。“野蛮人”的本性决定了他们并不会定居下来，安安心心地经营这座城池。在盈利希望渺茫的情况下，“野蛮人”又跨上战马，开始寻找下一个目标。

将资本喻为茹毛饮血的原始人类，“野蛮人”已被现代人演绎成公司的恶意收购者。杠杆收购，野蛮掠夺，跨界颠覆，实业企业时刻面临着“野蛮人”的死亡威胁，唯有牢记鲍勃·迪伦的格言：“一个人如果不是在走向重生，就是在走向死亡。”

重生，还是死亡！万科不得不思考。

| 大咖观点 |　　王石在北京万科的谈话

2015年12月17日，万科董事会主席王石在北京万科会议室发表了内部讲话，明确表示我不欢迎某个大股东。他表示，现在说“野蛮人”是客气的，“野蛮人”不是贬义词，它可能有违背游戏规则、不择手段的意思，但听起来也很孔武有力。所以重要的不是野蛮人还是文明人，而是你守不守规则。我们不能因为现在某些人孔武有力再加上不择手段，看上去来势汹汹，就影响我们的信念，影响我们的做法。我们的力量是什么？我们需要害怕吗？我们当然不害怕。我能这样说话，你觉得我是虚张声势，还是有底气的？我说我就有资格，就算你是第一大股东，甚至你私有化，你拿走了“万科”这两个字，那又怎么样呢？万科品牌不是这两个字，而是长年累月积累起来的客户信任。一旦你影响到万科品牌的信用，影响到万科的客户，影响到万科上下游产业链，这个时候只能说对不起，我们要为万科的信用、为万科这个品牌而战，为中小股东而战。

大家好，今天我谈一下公司大股东更换的背景、大股东现在的姿态、我和郁亮以及管理层的一些看法。说起来也很简单，宝能系增持到10%的时候，我见过姚老板一次，在冯仑的办公室谈了四个小时，从晚上10点到凌晨2点。两层意思：一是给对方充分的尊重；第二，我以前没有见过他，也想领教一下新大股东的风采。他还是挺健谈，有点收不住嘴。主要谈了他的发家史，也谈了对王石的一分欣赏。言外之意是，我成了大股东之后，你王石还是旗手，还是这面旗帜，要维护的。

我今天想谈的，并不是他说了什么，而是那天我说了什么。当时我的主要意思是，在那个时间点上选择万科的股票、增持万科的股票是万科的荣幸，但是你想成为第一大股东，我是不欢迎的。他没有料到我是这么一个态度。

不欢迎的理由很简单：你的信用不够。万科是上市公司，一旦上市，谁是万科的股东，万科是不可能一一选择的，但谁是万科的第一大股东，万科是应该去引导的，不应该不闻不问，因为我们要对中小股东负责。万科股权分散，我们这么多年，就是靠制度、团队。中小股东这么多年跟着万科，也是看重这个制度和团队。宝能系可以通过大举借债，强买成第一大股东，甚至私有化。但这可能毁掉万科最值钱的东西。万科最值钱的是什么？就是万科品牌的信用。

实际上，在宝能系增持到5%之后，我曾经在微信发过："深圳企业，彼此知根知底"。什么意思呢？一层意思当然是我们都是深圳企业；第二层意思是知根知底。万科在深圳有个浪骑项目，当年为了迎接大运会，旁边建了一个新的海上运动中心，赛后没有运营方，万科想接手运营，最后拍卖这个中心的时候，没想到宝能以高于底价10倍的价格买下，这种冒险精神，实在是不可理解。这个海上运动中心现在处于基本闲置状态。另外我比较了解的是宝能入股深业物流的过程，他们进入这家公司是2003年，一直控股到40%多，2006年进行分拆，分拆的结果是他们拿到深业物流品牌的使用权，"一进、一拆、一分"，这就是他们的发家史。

所以我说不欢迎他。万科的账面资产当然很重要，但万科最大的资产是无形资产，是我们品牌的信用。一旦宝能系控股，大的投资公司、大的金融机构以及商业评级机构就会对万科的信用评级重新调整。

我们知道，最近几年国际机构给万科的评级是给全世界地产公司中最高的，这意味着我们的融资成本非常低，一旦宝能系进来，这个大股东的背景就可能影响万科的评级。我记得当时是这样说的：你现在还没到能当万科第一大股东的程度，虽然英雄不问出处，未来没准也可以当，但你宝能首先要逐步建立起整个系统的信用体系，万科也是从很小的公司一步步走到今天的。什么时候你的信用赶上万科了，什么时候我就欢迎你做大股东。去年宝能地产整个房地产交易额几十亿，其中一部分还是关联交易，你通过这种水平的系统，来管控整个万科，能力是根本不够的。

还有一个关键的问题：宝能系购买万科的钱是从哪里来的？他们购买万科的第一份钱来自万能险，我认为就是短期债务。万科股票当然可以随买随卖，但是一旦超过5%公布的时候，就不是短期投资了，而是长期股权投资。短债长投，这个风险是非常大的。你说这样的股东，我如何欢迎他？现在的局面更疯狂，尤其到了20%之后，拉了几个涨停板之后还在买。我和郁亮的态度，在他增持到10%的时候就一致明确了，现在更加明确。他们层层借钱，循环杠杆，没有退路。一直这样滚雪球滚下去，就像美国20世纪80年代的垃圾债券、杠杆收购，一旦撑不下去，后果不堪设想。1990年美国有接近60家寿险公司破产。

尤其万科这么大的体量，连续两三个涨停板往上硬推，就是在玩赌的游戏，就会没有退路。你不给自己留退路是你的选择，但万科很在乎自己的品牌。所以我说，我不接受你，我个人来讲不接受你。万科的管理团队不欢迎你这样的人当我们的大股东。

在那次交流中也谈到华润。他说你怎么能保证华润一直做第一大股东呢？我说当然自己没有办法保证。他说既然这样，你为什么接受华润不接受我们，就是因为你不愿意接受我们的管理？我们也可以像华润这样做，信任你王石培养的团队，不插手。我说你错了，你们对万科根本不了解，你们对华润更不了解。

第一，华润做大股东的时候，在公司的治理结构上，扮演非常重要的角色。一个董事会，很重要的就是如何代表全体股东，尤其中小股东的利益。其中，独董的作用非常重要。我们看看万科的董事会，我们知道现在港交所的行政总裁是谁吗？（有人答：李小加）对，他是万科董事会的前独立董事，因为被聘为港交所的行政总裁，不得不辞去万科的独立董事，李小加这样分量的独董，就是华润推荐的。再比如说陈茂波，中国香港会计师公会会长，后来也被聘请到了中国香港特区政府，属于行业上的翘楚，信用非常非常好。这样的独董全部是华润聘请或者他们推荐后选举出的，在万科的董事会中扮演着非常重要的角色。大律师、会计师，专业人士以及社会上的知名人士，在万科的组织建设上，在万科的整个管理架构上，在监督机构上，起到至关重要的作用。他们是华润推荐的，但是他们和华润没有任何关系，也不代表华润的利益。华润推荐他们，就是对整个公司负责，对全体股东负责，对中小股东负责的一个态度。

第二，华润作为国际化的公司，与万科的业务板块互相交流，互相借鉴。华润的信用不低于万科，能力不低于万科。华润在万科的发展当中，无论是在万科股权结构的稳定、业务管理还是国际化中都扮演着重要的角色。

我们万科的团队和员工如果关注这件事情，担心影响到我们正常的经营、正常的业务，那应该怎么做？作为董事长，我需要说几句。

我们的信誉靠什么维持？就是靠我们的团队，靠我们的四万员工。我们为客户、为社会上各方面利益相关者提供产品服务。我们不是十全十美，还有提升的空间。我们应该把股权上的变化当作对我们的鞭策。我们把我们的事情做到更好。作为你们的董事长，我在乎的就是由我们四万个员工努力往前做的万科向心力。

万科不仅仅提供产品和服务，也是一支推动社会积极健康的力量，荣誉和品牌的力量，诚信的力量。退一万步讲，即使你把万科私有化了，那又怎么样？无论什么情况，我们珍惜的东西一定要非常清楚，我们要对客户负责，我们要对民众负责，我们要对社会负责。我们需要对我们已经销售的物业负责，我们也需要对已经形成品牌的上下供应链负责，对绿色建筑的承诺也需要负责，围绕着城市配套服务商的定位，在核心业务之外，拓展物业服务、社区商业、养老、教育、物流等新业务，在中国继续牵头搞住宅产业化。我们提倡的健康丰盛人生，我们对人的关心，对人的尊重，一定会继续建设下去。这是我们坚守的东西。我们绝对不能说：你当你的大股东，你去玩吧，我们不理你了。我们不能丢下那些信任我们的人，自己一走了之。

现在是万科最好的时代，以郁亮为总裁的管理团队主力已经是60后、70后了，团队越来越年轻化，过去这些年的业绩领先同行。当然，面对万亿大万科的愿景，这才是开始。所以，大家不要说他们买到了20%我们怎么办，我们就是要把自己的工作做好，万科最宝贵的财富是这批人，我们需要证明这一点。

我们的品牌信誉已经建立起来了，只要中国改革开放不变，只要中国的转型不变，只要万科的价值观不变，我们就应该充满信心。

| 背景链接 |　起底宝能系资金链

宝能的资金从何而来？宝能如何筹集到如此多的资金？直到2016年7月8日，新华社记者赵晓辉、许晟、杨毅沉、潘清才揭开这神秘的面纱。

记者从多个渠道获得的调查信息显示，宝能购买万科股票分为三个阶段。

第一阶段，主要是用前海人寿的保险资金购买，共斥资104.22亿元，其中包括万能险账户保费资金79.6亿元和传统保费资金24.62亿元。根据公开披露，截至2015年7月11日，前海人寿持股万科比例达到5%。

随后，从2015年7月下旬开始的一个多月时间里，除继续通过前海人寿增持万科占比1.66%的股票外，宝能通过旗下的钜盛华公司大举买入万科。根据记者获得的资料，这一阶段钜盛华以自有资金约39亿元，以1：2的杠杆撬动券商资金约78亿元，购买万科股票。这期间的杠杆主要是通过与中信、国信、银河等券商开展融资融券和收益互换实现的。至此，前海人寿和钜盛华持股万科比例合计超过15%。

此后，在2015年9月份之后，宝能的“金主”从保险和证券变成了银行。这一阶段，银行理财资金通过两种方式成为宝能购买万科股票的主要来源。

一方面，银行理财资金置换券商资金。宝能引入建设银行理财资金约78亿元替换前期的券商收益互换等带来的资金。

另一方面，银行理财资金成立投资公司间接增持万科。2015年11月，宝能出资67亿元作为劣后，浙商银行出资132.9亿元作为优先，通过华福证券、浙商宝能资本构建有限合伙基金，规模最终达200亿元。这笔资金通过增资、股东借款等形式进入钜盛华。此后，钜盛华用其中的约77亿元作为劣后，广发、平安、民生、浦发等银行出资155亿元作为优先，共计约233亿元，通过证券公司和基金公司资产管理计划，继续增持万科。

此外，记者调查发现，民生银行还通过民生加银的资管计划向宝能系钜盛华融资8亿元。截至2015年12月24日，宝能系持股万科合计24.27%，其中前海人寿6.66%，钜盛华17.61%。至此，宝能系买入万科股票耗资430亿元左右，账面浮盈230亿余元。

记者调查发现，截至去年12月万科停牌前，宝能已使用的430亿元中，有104亿元来自前海人寿的保险资金。据知情人士透露，宝能首先把保险资金运用到了极限。截至停牌前，前海人寿持股万科占比6.66%的股票，这个比例已经接近保监会对保险资金投资股市要求的上限。

在后半期，浙商银行的132.9亿元资金发挥了重要作用。这笔大额资金通过成立浙商宝能合伙基金进入到钜盛华，钜盛华又拿出77亿元资金作为劣后通过资管计划买入万科股票。在这一环节，多家银行的理财充当了优先级，按照两倍的杠杆向宝能提供了资金。

“很难说这些银行理财资金直接进入了股市，从这一点来说没有违规迹象，但是实质上银行理财资金间接投资了二级市场，并在其中发挥了重要作用。”一位知情人士说。

根据记者获得的报告，按照浙商宝能合伙协议的约定，浙商宝能合伙基金的资金已经可以直接用于收购上市公司股份。但浙商银行2015年12月24日公开回应，其理财资金投资认购华福证券资管计划132.9亿元作为优先，仅用于钜盛华整合收购非上市公司金融股权，不可用于股票市场二级投资。

除浙商银行之外，宝能系资金中出现了多家银行的身影。根据记者获得的资料，2015年10月19日至11月19日，钜盛华分10笔通过鹏华资管的定向资管计划向深圳市建行办理了股票质押，由此获得总计 78 亿多元的银行理财资金，用于置换券商收益互换购买的股票。

据了解，钜盛华之所以拆分为 10 笔进行操作是因为置换过程需要首先归还收益互换的借款资金，股票过户后才能再作股票质押，这就需要一笔过桥资金。钜盛华无力一次完成置换。

“每次质押，钜盛华会买入 1 万股中集集团的股票一并质押，这是根据深圳建行的需求，将质押的股票由单一股票变为股票组合。”一位知情人士告诉记者。

对宝能资金的相关问题，宝能负责人姚振华在提供给记者的书面回复中说，前海人寿投资万科的资金属于保险资金，完全合规合法。钜盛华投资万科的资金来源包括自有资金和依法合规的外部融资，外部融资方式包括两融、资管计划和收益互换。上述资金来源风险可控、合法合规。

对于宝能买入万科股票，业内普遍认为这种市场行为本身是中性的，但是购股资金背后的合法合规性、杠杆风险等问题，给中国金融监管带来了新的挑战，这正是万科事件的深层次制度问题。

记者调查发现，由于很多信息没有公开且官方亦没有权威发布，目前对于宝能购买万科资金的杠杆倍数说法不一。

姚振华在提供给记者的书面回复中说，宝能资金实际杠杆倍数为 1.7，最高不超过 2，完全处于安全范围以内。根据其他渠道反映的数据，宝能资金的杠杆倍数可能超过这个数据。监管部门组织的调查显示，宝能购买万科股票所用资金的杠杆倍数达到 4.19。

有专家认为，宝能购买万科股票的资金有一大部分来自前海人寿，实际上宝能以 11.8 亿元的净资产撬动了前海人寿 104 亿元的保险资金投资万科。考虑这一因素后计算，宝能资金杠杆为 4.9。但这一说法并未得到专业机构的确认。

除此之外，有参与调查的人士怀疑，浙商宝能投入钜盛华的 200 亿元资金中有不少于 70 亿元用于收购前海人寿老股东的股权，而相关老股东与宝能集团有明显的关联关系，这部分资金可能回流至宝能体系内。如果扣除这一部分，宝能的杠杆比例应该更高。

北京大学教授周其仁认为，英雄不问出处，但英雄的钱要问明来路，尤其是用于大型上市公司收购的钱，要特别清清楚楚地交代。因为是自家的钱还是借来的钱以及用不同方式借来的钱，内含不同的行为逻辑。

中国政法大学民商经济法学院副教授王军认为，高杠杆带来较高风险，法律和监管当局应要求收购方进行更多、更细致、更深入的信息披露，增强透明度。

| 背景链接 | 万科公开信

2015 年 12 月 23 日，万科董事会主席王石在拜访瑞士信贷的演讲中，传递出“愿意照顾宝能诉求”，但“如果万科的文化被改变，那么万科将不再是万科，万科可能失去它最宝贵的东西”的信号。在宝能系第一次举牌后，万科多次向其表达，希望宝能系能就其举牌意向做出明确表达，让万科的文化得以延续，这是双方建立信任的基础。在就此达成共识前，万科希望其暂缓增持万科的股票。“但我们的意见没有得到任何实质的重视或有效的回应。我们没有看到对话的诚意，只看到一步步逼近的城下之盟。我们仍然愿意保留对话的可能。”当日，万科向社会发出公开信。

我们欢迎所有投资者购买万科的股票。但为什么又说不欢迎宝能系？不是不欢迎它买万科股票，而是不欢迎它收购公司、控制公司。不欢迎，不是因为不喜欢它，或者看不上它，而是它的文化、经营风格与万科不相容。我们不是说万科的文化、经营风格比它优越，而是因为，万科文化、经营风格是万科品牌、信用的基础，如果万科的文化被改变，那么万科将不再是万科，万科可能失去它最宝贵的东西。

但如果宝能系控制万科，我们没有信心说服它不改变万科的文化和经营风格。我们在双方接触的过程中已经逐渐失去了这种信心。在宝能系第一次举牌之后，我们多次向其表达，希望宝能系能就其举牌意向做出明确表达，我们认为让万科的文化得以延续，这是双方建立信任的基础。在就此达成共识前，我们希望他们暂缓增持万科的股票，为双方增加了解、建立信任保留一点时间。但我们的意见没有得到任何实质的重视或有效的回应。我们没有看到对话的诚意，只看到一步步逼近的城下之盟。

我们仍然愿意保留对话的可能。我们仍然希望宝能系慎重考虑贸然改变万科文化和经营风格的风险，即使只从他们自身的利益出发。我们双方都是深圳的企业，如果因为内斗而两败俱伤，并不是我们希望看到的结果。我们捍卫的只是万科的文化，针对的只是宝能系，我们对保险资本、潮汕商界没有任何恶意，不希望外界对此产生误解。

| 背景链接 | 潮汕商帮的庞大帝国

2016 年 07 月 29 日，《第一财经日报》发表慕青的报道《潮汕商帮的庞大帝国：四家族控制金融资产超万亿》，为人们揭示了一个“横扫所有金融业态的庞大帝国”——潮汕商帮，“仅富德系、宝能系、朱孟依家族、侨鑫集团四家，控制、影响的金融资产，保守测算也已超过 1.1 万亿元。”

几乎是在悄无声息间，一个个横扫所有金融业态的庞大帝国完成了构筑。这些金融帝国身后的作手——低调、神秘的潮汕商帮，正在浮出水面。

持续超过一年的万科控制权之争，令潮汕商帮惊人的金融实力崭露头角。然而，潮汕籍商人这一群体背后，已然收入囊中的金融版图，绝非宝能系一家。在这个名单中，还可以列出富德系的张峻、合生创展的朱孟依家族、星河集团的黄楚龙等一串长长的名单。

以保险为突破口，几乎是潮汕背景商人、企业进入金融业的必经路径。《第一财经日报》记者调查梳理后发现，以保险为突破口，潮汕商帮染指、控制的金融机构，已经达到数十家，横跨银行、证券、保险、信托、基金，乃至小贷公司、担保、保理、互联网金融等几乎所有金融领域。

一贯的低调神秘，让外界无法确知潮汕商帮所控制的金融机构，以及对应的金融资产规模究竟大到何种程度。但毫无疑问的是，这一群体所控制、影响的金融资产堪称天量。根据公开数据测算，仅富德系、宝能系、朱孟依家族、侨鑫集团等四家潮汕籍财团，所控制、影响的金融资产至少可能就已达到1.1万亿元以上。

布局保险

7月19日，皇庭国际披露了一份方案，华侨人寿拟定注册资本10亿元，注册地为汕头华侨经济文化合作试验区，其子公司深圳皇庭融发发展有限公司拟出资2亿元，认购其中20%股权，其他7家发起方合计出资8亿元，占80%的股份。

皇庭国际具有浓厚的潮汕背景，其董事长、实际控制人为潮商巨头郑康豪。根据公开披露，出生于1976年的郑康豪是广东潮阳人，虽然今年年仅40岁，但在潮商群体中却颇具地位。2010年，郑康豪入主原名深国商的皇庭国际，经过一路增持，截至2015年底，其共计持有皇庭国际49.68%的股份。

这个产生了李嘉诚、马化腾等超级巨头的显赫群体中，对金融的布局已非一日。无论是郑康豪，还是手握前海人寿、前海财险两家保险公司的宝能系姚振华，在潮汕商帮中都只能算是后来者。如果不算以中国香港等境外市场为主要经营地的潮汕企业，从2006年前后介入生命人寿开始算起，潮汕商帮已经在保险业深耕10多个年头。

公开信息表明，如果不算马化腾等头面人物，迄今为止，仅仅是保险公司，加上刚刚发起设立的华侨人寿，潮汕商人这一群体参股、控制的保险公司，至少已经达到6家，实际成立、开业也至少达5家，而其背后的掌舵者，无一不是潮汕商人中的佼佼者。

众所周知的是，潮汕商帮介入保险业的鼻祖是业已遭到调查的生命人寿掌舵者张峻。2006年，张峻控制的深圳国利投资发展有限公司（下称“深圳国利”）受让了国资背景的广晟资产经营有限公司所持生命人寿9.94%的股权。而深圳国利就是生命人寿第一大股东富德金融投资有限公司（下称“富德金控”）前身，其实际控制人张峻则是广东普宁人。

此后，生命人寿进行了多次增资，富德金控借此成为第一大股东。2009年，生命人寿注册资本由13.58亿元增加到16.9亿元，富德金控参与增资后，出资额增加到3.38亿元，首次成为持股20%的第一大股东。2009年之后的四年间，经过多次增资，到2013年7月，生命人寿注册资本增加到117.5亿元，富德金控的持股比例一直维持在20%。

张峻控制的企业实际持有的生命人寿股份，一直饱受外界质疑。除了富德金控，生命人寿其他部分股东可能亦与张峻存在关联。有媒体曾报道称，通过或明或暗、交叉式股权安排，张峻麾下企业在生命人寿的持股比例可能已经超过80%，而其参与历次增资所耗资金更是达到百亿元之巨。

控制生命人寿之后，张峻进一步向产险进军。2012年5月，由生命人寿、富德金控发起的富德财产保险股份有限公司（下称“富德产险”），正式在深圳开业，该公司初始注册资本5亿元，生命人寿持股81%，富德金控持股19%。2015年，该公司增资至35亿元，但两家股东持股比例未变。

或许是受张峻启发，不少潮汕商人紧随其后，进入保险业。与前海人寿获批时间相近的珠江人寿，同样具有潮汕基因。2011年5月，珠江人寿获准筹建，2012年12月正式开业，初始注册资本6亿元。发起股东包括广东珠江投资控股集团有限公司（下称“珠江控股”）、广州国际控股集团、广东韩建投资有限公司（下称“韩建投资”）、广东新南方集团有限公司（下称“广东新南方”）、粤财信托，持股比例均为20%。

2016年6月，珠江人寿进行第七轮增资，注册资本增至67亿元。据其披露，目前珠江控股持股30.15%，广东珠光集团有限公司（下称“珠光集团”）持股20%，衡阳合创房地产开发有限公司（下称“衡阳合创”）持股18.96%，韩建投资、广东新南方均持股10.3%，广州金融控股集团、粤财信托分别持股8.51%、1.79%。

除了广州金融控股集团、粤财信托，珠江人寿的其他5名股东，均来自合生创展的朱孟依家族。出身于广东丰顺朱氏家族，朱孟依是H股上市公司合生创展董事会主席。根据工商登记资料，广东新南方法定代表人、董事长、总经理为朱拉伊，珠光集团的法定代表人、董事长为谢炳钊；珠江控股、韩建投资法定代表人则分别为朱一航、朱伟航。

上述诸位人士均为朱孟依家族成员。根据合生创展2015年年报披露，朱拉伊为朱孟依胞兄，朱一航、朱伟航为朱孟依之子，谢炳钊为朱孟依妹夫，为关系密切的关联方。加上衡阳合创，朱孟依家族共计持有珠江人寿89.7%的股权。

值得一提的是，具有潮汕背景，较早进入保险业，却又少为人知的企业，还有总部位于深圳的星河集团。公开信息显示，星河集团是阳光保险集团的第六大股东。

和张峻一样，星河集团董事长黄楚龙也是潮汕人，而且同样来自普宁。网站信息显示，星河集团成立于1989年，经过27年发展，已形成了房地产开发、商业地产运营、金融投资“三驾马车”的业务组合。

横扫全部金融业态

无论是后起之秀的宝能系，还是早已成名的朱孟依家族，上述潮汕巨商都有一个共同的背景：早年依靠房地产发家，且几乎全部以保险为突破口，最近几年迅速切入金融业所有业态。

浸淫商界多年，潮商这一庞大的群体，对金融领域的布局已经不满足于保险一隅。其势力范围，已囊括从保险业至银行、证券、基金、投资等金融业全部业态。

在银行方面，《第一财经日报》记者调查发现，除了生命人寿举牌的浦发银行，潮汕商帮入股、相对控股的商业银行已有6家，其中广为人知的是2011年开业的华兴银行，以及2010年成立的深圳福田银座村镇银行。

站在华兴银行背后的，是总部设在广州的侨鑫集团。华兴银行前身为汕头商业银行（下称“汕商行”）。成立于1997年的汕商行，2001年因严重资不抵债而停业。2011年，利用汕商行的牌照，组建新的华兴银行，注册资本50亿元，侨鑫集团出资10亿元，持股比例20%，为该行第一大股东。

公开信息显示，侨鑫集团成立于1995年，其实际控制人周泽荣，亦为潮汕人氏，早年曾闯荡海外，并加入澳大利亚籍。网站信息显示，除了金融业，侨鑫集团目前的业务已横跨地产、服务、教育等多个行业。

潮汕商帮入股的另一家银行，是深圳福田银座村镇银行。工商资料显示，深圳福田银座村镇银行成立于2010年，由台州银行发起成立，注册资本4亿元，其中星河地产出资4000万元，持股比例10%，为该行第二大股东。

而朱孟依家族对银行业的布局，则几乎与保险同步。珠江人寿虽然2011年才获准筹建，但朱孟依家族早在2009年就已开始筹划。几乎是在同一时间，广东新南方已经入股广州农商行，广东新南方、广东珠江公路桥梁投资有限公司（下称“珠江投资”）、珠江广场房地产开发有限公司（下称“珠江房产”）等，合计持有该行接近6.1%的股份。

而在广州农商行2015年年报中，广东新南方、珠江房产已在十大股东中消失，但珠江投资仍位居该行第八大股东，持股比例1.96%，持股数量1.6亿股。

工商登记资料显示，珠江投资注册资金40亿元，广东珠江投资管理集团、珠江人寿分别出资30亿元、10亿元，而广东珠江投资管理集团股东为韩建控股有限公司，其股东为朱一航、刘惠英，法定代表人亦为朱一航。

除了银行、保险，潮汕商帮还将触角伸向了证券、公募基金、期货等领域。同样来自潮汕普宁的佳兆业郭英成兄弟，早在1999年前后，就已在中国香港设立了富昌金融集团，其成员企业包括富昌证券、富昌期货等机构，其中富昌证券曾名列中国香港前五十大券商。从2011年起，富昌集团开始在深圳、广州、重庆等地设立新公司，业务包括小贷、融资担保、投资咨询。此外，郭英成还在2014年以近30亿元的对价，受让国民信托部分股权。

在公募基金方面，潮汕商帮亦有染指。2015年7月，证监会核准设立前海联合基金管理有限公司，注册资本2亿元，第一大股东为宝能系旗下的钜盛华股份有限公司（下称“钜盛华”），出资额为6000万元；深圳粤商物流有限公司和深圳市深粤控股股份有限公司均出资5000万元，各占25%股权；深圳市凯诚恒信仓库有限公司出资4000万元，占20%股权。

庞大的金融帝国

对金融领域的介入程度不断加深，涉及机构门类越来越丰富，一些潮汕背景的企业已经不满足于入股金融机构，开始在近年大踏步走上金控集团之路。

在潮汕商帮中，郑康豪及其皇庭国际等企业，虽然只是入局金融的后来者，但发起成立华侨人寿，却非其第一次出手。公开信息显示，皇庭国际已在2015年成立了皇庭基金管理有限公司（下称“皇庭基金”）。今年1月，皇庭基金还出资2.83亿元，受让深圳同心基金约17%股份，成为后者大股东。

皇庭集团网站信息显示，金融业务已成为其三大核心业务之一，拥有私募牌照，管理医药投资、定增、股权等三类基金，而其控股的深圳同心基金拥有深圳唯一的小贷再贷款牌照。目前，皇庭集团正在布局互联网金融，并进军保险、不良资产处置等多个领域。为此，皇庭集团还成立了皇庭金融控股有限公司。

相较于郑康豪，黄楚龙的星河集团走得更远。今年4月，星河集团成立了二级集团星河金控，除了保险、银行，其还是国内最大的股权投资机构深创投第二大股东，并投资国家中小企业基金、前海母基金、红土创业基金，形成囊括保险、银行、股权投资、小贷、小企业孵化、融资租赁的全产业链布局，现有金融资产规模超过80亿元。

不过，具有潮汕背景的财团中，金融版图最为庞大的无疑是张峻的富德系，以及后来居上的宝能系。

以生命人寿为起点，经过十年的扩张，富德系已经构筑了涵盖保险、银行、信托的庞大金融帝国。除了保险，富德系也在不断向信托、银行渗透。2015年8月，保监会批准生命人寿受让国民信托93.44%股权，成为后者第一大股东。2015年，经过二级市场抢筹，生命人寿跃居浦发银行第二大股东。截至今年3月底，持股比例高达20.68%。

后来居上的宝能系亦不遑多让。据钜盛华7月7日披露，除了前海人寿、新疆前海联合产险、联合基金等主要牌照，该公司还成立了保险经纪、保险公估、小贷等多个金融业务平台。

但这也并非全部。2016年4月，宝能系绝对控股的中国香港上市公司中国金洋公告称，以2.55亿港元的代价，收购中国银盛资产管理有限公司、中国银盛证券有限公司、中国银盛财富管理有限公司、宏基金业有限公司、宏基信贷有限公司、宏基金融投资有限公司等六家金融公司。至此，宝能系金融版图已扩张到除银行外的所有金融业态。

年报信息显示，截至2015年底，富德系控制的生命人寿、富德产险总资产分别达到4091亿元、43亿元。同期，国民信托管理的信托资产亦达1244亿元，三者合计规模超过5300亿元。

根据保监会数据，今年上半年，生命人寿实现保费收入1214亿元，富德产险实现保费收入7亿余元。即便不计国民信托，截至今年上半年，富德系上述三家平台掌控的资产规模就已近6600亿元。

虽然缺乏完整、精准的数据，潮汕商帮介入的金融机构难为外界所知，但其金融帝国已然成为庞然大物，控制、影响的金融资产也已极为惊人。按照上述数据计算，仅富德系、宝能系、朱孟依家族、侨鑫集团四家，控制、影响的金融资产，保守测算也已超过1.1万亿元。

第二章

谁懂华润心

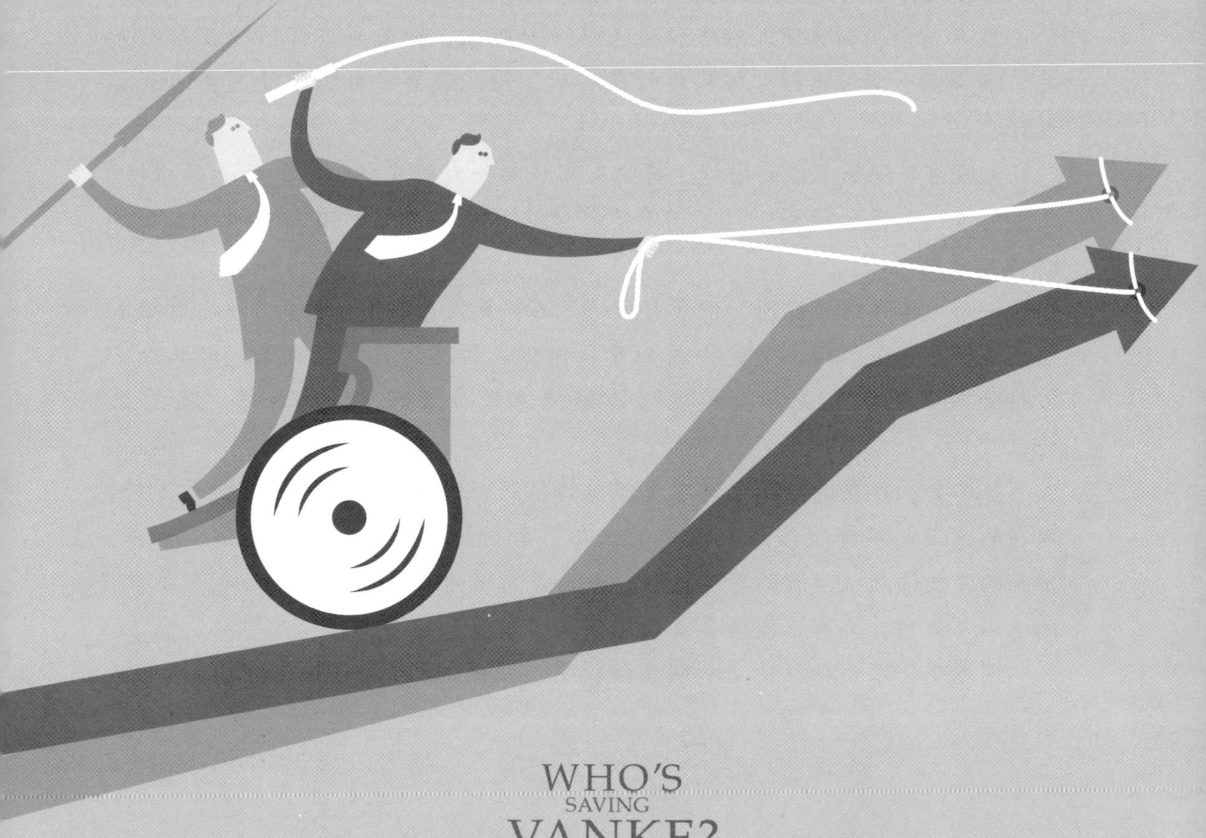

WHO'S SAVING VANKE?

挟泰山以超北海，非我不能也，诚不能也。
为长者折枝，非不能也，乃不为也。

——孟子《梁惠王上》

山雨欲来。

股民们将目光投向大股东，华润站立至风暴中央。

15 年前，华润集团入驻万科成为第一大股东，欲成为万科控股股东而未果。15 年后，宝能系掀起万科股权争夺战，谁能成为万科控股股东重回市场视野。

大股东华润如不追高增持，将痛失万科第一大股东之位置；而一旦增持，又或陷入一个资金圈套，引发国有资产流失。华润进退两难，堪称入主万科 15 年来最囧时刻。

一向对华润感恩戴德、推崇有加的王石，更是在微博感慨：“当你曾经依靠、信任的央企华润毫无遮掩的公开和你阻击的恶意收购者联手，彻底否定万科管理层时，遮羞布全撕去了。好吧，天要下雨、娘要改嫁。还能说什么?”

殊不知，现在的华润已经不是以前的华润，现在的万科不是以前的万科，现在的王石也不可能依然是以前的王石。打造地产帝国，华润的初心仍在，华润的梦想依然，华润的野心更野，无论是质疑的草根与大伽，还是“变心”的王石与万科，又有谁能够真正读懂华润的战略深处?!

问题是，人生往往是“聪明反被聪明误，白白丢了卿卿性命”!

01

老东家，新东家

万科的定位就是混合所有制，非常清楚，一定不是一股独大。混合所有制可能是未来的方向，我们也算是探路吧。恰好借这个契机进行资产重组，让混合所有制解决不确定性的问题。

——王石

华润成为万科的新东家，那是在 16 年前。而万科和华润的合作，则可追溯得更早。公开资料显示，早在 20 世纪 90 年代，华润和万科就开始接触，华润如今占据各大超市货架的“怡宝”纯净水就是 1996 年从万科手上购得，华润旗下的“华润万家”超市，前身就是万科的“万佳”超市。

2000 年 8 月 10 日，深圳市特区经济发展公司（以下简称“深特发”）签署股权转让协议，将其持有的深万科国有法人股全部转让给华润。股权转让后，华润集团及其关联企业以 15.08% 的股权份额成为万科第一大股东。2000 年 9 月，华润派出宁高宁、阎飚、钟义进入万科董事会，宁高宁被推选为万科副董事长。

万科选择华润，十分重要的一点就是要寻找资本市场的支持力量，甚至希望这股力量不能仅仅局限于国内，而且还可以在更广阔的国际资本市场融资。万科当时面对的另一个现实问题是土地。万科拥有的土地储备在数量上并不算少，但土地大多是在城乡结合的边缘地带，万科不太容易拿到一手的好地。以至外人看来，万科更注重发展城乡接合部的低密度式建筑产品，注重多城市、分散规模的非主流市场操作模式。

华润拥有雄厚的资金实力，有海外融资背景，也有良好的政府关系，优质的土地储备，这自然成为王石的理想选择。王石在《大道当然：我与万科（2000—2013）》中，记录下华润成为万科大股东的心路历程：

到 2000 年，君万之争已经过去了多年，但是那几日惊心动魄的较量，让我深深意识到股权分散对一家市值不大但又处于高速成长中的企业是非常危险的。

万科的股权分散程度在中国证券市场中是少见的。1993 到 1997 年，最大股东持股比例始终没有超过9%，1998年前10名股东持股比例总共为23.95%，是一个典型的大众持股公司。同时，万科又是中国民营企业中少数能连续10年稳定、快速成长的企业之一。1998年，房地产相关业务在集团的赢利份额稳步上升至89.8%。这种特征，使万科比较容易成为恶意收购对象。

虽然万科是证券市场的蓝筹股，但市场投机人士常常会把它视作难得的“壳”资源，动辄打万科的主意。自1997年开始，大股东深特发（深圳特区发展公司）进行业务调整，确定以旅游、科技为主业，以房地产开发为主业的万科自然被列入“编外”，要获得大股东的支持几乎是不可能了。

我萌生出替万科另找“婆家”的念头——“新婆婆”不仅要支持万科的房地产开发主营业务方向，还要为万科在国内外融资提供支持。

从1993年到1999年，在宏观调控的大环境下，万科没有像许多老上市公司那样“阴干”或崩溃，体现出较好的经营能力和风险意识。由于缺乏大股东的支持，业务发展难以获得额外的助力。与万科同批上市的海尔等公司，由于长期得到大股东的支持，业务做过了百亿，而“自力更生”的万科还在三四十亿的区间转悠。

我重新审视万科和深圳特区发展公司的关系。房地产开发是一个资金密集型行业。没有大股东支持的万科，获得资金的渠道只有两个，一是银行贷款，一是扩股融资。受资产负债率所限，从银行获得的贷款远远满足不了发展需要。因此，扩股融资成为头等大事。从1991年上市到2000年，万科扩股4次，融资17亿元。

扩股融资已经成为万科业务增长的引擎。但是，深特发不愿意扩股。它虽然是第一大股东，但股权比例已经很小，再加上国有股不能在二级市场上流通，所以不愿意再增加投入；而不增加投入，又可能失去大股东的位置，心有不甘，所以干脆反对万科扩股。事实上，深特发的财务状况似乎也不乐观，其持有的部分万科股权甚至已经被法院冻结。

在20世纪90年代中期，中国香港大房地产商投资内地之时，基本不考虑深圳。但经过几年在内地主要大城市操作项目的成败得失后，它们对深圳房地产市场有了新的认识。

几大房地产商开始进入深圳，大规模进行土地储备和开发。无疑，它们的实力远远强于深圳本地的房地产商，在拿一块十几万平方米的地时，往往可以一次拿出七八个亿。如果让万科这么做，就很吃力。

股权结构影响企业的发展。我认为万科面临的发展瓶颈，是缺少“战略性大股东”的助力以及海外的融资渠道，所以希望在股权结构上进行调整，吸引有实力的财团进入，成为战略性大股东。这些财团应该具备这样的条件：在国内拥有较多的地产项目或土地储备，同时具有一定的金融背景或较强筹资能力，它也需要万科这样一支专业化的队伍来实现利润的转化。这个问题如果能在2000年内解决，那将是继万科股份化改造之后的又一个里程碑。

大股东进入后，万科的经营班子会不会被大改组？我没有这个担心。因为，万科的价值就在于这套经营班子和他们所代表的经营管理队伍，万科并没有大量的土地储备供大股东套现。所以，如果大股东更换万科的管理团队，那是自己和自己过不去。

从另一个角度看，大股东的介入，毕竟会对经营班子的决策和经营有些制约，但只要对公司长远发展有利，即使失去一些自由也是值得的。这对大股东和万科来讲，是双向受益。这一点，万科与许多上市公司不同，它们更多是希望摆脱大股东的行政干预，弱化大股东的地位。我们则是希望找一个大股东，因为我们的财富就是这支专业化队伍。

我想到了华润。早在1996年上半年，万科就与华润进行了第一次“亲密接触”——把怡宝蒸馏水公司转让给了华润集团子公司华润创业。当时，担任华润创业执行董事的黄铁鹰负责在中国收购啤酒和饮料公司。第一次见面，我们用不到10分钟就在价格上达成了一致。但接下来一段时间，收购进度却放慢了。电话沟通中，我向黄铁鹰抱怨：华润创业的收购条件过于复杂苛刻，华润的中国香港律师要求万科签署对怡宝蒸馏水公司资产和经营状况担保的条款，多达30余条！黄铁鹰解释：因为收购过程存在一些不确定问题，必须要求出售方给予承诺。我脱口而出：“你们这么不信任万科，显然是没有收购诚意！”黄铁鹰也急了，反驳道：“你站在我的角度想想，如果我把怡宝收到手后，此前的应收款都收不回来，那怡宝还值这个价钱吗？如果你对你的企业这么有信心，为什么你不敢保证它的应收款有90%能收回来？如果这些厂房和设备真是你的企业合法拥有，为什么不能白纸黑字地承诺？”

我听黄铁鹰力陈理由，明白过来：他们这是更规范、更符合市场原则的做法。三天后，我在对方律师起草的收购合同文本上签字。签字时，我当着许多万科同事的面对黄铁鹰说：“如果有机会，我想请黄先生给万科专门讲讲企业并购。我们四年前收购怡宝，只用1页半纸的合同，四年后你们收购怡宝用了30多页纸。在收购兼并这个领域，你让我们知道了专业和非专业的区别。”

此后，华润与万科开始日益频繁地接触，关系更加密切。1998年，我被华润旗下北京置地聘为独立董事。1999年，黄铁鹰被万科聘为独立董事。

中国香港华润的主体是市场化的财团，同长江实业、新鸿基本质上没有多大的区别。如果说有区别，就是董事长是由北京选派部长级别的人物，而总经理则是市场化的产物，当时总经理宁高宁先生就是这样一位职业经理人。华润集团上市公司系拥有一支成熟的职业经理人队伍。正在进入高速增长期的万科需要国际资本的支持，此时纳入华润上市公司系，正逢其时。在华润的五大业务中，“以住宅开发带动地产、建筑、装修及建筑材料生产和分销”的定位正好契合万科“成为中国房地产行业领导者”的企业愿景。这一切，为万科引入华润制造了良好的契机。

问题是，华润是否有意扮演万科战略性大股东的角色？商务交往持续几年后，我和黄铁鹰已经成为比较熟悉的朋友。有一天，我问他：“你这么欣赏万科，为什么没想过把万科也收购了呢？”

黄铁鹰反问：“万科经营的这么好，为什么你非要替自己找个主子？”我回答：“要成为中国房地产行业领跑者，必须同世界资本市场接轨。”黄铁鹰问：“公司做大了，就是别人的了，董事长的职位可是你自己的，你不怕哪天华润把你炒了？”我回答：“如果有人比我做得更好，炒我是应该的。”

黄铁鹰没有立刻给我答复。过了一段时间，华润创业就收购问题正式与万科接触，并提出，在接触万科大股东深特发之前，要先请国际会计师事务所对万科进行审计，并派员进入万科了解业务运作。后来，黄铁鹰告诉我，华润的考虑是：通过收购万科，可以完成房地产全国布局，又可以获得万科的管理资源，可是王石这么一厢情愿地推销万科，很难说公司的经营业绩会不会有什么难言之隐。

我同意了黄铁鹰提出的要求。华润创业用200多万港元，请中国香港毕马威会计师事务所对万科进行审计。审计结束后，毕马威一位合伙人对黄铁鹰说：“这是我所见到的账目最清楚的中国内地公司。”

2000年3月8日，深万科发布提示性公告：第一大股东将由深特发公司变更为北京华润置地，转让股份占万科总股本的8.11%，有关手续正在报批之中，待主管部门批准。此外，北京华润置地此前已持有深万科B股1700万股，占万科总股本的2.71%，若此次股权转让成功，北京华润置地将合计持有万科10.82%的股份。

2000年8月10日，深特发签署股权转让协议，将持有的深万科国有法人股51155599股全部转让给中国华润总公司。股权转让后，华润集团及其关联企业以15.08%的股权份额成为万科第一大股东，华润派出宋林、蒋伟和王印进入万科董事会。Charm Yield Investment Ltd.、同盛证券投资基金、君安代理有限公司、陕西证券有限公司等机构投资者的股权比例约占 10%。在公司的股本结构中，流通股（包括 A 股和 B 股）占 82.49%。

我感触良多，在网上写下自己的心情：“一段磕磕碰碰维持了将近 17 年的关系戛然而止，一件持续了三年多的事情终于有了了结。本来一肚子的牢骚，在脱离的昨天却瞬时消失全无。回想风风雨雨，面对特发大厦，默念着：再见了，老东家！”

有人问时任华润集团总经理的宁高宁，为什么要入股万科？他回答：“做地产，万科在细节上已经做到相当程度了。但做细节是有限度的，墙刷得再白，还是一堵白墙。地产界最终竞争的是资本和规模，规模大了，可以改变城市规划和人们的生活习惯，这才是做地产的大意义，而不仅仅是盖几座房子卖掉赚钱。现阶段的万科，资本或规模将取代细节成为公司进步的主要动力。”

当年时任华远房地产董事总经理的任志强，开出一张金额为 1900 万元的支票飞到深圳去与深特发签约收购万科股权，可惜深特发临时换届，收购告吹。“华润为什么拥有华远房地产还不满足，还要收购万科？”2013 年，任志强出版个人自传《野心优雅：任志强回忆录》，作为亲历华润收购万科股份的当事人之一，也部分还原了“王石与万科”当时为什么要卖掉第一大股东，又如何最终选定华润为这个“有实力的大股东”的史实。

2000 年 3 月 8 日，万科发布了提示性公告，公布了华润（北京）置地对深特发的收购事宜。次日，各大媒体都热炒了这一信息，许多报纸都开始关注“南万科，北华远”的走向问题：一是王石高调卖掉了大股东；二是华润已有了华远为什么还要收购万科；三是这两家知名的企业又如何操作，竞争还是合作。

万科为什么会出现管理层卖掉大股东的现象？用王石的话说就是“为万科引进有实力的大股东”，并力争通过这个有实力的大股东，打通市场融资的渠道。

王石为什么会有这种迫切希望更换大股东的冲动呢？正是来自华远的榜样。1999 年，万科专门到华远房地产来学习人力资源管理时，就发现在人力资源规划与人力管理上，万科已经处于劣势。两个企业之间的优势劣势变化，成为万科管理层尤为重视的问题。

冉加上华远这几年的成功融资，让王石充分认识到规模化发展和不断扩大融资对企业发展的重要性，而要想超越华远，夺回地产老大的地位，就必须卖掉这个不争气的大股东，选择一个有竞争力的大股东，来实现不断融资和发展的计划。这时，华润这个靠山就成了优中之优的选择。

华润通过华远于1997年对万科进行了第一次收购，但并不成功，于是就有了第二次由华润（北京）置地的直接收购，等于由中国香港上市公司同时持有万科和华远两个公司的股权，同时成为最大股东。这样万科就可以像华远前几年的融资一样，从境内外不断获取资金，全面发展企业了。

成为万科的大股东以后，华润开始研究和考虑增持万科的股权，希望成为可以合并报表的最大控股股东或有绝对控制力的股东。

2000年12月2日，《中国证券报》第17版正式刊登了《万科企业股份有限公司2000年度定向增资发行B股方案公告》，公告中包括了华润集团的承诺条款（公告条文中的第十项），但这些承诺条款严重违背了华润在与华远合资时的承诺，也严重损害了华远房地产公司的利益，我所担心的事情终于发生了。

其实公告刚刚发布之后，我就用电话与宁总取得了联系，提出了公告中华润集团的承诺违反了许多法律与规定，侵害了华远公司的利益和小股东的利益，宁总已在电话中明确表示了道歉，但我还是坚持召开了董事、监事会，让大家共同表示了意见，并正式用签名的公函告知华润集团，以说明这不是我个人的冲动，也绝不仅仅是对华润支持万科的不满。

宁总再一次致电表示了道歉，但公告无法修改了，他允诺在实际操作中做到保护小股东的利益。在我与宁总的接触中，我知道他是个非常讲道理的人，而且从不否认自己的错误，只要你指出其错误，他就会直接道歉，并不否认错误。但为了各自的利益，宁总有时也会做出许多自认为是对的，实际会伤害小股东利益的事情，这也许是国企的通病吧。

曾任华润董事长的宁高宁在此书推荐序中写道，万科是中国企业发展混战中的幸存者，“幸存者的幸运在于他们在错误还没有把他们毁灭的时候醒悟了，所以也就有了今天的故事。”

据说，任志强对当年华远阴差阳错，收购万科失败的事情，一直耿耿于怀。在临退休时还不忘嘲讽万科：最不赞成万科，一边喊着不行，一边加大投资去拼命拿地。

02 地产帝国的野心

王石和万科不仅因为是地产行业的领先者而受到赞扬，更因为经历了坚毅的进步过程受到人们的尊敬。同时，也因为这个过程所带给我们的思考而更有价值。

——宁高宁 中粮集团董事长

华润入主万科的2000年，中国房地产业正处于爆发的前夜。无论是开发数量，还是房价，都有着巨大的增长空间和想象空间。敏锐的宁高宁预感到这一点，在心中勾画出“北华远，南万科”的华润地产帝国梦想图。

宁高宁曾公开表示，“我们希望把这两个公司的整合，再加上华润集团在中国其他城市的地产业务，我们应该做到全国住宅行业中最大的、领导者的地位。第一名，指的是中国内地住宅行业里营业额和利润的第一名。”

王石2014年在接受《南方周末》专访时也曾提及，当时华润入主万科是有一个全盘的计划，“第一步是成为大股东，第二步是能跟旗下的华润置地合并报表，并表后达到49%最好。”

2000年12月初，万科董事会发布公告，宣布向新的大股东中国香港华润集团定向增发4.5亿股B股，发行价为每股4.5元，融资额高达20亿港币。当时，万科和华润分别表示，此次定向增发B股，目的是为了达到华润控股万科50%的比例。但据称是由于万科散户和小股东的强烈反对，他们认为华润开价太低，万科董事会宣布“悔约”。华润以定向增发B股的方式收购万科的方案宣告失败。

2001年5月底，宁高宁宣布收购万科的新方案：华润将持有北京置地44.2%的股份注入万科，由万科向华润按比例增发A股，这样就形成华润控股万科，万科控股北置，北置控股华远地产的股权架构。但这个王石很满意的方案却让任志强不满。

在万科向华润集团定向增发B股时，华润迫于证券监管做出的对华远房地产公司的承诺：华远不能在北京之外发展房地产业务；华远或万科在北京新增住宅项目双方都有合作的优先权。任志强认为，华润集团设想的一系列华远与万科重组的方案虽然没有成功，却在社会上造成了许多对华远品牌的不良影响。况且，华远与万科有着完全不同的企业文化风格，双方在建筑产品、经营模式、项目定位和管理理念上都存在重大差别。

2001 年 7 月，任志强宣布卖掉自己所持有华远地产 18% 的股份，从华润手里收回华远地产品牌，成立新的华远地产。被任志强抛下的老华远被迫更名“华润置地”。

华润集团打造地产航母的梦想再次搁浅，无奈之下，开始选择做个安静的财务投资者。尽管在 2000 年至 2005 年期间，宁高宁一直担任万科副董事长，但极少干预万科的日常运营。宁高宁欣赏王石的敢作敢为，王石感激于宁高宁给予的宽松环境，只做甩手掌柜的宁高宁创造了华润与万科的蜜月期。宁高宁曾写道：“华润成为万科大股东后，王石一直很客气地说华润做大股东的这几年是万科发展最快的几年，可华润看到的不仅是在万科投资的价值，更看到了万科在地产行业上进一步提升其专业水准，引领了这个行业的新的进步。”

经济学家周其仁公开发表过一个观点：“宁总（宁高宁）自己就是央企体系里一位优秀企业家。英雄惜英雄，干事的人赏识、信任干事的人，才成就了‘国有股东鼎力支持创业企业家’的万科佳话。”

据万科发布的 2000 年财报，这年万科的营收为 38. 7 亿元，净利润为 3. 01 亿元，华润持有万科 9515 万股，持股比为 15. 08%。2004 年万科营收 76. 67 亿元，净利润 8. 78 亿元。

2004 年 12 月，宁高宁离开华润，出任中粮集团董事长。但在万科战火燃烧时，宁高宁重回万科关注者视野。公众惊叹“只要宁高宁入局，一切皆有可能。”2015 年 12 月 3 日，王石在巴黎气候大会上遇到宁高宁，舆论高调发问：王石与宁高宁探讨了什么，求助了什么？12 月 20 日，市场更有传言称，为对抗宝能系，王石所筹集资金总额已超过 300 亿。其中从中粮集团等处获得 200 亿元数额支持，并已有一家信托公司愿意为王石提供 100 亿元的“弹药”。万科 12 月 18 日的临时停牌是计划定向增发，极有可能是三家央企联合参与，宁高宁愿意向万科伸出援手。当晚宁高宁即对此均予否认，称“没这事”。

当晚宁高宁即对此均予否认，称“没这事儿”。

宁高宁的继任者宋林，1963 年出生，1985 年大学毕业以实习生身份进入华润，2004 年起担任华润集团总经理，2008 年 5 月任华润集团董事长。华润集团历届董事长都是外经贸部长或部长助理出任，如陈新华、谷永江等，至此，宋林是唯一一位由内部提拔起来的董事长。

宋林的内心，依然澎湃着控股万科、建立地产帝国的野心。2005 年，宋林兼任华润置地董事长，曾对媒体表示，他最喜欢、印象最深刻的是地产及零售这两块业务。对于地产公司竞争力，宋林有一个基本判断——一定要做商业地产。“地产业有个核心原则，它除了在销售过程中实现价值外，它还在大的经济环境中不断实现资产价值，这是地产生意的特征。我曾跟王石讲过，万科要做商业地产。”

尽管如此，宋林依然没能如愿推进控股万科、合并报表、建立地产航母的愿景。作为一家股权高度分散的纯公众公司，万科多个年度的财报都有类似的表述：公司不存在控股股东及实际控制人，11 人董事会中华润系代表也仅有两人，即乔世波和陈鹰。华润系仅是万科第一大股东而已。第一大股东华润选择控股的华润置地实现房地产业务的扩张，华润承诺在华润置地与万科发生同业竞争时，保持中立。“华润始终履行其承诺。”

2006 年 7 月，华润通过万科董事会通过了“拟与华润共同投资开发房地产项目的决议”。根据议案，万科与华润共同投入资金，开发房地产项目。合作方式包括公开方式联合获取项目开发、万科和华润互相参与对方已获取项目的开发。万科与华润风险共担、利益共享。在只有双方合作的前提下，万科持有项目的权益等于或大于 50%；在多方参与合作的前提下，万科为住宅项目权益的第一大权益持有人。

江湖流传这么一个段子：说当年郁亮制定了万科的发展战略，向大股东华润的新任董事长宋林介绍，宋林表示挺好，然后来了一句：郁亮，你告诉我，在万科整个发展战略里，股东在哪里？任华润董事长六年期间，宋林不止一次表示过，未能整合万科是职业生涯之遗憾。

2010 年 5 月 20 日，万科发布公告，日前董事会副主席宋林先生向董事会递交申请，决定辞去公司董事及董事会副主席职务，有关申请自送达公司之日起生效。同时，公司提名乔世波先生作为董事候选人，提名张利平先生作为独立董事候选人，提交股东大会审议。

2012 年，万科与华润的合作范围已经扩大到融资领域，包括同珠海华润银行股份有限公司签订贷款合同，利用华润深国投信托有限公司信托资金和汉威资本管理有限公司旗下基金的资金，同华润深国投信托有限公司、汉威资本管理有限公司共同投资等。

2013 年《经济参考报》首席记者王文志二度举报宋林。2014 年 4 月 17 日，中共中央纪委宣布宋林涉嫌严重违纪违法，接受组织调查。4 月 19 日宋林被免职。9 月 11 日，经中共中央批准，中共中央纪委对华润（集团）有限公司原党委书记、董事长宋林严重违纪问题进行了立案审查。经查，宋林严重违反政治纪律和组织纪律，利用职务之便在干部选拔任用、企业经营等方面为他人谋取利益，索取收受贿赂；严重违反廉洁自律规定，用公款支付应由个人支付的费用，违规兼职取酬，挥霍浪费公共财产，违规领取薪酬和项目开发奖；严重违反中央八项规定精神，用公款打高尔夫球等；贪污公款；与他人通奸。

宋林一被查，包括华润集团原副董事长王帅廷、华润集团副总经理蒋伟、华润金融 CEO 吴丁、华润集团原审计总监黄道国、华润置地董事会副主席王宏琨、华润集团协同办主任张春和华润电力执行董事及总裁王玉军等一系列华润高层均因严重违纪违法被调查。

万科与华润，一个时代的终结。

03 华润的产业版图

70 多年来，华润在风云激荡的时代变迁中、在百舸争流的市场竞争中，能够不断成长、进步，并形成了多个占据行业领先地位的主营业务，工匠精神无疑在其中发挥了重要的作用。

——傅育宁 华润集团董事长

宋林被免职后，华润集团一度由总经理乔世波主持大局。2014 年 4 月 23 日，中央任命招商局集团董事长傅育宁接任华润集团董事长，华润进入“傅育宁时代”。

华润集团与招商局集团同是驻港大型国资企业，国务院国有资产监督管理委员会数据显示，2013 年，招商局集团实现营业收入 725. 9 亿元，首次迈上 700 亿台阶，增长 12. 2%；利润总额 286. 4 亿元，同比增长 8. 2%。

傅育宁是经中组部多番考核后任命的。中央选择傅育宁，重要的一点是傅育宁熟悉中国香港情况，深谙国有企业运营之道，深谙经济与政治的关系，具有迅速稳定华润大局的能力，更能肩负中央对华润未来发展的重托。

傅育宁称得上是谦谦君子。他自英国布鲁诺尔大学毕业，获海洋工程学博士学位。他在招商局工作 18 年，2010 年起担任集团董事长，浸淫资本市场多年，熟悉资本运作。履新华润后，傅育宁很快显露出对集团业务整合和资本运作的看法，叫停华润三九与华润双鹤的整合、主导华润医疗板块借壳上市、剥离华润的饮品业务但回购华润雪花的股权……对万科，傅育宁一改前两任主事者亲自担任万科集团副董事长的做法，委派华润集团总经理乔世波任万科副董事长。

这一个十分强烈的信号。

华润集团前身是1938年于中国香港成立的“联和行”。在组建伊始，华润就拥有特殊的红色背景；1948年，更名为华润公司；1983年改组成立华润（集团）有限公司，开始其波澜壮阔的多元产业化之路。

汇丰环球银行中国香港及大中华区主管刘哲宁评价说，“华润是一个为股东赚钱能力非常强的企业，其对于资本市场运作的熟悉程度以及对市场判断的精明之处，让很多中国香港商界人士佩服。在中国香港资本市场眼中，华润是中国企业里管理理念最接近国际化的，同时又非常了解中国的市场需求，是将两者融合得最好的。”

华润集团下设7大战略业务单元、16家一级利润中心，实体企业2300多家，在职员工42万人。华润在中国香港拥有5家上市公司，旗下“蓝筹三杰”，华润创业、华润电力、华润置地位列中国香港恒生指数成分股。华润燃气、华润水泥位列中国香港恒生综合指数成分股和中国香港恒生中资企业指数成分股。华润集团是全球500强企业之一。2015年，《财富》杂志发布的2015年世界500强排行榜中，华润集团排名第115位，自2005年起连续获得国资委A级央企称号，2012年度央企业绩考核位列第6。华润零售、华润雪花啤酒、华润燃气经营规模全国第一。华润电力是中国业绩增长最快、运营成本最低、经营效率最好的独立发电企业；华润置地是中国内地最具实力的综合地产开发商之一。雪花啤酒、怡宝饮用水、万家超市、万象城是享誉全国的著名品牌。①

华润创业由华润万家、华润雪花、华润五丰和华润饮料组成。作为大陆与港澳及世界联系的一个桥梁，华润长期扮演进出口中间商的角色，改革开放前一直是中国进出口贸易公司在港澳及东南亚的总代理。1957年，华润发起并筹办首届中国出口商品展览会（即今日的广交会），20世纪90年代华润由贸易商向实业投资转型，开始大举并购。1992年，华润收购中国香港上市公司永达利，将其更名为“华润创业”，华润系第一家上市公司就此诞生，并

① （来源：华润官网）

开创了中资企业进军中国香港资本市场的先河。

华润万家由华润超市与万佳超市合并而成。1984 年 4 月，华润超市第一家门店——中国香港告示打道店开业，数年后华润超市即成长为中国香港第三大超市集团。1992 年 1 月华润超市开始向内地发展，在深圳开出第一家分店。2001 年 8 月，华润收购拥有 10 年历史的深圳万佳百货，此后跟华润超市整合，更名为华润万家有限公司。2004 年 5 月，华润再次并购江苏零售连锁龙头企业苏果超市，抢占华东市场。目前，华润超市业务连续多年位居中国连锁超市第一位。除华润万家卖场、苏果生鲜超市外，华润万家公司旗下还拥有欢乐颂、中艺、华润堂、Ole'、blt、VanGO、Voi_ la!、VIVO 采活、Pacific Coffee 等众多品牌，涵盖购物中心、精品超市、便利店、酒窖、咖啡屋等不同业态。

1994 年，华润集团收购沈阳雪花啤酒厂，成立华润啤酒（中国）有限公司（2004 年 8 月更名为华润雪花啤酒，华润创业持股 51%，英国啤酒巨头 SAB Miller 持股 49%）。除收购雪花外，华润还一举收购了钱江啤酒、西湖啤酒、蓝剑啤酒等 30 多个区域啤酒品牌。目前，华润雪花在中国经营超过 95 家啤酒厂，占据中国啤酒市场 23% 的份额。

华润在饮料领域的另一品牌是怡宝。华润怡宝饮料（中国）有限公司总部位于深圳，主营“怡宝”牌系列饮用纯净水，并有午后奶茶等饮料品牌。

五丰行成立于 1951 年，是中国香港最大的中国食品进口商和批发商，几乎垄断了鲜肉、冻肉在中国香港市场的供应，经营范围包括大米、果蔬、肉食、冷冻食品、进口食品及现代农业产业，1995 年 10 月在中国香港联合交易所挂牌上市。2001 年，华润创业将五丰行从港交所私有化，五丰行成为华润创业旗下公司。2011 年 5 月，五丰行正式更名为华润五丰。

华润电力成立于 2001 年，2003 年上市，目前总市值近千亿港元，为华润系上市公司中市值最高的一家。业态涉及火电、煤炭、风电、水电、分布式能源并策略性投资核电，跟踪研究光伏发电等领域。业务分布 19 个省、自治区、直辖市，位列独立发电商与能源交易商全球第 5 名，亚洲第 4 名；位列“全球成长最快能源企业 50 强”第 10 名。2010 年，华润电力以百亿元的对价收购山西金业集团所属 10 个资产包 80% 股权，涉嫌重大国有资产流失，直接导致了今年 4 月华润集团董事长宋林的落马。

华润水泥是国家重点支持的大型水泥企业集团之一，2009 年在中国香港上市，公司主营业务为水泥和商品混凝土生产及销售服务，业务覆盖广东、广西、福建、海南、山西、云南、贵州、内蒙古及港澳等地区，系所在区域尤其是华南地区水泥和商品混凝土行业的强势品牌。水泥产能位居全国前列，商品混凝土产能位居全国第一。

华润燃气经营的城市燃气业务，包括管道燃气、车用燃气及燃气器具销售等。秉承专业、亲切、高效的服务理念，供应安全清洁能源，努力改善环境质量，提升人们生活品质。目前业务分布于全国 20 个省、3 个直辖市的 200 多个城市逾 1, 700 万户居民用户，年销气量超过 100 亿立方，已成为中国最大的燃气运营商之一。

华润医药是根据国务院国资委“打造央企医药平台”的要求成立，集药品研发、制造与分销为一体的企业集团，综合实力居中国医药行业前三强。其拥有“999”“双鹤”“赛科”“东阿”“紫竹”和“毓婷”等一批中国驰名品牌。“999”品牌两次入选中国最具价值品牌 50 强，“东阿阿胶”等品牌被评为“中国 500 最具价值品牌”。

华润金融拥有华润银行、华润信托、华润投资、华润资产和汉威资本，并战略持有国信证券、鹏华基金、华泰保险等国内金融机构，业务涉及银行、信托、基金、证券等领域。珠海华润银行前身为珠海市商业银行，成立于 1996 年 12 月。2010 年 1 月，华润股份和珠海市政府对珠海市商业银行成功实施战略重组，更名为珠海华润银行。

华润置地是华润集团旗下的地产业务旗舰。1994 年 12 月，华润注资当时的北京市华远房地产股份有限公司，开始进军地产业务。北京华远由北京市西城区政府为旧城改造而专门设立，拥有强大的政府背景和土地资源，一度为北京房地产业的老大，由地产名人任志强掌舵。1996 年 11 月，华远地产以“华润北京置地”名义在中国香港联交所上市。2001 年 7 月，华远总经理任志强宣布卖掉自己所持华远地产 18% 股份，并从华润手里收回华远地产品牌，成立新的华远地产。被任志强抛下的老华远被迫更名“华润置地”。

2002 年 10 月，华润置地投资 40 亿元港币建设深圳最大的商业地产项目华润中心。2006 年，华润置地斥资 550 亿挥师东北，执掌五城十八盘，筑就东北大格局。同年，华润置地以 220 亿港元巨资，强势进驻大连，陆续开发华润·海中国、华润·星海湾壹号、华润·置地广场、华润置地·考拉住区一系列标杆作品。截至目前，华润置地已进入中国内地 50 余个城市，正在发展项目超过 110 个，住宅项目包含万象高端产品线（深圳幸福里）、城郊品质产品线（北京橡树湾、上海橡树湾）、城市品质产品线（沈阳凯旋门）等。

2010 年 3 月 8 日中国香港恒生指数有限公司把华润置地纳入恒生指数成分股，成为中国香港蓝筹之一。

2000 年，华润置地首次进入深圳，打造内地首个都市综合体“深圳华润中心”。2008 年华润集团与深圳市政府达成协议，政府将深圳湾体育中心整体交由华润集团投资、建设及运营期限为 50 年，经营期满后移交政府。同时，深圳湾体育中心占地 30 万平方米。

2012 年 10 月 24 日，华润集团内地总部大厦“春笋”开工建设。2016 年 7 月 1 日，“春笋”主体结构封顶，预计 2018 年全面竣工并迎来华润集团内地总部的入驻。入驻“春笋”后，华润集团内地总部将作为中国内地的管理总部和资本市场的上市平台，而中国香港总部则将继续保持它国际化运作的平台和全球化的管理中心职能。

地处深圳后海中心区核心位置的华润集团总部大厦“春笋”，将成为深圳湾新城市地标，以深圳湾畔第一高楼的伟岸身姿屹立在深圳湾畔，俯瞰深圳最美丽的港湾。该建筑由“超高层建筑专家”美国 KPF 建筑师事务所（Kohn Pedersen Fox Associates）潜心打造，高度为 400 米，地下 4 层，地上 66 层，建筑面积 267137 平方米，总投资额超过 200 亿元。

2012 年底，华润公开展示当时在深圳从西到东六大项目：华润中心、华润深圳湾综合体、华润城、湖贝项目等，总建筑面积近 1000 万平方米，总投资近 1000 亿元。当时的媒体报道是“无论是开发规模还是项目质素，华润置地都已经是当时‘深圳最大的综合型房地产开发商’”。

2016 年 4 月 26 日，深圳南山区借鉴招商局主导开发蛇口片区和华侨城开发华侨城片区的成功经验，将后海片区的整体规划、运营交由华润负责。华润借鉴参考芝加哥千禧公园、墨尔本和新加坡等国际知名项目设计规划理念，规划后海片区的整体运营，打造具有国际标准的深圳活力中心与文化名片。深圳从东到西，最好的地段，最好的项目，华润基本都占有，其发展速度超越了万科和其他开发商，这是常年受制于土地素质的万科所做不到的。

华润官网显示，截至 2015 年年底，华润总资产约 9995 亿元，销售收入 4729 亿元，利润总额 440 亿元。

04 纠结的心

长期以来，我们从来没把股东放在眼里，同大股东几乎没有任何联系，除了让他们承担责任，让他们签字。

——郁亮

在华润系七大业务板块中，华润系均占据控制地位，至少在股权方面能够形成直接或相对控股，唯独在地产板块，华润系留有遗憾。通过资本运作打造中国房地产帝国的野心，几乎是根植于华润骨子里的基因。华润对全球第一大房企实际控制权的欲望，从宁高宁、宋林一直延续到傅育宁。

王石、郁亮此前十多年间多次表示，万科及管理层与华润的合作“令人愉快”。万科总裁郁亮甚至承认过：“长期以来，我们从来没把股东放在眼里，同大股东几乎没有任何联系，除了让他们承担责任，让他们签字。”

但在华润这一方，或许就并非那么愉快了。入股万科伊始，其核心诉求便是实现对万科的控股、合并报表，华润前任“掌门”宁高宁和宋林都曾公开表示过这种意向。但由于王石为代表的管理层过于强势，华润自身的地产力量又十分薄弱，华润恐操之过急落得“玉石俱焚”，影响社会观感和万科发展，因此对万科一直采取的是无为而治和冷静观望的态度。

华润对外宣传也未将万科纳入核心资产版图，万科在外界看来也不属于“华润系”，这在华润系其他上市公司中是绝无仅有的。但这并不代表华润对万科没有控制的欲望，而安于长期、安静地做一个财务投资者。

央企进军房地产，一直是一个充满争议的话题。滑稽的是，央企地产企业越调控越多，最早只有 6 家企业，2007 年国资委核定央企地产企业为 16 家，到 2011 年扩展到 21 家。

2016 年以来，在政府主导下，央企“国家队”重组并购潮涌动。截至目前，21 家被国资委允许从事房地产主业的央企中，超过半数房企已经启动内外部重组和并购计划。7 月 6 日，保利地产和中航地产各自发布停牌公告，称中国保利集团与中国航空工业集团正在筹划关于所属地产相关业务资产的重组整合方案，两公司股票于 7 月 7 日起停牌。

中航工业集团主营业务是航空军工，地产业务在集团营收中占比微不足道，以集团自有土地储备开发为主。中航工业集团2015年总营收为3802亿元，房地产业务营收仅55亿元。中航地产2015年财报显示，截至2015年底，公司在昆山、九江、贵阳等地拥有待开发的土地储备面积达134.82万平方米。保利地产规模已达千亿级别，接盘中航地产后，保利地产可以直接获得中航地产的大量土地储备。

2015年8月，招商局集团旗下招商地产与招商局蛇口进行重组，招商局蛇口直接持有招商地产40.38%股权，并通过其他子公司持有招商地产11.51%股权，合计持有招商地产51.89%股权。重组后招商地产退市，招商局蛇口成为招商局集团唯一地产上市平台。

绿地集团2014年销售额超过万科成为房企老大，2015年通过资产重组借壳金丰投资在沪市实现上市。21家涉房央企中中建、中交、中粮、中化、中铁等都在启动重组计划。一个重要的现实是，规模在千亿级别下的涉房央企，要么整合别人，要么被别人整合。这对华润是极大的挑战。距离重组最近的，自然是万科。华润又怎么可能放弃万科第一大股东地位？傅育宁难道不知道，华润一旦放弃万科，在未来的央企重组竞争中，极可能自己把自己玩死。

另一个现实是，近年来华润置地发展迅猛，或许在华润集团高层眼里，华润置地未来的潜力将会超过万科，华润完全拥有与万科重整的能力。

2015年12月4日宝能系第四次举牌万科。在此期间，万科一直与华润保持联系并请求继续增持，但华润迟迟不表态。求助华润无效，万科管理层意图寻找其他投资者入股万科，发起重组。此段时间，王石等人奔赴不同基金公司疑似拜票的新闻屡见报端。

万科独立董事华生对华润的行为提出质疑："一开始宝能不断举牌，而且显然就是要夺万科控制权，华润作为第一大股东，除了最初做了一个很小的增持以外，没有做任何的表示，也没有采取任何反击性措施，或者提请董事会研究，让大家知道其真实意图，似乎是要放弃这个企业。而宝能，我不认识宝能任何人，但是作为同行业中比万科要差很多的地产企业，他来收购控股，会给万科带来同业竞争、关联交易、利益冲突等一系列问题，华润为什么不站出来表明自己的态度？"

华润对此的答复大体为："华润为保持大股东地位，做了很多工作。没有说只是因事情未完成前不便对外披露。华润最初作了少量增持，也采取实际步骤支持管理层增持。华润搁置万科H股增发方案，是怕摊薄股东权益。华润后来没有在二级市场大量增持是因为华润作为央企，不能在高价增持帮助别人高位套现。华润也积极接触了持股较多的多家大股东，探索直接转让的可能，但因种种原因均未有结果，并直到现在还在与中证金等积极联系，接手他们手上的股票。华润置地与万科整合的涉及面和难度都太大，因而并不可行。”

2016 年 1 月 2 日—1 月 4 日，任志强三天在微博连发 8 文，谈论万科股权争夺战。他表示，“华润集团确实是个很好的大股东。除了在资金上给以支持之外，还在管理制度，文化和发展战略上给以支持，并给了管理层充分的信任和决策权。”这绝不是“万宝”之争。万科不过是宝能收购的标的物，股东之间的控制权之争是与华润的争夺。

那一天冯仑对王石说，最好的结果是资本与经理人的协商，以实现共赢。王石明确的回答是，所有的经理人都愿意与投资者合作共赢，但宝能不行。两者之间不仅是有文化上的冲突，好像也有些誓不两立！（这似乎是一种专门针对某一投资人的态度）。

冯仑随后又问那华润是啥态度？华润集团其实是万科股权之争的主角。一个持股十多年的控股大股东，曾经为打造一个全国优秀的地产公司付出了现金、智慧、后台优势、董事推荐等帮助，并取得了巨大的成果。其持股比例也随之增加到了 15% 以上。难道其在这次新的战争中无力反抗而宁愿放弃吗？

通过已经公开的信息猜测，估计原因可以有三。

1. 战略上的失误。新的华润集团可能认为民营企业不可能愿意和著名的央企进行争夺与对抗，无非是想通过股市的升值，以实现投资价值最大化，不是真的为控制企业而提高股比的。

尤其是在宝能持有万科约 15% 股权时的保卫战中，华润只付出了一亿元人民币，就再次恢复了第一股东的地位，而宝能并未连续反击。

在此就引发了第二个失误。

2. 认识上的失误。华润集团认为民营企业不可能在短期内动用几百亿的资金进行大规模的市场收购。如果民营企业慢慢拉长收购周期，则大股东是有条件和能力做出反应的。但新的保险创新和抵押手段，会为企业提供新的高倍杠杆资金，并能短期内迅速的占领市场。

3. 措手不及让华润出现了时机上失误。当宝能连续多次举牌后，股票的价格已经上涨了许多。华润再用公开市场的价格增持股份，不但要动用大量的资金，也会影响已经出现的浮盈。

在华润连续十几年的控股期间，华润不但有大量的分红、送股，也有大量的股票价格收益，尤其是这次收购中价格上升带来的浮盈。（《结尾：还是万科那点事儿》）

2015 年 12 月 31 日晚间，万科内部员工收到关于高级副总裁祝九胜辞职的知会邮件。公开资料显示，祝九胜为万科第 13 位副总裁，1969 年出生，2002 年毕业于中南财经大学产业经济学专业，博士研究生学历。2012 年加入万科，分管银行、信托等信贷渠道的融资工作，掌管集团所有资金的调度权利，包括万科事业合伙人持股平台盈安合伙使用的资管计划。

敏感时期爆发的这一人事变局，让媒体猜测这与万科资金“护城河”没有成功抵御外来资本进入，需要对万科股东做一个交代，以利调整后续万科的股权保卫战。

2016 年 1 月 7 日，华润集团在中国香港召开领导班子（扩大）会议，宣布罗熹任华润（集团）有限公司副董事长、总经理；乔世波因年龄原因，不再担任华润（集团）有限公司总经理、董事职务，荣誉退休。罗熹曾任农行、工行副行长，此前任中国出口信用保险公司总经理，在金融国际业务、资本运作方面经验丰富。

“华润所经历的重大人事变动似乎正好解释了此前华润在万科争夺战中保持沉默的原因。此时正值人事交接千头万绪，如果涉及万科重组则一定是大手笔出资，华润现在未必能顾及万科。”

前一天 1 月 6 日，万科 H 股复牌。但复牌后的万科 H 股开盘即大跌，截至收盘下跌 9. 17% 。“万科复牌 H 股的动作是有计划运作的，而非规定动作。”“事发突然，万科的这一动作确实令对手始料未及。”“H 股在复牌后的表现应该是在万科高层的意料之中的，H 股的股价走向可以理解为万科对于市场的试探。”截至 2015 年三季度末，万科 H 股占总股本比例为 11. 9% 。

3 月 8 日，傅育宁在“两会”现场遭遇中国香港媒体记者围堵。在被询问到有关万科股权之争时，傅育宁表示现在市场比较敏感，不想多说，但认为万科是个好企业，华润集团会全力支持。

此前，王石在接受《时尚先生》采访时表示，“万科的定位就是混合所有制，非常清楚，一定不是一股独大。混合所有制可能是未来的方向，我们也算是探路吧。恰好借这个契机进行资产重组，让混合所有制解决不确定性的问题。”此番言论，或许并不合傅育宁的口味。

据《21 世纪经济报道》与《财新》称，2016 年元宵节刚过，姚振华主动拜访华润集团，与傅育宁进行了一个多小时的密谈。春节前，华润与“宝能系”在新加坡密谈，华润有意收购宝能系手中的万科股票，但由于价格太低不被后者接受。华润和“宝能系”对此缄口不言，讳莫如深。

3 月 7 日，两会期间的傅育宁在接受《新京报》记者采访时，公开分享他对华润集团各个板块业务的安排与理解。傅育宁表示：“未来，华润旗下业务的整合，未必是和集团内部的整合，和外部市场整合的机会还是有的。目前没有整体上市计划，各项主营业务都分别上市了。”

地产整合大潮来临，环境因素充分，外有宝能、安邦等资本叩门，内有解决两个地产平台华润置地与万科同业竞争的矛盾，傅育宁会认为这是一个完成华润集团地产帝国梦想的最好时机吗？答案应当是肯定的。时势难料，发展之路充满不确定性，傅育宁有着怎样的能力与智慧？

05 华润眼中的宝能

王石眼中的“野蛮人”宝能，在华润傅育宁眼中，未必是“野蛮人”，或许还是华润实现地产帝国梦想的“摆渡人”。

——韦桂华

王石眼中的“野蛮人”宝能，在华润傅育宁眼中，未必是“野蛮人”，或许还是华润实现地产帝国梦想的“摆渡人”。

对华润而言，宝能并非陌生人。

2013 年 8 月，华润置地竞得位于深圳前海特区一块土地（现华润前海中心），总耗资 109 亿元人民币，董事会主席吴向东表示，此次前海项目重大，“希望引进一个有实力的合作伙伴，当然我们也要遵循基本原则，由华润控股，华润操作，大家同比同股来投入资金，这是合作的条件”。

这位“有实力合作伙伴”实际上就是宝能地产。据深圳地产界人士透露“华润前海中心地块的内部授权是 100 亿元，但最终以 109 亿元成交。超授权拿地本身就不符合央企作风。”华润方面与宝能方面商定，前海土地项目各占 50% 股权。其中，宝能方面出资 59 亿元人民币，华润方面出资 50 亿元人民币。中国香港资本市场称，宝能方面的 59 亿元出资，实际上全部是华润通过自身旗下的融资渠道为宝能方面提供了融资。

2013 年 11 月，华润深国投发起“华润信托鼎新 108 号深圳宝能地产股权投资集合信托计划”，计划募集 36 亿基金。据该计划，其中 2 亿元优先级资金将用于向宝能地产增资，持有宝能地产 18% 股权，并用于深圳宝能公馆项目开发建设；其中 16 亿元则用于宝能地产赣州项目的开发建设。

宝能地产于 2013 年 11 月 29 日进行了股权变更，华润深国投以增资方式入股宝能地产，取得后者 18% 股权。华润深国投增资前，宝能地产注册资本为 9. 185 亿元；增资后，宝能地产注册资本增至 11. 185 亿元。此前相当长一段时间内，宝能地产均由宝能系全资持有。

工商信息显示，华润置地前海有限公司 2014 年 10 月份注册成立，公司高管主要成员基本为华润置地与宝能系各占一半。公司高层中，董事俞建、赵卓英、孔小凯，监事王坚强及总经理王笑均来自华润置地；法定代表人兼董事长张保文、董事袁惠光、董事马清填、监事姚亚能则来自“宝能系”旗下多个公司。“宝能系”高管在 2016 年 1 月份进入该项目公司。此时，宝能系已通过二级市场不断增持万科，坐稳万科大股东位置。

2016 年 7 月 4 日，万科第一自然人股东刘元生举报：“2014 年底开始，深圳的房地产价格不断攀升，同一地段卓越前海项目卖出 10 万元/平方米高价的情况下，华润仅是在该块土地取得成本的基础上略微溢价后，就将 60% 多的土地权益转让予宝能系，华润的这等作法是否涉及国有资产流失，以及向民企输送利益？ 2015 年 7 月 24 日宝能系增持万科股份至 5% 以上，2015 年 7 月 28 日华润置地将华润置地前海项目合资公司 50% 的权益转让予宝能系（合计 35 万平方米建筑面积）。2015 年 9 月 30 日，华润置地前海项目合资公司的董事长变更为宝能系张保文，2015 年 10 月起，宝能系开始第二波疯狂增持万科的举动。以上时点高度重合。特别要提醒注意的是，在宝能系正在疯狂增持股票，向华润作为第一大股东做出重大挑战的情况下，华润与宝能系就华润置地前海这一重大项目进行如此紧密的合作，请华润和宝能解释动机？华润和宝能有没有秘密协商？”

“华润今年 4—5 月增持东阿阿胶 4. 66% ，但华润增持之前，前海人寿也从一季度开始买入东阿阿胶 2. 44% 。为何前海人寿如此巧合在央企增持前出手？”

2016 年 7 月 12 日上午，人民网房产频道引述市场人士消息称，宝能系在 2015 年 7 月开始举牌万科时，宝能集团曾将持有旗下的深圳市钜盛华股份有限公司的 20. 2 亿股份质押给华润集团下属的华润（深圳）有限公司获取资金。文章称，以上市场人士留存的宝能集团出质持有钜盛华股份予华润集团的截图文件显示，2015 年 7 月 16 日，深圳市宝能投资集团股份有限公司将持有的钜盛华公司 20.2 亿股股份质押给华润（深圳）有限公司，目前双方已经解押。

华润集团之后公开回复称，宝能系将钜盛华公司股权质押给华润（深圳）有限公司一事与万科股权之争毫不相关。2013 年，华润置地开始与宝能地产商谈合作开发前海项目，并在 2015 年 7 月签署合作协议。由于宝能的合作款有既定支付节点，华润置地要求用钜盛华 20% 的股权质押作为增信条件，宝能于 2015 年 8 月 13 日支付合作款以后，质押解除。

2016 年 7 月 22 日，人民网对华润、宝能合作前海中心项目进行了详细报道：

华润（深圳）有限公司是华润置地旗下全资附属公司，注册资金为 5 亿港元，主营业务为物业发展。华润集团回复中所指的“前海项目”则是指深圳“华润前海中心”项目。

记者查询华润置地 2015 年公司年报后了解到，华润置地去年完成出售了希润（深圳）地产有限公司 100% 股权、润福（深圳）地产有限公司 100% 股权，以及一间名为“Goodfull Enterprise Limited”（Goodfull Enterprise 连同其全资附属公司华润置地前海有限公司）50% 股权。

华润置地出售两间附属公司全部股权给公司带来了 4.28 亿港元的出售收益及现金流入，出售 Goodfull Enterprise Limited 的 50% 股权导致公司亏损了 4.25 亿港元及 2.27 亿港元现金净流出。

记者进一步了解到，希润（深圳）地产有限公司主要开发“华润前海中心 T201 - 0078（1）地块项目”，项目主要建设内容为 1 栋 62 层办公楼，高 284 米，占地面积 2774.5 平方米，总建筑面积 14.34 万平方米，项目总投资 47.7 亿元。该项目已于 2013 年 12 月开工建设，预计施工期 5 年。

润福（深圳）地产有限公司主要开发的是“华润前海中心 T201 - 0078（2）地块项目”，项目为 1 栋地上 31 层高酒店大楼，建筑高度 144 米，项目用地投影面积为 7140 平方米，总建筑面积 6.47 万平方米，其中计容积率建筑面积 5.46 万平方米，该项目总投资 15.41 亿元。

华润置地前海有限公司则是深圳市前海深港现代服务业合作区 T201 - 0078（3）宗地和 T201 - 0078（4）宗地的开发主体，公司认缴注册资本为 43.05 亿元。其中，华润前海中心 T201 - 0078（3）地块项目主要建设内容包括2栋高层办公楼、1栋商务公寓大楼、1栋1层文化活动中心（美术馆和小剧院）及3层（局部4层）商业裙房，项目用地投影面积为5.66万平方米，总建筑面积42.68万平方米，项目总投资141.17亿元。该项目已于2013年12月开工建设，预计施工期5年。

华润置地在2013年8月16日以109亿元的代价获得了深圳市前海深港现代服务业合作区T201－0078地块，该地块占地面积6.18万平方米，建筑面积50.3万平方米，主要功能为商业性办公用途。

前海T201－0078地块在2015年2月份公示了地块依申请按规划进行分宗，分宗后T201－0078（1）宗地为办公，T201－0078（2）宗地为酒店，T201－0078（3）宗地为办公、商业和公寓，T201－0078（4）宗地为地下车库和设备用房。

如果按照华润集团及万科自然人股东刘元生所披露的，华润前海中心的合作方为宝能系的话，则意味着华润前海中心项目的1栋高层办公楼、1栋高层酒店合计建筑面积20.81万平方米已经转让予宝能系，另外华润前海中心T201－0078（3）地块项目50%权益也已经分割到宝能系名下。

如果按照华润前海中心T201－0078地块项目总计204.28亿元的投资总额简单计算，未来华润前海中心项目开发过程中，宝能系将承担133.7亿元投资支出，而华润置地将承担70.6亿元的投资支出。

在华润置地2013年8月份获得前海中心T201－0078地块时，时任公司董事会主席吴向东在中期业绩发布会上透露，深圳前海地块总价比较高，因为这是重大项目，所以很可能会引进一个有实力的合作伙伴，而109亿元土地款则分3年支付，2013年支付十几亿元，2014年支付30亿元，2015年支付剩余部分，并且其预计前海中心项目总投资只有150亿元～160亿元，低于现在项目204.28亿元总投资。

按照华润置地披露的前海中心T201－0078地块分期支付，意味着2015年华润置地要支付至少60亿元的土地价款。宝能系于2015年8月13日支付与华润置地前海中心项目的合作款，这也正是华润置地获取华润前海中心项目刚满3年的土地款支付节点。

质疑声起，宝能和华润究竟是何种关系，让外界顿感扑朔迷离。而这其中，又隐藏着华润怎样的梦想与野心，仍不为外界所知。

据《财新》记者报道，万科2015年12月18日停牌之后，曾提出与华润置地重组的建议，但华润当时表示资金不足，而且房地产并非华润主业方向。

华润潜在的动机为何？

2016年6月30日晚间，国务院国资委官方微博发布一篇华润集团傅育宁撰写的长文《用“匠心”锻造长青基业》。文章中称，70多年来，华润在风云激荡的时代变迁中、在百舸争流的市场竞争中，能够不断成长、进步，并形成了多个占据行业领先地位的主营业务，工匠精神无疑在其中发挥了重要的作用。它不仅体现在技能岗位，也体现在管理的方方面面，是个人、企业乃至国家讲诚信、有担当、求创新、重品质的精神体现，指导我们做正确的事、正确地做事。

“做正确的事、正确地做事。”说起来容易，做起来难。现在的傅育宁，一定品偿过其中的滋味！

记得有这么句话：“2009年以来，有一个再明显不过的大势就是：金权天下。在政治因素之外，资本运作是食物链的最顶层，企业经营，仅仅是资本眼中的配置角色。够强，就要从资本层面hold住。资本一旦具备控制力，必然有其在经营上的诉求。仅仅是分红，根本不是中国目前资本玩家的所求。”

华润当了万科近17年的“甩手掌柜”，这些年分红累计逾30亿，华润转让万科价格高达371.71亿元，简单估算其收益在400亿元左右。

2017年3月6日，傅育宁面对记者采访笑言：做万科第一大股东这些年，回报是令人满意的。并表示，在地产板块，今后会集中精力做华润置地，“华润置地是一个很好的公司，这个住宅地产和商业地产这个组合发展方式我也觉得是符合中国城镇化发展的趋势。同时他们也在创新，所以我们金融资产支持华润置地做强做大就是一个很好的选择。”

好一个无奈与苦涩的味道！

| 大咖观点 |　任志强谈论万科股权争夺战

2016年1月2日—4日，任志强三天在微博连发8文，谈论万科股权争夺战，他表示，这绝不是“万宝”之争。万科不过是宝能收购的标的物，股东的控制权之争实际发生在华润与宝能之间。现摘录其博文要点。

许多企业的创立来自于经理人。他们用自己的智慧和技术，提出了创新的概念，并用他们的优势去吸引投资者。此时，大多数投资者是财务性投资，因此最核心的是保护拥有创新想法和专业技术的经理人，于是就有应对恶意收购的“毒丸计划”①。

如果收购资金是合理合法的。管理层最终是无法改变控股资本的。

宝能看上了万科的资产、品牌和管理团队。更看上了其市场地位和发展前景。借助于控股万科不但能提高自己的社会地位、融资能力，也能借万科的发展而获取更多分红和股权收益。

我不愿意相信宝能是出于恶意进行的收购。至少宝能希望通过收购赚到更多的钱，绝不可能是为了赔钱才去控股的。当然我也不愿看到公司失去市场竞争力的结果，也许宝能早就想好了另外一条安全的退路。

哪有大股东与持有的资产竞争的道理。万科不过是宝能收购的标的物。股东的控制权之争实际发生在华润与宝能之间。

万科的股权之争，及资本与管理层的矛盾，也许只是个案或特例。但反映出资本市场的残酷竞争，不一定会对企业的稳定发展带来机遇，反而可能带来的是灾难。

已经发生的失误，并不说明华润无路可行或彻底失败了。华润虽然单股不再独大，但却有和其他股东合作，形成一致利益人并统一战线的机会。华润也有这种实力和号召力，只在于想不想、要不要这样去做。华润仍然有能力在股票价格相对合理时扩大股比的能力。

网上有许多关于“赵家人”的说法，但在万科目前的情况中，并不存在这种问题。华润本身就是最可信赖的央企，有最可靠和被信任的背景。任何其他人都不可能用“赵家人”的背景与华润对抗。公开、合法的资本市场中，任何资本都没有姓氏。姓氏只会在靠权力审批时才能发挥作用。现在的案例中似乎没有看到来自权力的不公平干预。

两个股东单位，一个经理人团队，这三方谁也不缺少智慧，也不缺少办法。为了利益最大化，也不会因谁打败谁的面子问题而失去理

① “毒丸计划”是美国并购律师马丁·利普顿（Martin Lipton）1982年发明的，正式名称为“股权摊薄反收购措施”。

性。更不会为此而宁愿损失企业、股东的利益。

| 大咖观点 | 郁亮成都区域媒体答谢会祝酒词

“我，以及万科管理层坚定地与王石主席站在一起；王石主席的态度，代表了全体管理层的态度。”“万科会守护好中小投资者的利益，尽到信托责任，并提醒各类投资机构注意风险；宝能系的恶意收购不会成功”。2015 年 12 月 18 日晚，郁亮出现在成都的万科媒体答谢会上，对剧情越来越刺激的万科股权大战第一次公开发声。

尽管来过成都很多次了，但是这次来觉得特别美！马路上的银杏树叶飘落满地的时候，就是成都最美的时候。今天非常高兴来到这里参加媒体答谢活动，而且这是我们 2015 年度全国媒体答谢的收官，在这样一个美丽的季节能够来到成都，觉得特别高兴！

今天看到你们拿着那么多相机和电脑来参加答谢晚会，这个风景是我们答谢晚会很少见的，所以要就最近发生的事情说几句。

25 年前我去万科面试，面试我的人就是王石主席，后来很多人说“郁总你真牛，今天能当总裁，因为给你面试的人是王石。”其实当时公司小，大部分员工都是他面试的。

10 年之后我有幸在 2000 年主持公司工作，那时跟主席有了更密切的交流，我发现主席跟我真的很不一样！比如当年他很喜欢高山，而我很喜欢大海，所以我大女儿名字里就带着海洋的“洋”。高山很雄伟，而大海则纳百川。后来变了，我们倒过来了，他喜欢海了，而我却喜欢山了。他去划赛艇，我去登珠峰。

主席的性格测试是“老虎加孔雀”，老虎很有决断力，孔雀很有感染力，而我是猫头鹰。猫头鹰是什么特点呢？一只眼睛睁着，一只眼睛闭着，一只眼睛看机会，一只眼睛看风险。王石主席理想的时候比我更理想，理性的时候比我理性更多。他钟摆比较大，而我钟摆比较小。其实熟悉我的人知道我属于“闷骚型”，就像我今天穿的衣服外面黑，里面花。

王石主席说话非常有表现力、感染力，比如外界流传的“棺材里伸出手来”，像电影画面一样，但很多人觉得我说话挖不出什么料来，很严谨。

我记得，在2013年6月份，西安举办全国媒体答谢会上，我提出“城市配套服务商”的概念。很多人调侃说主席的手会不会伸出来，把你们拉回去？这显然很不了解我和王石主席。在这么重大的问题上，我和王石主席一定是达成一致后才对外说的，不可能没有达成一致就随便表述。比如再说主席这边航海，推广赛艇运动，我这边推广乐跑，好像爱好不一样，但是本质是相同的，我们都爱好健康运动，我们希望把健康的运动理念带给更多人。

尽管我跟王石主席在很多方面，比如做事习惯、语言表达，有不同的风格，但是在重大问题面前从来都是完全一致的。八天前，也就是12月10日，我加入万科满25年了。在25年中我和王石主席共同经历了很多艰难和喜悦的时刻，比如“3.30事件”，2008年“捐款门事件”，“B转H”，如今回头看，都是人生中最温暖的记忆，这些记忆是我们共同经历的，我们也将继续共同走下去。

昨天王石主席的讲话，也代表了包括我在内的所有管理层的想法。其实在昨天的发言中，王石主席也提醒大家注意这个问题。

为什么我们不欢迎对方？

第一点，我们作为管理者，有责任向利益各方提示相关的风险。什么风险呢？我们可以看到20世纪80年代在美国有一轮恶意并购潮。恶意并购通常有两个主要特征，一个是事先不跟公司董事会和管理者作良好的沟通；第二个是利用一些杠杆来做收购，博取利益。今天我们遇到的情况和恶意并购潮的表现是一样的。以史为鉴，看美国20世纪80年代那一轮的恶意并购的结果如何？大多数都未成功，无论是收购方还是被收购方都没有成功。但更多的是投资者，相关的金融机构却受到了损害。我们今天同样需要向相关各方揭示风险，需要向投保买万能险的人提示风险，需要向金融机构提示风险，需要向证券市场的投资者提示风险。如果说管理团队跟股东之间有重大分歧的话，会影响公司团队稳定，影响公司业绩的表现，进而影响股价。所以，我们作为管理者，有责任把这样的风险告诉大家。

第二点，我们作为职业经理人，要尽到对全体股东，尤其是中小股东的受托责任。举例而言，万科作为房地产开发企业，物业服务就是受业主委托管理物业的。有人说“房子是我的，家里怎么改是我的事，你凭什么管呢?”确实家里怎么改可以自己去做，但是社区有些事情是不允许去做的。比如说你不能随便改供气管道，有可能存在安全隐患；不能随便拆承重墙，这样会影响结构安全；不能随便乱搭建，这样会影响小区品质和别的业主的利益，这是我们作为物业受托管理人应尽的责任。我们的责任是守护全体股东的利益，尤其需要尽到对中小股东的保护作用。

这里我们可以谈一些成功的例子，比如华润集团过去15年作为万科大股东和管理团队很和谐，和谐表现在积极的不干预政策。积极的意思是促进我们的发展，对我们健康发展有利，这叫做积极的不干预政策。

比如当年万科的股权分置改革，华润不需要承担这个责任，但它义无反顾承担起了。B转H又是华润集团挺身而出，帮助我们顺利地完成B转H，使得公司在中国香港上市。这样的股东是积极而不干预的股东，包括在推荐公司独立董事方面对万科也很有帮助，这对我们追求公司长期发展给予强劲助力。所以，股东跟管理团队，大股东跟小股东之间是可以打造一个友好相处，共同创造价值的状态。我们作为职业经理人，我们应该承担起对全体股东尤其是中小股东的受托责任。

第三点，我们不仅是职业经理人，我们还是事业合伙人。事业合伙人比职业经理人多了“共担”两个字。万科的事业合伙人在过去一年半的时间里拥有了万科超过百分之四的股票，尽管不太多，但是不要忘了，这是我们多年创造出来的成果，对我们而言是相当大的一笔投入，尽管钱没有大股东多，但是对我们而言非常珍贵。我们愿意为公司尽到守护的责任，因为我们不仅是职业经理人，我们还是事业合伙人，我们更是股东。对公司未来长远的发展，尤其是长期健康稳定的发展，我们有义务尽到守护责任。

万科追求的价值是什么？万科管理团队看重什么？万科追求的价值就是品牌和信用。我们作为事业合伙人应该守护好万科的品牌和信用，不让任何人去侵害万科的品牌，破坏万科的信用。只有这样，才能为全体股东创造更多的财富。

当今的世界，已经从资本时代过渡到知识时代。无论是国内还是国外，很多优秀企业都意识到知识才是企业最重要的动力来源。可以说，从微软到Facebook，到谷歌，再到国内的淘宝、华为、腾讯，都可以证明知识在公司发展当中的重要作用，而不是资本。

我们已经来到这个时代，在知识比资本更重要的时代，如何找到人，如何凝聚人，如何让大家心甘情愿聚集在一起，奉献自己的才华，这是每个公司都需要思考的问题。万科就是依靠制度、文化和价值观，凝聚了一批优秀的人才，从而创造了我们过往的成绩：我们从1990年上市以来连续24年每年分红，实现年化百分之三十以上的复合增长率。今年我们的业绩也将再创新高，将突破2500亿。这是我们这个团队，凭借万科的品牌和信用，凝聚优秀的人才创造出来的价值。这些价值是和全体股东共同分享的。

总结一下刚才说的这三点：作为管理者，我们有必要向利益各方提示相关的风险；作为职业经理人，我们应该尽到对全体股东，尤其是中小股东的受托责任；作为事业合伙人，我们应该对公司长远健康发展尽到守护责任。这是王石主席昨天讲话背后的原因，这也是代表我们全体万科人的态度。

今天占用大家吃饭的时间，把这两个重要问题和各位沟通一下。

在这个场合，我仍然需要感谢来自西安、重庆、武汉和成都的朋友们！在过去一年时间里，无论是你们的表扬、点赞，还是批评、建议、鞭策，对我们来说都是非常珍贵的。在这里，我代表整个万科集团感谢你们对我们的支持和帮助。谢谢！希望得到你们继续的帮助和支持！

万科在五年之前，我们的主题词是“大道当然”。我希望万科在这条大道上得到更多朋友的帮助！最后，希望大家能够参与到万科的运动行列中来，我们能够有一个健康的身心，这样我们才能说我们有了健康幸福的基础。

| 背景链接 | 万科被野蛮入侵背后的真相

2015 年 12 月 19 日，王石转发作者署名黄生看金融的文章《万科被野蛮入侵背后的真相，一场大规模洗钱的犯罪》一文，并评论称，下星期一见。但不久之后，他又删掉了这条微博。现将这篇文章刊录如下。

万科被野蛮人入侵，一时间神州大地议论纷纷。本想安静写写关于美国的加息分析以及对中国的影响等，但是耳边一片嘈杂，全是议论万科被偷袭之声，因此只好写下这篇文章。

大家要注意，今年以来保险资金在中国股市兴风作浪，手法凌厉，不同寻常，完全违背保险公司投资的作风。长线、稳健甚至保守的投资风格，为何近期在中国完全变成了凶悍、不顾一切、疯狂的对冲基金的做法，这才是问题的关键。

众所周知，中国今年以来反腐最为激烈，无数腐败官员和不法商人落马，那么无数过去的腐败黑钱和不法黑钱，迫切需要洗白、半洗白。在中国严格的资本管制和货币兑换不自由的情况下，黑钱要想大规模流向境外比较困难，如何将这些天文数字的黑钱洗白或者半洗白成了重大问题。

于是，保险公司成为一个洗钱的重要通道，就是大量的黑钱通过定向买入万能险或者投连险，然后进入股市。因为这些黑钱需要尽快洗白，时间不等人，反腐也形势逼人，因此他们必须要在资本市场采取对冲基金的做法，高举高打，凌厉逼空，不顾风险，只有这样才会短时间迅速获得账面收入，同时在资本市场转几回后，要查清楚这些黑钱的难度就会加大，成本就会很高。这也是为什么全世界都很保守的保险资金竟然最近在中国变得如此疯狂的原因，就是因为声势浩大且紧迫的反腐形势所致。

最近浙江打击了一个洗钱的地下钱庄，规模惊人，洗钱规模高达数千亿。这还仅仅是冰山一角，结果还发现中国私募第一人徐翔也牵扯其中，徐翔的私募基金竟然是洗钱的工具，就是一些腐败官员或者不法商人将其违法所得通过徐翔的私募基金进入中国股市洗白。这也是为什么他的私募不对外公开，仅对少数腐败官员和不法商人公开的原因。

与非常发达的浙江地下钱庄相对应的是在广东，尤其是在深圳的潮汕人，控制和掌握了规模巨大的地下钱庄，一个浙江的地下钱庄就洗钱数千亿，潮汕人的地下钱庄所控制的洗钱规模只会比浙江更大，因此拿出几百亿黑钱来通过保险公司通道买入万科，完全不成问题。浙江的黑钱可以通过私募基金进入股市洗白，广东的黑钱则通过保险公司进入股市洗白。

最近中国反腐非常严厉，而且为了避免资金外流，对于地下钱庄打击的力度非常大，同时银行加强了外汇管制，对于各种外汇汇出境外进行了严格的审核，并严厉打击蚂蚁搬家式的洗钱行为。在这种情况下，一边是非常严厉的反腐，一边是庞大的黑钱无法流向境外，这个时候只能狗急跳墙进入中国股市，对大规模的标的进行举牌并购。

当所有人的目光都被这种不顾一切的买入惊呆时，大家都在议论其野蛮并购时，那他们的目的就达到了，他们要的就是大家将目光的焦点放在并购上，放在野蛮入侵上，成功吸引了大家的注意力，而忘记了这其实是洗钱。

大家可以看到入侵万科的野蛮人，通过很少的自有资本，通过卖出万能险（实际上这是负债），买入万科，然后又将万科股权质押，进行配资。如此高的杠杆，对于保险公司来说，无异于是走钢丝。然而，只要能将钱洗白，走钢丝就走钢丝。只要查查这些万能险是被谁买走了，提供贷款给这家公司的是谁，就能查清楚这些黑钱的来路了。

世界上从来没有一家恶意收购成功过，所有在资本市场进行恶意收购的，最终的结局都很悲惨。这里面有因果报应在里面。但是，对于唯利是图、不择手段的洗钱犯罪分子，这又算得了什么。

万科的最大的价值不在于有多少土地，而在于整个经营管理层非常优秀。采取恶意收购，收购到了一家公司但是无法收购到管理层，这样的收购是毫无价值的，相信他们也明白。但是他们为什么还要一意孤行呢？因为他们的目的根本不在于收购万科，而在于洗钱。

深圳曾经有一家非常优秀的公司，就是深圳航空，但是后来被一家民营公司通过保险资金收购。深圳航空连续十几年盈利，是世界航空历史上都少有的，但是被挪用的保险资金巨额收购后，最终还是要偿还这些债务。因此，深圳航空的资产被掏空、转移，一家优秀的公司被这些野蛮的洗钱犯罪分子彻底摧毁了，最终这帮人也锒铛下狱。

同样，这次万科面临的也是保险资金，同样是杠杆资金。无知的散户还在为万科的股价上涨表示兴奋，但要知道这些保险公司借来的钱是要还的。如果恶意并购成功，最终又将要掏空、挪用万科这家公司的资金去还债，从而最终毁掉一家优秀的公司，到时候大家哭都来不及。

深圳的华为、万科、招行都是中国最优秀的企业，然而万科、招行都曾经遭到了野蛮的犯罪分子的入侵，华为因为没上市所以幸免。这不能不说是一场悲哀。如果中国最优秀的公司都得不到保护，那我们就有足够的理由怀疑我们生存的环境。

而监管层却没有采取任何措施，这是一种不作为的表现。但是今天监管层说了一句话，耐人寻味的话，只要是合法的收购活动，监管层不会管，重要的是合法两字，因为借并购来洗钱这是非法的，相信最终监管层一定会出手的。证监会、保监会，就看你们如何出手了，中国最优秀的上市公司，招行、万科、民生银行、金地等都正在或曾经被入侵，企业价值被摧毁，你们的消极不作为是否称职？是否渎职？

由于这些用来恶意收购的资金用了很大的杠杆，对于杠杆资金，最大的敌人就是时间，因为杠杆资金需要支付利息，最重要的是还有借款期限，而并购是长期的战略股权投资，短期借款用来长期投资并购，不但不合法，而且越往后就对他们越不利，长时间的停牌就是对付这种敌人最好的武器。同时别忘了，一旦反腐的行动清查到这一块，而他们的收购又没完成，那么他们就是竹篮打水一场空。因此万科，只需要长时间的停牌，停一两年（中间可以恢复几天，然后继续停牌），打持久战，就能顺利击退这些人，并不需要什么毒丸计划。

万科被野蛮收购，并不是一场兼并与反兼并之战，而是一场反腐与腐败之间的战斗，是一场洗钱与反洗钱之战。

而最终的结果，我们坚信野蛮的入侵将会失败，因为历史上还没有野蛮的兼并成功过，而正义一定会到来。

同时相信，保险机构的洗钱将会成为监管层重点打击的对象，这是中国当前反腐的需要，也是必然！

| 背景链接 | 红色买手的辉煌历史

华润早期“红色买手”、中共“中国香港窗口”的地位决定了它作为一个企业在政府体系当中的位置，进而使得华润在后来的市场经济竞争当中拥有众多优势。

创立之初，华润名叫联和行，由周恩来委托博古之弟杨廉安创立。杨廉安在早期中共历史上一直从事秘密工作。抗战时期，八路军的地位得到承认，周恩来委托杨廉安等一批党的工作者到中国香港成立机构，接收海外华人对八路军抗战的捐助。这就是华润历史上“两根金条开创历史”的来历。

在中国香港设立机构，周恩来是颇有远见的。中国香港成为英国殖民地之后，一直被定位为贸易自由港，因此联和行在港接收华侨捐助之后，可以就地采购前方急需物资送往内地。当时联和行采购的大宗物资主要是电台、医药等进口产品，经过极其复杂的路线送往中共抗战的前线。一直到抗战后期日军占领中国香港，联和行人员被遣送回内地，活动方告停止。

联和行改名华润是在二战结束之后。这应该是由于抗战当中联和行发挥的重要作用，使得中共越发重视在中国香港的机构设置。抗战一结束，联和行在中国香港就重新得到设立，后因国共谈判破裂，联和行转入地下，开始以华润公司的名义活动。

与早期活动不同的是，在解放战争时期，华润已经开始有了自己的经济来源，不仅仅是靠捐献来采购那么简单了。当时华润建立了自己的船队，在东北的大连与港岛之间建立了运输航线。到港时运送东北的农产品，离港时将在港岛上采购的大批军械、工业加工设备、新闻纸、医药送往东北解放区。

这个经济循环的形成有着深刻的历史背景：当时东北战乱，农村丰收的粮食无法交易，“一车大豆换不了一码洋布”；而同时，中共在北满建立的解放区，有着日军占领时所有的厂房和基础设施，却因日本撤退时的破坏而无法开工。

有了华润在当中的穿针引线，不但东北的农产品在中国香港得到了销售，重要的是东北成为整个中国共产党的后方基地。华润送出的设备，激活了大量军工生产。而华润也在这个过程当中，与大批港商建立了销售上的关系，积累了相当的财力。

在这其中，中国共产党在中国香港的一系列大动作都是由经济上有雄厚基础的华润支持的。这其中甚至包括了新中国建立前期大批高级知识分子和民主人士离开国统区去北京的行动。

华润的红色买手生涯一直延续到20世纪60年代——新中国建立之后，西方对华实行贸易禁运，而这使中国香港向大陆的走私贸易成为国内进口的核心通道。朝鲜战争爆发时，麦克阿瑟的情报官威洛比紧盯中国香港，因为他知道中国要参与朝鲜战争就免不了要在中国香港采购。中共没有这方面的动作，成为美军认为中国不会参与朝战的核心理由。

威洛比的对手是华润。事实证明，华润的秘密采购躲过了美军的眼睛。据华润的老员工回忆，他们实现了大批采购，甚至购买的手表数量足以配备到志愿军排以上干部，但市面上却一点风声也没有。

另一次这样的奇迹发生在三年自然灾害时期。当时国内高层决定进口250万吨粮食，担任采购的华润又一次在无人知晓的情况下，秘密完成了采购。

早期的华润看起来似乎非常神奇。不过剖析之后，其神奇也是有内在原因的：由于当时华润代表着日趋兴盛的中共，而且在中国香港它有可资分配的商业利益，自身又绝不沾手金钱，纪律相当严明。因此在中国香港商界，华润一方面交友极广，有着深厚的人脉，同时也极受港商的尊重。

因此，到计划经济时期，华润“一肩挑两制”的地位无可取代。它一度成为中国几乎所有输港出口产品的总代理，成为当时国内进行国际贸易的核心窗口；而另一方面，到20世纪70年代，中国香港经济越来越依靠内地，华润又成为输港产品的“三趟快车”、广交会等诸多政府援港动作的执行者。

华润早期“红色买手”、中共“中国香港窗口”的地位一方面决定了它作为一个企业在政府体系当中的位置，进而使得华润在后来的市场经济竞争当中拥有众多优势。另一方面，也使华润系的经理人们受到中国香港和内地社会舆论的高度关注，使得市场经济条件下华润的高级经理们非常容易出名。

第三章

万科的档案

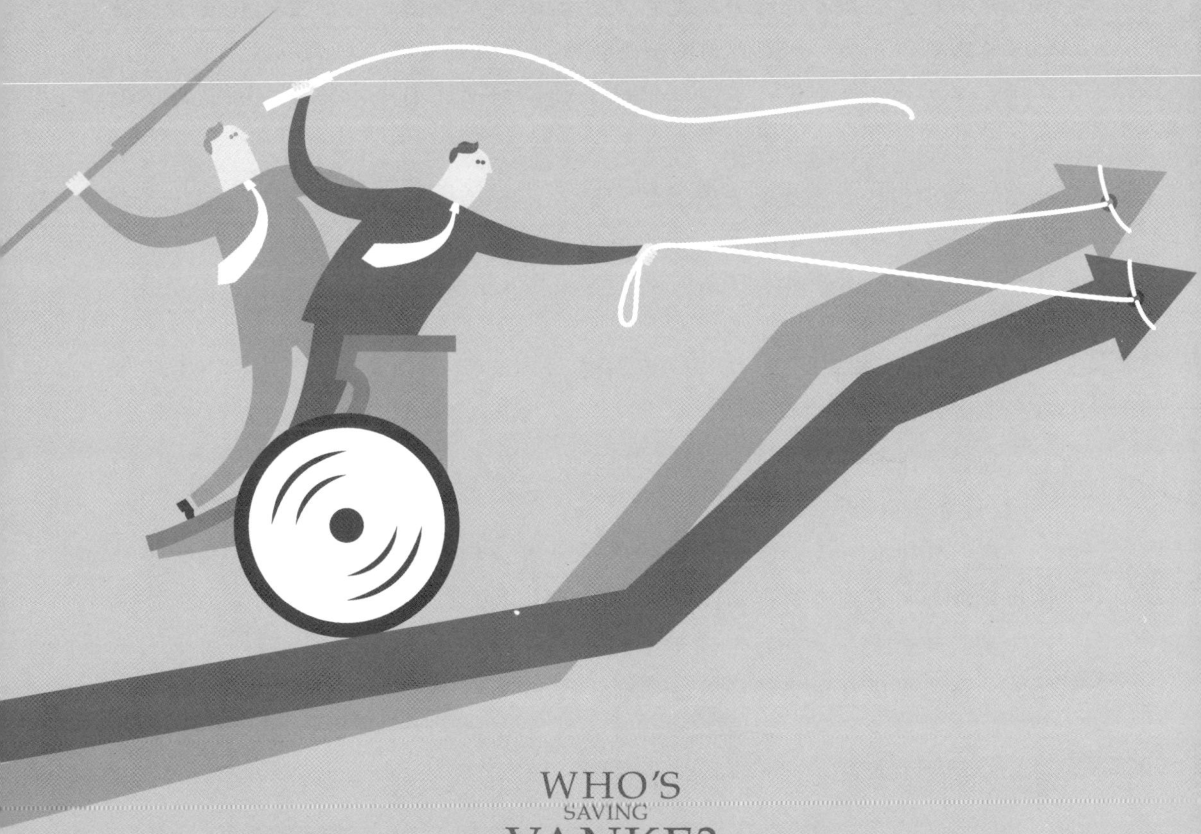

抬望眼，仰天长啸，壮怀激烈。
三十功名尘与土，八千里路云和月。

——岳飞《满江红》

一个幽灵，事业合伙人的幽灵，在大梅沙游荡。

为了对这个幽灵进行神圣的围剿，旧房地产圈的一切势力，野蛮人和黑嘴、带路党和五毛、中国香港的激进派和华尔街的资本家，都联合起来了。

有哪一个事业合伙人不被他（她）的反对派质疑呢？又有哪一个怀疑论者不拿事业合伙人这个名头去回敬更进步的怀疑者和自己的论敌呢？

从这一事实中可以得出两个结论：事业合伙人已经被圈内的其他势力公认为一种新势力；现在是事业合伙人向全世界公开说明自己的观点、自己的目的、自己的意图并且拿自己的宣言来反驳关于事业合伙人的谣传的时候了。

……

与1848年那个《宣言》不同，166年后的这个《宣言》，是一个关于梦想的宣言：

我们梦想有一天，这个公司会以新的面貌重生，真正实现其信条的真谛："让建筑赞美生命"。

我们梦想有一天，在梧桐山的凉亭里，深圳公司事业合伙人的儿子将能够和新疆公司事业合伙人的儿子坐在一起，共叙兄弟情谊。

我们梦想有一天，甚至连那个路很堵、霾很大、风很干，侯门深似海的地方，也将变成自由市场经济的绿洲。

我们梦想有一天，公司市盈率飙升，离职率猛降，自我颠覆之路成坦途，而立之年，生如夏花。

这是2014年5月28日万科周刊发表的《166年后的事业合伙人宣言》，

那时静静的并没有激荡多大的涟漪，却不曾想今天掀起惊天巨浪，引发野蛮人的“血洗”，招惹举世瞩目的“七雄争霸”。

高悬天宇的一个巨大问号：谁的万科？谁的初心？谁的事业？谁的梦想？

01 王石的万科，万科的王石

未来就在我们身上，企业家不要去抱怨，不要用移民的办法应对社会的不确定。企业家精神很重要的一个方面就是冒险。如果我们都移民出去，企业家的作用也就消失了。滔滔江水是一股一股的溪流汇集而成的，中国的未来应该是民主、公平、正义、光明的。我们就像涓涓流水那样，要从自己、从自己的企业做起。如果自己不这样做，总是指望上面去改，那是没有希望的的。

——王石

万科是个传奇，从王石的传奇开始。

王石 1951 年出生于广西柳州一个军人家庭，父亲王辉是王震三五九旅的下属，转业后进入铁路系统工作，曾担任柳州铁路局局长；母亲是锡伯族人，锡伯族历史上是游牧民族，血液中流淌着犷达。1968 年王石参军入伍，在新疆空军汽车三团担任汽车兵，1973 年转业到铁路公司当工人，一年后进入兰州铁道学院给排水专业读书，1977 年本科毕业后被分配到广州铁路局工程五段做技术员。“路轨旁抛扔着死猪，绿头苍蝇嗡嗡起舞；空气中弥漫着牲畜粪便和腐尸的混合臭气。”（王石《道路与梦想》）1978 年 4 月，王石第一次来深圳。

在广州铁路局担任工人时王石认识前妻王江穗。王石自述：“她性格乐观开朗，心非常细。一次，我在工地被石子划伤，伤口也不大，我是个粗枝大叶的人，回到宿舍后也没放在心上。没想到她却惦记着我的伤口，专门跑过来给我敷药。这件事让我很感动。此后，我们在工作中产生了感情，并走到了一起。”

王石前妻的父亲王宁，曾经是王辉的战友，新中国成立后历任广东省公安厅厅长、广东省委副书记兼省纪委书记、省顾委主任。王宁 2013 年 8 月 26

日在广州逝世，享年91岁。据当地媒体报道，在王宁追悼会上，王石站在家属队伍中，以女婿的身份送去了花圈，挽带上写着："亲爱的爸爸，您永远活在我们心中"。

1980年，王石参加招聘进入广东省外经委，做招商引资工作。三年后他来到深圳，在深圳当时最有影响力的公司——深圳市特区经济发展公司（以下简称深特发）谋求发展。

王石和深特发公司掌舵人孙凯峰经过一番对话，达成一个共识：他作为广东省外经委派出人员，同深特发合作做生意，深特发提供营业许可、银行账号，但不提供资金（广东省外经委也不提供资金），赢利部分省外经委和深特发五五分成。

就这样，在拥有进出口批文特权和资金空手道功夫的双重魔力下，王石从倒卖玉米开始，赚取人生的第一桶金。从媒体报道看，赢利数额大约在300万元，不是属于王石个人的，而是属于公司的。

1984年5月，深特发成立深圳现代科教仪器展销中心，公司性质为国营企业，公司地址为深圳市建设路1号，业务极尽多元化，诸如贩卖日本电器如摄像机、录像机、投影仪等，另外还开设服装厂、手表厂、饮料厂、印刷厂、K金手饰厂、饲料厂等。公司筹建初期的经理因装修风格与王石产生争议而撂挑子，王石便放弃回省外经委，留在展销中心当上了经理。但此后，双方不断发生"婆媳战争"，深特发竟一度想调王石"参加党校学习"而免去其经理之职，后被精明的王石挫败。

1985年，国务院对计划外调汇和机电产品进口进行全面清理，银行收缩银根，进口电子器材、影视器材市场出现萎缩端倪。1986年，因所经营业务与公司名称不相符，公司更名为"深圳现代企业公司"，在保留建设路的展场外，公司总部搬迁到和平路50号，张西甫任总经理，王石任副总经理。

1986年9月，深圳市颁布"国营企业股份制试点暂行规定"，在国营集团公司系统推行股份制改造试点，没有集团公司响应，深特发也没有响应。一个偶然的机会让王石看到了这份文件，他脑海中立刻升腾起一个想法，这是公司挣脱行政性干预的机会，机会难得。

王石曾经讲过这么一个故事：

1985年，深特发盖了个大厦，要付外汇。深特发自己没有，就查下级公司，查到了万科账上。万科的账上有800万美元。但是，王石不同意，因为这是万科的经营性资金。深特发领导说，现在集团公司正在培养第二梯队。

王石还是不同意。深特发领导又说，你不同意也很简单，把你调走再把钱调走。领导把王石送进了干部培训班，王石去了一天。回来的时候新的总经理已经派下来了。但是新的总经理" 比较聪明"，知道王石还在深圳，故称病不来万科上班。这件事情后来不了了之。

于是王石主动提出搞股份化试点，通过与主管体制改革的副市长朱悦宁沟通，商定国有股占60%、职工股占40%。第二天遭到深特发领导层的强烈反对，要求市政府办公厅撤回批准现代企业股份制改造文件，理由是政府越权干涉企业管理。万科后来争取到了时任深圳市委书记李灏的支持，并且时任深圳市委副书记秦文俊与深特发领导层也进行了沟通。1988 年 11 月 21 日，深圳市政府批准股份制改造方案，人行深圳分行批准发行万科股票，公司定名为“深圳万科企业股份有限公司”，深特发则从上级主管公司变为持股30%的第一大股东，王石担任董事长、总经理。

万科招股说明书披露，截至 1988 年 10 月 31 日，公司净资产 1325 万元，折股 1325 万股，其中国家股 795 万股，企业股 530 万股；增发新股 2800 万股，合计 4125 万股。公司创始人包括王石（总经理）、黄胜全（副总经理）、周世平（副总经理）、张敏（财务总监）4 人。

万科股改设置初始总股本 4125 万股，发改委批示给职工集体所有股份总共 500 万股，并特别发文注明给予单个职工的股份最多 50 万股，这意味着彼时王石持股不超过 50 万股。但最终王石放弃了，管理层也放弃了。

万科股改时，在股权结构上有意引进多元投资主体并保持股权的高度分散，最终形成的股权结构为：国家股 19. 2%，集体企业股 12. 8%，法人股 24. 4% ，个人股 17. 5%，外资股 26. 1%，形成了一个多元投资主体并存的复合产权结构。万科第一届董事会有 9 名董事，其中股东代表 6 名，公司行政管理人员 3 名。1988 年 12 月 28 日，万科股票公开发行。

一个重大历史背景：1990 年 11 月 26 日，时任中共中央总书记的江泽民出席了深圳经济特区建立 10 周年招待会。5 天之后，深圳证券交易所开始试营业。1991 年 1 月 29 日，万科股票正式在深圳证券交易所挂牌交易，成为深圳证券交易所第二家上市公司。深交所获得国家的正式批文是在 1991 年 4 月 11 日，此次万科股票已经上市两个多月。

王石是万科的创始人，但万科绝不是王石的万科，过去如此，现在乃至将来都是如此。

02 王石为什么，万科为什么

没有红帽子，发展就没那么快；没有红帽子，发展大了更麻烦。这是我的两点结论。

——王石

1993 年 4 月，万科发行 4500 万 B 股。此后万科多次扩股融资，深特发所占股份一降再降。1998 年万科股票发行 10 周年，万科的企业周刊《万科周刊》回顾道：股份制改革是一个打开鸟笼子的过程。的确，如果不是 10 年前彻底的股份制改造，万科这一次飞不起来。

2003 年 8 月 10 日，深万科发布公告，其大股东股权转让协议正式生效，中国华润总公司取代深圳经济特区发展集团公司，成为万科新的第一大股东。8 月 18 日，《南方周末》发表李甬的长篇报道《王石为什么》，在此摘录其中两段：前段为王石为什么？后段为万科为什么？

万科为什么要求被收购，了解背景的人都想得通。但是王石为什么，人们想不通，甚至华润都想不通。他们把疑虑端给王石：" 万科现在这种结构多好，谁说了都不算，你说了算。"

华润入主之后，接下来一定会增持万科的股份。华润不进则已，进来就要说了算。有人怀疑，这是王石给华润下了个套——万科肯定有大窟窿，但是明明年年有国际会计师事务所的审核。

王石的回答是：我 1983 年到深圳来，就定位自己是个打工的。我没有一定要拥有的情结。

王石的情结是一定要做大事。我是要做大事的——记者采访他一圈，这句话他说了好几遍。说的时候笑模笑样，但是目光肯定得要命。跟万科同一批的海尔等等早已经把业务做过了百亿，万科却还在三四十亿的区间转悠，王石心里大不服气。中国地产业尤其是住宅的春天来得晚了一点，但是王石认为不妨笑到最后。

把万科编入华润系当然更方便做大事，但是有没有这种可能：你迎来资本，资本却让你滚蛋？王石的回答是：如果是以增值为第一目标的资本，它让你滚蛋必有它的道理。我不能说在这个世界上，王石一定是最适合管理万科的人。从个人角度，我离开万科去另一家公司，一定比在万科拿的多，一定比在万科承担的责任小。王石说，我怕什么呢？

当然王石还不忘补充：如果接任者不幸还不如我，我还可以回来。我要是回来，身价应该加个零吧。王石现在的年薪是 40 万元。

王石不理解储时健——他为什么要用那种办法拿个 1000 来万？王石鼓着眼睛说，储时健真退休了，我万科愿意一年拿出 200 万，请他做顾问，5 年就是 1000 万。说到底，他还是对自己不自信。王石挥了挥手说。

卖掉万科——或者更准确地说，深特发卖掉万科——是万科董事长王石众所周知的心愿。

在王石看来，1997 年万科从多元化到专业化的业务架构调整大局初定之后，股权结构凸现为万科木桶上最短的那块木板。此次收购发生之前，万科的第一大股东深特发仅拥有 5116 万股，不过总股本的 8.11%，而前三大股东加在一起，也不到 15%。

差不多每隔两年，王石就会头疼一次——每隔两年万科要扩股一次，但是深特发不愿意扩股。“它虽然还是第一大股东，但股权比例已经很小了，再加上国有股不能在二级市场上流通，所以它不愿意再增加投入。但是不增加投入它又可能失去大股东的位置，它又不甘心。”

事实上，深特发的财务状况似乎也不乐观。深圳一家本地报纸在对此次收购的报道中透露了如下信息：“深特发公司拟向华润总公司转让的股权中，有 3265 万股被法院冻结，后经裁定股权冻结解除，有关手续正在办理中。”

王石说，每次扩股都要经历一次痛苦，他感到越来越疲惫。地产玩的是两样东西，一个是品牌，另一个就是钱。万科的资产负债率已经位于 50% 上下，虽然银行或许还敢借，但是王石已经不敢拿了。所以扩股融资这件事情，在王石看来简直就是万科的头等大事。

一劳永逸的解决之道当然就是更换大股东。既然希望更换大股东，王石自然不仅仅希望万科在国内扩股融资时，它积极举手——他还希望它能够为万科打通国际融资渠道。

万科作为最早的上市公司，上市 9 年，扩股 4 次，融资 17 亿元。在 1000 多家国内上市公司中，这个成绩据说排名第二，但是很显然，王石并不满足——国内扩股融资无论从时间上，还是比例上，都存在种种限制。

另外，万科 1993 年就发行了 B 股，但是正如我们都知道的，B 股基本上失去了融资功能。在一次对券商的演讲中，王石曾经为万科新的理想中的大股东画像：首先不言而喻，必须有实力；第二，在中国香港上市；第三，有良好的政府关系；第四，对双方管理层和公司文化彼此认同。

作为国内地产业的第一品牌，万科拥有选择的机会。消息人士透露，除了华润集团——中国华润总公司与华润集团是同一董事会领导下的关联法人——去年万科还先后与其他几家境内外大型集团有过接触。万科最终迎入了华润——回过头来看，华润集团与王石的理想中的画像几乎完全吻合。

“没有红帽子，发展就没那么快；没有红帽子，发展大了更麻烦。这是我的两点结论。”2008 年 12 月王石接受《21 世纪经济报道》采访时袒露此心迹。深谙中国市场，又深谙中国官场的王石，或许比谁都懂得头顶上的“红帽子”，远比口袋中有限的“钱票子”更具有成长性和安全性。成大事者，舍眼前而放眼长远，弃小利而谋求大业，智也！

《21 世纪经济报道》：说到国企改革，不能不谈到红帽子。20 世纪八九十年代的深圳企业，几乎都有一顶红帽子，万科也不例外。你当时的考虑是什么？

王石：改革开放之初，对民营经济，对市场经济是逐步依次展开的，先建立经济特区，杀出一条血路，再扩展到沿海城市，进而铺展到全国。

当时的民营经济发展十分艰难，大多数企业是挂靠在国有或集体企业下面的，这就相当于有了一道红色的保护伞：虽然目前企业经营方式是市场经济的，但从理论上来讲还是国营为主，这就是红帽子的由来。

万科创业时隶属特发公司这家深圳当时最大的国营企业，特发和传统的计划经济不同，也是计划外的，但它的执照是国有的。即使当时政府投的资金很少，可能就几万元，就像现在的种子基金、风险基金一样，却是非常关键和有价值的。我相信，包括万科在内，深圳当年有一批公司都是这样挂靠的。

《21 世纪经济报道》：但万科当时毕竟还算是特发的子公司，你本人也是特发贸易部贸易一科的业务员。在 1986 年 9 月《深圳经济特区国营企业股份化试点暂行规定》出台前后，甚至之后的一段时间里，万科的产权还是比较含糊的。为此，后来的“脱帽”也大费了一番周折。

王石：在看到了政府的《暂行规定》影印件之后，我和公司决策层很快统一了思想，要把公司所有权和经营权分离，进行股改。当时的股改确实有难度：1986 年文件就出台了，但是万科到了 1988 年才完成股份制改造，还是国内第一批股份制公司。

其中的困难在于产权界定。当时政府并没有投钱给万科，都是创始人投的，因为是国营牌子，产权就含糊。产权含糊时你是当家人，现在改制了，国家和个人的比例分配就很难平衡，你拿多了国家不干，拿少了自己不愿意。戴上红帽子之后要摘掉就不容易了。股份制改造之初，很多企业都是这样含糊的产权关系。

但是无论如何总要界定出万科是谁的。当时我并不在乎我能占多少，我的目的不是为了控制它，而是希望产权明晰了，能按市场经济方式来运作。

《21 世纪经济报道》：之所以提出红帽子这个问题，是因为我们特别关注两类国企个案。一个是在中国香港的央企，它跟内地的国企有太多的不同；另外一个是学术界提出的南派国企概念。北方的传统国企到了 1998 年才开始真正改革，而这一批市场化的南派国企，它不是从某一个点上突然进行改革，实际上一直在变化，包括深圳的特发、赛格这一系列的大型国企。但是这些市场化发展起来的国企，在 2001 年中国加入 WTO、市场化进一步成熟之后反倒凋落了。在这个过程中，万科既跟南派国企有衣钵关系，后来又跟在中国香港的央企华润集团有关系，你个人前后打交道时应该对国企改革有一些自己的领悟。

王石：中国是处于从计划经济到市场经济的过渡中，纵然是深圳特区，你也会发现它真正的主旋律都是百分之百戴着红帽子的公司，像招行、中兴、华侨城，各个行业都是这样的。真正发展起来的还是这种戴红帽子的公司，这就是中国改革的特点。像平安保险、招商银行这样的金融企业，民营根本不可能，你刚开始一定要戴着红帽子。北方也一样，像海尔、联想，只要有响当当字号的都是这样。

第二种情况，在体制改革创新方面，你要承担一定的风险。创新方面联想很成功，TCL 也很成功，市场变化到现在，加之企业到一定规模后，不大适应市场，被迫转型。无论是南是北，你会发现这批品牌，尤其在深圳企业群，后来发展可能不好了，但其市场形态，已经跟所有制没有关系了。

《21 世纪经济报道》：其实万科和平安有点相似，但是和华侨城、中兴通讯还是有一些非常根本性的区别。

王石：万科和平安还是不大一样。平安、招行、中集属于招商系，招商局从李鸿章的洋务运动到建立蛇口实验区，都是国家级试验区。招商银行、平安保险，这都是特许经营，没有那样的背景（指红帽子），连执照都拿不到。

万科首先是国营牌照，是深圳成规模的企业。当初有这块牌子和没有这块牌子的差异是很明显的，我们首先要承认其中的差异性。同样，虽然后来我们的产权是弄清楚了，但是红帽子还是很重要的。1998 年特发同意把它的股权卖掉，同时让我们来选择买家，结果我们选的不是私企、不是外企，而是在中国香港的一家央企。为什么？我们还是看重这个背景，当时是我们主动向华润伸橄榄枝的，我们只是换了一家国企大股东而已。

《21 世纪经济报道》：你这句话似乎在想把万科往蛇口系上靠，蛇口系企业的特点很符合万科：头戴红帽子，同时也是市场化运作的。

王石：它的意思不一样。招商局是交通部管，在交通方面享有特权；招商局是中国官方引进外资（港资算外资）对外开放的前沿，从李鸿章开始一直到现在都是这样。华侨城是侨办，他们对外联络的是华侨和华侨子弟，投资华侨城的中国旅行社在中国香港也是有实力的特许经营机构，他们是另外一条系统。为什么侨办成功，招商局成功了？因为它有国资背景。

反过来，同样是有红帽子，但是像万科、金地地产的情况就是不一样的，它们是没有任何背景，也没有任何特权的。但即使是不一样的红帽子，也非常重要。我们为什么选华润，华润的背景和招商局、华侨城差不多，因为华润是外经贸部的。

我们挂靠在那儿，虽然没有享受他们的特权，但是有没有红帽子还是不一样的：第一，没有红帽子你的发展就没那么快；第二，没有红帽子你发展大了之后就更麻烦。这是我的两个结论。

随着中国经济改革的纵深推进，市场经济的不断成熟，红帽子的价值日益丧失，这是一个不争的事实。但是，我们不能否定其曾经的价值。否认它，是违背历史与良心的！

2014 年 2 月 4 日，在东京无印良品总部，王石对着无印良品的总部员工发表了一个半小时的演讲。王石表示，1995 年开始评选大陆富豪 100 名，他从来不在 100 名的名单里。其原因是：1988 年万科股份制改造，4100 万资产做股份，40% 归个人，60% 归政府，明确资产的当天他放弃了自己个人拥有的股权。这是媒体首次报道王石放弃万科股权。

此后的央视财经“遇见大咖”的报道，基本上延续了这种说法：“4100 万股份中，40% 归个人，60% 归政府，而王石主动放弃了个人拥有的股权。”

此说，与历史真相落差很大，此为不智！

时过境迁，或许，讲的次数多了，就会错觉这是真实的历史。在错觉的历史中崇高了自己，要么会将自己神圣化，要么会让自己感到委屈。王石，你说呢?!

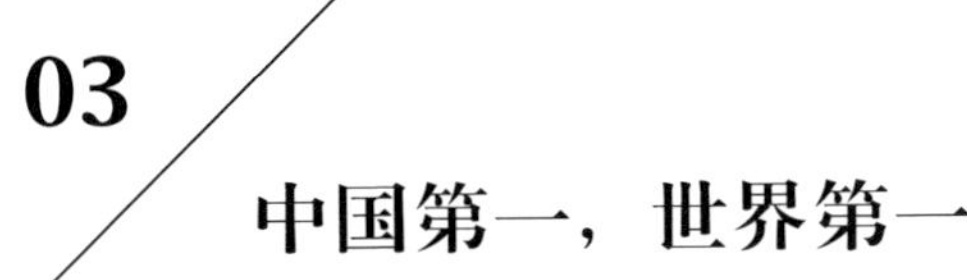

03 中国第一，世界第一

我还有点野心，我希望万科不仅仅今天存在，明天也存在。

——王石 深圳前海 2016 年 2 月 25 日

1988 年 11 月，万科以楼面地价高于周边住宅的“地王价”拍到了威登别墅地块。

拍得威登别墅地块，对于改制初期的万科具有里程碑式的意义。1988 年的深圳，开发房地产的门槛比现在还高：非建筑行业的企业要进入房地产开发领域必须通过招投标，拿到土地才批给单项开发权。此举让万科获得一张进入房地产行业的高价入场券，从而奠定未来成长与崛起的主业。

1991 年 6 月，万科通过配售和定向发行新股 2862 万股，集资 1. 27 亿元，闯入十里洋场上海滩，开发第一个住宅项目天景花园，开始第一轮全国化的跨地域扩张。万科借鉴 SONY 的客户服务理念，在全国首创“物业管理”概念，形成一套超前的物业管理模式。第一任物业管理处经理陈之平走在小区里怀揣抹布，随时清洁小区；时任万科地产总经理的姚牧民喝游泳池水，类似体现小区客户服务水平的故事从上海传播至全国，“物业管理”模式为众多房地产开发商所效仿。

1993 年 3 月，万科发行 4500 万股 B 股，并于 1993 年 5 月 28 日在深圳证券交易所上市，募股资金 45, 135 万港元，主要投资于房地产开发。1997 年 6 月，万科增资配股募集资金人民币 3. 83 亿元，主要投资于深圳市住宅开发。2000 年初，万科增资配股募集资金人民币 6. 25 亿元，陆续投资于深圳、上海及北京的住宅项目及零售业务。2001 年，万科将直接及间接持有的万佳百货股份有限公司 72% 的股份转让给中国华润总公司及其附属公司，成为专一的房地产公司。

2002 年 6 月，万科发行可转换公司债券，募集资金 15 亿，进一步增强房地产核心业务的资金实力。2003 年，万科进入广州、中山、大连、鞍山房地产市场，初步形成“3 + x”的区域发展模式。2004 年，根据美日等先进国家的行业经验和公司发展势头，提出第三个十年发展规划，将在十年内达到千亿销售规模，建立中国房地产业的千亿俱乐部。同年 9 月，万科 19.90 亿元可转换公司债券公开发行，为第三个十年规划的实现奠定了坚实的基础。

2005 年 3 月，万科与浙江南都集团达成战略合作。根据协议，浙江南都通过子公司上海中桥将其持有的上海南都股权的 70%、苏州南都股权的 49% 和浙江南都股权的 20% 转让予万科子公司万科浦东、深圳万科和上海万科。万科用近 19 亿现金换到的是 219 万平方米建筑面积的土地项目储备和觊觎十年的江浙市场。

2007 年 10 月 29 日，万科启用新标志，并将企业核心理念总结为“让建筑赞美生命”；2008 年 4 月，万科地产（中国香港）首次在境外组建 2.5 亿美元银团贷款，成功建立了公司在中国香港银行间市场的口碑；7 月，与新加坡嘉德置地签署战略合作协议，进行商业领域的合作；2009 年 9 月 29 日，万科总部从深圳市梅林路 63 号的建筑研究中心搬出，迁至位于深圳市盐田区大梅沙环梅路 33 号的万科中心。

2010 年，万科完成新开工面积 1248 万平方米，实现销售面积 897.7 万平方米，销售金额 1081.6 亿元，成为全国第一个年销售额超千亿的房地产公司，中国房地产业诞生“泰山”级企业。

万科 2010 年正式进入商业地产，多地成立商业管理公司。2011 年，万科正式宣布三大产品线。2013 年 2 月，万科与铁狮门房地产公司（Tishman Speyer Properties）宣布成立合资公司，万科持合资公司 70% 的股权，铁狮门持股 30%。

2011 年 2 月，王石在 APEC 论坛上曾有一段激烈的表述：“谁要是多元化，就算我死了，在棺材里也要伸手出来反对。”这立刻被解读为王石反对做商业地产，而郁亮主张做商业地产。“很多人说我和王石在商业地产上有分歧，其实并非如此，只是他的表达比较戏剧化，理解上会带来一些偏差。”郁亮表示，如果“我和王石在商业地产上没有共识，万科根本不可能做”。

2011 年万科实现销售面积 1075 万平方米，销售金额 1215 亿元；2012 年销售额超过 1400 亿，销售规模持续居全球同行业首位；2013 年 3 月，万科完成首次境外美元债券发行，该美元债为 8 亿美元的 5 年期债券，年利率 2.755%，创国内房地产企业境外发债成本新低。年内，全球三大评级机构标普、穆迪和惠誉分别给万科以“BBB +”，“Baa2”和“BBB +”的长期企业信用评级，为当时中国房地产企业获得的最高国际信用评级。

“万科的目标是跟城市同步发展，我们新的定位是要做这个城市的配套服务商。”总裁郁亮 2013 年 6 月份在西安表示。伴随城市发展的日臻成熟，万科开始重新寻找自身与城市的新关系。2013 年 1 月，万科在北京成立商用地产管理部，宣布未来将对旗下各类商用资源进行整合，围绕住宅，发挥商住协同效应，为客户营造“好房子，好服务，好邻居”的生活环境，逐步探索适合自身的商业地产模式。

“当新时代的大幕揭开时，传统企业应该做的，不是远离自己熟悉的领域，而是理解新的规则，寻找新的伙伴，运用新的工具，将原有的业务做得更好。”2015 年，万科实现销售面积 2067.1 万平方米，销售金额 2614.7 亿元，实现净利润 181.2 亿元，同比分别增长 14.3%、20.7% 和 15.1%。在全国商品房市场的占有率进一步上升至 3%，创造了行业有史以来的新纪录。

“这是万科最好的一年。”

04 经理职业人，事业合伙人

这几年，在遇到新的冲击跟挑战后，我们在全球互联网时代发现，好像别的资源都还可以找到，人才就变成了万科唯一可以依靠的资本。

——郁亮 亚布力中国企业家论坛第十五届年会

2014 年，万科三十周年。半甲之年，注定不平静。

这一年，华润集团董事长宋林落马，万科和大股东华润出现信任真空。

这一年，加盟万科 20 年、一直被王石委以重任、职至副总裁的肖莉辞职，加盟房多多成合伙人。

“告别我服务了 20 年的万科，告别这个实现了我职业梦想的平台。我将把这二十年的记忆装入行囊，我的黄金岁月，我生命中最美好的那些时光。”肖莉说。

“肖莉，与投资人打交道是你的强项，在一个自己所擅长的领域，最大程度的实现自身的价值，这不正是职业经理人追求的目标吗？这是万科职业经理人价值的体现。”王石说。

“万科是一家传统企业，但也在积极融入互联网，公司不仅在现有主业上会派生出更广泛的业务，也会在现有合伙人的架构上，搭建创业者平台，未来我们的合伙人范围会越来越广泛。那时，希望你成为新的合伙人。”郁亮说。

但这一年最引人关注又最为人们所争议的，却是万科推出的事业合伙人制度。

合伙人持股计划的起点是，2008 年受市场环境影响，万科的 ROE（净资产收益率）降低到 12.7%，仅略高于当时的社会平均股权收益。2010 年万科推出经济利润奖金制度，如果万科的 ROE 超过社会平均收益水平，股东将按规定比例计提相应的经济利润作为奖金。否则，按相同比例从账户中扣除相应金额。EP 奖金作为集体奖金统一管理，三年内不进行分配。这三年滚存的集体奖金，就是管理团队用来和股东对赌的保证金。

据报道，万科的经济利润资金制度源自于第一大股东华润的影响和启发，双方曾就这一问题进行过深入探讨。而且，EP 奖金的设计思路事实上也源于当时国资委大力倡导的基于国企经济增加值的考核体系，只不过万科的 EP 奖金方案更加严格，用于计算 EP 的资本机会成本等指标，也远高于国资体系。

2010 年 10 月 21 日，万科第 15 届董事会第 12 次会议以 8 票赞成，0 票反对，0 票弃权通过了关于完善整体薪酬体系的议案，公告显示，当时在公司任职的三位董事王石、郁亮、肖莉作为议案的关联董事对该议案回避表决。随后，万科在当年的年度报告中披露了经济利润奖金方案："公司对业绩考核体系进行了调整，进一步强化了净资产收益率、净利润增长率等经营指标的要求，此外还引入 EP 作为卓越绩效奖金考核的指标"。

在推出经济利润奖金制度以后，万科的 ROE 从 2010 年的 16.47% 提高到 2013 年的 19.66%，达到 1993 年以来的历史高位。

2014 年 4 月，宋林落马。几乎在宋林落马的同时，万科宣布本来应该发出来的那三年的奖金不发了，而转成一项"事业合伙人制度"——万科从经济利润中按规定比例计提奖金，经济利润奖金的全体奖励对象把滚存的集体奖金，加上杠杆买成公司股票，并在其中引入杠杆操作。按照万科的解释，"在股价的涨跌过程中，持股合伙人将承受比股东更敏感的损益。这类似于一种劣后[①]的安排"。

此前，2013 年 10 月 31 日，万科总裁郁亮带领集团执行副总裁周卫军、集团副总裁兼物业事业部执行官朱保全等高管，奔赴阿里巴巴总部，除马云因事无法到场外，阿里巴巴集团首席执行官陆兆禧、总参谋长曾鸣、首席技术官王坚等高管，均出面接待万科团队；12 月 9 日，郁亮率领一支由 200 人

① 劣后受益人一般与优先受益人相较，指的是信托公司发行的结构化信托产品，在同一款产品中，优先受益人分享较低的收益率，承担较小的风险，而劣后受益人则承担高风险获得高收益。

组成的团队来到腾讯总部“取经”，腾讯公司董事会主席马化腾亲自接待万科团队，还做了题为《新互联网时代》的内部培训；2014 年 2 月 11 日，郁亮再次化身“团长”，带领由 80 名万科高管组成的考察团来到小米总部。郁亮提到万科也在研究具备互联网思维的小米，究竟是如何在竞争激烈的手机制造业“红海”中脱颖而出的；2014 年 3 月 7 日，在万科 2013 年度业绩发布会上，郁亮第一次提出“试验合伙人”制度。

期间，郁亮还考察学习了华为、海尔等，甚至包括黑石和凯雷等。“你看黑石，是资本之王，它这么厉害是因为它的合伙制度，通过合伙制建立网络，来管理全球的业务。凯雷也是这样。”

“过去万科是职业经理人制度，职业经理人和股东是打工关系，依靠职业精神对股东负责。”郁亮表示，“但从小米等一些企业的经验来看，合伙人制度可能是一种更好的利益共享机制，对股东负责就是对自己负责。”

2014 年 4 月 23 日，万科召开合伙人创始大会，共有 1320 位员工率先成为首批万科事业合伙人。万科开始筹备事业合伙人持股计划，包括管理层在内的 1320 名万科员工在摄像头见证下，签署《授权委托与承诺书》，将其在经济利润奖金集体账户中的全部权益，委托给盈安合伙的一般合伙人进行投资管理，包括引入融资杠杆进行投资。

时任合伙人大会执委会委员的于文安对媒体表示，持股合伙人大会是 EP 奖励对象为管理运作 EP 奖金而成立的自治组织，仅仅针对 EP 奖金管理、投资、兑现事宜，并非公司组织机构的一部分，和公司没有隶属关系，更没有权力干预公司经营。执行委员会是合伙人大会的执行机构，负责具体办理相关的事宜。

2014 年 5 月 28 日，万科发布公告称，代表公司 1320 名事业合伙人的盈安合伙于当日购入公司 A 股股票 3583. 92 万股，占公司总股本的 0. 33%。平均价格为 8. 38 元/股，共使用资金约 3 亿元。根据公告，盈安合伙此次购买万科股票的资金中，其中一部分来自万科事业合伙人集体委托管理的经济利润奖金集体账户，剩余为引入融资杠杆融得的资金。

万科年报显示，2014 年度，万科计提了 2013 年度经济利润奖金 5. 59 亿元，“又一次性提取 2010—2013 年计提在经济利润奖金额度内留存的人民币 9. 11 亿元，全部作为集体奖金，和之前年度计提的集体奖金一起封闭运行三年”。

从 2014 年 5 月到 2015 年 1 月，万科累计披露了 11 次合伙人持股计划购买股票的信息。截至 2015 年 1 月 27 日，盈安合伙认购的证券公司集合资产管理计划已合计持有4.94亿股万科A股，占公司总股本的4.48%。

“3万员工、77万股东、180万业主。这家企业不是家族私产，也不是一座金字塔，它的进一步成长，必然是乐高式、阿米巴式的。”万科内部人士说。

“希望万科第四个10年之后，可以培养出200个亿万富翁。”与万科“事业合伙人”制度相伴而生的还有着一个无比美好的“创富神话”。

05 项目跟投，小草计划

万科转型仍不明朗，很担心下一个倒台的就是万科。

——王石

2014年4月1日，万科启动酝酿已久在VC与PE行业早有实践的项目跟投制度。

根据这一制度，对项目经理和一线公司管理层，未来将实行强制跟投制度，除旧改及特殊项目外，项目经理必须跟投本项目，一线公司管理层必须跟投所在公司所有的新项目，其他员工自愿跟投，目前员工初始跟投上限是项目资金峰值的5%，之后还有一次机会可以通过购买获得另外5%的额外受让。

作为事业合伙人制度的一部分，万科项目跟投制更为复杂。万科内网有一个跟投IT系统，所有跟投项目先在系统公示，内容包括投资回报倍数、内涵报酬率、地价、毛利等内容，全国项目统一执行跟投计划，员工也可以跟投外地项目。

跟投项目收益方面，在跟投IT系统上，一般设定20%的回报率。据万科内部人士透露，万科净资产回报率19%，理论上来讲每个项目最后有19%的回报率，高于银行理财和地产信托，所以跟投较为踊跃。

据万科首席人力资源官陈玮透露，截至2015年8月，万科一线人员累计跟投92个项目，共有27000人申请跟投，其中6600人申请成功，认购资金达17亿元，累计为员工分红5亿元。

据万科一位已经离职的中层透露，一线城市跟投回报率都很好。比如2014年11月开盘的深圳嘉悦山项目，回报率达70%，除去所得税外，回报率也能够达到60%。

郁亮认为，跟投制度主要是为了提升项目的经营质量，提高项目决策的准确性。“合伙人制度下，合伙人和股东的利益一致，钻空子、只顾眼前利益的做法将很难存在；跟投制度下，一线管理层和项目负责人必须强制跟投，因此在拿地上也会更加谨慎，减少盲目拿地的可能性，有利于提高项目经营效益。”

2015 年 4 月 15 日，万科内部发文《万科集团内部创业管理办法》，鼓励司龄超过 2 年的内部员工创业。员工创业需符合城市配套服务商的定位，有益于万科生态系统，轻资产、技术类、服务类项目优先。万科将为创业员工提供数额不等的资金，作为项目入股，单项目万科出资额不超过 3000 万元，累计出资额不超过 3 亿元，此外万科还将提供合作方、专家等资源支持。

管理办法指出，创业员工需辞职创业，并且不能在创业中使用万科品牌。但离职员工可保留离职前的 EP（经济利润奖金）积分，两年内创业员工可选择回归万科。

根据郁亮介绍，《万科集团内部创业管理办法》的核心是鼓励员工在万科“城市配套服务商”的产业链上下游，自由破土，开创个人事业。“你不能拿着万科的职位，拿着高收入，去做创业的事情，说我两个都要。你要么在万科好好干活，要么给我草根创业，全力以赴做成功。”

不久，万科集团总裁郁亮以“小草计划”重新定义了该新战略。郁亮表示，自己的最终目标，是要把公司金字塔的塔尖削平，让万科变成一家平行架构，员工和合作伙伴都是合伙人的众筹公司。万科未来将由几个大事务事业群，和一群万科员工外部创业的业务群组成。

在郁亮的设想中，万科将不需要培养接班人，只需要培养合伙人。他希望通过这套机制，激发员工的创造力，将万科变成一家人人都能参与的公司。

2015 年 3 月 8 日，万科高级副总裁、北京区域本部首席执行官、北京公司董事长毛大庆辞职，4 月 17 日，毛大庆在京举行首个创业项目优客工场成立仪式，会上万科北京区域本部首席执行官刘肖也前来助阵。有消息称，万科对毛大庆的项目也有投资。

但社会对“小草计划”颇有微词，认为是变相的裁员方案。“拿到平台资源的都不是小草。集团没想明白的创新业务，只出资金、合作方和专家支持，公司资源不会大举投入的业务才是小草。现在还没有哪棵小草真的从集团拿到了资金支持，一个都没有。”

“举手小草的人肯定有，但是真正有能力的人，都宁可自己创业玩。我们都说，创新还没影子呢，就要出管理办法。胜利果实还没长出来就想收割。草要长一长才能割草嘛。这些草能成功的没几个，而且都是毛毛雨。”

“万科小草计划十年内基本不会有大作为，最起码对公司的影响会有限。小草计划就是变相裁员。”

2015年，万科推行了向区域管理本部放权的改革，广深、上海、北京、成都四个区域管理本部获得了投资决策权和奖金分配权。这已经为在四个区域管理本部基础上组建4个事业部构建了基本的权力框架结构和基础。这4个事业部将基本继承万科现有的住宅开发和销售业务。

同时，按照业务集群划分，万科可能组建另外4个事业部。这4个事业部可能分别对应物业管理、养老和医疗、物流、酒店和度假四大业务领域。其中，物业管理是万科的传统业务，目前已经在内部单独核算。除此之外的三个业务领域，皆属于万科的“新业务”。

组建事业部后，事业部将单独核算，独立承担经营任务指标和业务开拓目标。同时，向事业部下放一系列关键权力，使事业部“权责一致”“权利和义务对等统一”。

按照万科原设定的时间，要在2015年夏季例会之前，拿出事业部的“约法”，但时至今日未见到具体的进展。目前万科总部管理架构仍是以业务条线为基础进行建构，如运营、财务、人力资源、工程、物业管理等，在总裁郁亮之下，由各执行副总裁、高级副总裁分管。

从跟投制度、小草计划，到事业改革，或许不尽人意，但万科都在努力地改变自己，提升团队的凝聚力和战斗力，这是一个不争的事实。

06 国信金鹏，德赢计划

职业经理人已死，事业合伙人时代诞生”，“事业合伙人有四个特点：我们要掌握自己的命运；我们要形成背靠背的信任；我们要做大我们的事业；我们来分享我们的成就。

——郁亮

万科是个传奇，也是个谜。

万科股权之争爆发后，金鹏计划和德赢1号闯入社会大众的视野。

来自深交所的消息显示：截至2015年12月15日，“金鹏计划”与“德赢计划”合计持有万科股票860668.839股，占万科总股本比例为7.79%。根据公开资料显示，截至 2015 年 12 月 31 日，万科工会持有万科的股权比例为 0.61%。

“金鹏计划”由“国信证券—工商银行—国信金鹏分级 1 号集合资产管理计划”和“国信证券—工商银行—国信金鹏分级 2 号集合资产管理计划”组成，是万科高管和部分职工的合伙持股平台深圳盈安财务顾问企业（有限合伙）（以下简称“盈安合伙”）发起的资管计划。2014 年 5 月 28 日通过备案，该资管成立起就密集增持万科 A。

“德赢计划”由“招商财富—招商银行—德赢 1 号专项资产管理计划”和“招商财富—招商银行—德赢 2 号专项资产管理计划”组成，于 2015 年 8 月 13 日成立。报备信息显示，期限三年的德赢 1 号起始规模 20 亿元，有两层分级结构，由招商银行托管。“德赢计划”成立后即买入万科股票。万科 2015 年三季报中，“招商财富—招商银行—德赢 1 号专项资产管理计划”跻身万科前十大流通股东，三季末时该资产管理计划持股万科 A 2.06%。

德赢 1 号相关文件显示，其优先级为招行理财资金，认购 14 亿元，年收益 7.5%；劣后级为梅沙投资，认购 6 亿元，杠杆为 3.33 倍。德赢 2 号资金规模为 44.4 亿元，其中招行理财资金 30 亿元，梅沙投资作为劣后级，认购 14.4 亿元，杠杆为 3.08 倍。有传闻称，德赢系列资产管理计划是万科管理层针对宝能恶意并购的应对策略。

2015 年 12 月底，深交所向万科发出问询函。深交所方面发现 4 个资产管理计划：金鹏 1 号、金鹏 2 号、德赢 1 号、德赢 2 号合计持有万科 8.61 亿股，占公司总股本比例为 7.79%。深交所发现，金鹏 1 号、金鹏 2 号的委托人和受益人均含有盈安合伙，而德赢 1 号、德赢 2 号的委托人向上可穿透到盈安合伙的董事。就此，深交所要求万科核实上述 4 个资管计划是否互为一致行动人。

万科在回复深交所时以资管计划的管理人拥有自主表决权为由否定了这些资管计划的一致行动人关系。万科回函称：根据“盈安合伙”的书面确认，从 2014 年 5 月“金鹏计划”投资万科股票至今，万科召开的三次股东大会均由管理人国信证券自主投票表决，“盈安合伙”未给管理人任何投票意向；“德赢计划”管理人招商财富公司自主行使“德赢计划”所投资股票的投票权，不受委托人“梅沙中心”左右。万科同时表示，如深交所有不同认定，万科会督促信披义务人履行信披义务。

深圳市万科企业股资产管理中心表示：德赢专项资产管理计划是一个独立的资产管理计划，其管理人是招商财富资产管理有限公司。德赢资产计划的投资决策权由优先级委托人招商银行和劣后级委托人共同拥有，但招商财富自主行使德赢计划项下股票相关的提案权、表决权，不受委托人的控制。

深圳市梅沙资产投资中心（有限合伙）是德赢资产计划名义上的劣后级委托人，实际的委托人和出资人是深圳市万科企业股资产管理中心。德赢资产计划中劣后级份额相对应的盈利或亏损，企业股中心是其唯一的最终享有者或承受者。

企业股中心是2011年在深圳市工商局注册成立的以公益为目的的企业法人，其资产及收益最终全部用于公益事业。企业股中心是独立法人，并非万科下属机构。其名字中之所以含有“万科”，是因为其成立的目的是为了管理1988年万科股改时形成的“万科企业股”及其衍生资产。除公益、救助行为受益人之外，没有任何组织或者个人能从企业股中心的资产或收益中获得利益。

对于万科的回应，深交所并未作进一步深究。在此之后长达半年的时间里，金鹏和德赢4个资管计划的持股比例成迷。2016年7月底，华生在《上海证券报》撰文回应外界的质疑时称，这几个持股计划成立后只买进不卖出，在去年万科股票停牌前披露的持股数量加起来略微超过了10%这一比例。万科对此不予置评。万科称，不对华生文章的具体细节进行评论。

登记信息显示，上海万丰和万科企业股中心法定代表人均为万科前监事会主席丁福源。丁福源于2014年3月卸任万科监事会主席一职。丁福源也是盈安财务顾问有限公司的法定代表人。

网易财经发现，“万科事业合伙人或仅是一个幌子和部分资金来源。在金鹏、德赢4个资管计划背后的2个合伙企业中，真正占主导地位的是上海万丰资产管理有限公司。”

2016年8月18日，网易财经在《万科的秘密：“万丰系”隐形运作17年》中，向世人揭开万丰资产的投资版图——

隐藏在众多资管计划背后、拥有强大资金实力的万丰资产和万科企业股中心，究竟是什么来路？

网易财经发现，2011年王石曾在《就企业股事宜致万科全体同仁的一封信》中隐约提到了万丰资产的来源。

王石在信中介绍：“22年前，万科的企业股没有被分配，而是交由随后成立的万科职委会管理。这批股份一度被置换为现金，帮助公司克服了上市初期遇到的经营困难。在公司资金状况好转并返还职委会管理之后，源于万科企业股的资产，最终演变成了两笔财产——以万科工会委员会名义持有的万科股票，以及万科工会委员会下属上海万丰资产管理公司名下的资产。到2010年的10月底，这笔资产的账面价值，大概在9.68亿人民币左右。”

网易财经统计的结果显示，王石提到的9.68亿资产中，2010年10月底万科工会委员会的持股市值或在6、7亿元左右，一直未见减持。刨去这一块，万丰资产当时的账面价值在2.68亿~3.68亿。以这不到4亿元起家，5年之后，万丰资产和万科企股中心投入德赢系列资管计划的资金，超过了20.4亿元。

2014年4月，万丰资产在控股结构层面出现大腾挪，其股东由万科工会委员会，变更为万科企业股中心。万科企业股中心成立于2011年4月，最晚在2014年7月，当时已被万科企业股中心控股的万丰资产，又反过来成了万科企业股中心的唯一股东。

按照万科企业股中心的介绍，该中心是独立法人，并非万科下属机构。因此，在与万科企业股中心循环控股、互为股东的背景下，万丰资产实际也是独立法人，并非万科下属机构。

网易财经发现，在万科体系之外，万丰资产有着独立的投资版图。2015年，万丰资产与世联行等地产公司共同发起成立“中城新产业控股有限公司”，其中万丰资产出资2000万元，占12.5%的股份。在二级市场上，除了通过4个资管计划建仓万科，万丰资产还曾位列北京城乡（600861）、天海投资（600751）、万鸿集团的十大流通股东名单。

综合万科历年经济利润奖金计提，加上2014年计提的资金，万科的事业合伙人自有资金规模仅在22亿元左右，即使放大到3.5倍杠杆，能动用的资金规模总计也只有77亿元。以王石为首的万科管理团队在万科股权争夺战中还能坚持多久，或取决于神秘的万丰资产还有多少底牌没亮出来。

中国政法大学教授谭秋桂认为：“金鹏计划”和“德赢计划”存在如此明显的关联关系的情况下，万科的回复不符合常理，违背证券市场资管产品的操作惯例和常识。华生表示“他们自己说不是，如有不同意见可向监管机构投诉举报”，“是否被认定为一致行动人对市场及他们自己影响都不大”。

相信，随着恒大的介入，万科的股权拼图正不断清晰。“水至清则无鱼，人至察则无徒”。万科股权日益清晰，会否真的能够给万科带来更为强劲的动力，作者怀疑！

告别草莽和野蛮生长的万科，已经成为世界最大的住宅开发企业。截至

2015年底，万科业务覆盖全球71个城市，物业服务住宅社区843个。

2016年7月20日，《财富》“世界500强”企业排行榜出炉，万科企业股份有限公司凭借2015年度1843.18亿元（293.29亿美元）的营收首次跻身《财富》“世界500强”，位列榜单第356位。

掀开万科的底裤，无非是执着的创新、分散的股权和模糊的股权拼图，离开了这三点，还能称其为万科吗？无论是意在控股万科的第一大股东，还是拥有巨大欲望的郁亮，都要深思和反省这一点。

万科可以失去一切，希望不要失去最后的底裤！失去底裤的万科，终究也会演变成为历史的尘埃。

｜大咖观点｜　王石：万科30年我的心路历程

2014年2月4日，万科董事会主席王石对无印良品的总部员工发表了一个半小时的演讲，首次在公开场合讲述万科30年来的历程和自己的感悟，主要涉及四个话题：道路的选择；质量比速度；攀登世界七大峰最高峰；设计改变生活。

我想在这里谈四个话题，第一个话题就是道路的选择。道路选择什么呢？

1995年开始评选大陆富豪前100名，排第一的不时更换名字，但我从来不在前100名的名单里。其中的原因是：1988年万科股份化改造，4,100万资产做股份，40%归个人，60%归政府，明确资产的当天我放弃了自己个人拥有的股权，一直到今天我在万科拥有极少的股份。

之所以放弃资产，第一，我觉得这是我自信心的表示。我选择了做一名职业经理人，不用通过股权控制这个公司，我仍然有能力管理好它；第二，在中国社会尤其在80年代，突然很有钱，是很危险的。中国传统文化来讲，不患寡，患不均，大家都可以穷，但是不能突然你很有钱。在名和利上只能选一个。我的本事不大，我只能选一头，我就选择了名。

这个主要有两点原因：第一点，传统来讲，我们知道对一个公司的管理，当然你拥有股份，你就拥有非常大的发言权。对我来讲，第一我是非常有自信心，我认为没有必要通过控制股份来管理公司，我是凭我的能力，这是我的自信心。换句话来讲，如果董事会认为我不称职，可以随时换。我没有必要通过公司股份来达到管理公司的目的，这是我第一个考虑。就是自信心。所以我们发现要做一番事业，这个自信心非常重要。

第二点，基于中国文化现实的环境。中国传统文化有这样一个说法，不患寡而患不均，这句话什么意思呢？我们大家都无所谓贫穷，大家一样，你穷我也穷。我们都穷就没有问题，但是其中有一个人非常富有了，这不行，一定要把这个人拽下来，你一定有不正当行为。所以呢，如果突然文化改造，那是25年前，突然我很有钱了，我会处在一个非常危险的地位。中国的100富豪名单上就我所知道排在第一的有三位我很熟悉，这三位当中一位现在是长期流亡在海外，不敢回国，还有两位锒铛入狱，当然在中国也有很多很有钱的也好好的。

但是对我来讲，我觉得自己必须选择，就是在事业出名还是在有钱这两方面选一个。如果你既很有钱，又很有名，这在中国是不允许的。就像我现在，因为有了名气，被社长请来演讲。这是名声。但是你突然非常非常有钱，那在中国是非常麻烦的事。

可能有很多人很纳闷，说你放弃的钱给了谁？我用放弃的钱了成立了一个基金会，做公益。现在万科公益基金种子基金就是我放弃的这份股权。公益基金目前主要在中国做，第一，做自然环保；第二，做儿童的医院，专门针对低收入家庭的孩子。第一，公司是谁的？不是我的。所以我把自己怎样定位呢？我就是一个职业经理人，我凭自己的能力来管理这个企业。我想介绍的是自己的这个身份。

第二个，万科像很多80年代成立后且增长非常快的中国企业一样，很快就多元化经营，从照片上我们看到万科不仅仅做房地产，还做手表制造、饮料、服装、电器，有的是销售，有的是自己制造，还拍电影、拍电视剧，还经营广告公司。

如果说20年前介绍万科我这样介绍可能更简单一些，就是我告诉你万科什么不做。

比如说我不做军火、不贩毒，不做酒店、不做餐馆，基本其他全做。显然这种情况就是万科经营的头十年，就是1984年到1994年这的发展情况，所以我们叫做多元化。

从1994年到了2004年万科经历了第二个阶段，就是如何从多元化走向专业化。所以，中国改革开放伊始有很多机会，要走多元化比较容易，你会情不自禁的。

但是知道如何做到专业化的中国企业比较少。多元化虽然很容易赚钱，今年这个生意好做，你做这个。明年那个生意好做，你做那个。你比较容易存活下去。但是，你会发现自己在哪个行业当中都排不到前三名。

所以，我们就从1994年开始决定走专业化道路，在专业化当中选择了做房地产。其他行业怎么办呢？就关停并转。能卖的卖，能送的送，也卖不出去、也送不出去的就关掉，当然这是最不愿意的。关掉，原有的正资产一关掉就等于负资产了。更难处理安排的是公司关掉不做。按照这样的设想，原来计划是用5年从多元化走向专业化，就是从1984年开始计划到1994年开始，到1998年完成。实际上这条道路走了8年才完成。现在万科成为一个纯粹的城市住宅开发商。随着中国房地产迅速增长，万科业务也在增长。1997年万科成为中国最大的房地产企业。2001年成为全球最大的住宅开发商。2013年万科的营业额是282亿美金，销售住宅是16万套。

中国改革开放30年，纪念之际，中国主流媒体选出了8个人作为标杆人物，我也很荣幸的作为企业家，作为8个标杆人物之一当选。有意思的是为什么选我为标杆人物？第一，按照中国的标准，我是一个成功企业家。第二，我又在2003年登上珠穆朗玛峰，又是一个所谓的探险家。第三，万科的经营模式上有一个非常明显的特征，我公开宣传万科从来不行贿。

我们知道在中国改革开放当中，由于经济发展、由于种种原因，变革当中很多人都往钱看。为了钱，不择手段，所以这种贪污、腐化、行贿、不正之风非常严重。但一家民营企业应该在经营当中保持自己的道德底线，我非常明确自己绝不行贿。显然在中国这样的经营环境当中就感觉很特别。

所以让我作为标杆，主要原因是三点：第一个是成功企业家，第二个是著名登山家，第三个是叫做不行贿者。一般来讲给你一个标志就可以了，标志太多了就不好描述了。所以评委会问我这三个标志你最喜欢哪个，你最喜欢著名企业家？成功登山家？还是不行贿者？我选择了不行贿者。我认为在中国的转型当中，我很自豪，就是把不行贿作为我的一个标签。当然我觉得这是一个悲哀。

如果我们说在日本社会当中，一个企业家因为你不行贿而出名那就很滑稽了，因为不行贿是一个底线。有没有行贿的？我想是有的，但是我想一定是不阳光的，一定是在社会上见不得人，出了问题会被处罚的。但是在中国这成为一个潜规则，好像你不行贿，你怎么做生意呢？尤其作为一个房地产发展商，你不行贿，你怎么拿到土地呢？你不行贿，怎么得到批准呢？

下面讲一个故事，这个故事在万科可以讲出 20 个、30 个，时间原因我就只讲一个。这个故事发生在上海，上海的 1992 年，我们知道万科是 1992 年进入上海，这张图片是上海机场附近的照片，那一年我们获得的土地在航线下面，你要不要？你不要，好的地你拿不到，因为你不搞台下交易，所以你拿不到地。

我记得很清楚，当初这块地没人要。正因为没有人要，你万科要不要？所以我在这个稻田上站了两个小时，就看着上面的飞机一架一架飞过，平均 7 分钟一架飞机，最密集的时候 3 分钟一架。不用任何手段我就可以得到这块土地。这是建好后小区和飞机的关系。很有意思是这块地上的房子销售的时候是非常非常火爆，火爆到我们销售大厅玻璃门被挤碎了两次，就是抢购。

大家可能让人纳闷的是怎么这样还抢购呢？当时来讲我是有考虑的，我为什么拿这块地？我们发现不利点非常非常明显，有利点也很明显。什么叫有利点呢？正因为他是在飞机航线下，他不适合人居住，他中间是稻田。但是，他不涉及拆迁。你要决定盖，会很快盖起来。这是我们当时在上海开发出来最快的。

房子在航线下，噪音大。不买，我当然没有办法。但是你要买房子的话，只有万科这个。也就是买其他项目的楼盘最快也要在万科推出这个楼盘三个月之后，万科的时间差就是三个月，这三个月有人买你房子，你成功。这三个月没有人买，其他环境很好的房子就起来了。

我想说的是在当时来讲当然成功了。但是之后怎么办呢？就是 20

年之后，怎么样呢？1992年的事情，20年后到2012年是什么情况呢？十年之后，二十年之后，情况怎么样？这里给的是十年之后的数字，73%住在这里的居民认为噪音是有困扰的，但是尽管他们感觉噪音困扰，还是有84%受访者表示仍然愿意住在这里，只有2%的居民表示希望搬走。

2012、2013年之后，现在是什么情况呢？这个小区居住着来自20多个国家的2.7万居民，入住率95%，就是飞机航线下的项目现在仍然是周边社区的中心，也就是机会主义过去了，很多其他地方好项目都出来了，为什么飞机航线下的项目还很受消费者欢迎？显然你必须提供压过了飞机场噪音的让消费者满意的条件，那就是社区的开放、服务周到等各个方面的原因。当然这是一个非常极端的项目，像类似这样的项目，万科在很多城市都有，不一定都是在航线下的。

别人看不上的土地，万科拿了。就这样，万科坚守着不行贿的底线，在城市中心区难以拿到优质土地情况下，万科只有到郊区、偏远地方来开发，所以万科被叫作郊区开发商。尽管我们是城市开发商，但是我们只能在郊区拿到土地。但是正是这个郊区开发商从1993年十个城市发展到2013年60个城市，今天万科为40万个中国的家庭住户提供住宅，居住区人口超过100万。

下面就讲讲我对管理企业的一些个人体会。刚才提到了1998年万科已经成为中国最大的房地产公司，也就是在第二年，1999年我48岁的时候辞去总经理职务，在辞职会上我做了一个公开演讲，就说我不当总经理了，但是我对公司运转很放心。因为我给万科留下了四个东西。

第一个，制度，现代企业制度。所谓讲制度，就是刚才讲的不行贿是它的底线，当然是它的制度的一方面，还有透明、规范。第二个，团队的培养。第三个，行业的选择，选择房地产。因为万科在头十年做了很多行业，决定选择房地产。最后一个，品牌的树立。刚才介绍的上海的这个项目为什么到现在还是有人喜欢住在那里？就是因为你的品牌赢得消费者信任，消费者选择了万科，既享受万科给他们提供的服务，同时也愿意和你万科一块来忍受这样恶劣的地块环境。

正因为有了四个东西我认为自己没有必要再天天待在公司里亲力

亲为，因为这样显然对万科长期发展是不利的。这是我个人经营企业的一个考虑，就是东方文化和西方文化的差异。西方文化更多建立在制度上、法律上。像美国四年一次的总统大选，你会发现换谁当总统，民主党上去还是共和党上去，好像政府都会正常运转。但是一些国家要是发生领导人变换，就可能是一个大的政治风险，这是东西方文化差异的一种表现。

作为现代企业我觉得应该是更靠近西方的制度文化，就是靠制度、靠团队，不是靠个人。这就是为什么我在48岁的时候辞去总经理职务。我不但辞职，而且远离公司、疏远公司，离开公司做我想做的事情。1999年辞职后，我就选择了登山探险。我1999年登上一座6000米的高山，第二年2000年登上7500米的山峰。我想，在2001年50岁的时候送自己一个什么样的生日礼物呢？就是我再登上一座7500米山峰。什么意思呢？在中国体育运动有这样一个标准，如果你能两年内登上两座7500米山峰，就可以达到国家运动健将的标准。所以，我想在我50岁时再登上一座7500米山峰，我给我自己送的生日礼物就是达到国家的登山运动健将标准。

在那一年我又登上一座7500米山峰。这座山峰在中国的新疆，叫做慕士塔格。喜欢登山、喜欢探险，你心目中也有一些崇拜的英雄。就登山来讲，像1953年人类首登珠峰的新西兰人希拉里，以及和他一块登顶珠峰的夏尔巴人天京，这两个人当然是我心目中登山的英雄。20世纪60年代初，中国登山队从喜马拉雅山北坡登上珠穆朗玛峰，当时四个登顶队员是我心目中的英雄。所以在我很小的时候，我的心愿就是什么时候也能像他们一样去登雪山。

现在再回来说说我们的企业，第二个我们来谈谈看质量比速度。我们知道谈到中国就会谈到速度，谈到中国就会谈到规模。

当然，中国历史上都是以统一天下为已任，因此对做老大、争第一就有特殊的情结。每年中国都有各种排行榜，刚才说了财富前100名，实际公司排名也有前10名、前100名。房地产行业也不例外。每个企业都在关注着同行的销售额、销售速度，谁进入房地产第一梯队，哪个公司进入千亿元规模。

有趣的是从1998年以来，中国房地产排名第一位始终是万科。第二名总是在变化。当然既然在第一，你就想保持着第一的位置，发展速度就非常非常快。但是我很警觉，这样的速度，这样的规模，质量怎么保证？今天市场好的时候，没有问题。将来市场成熟的时候，增长没有那么快的时候，如果你质量保证不了，将来怎么办？所以我提出来说我们万科一定要改变经营模式，我们一定不要太在乎第一，第一只是一个结果，不是目标。第一固然好，但是你质量好了，只是排第三，有什么不好呢？总比质量不好的第一好得多。

我在公司讲话当中提到过，在速度和质量冲突的时候，应该质量第一。速度和成本冲突的时候，我们知道讲质量好，成本就可能提高。发生冲突的时候，我认为还是质量第一。我们学习日本的建筑时，发现有一种作为我们建筑行业很欣赏的特点，就是有的建筑不用任何的修饰、涂料、瓷砖，当然要求质量很高。万科在中国也先后投了这样的项目，其中有一个项目在上海，我很自豪。同行来参观的时候都伸出大拇指。

简单来说，建筑行业日本和中国是一个什么样的差距呢？中国建筑行业误差是厘米级，而日本同行误差是毫米级，差别就在这里，也就是十倍质量的误差。万科决定弥补这个误差，具体的做法就是我们制定了千人计划，什么意思呢？我们派一千名工程师用人民币 1,000 亿元，折合成美金 1,700 万元美金，1,000 名工程师，当然是分期分批送到日本来进行训练。现在这个计划已经进行到了 2013 年，2012 年开始执行，2013 年尝到甜头。第一，我记得我们的工程师在日本工地参观的时候表示没法学习，太难了。一年过去了，就是这些表示没法学习的工程师觉得光一次学习还不够，还要第二次、第三次。这个计划还在进行当中。

2014 年，我们又开始制定第二个千人计划，刚才讲到的那 1,000 名是工程师。现在这是 1,000 名管理人员，包括行政管理、工程管理、营销管理人员。预计 2015 年会有第三个千人计划，就是服务业，物业管理员 1,000 名到日本来学习。当然现在给日本同行的压力很大，他们的接待能力有限，他们毕竟还要干活。你把万科工程师派过来参观学习，还得师傅带，所以压力很大。因此我们准备这种训练营不仅仅在日本办，还要在中国办，就近和日本的企业合作建立训练营，这是讲到质量和速度。预计整个万科培养建筑质量体系将在2015年初步完成。

2015年整个万科工程体系也是像日本同行一样毫米级。这叫质量与速度。当然整个万科工程体系与日本同行水准差距还是相当大，但是已经有了一个非常好的开头。

第三个，我在2010年达到中国国家运动健将的标准之后，给自己定了一个目标，就是攀登世界七大最高峰。2002年我登的第一座洲际的高峰就是非洲的乞力马扎罗。我记得很清楚，那是2002年初，从山脚到山顶的登顶过程中，我经历了从热带雨林到草地到岩石的变化，但是我始终没有放弃。让我感到非常惊讶的是，常年积雪的雪峰显然已经变成季节性积雪，下雪的季节白雪覆盖，雪季过去了，它就没有雪，并不像富士山那样四季有雪。什么原因呢？显然是气候性。这方面我作为一个登山爱好者，一个和自然接近的人，能非常明显地感觉到。

举一个非常简单的例子，我曾经去穿越北极、南极。我们知道北极南极很冷。2005年穿越南极的时候，我们到达了南极点，我记得自己曾经光着膀子在南极点待了20分钟，当然很冷，但是现在已经不是你想象的那么冷了，南极也变得比过去暖和多了，大批的冰块、冰山在崩裂、在融化。

作为一个探险爱好者，对于气候是不是在变暖，我的回答很清楚，是。同时我又带着这样一个问题，气候变暖和我是什么关系？和我们公司是什么关系？和中国又是什么关系？当然，中国在碳排放和温室效应方面扮演着一个非常非常重要的角色。

我们发现，在过去的30年、过去的35年中，中国在经济发展当中承担全球变暖、二氧化碳减排这方面的责任被长时间忽略掉了。在这里讲这样一个故事。2008年我主动到北京绿色和平组织办公室找负责人谈。这个负责人是卢思成。一个中国香港人。我找了他，他吓了一跳，因为我们知道绿色和平组织就是对那些大企业、政府破坏环境的行为进行制止的机构，基本上大公司是对他们都是退避三舍，躲着他们的。

中国一家大企业的董事长怎么找上门来，他吓了一跳，说为什么找他？我就把整个登山的感受说了，而且我也谈了自己的体会，我们不能再这样，我们应该采取行动了。他听了非常高兴，就安排了巴西的亚马逊热带雨林之行。在那里我看到被保护的环境情况，也看到了亚马逊热带雨林大批的被砍伐后是什么样子，留给我的印象非常非常深刻。

这里我就想给出一组数据，数据显示中国是世界上最大的木材需求国，进口全世界50%来自热带雨林的木材，其中10%进口木材最终进入中国建筑工地。被砍伐的亚马逊丛林中很大部分与中国建筑有联系。那么万科能做什么呢？我们应向日本企业学习，采用提高建筑质量的工艺，因为这是和环保密切联系的。为了提高质量，我引进了日本的施工方法，发现非常成熟的日本施工方法很环保的，这也让我非常惊喜。

所以在提高质量和做环保的关系上，日本同行已经取得了一致，这就是积极的投入市场。更有意思的是，根据2013年的记录，中国所建绿色住宅的总量，万科占了一半，但是万科所占的市场有多大呢？才2%。但是建绿色建筑的量在中国占一半。

这说明两个问题，一个说明万科在有意识地做，并且取得了成绩。第二个说明在中国仅仅万科一家做是没有用的。不要说中国绿色建筑总量的50%是你的，就算100%是你的，你占有的市场份额只是2%，也就是98%的建筑是不环保的，在大量使用木材，在破坏自然环境。所以在我个人意识当中非常清楚，仅仅万科做不够，万科必须作为领头人在行业当中推广这样的绿色建筑。

最后一个话题，设计改变生活。我以一个万科员工为中心展开的故事。1992年万科上海公司总建筑师付志强向我辞职，他表示要来日本学习城市规划。给我印象非常深刻的是明天他就要离开上海飞赴日本了，明天就要走，但是今天还在工地上干活。这种敬业精神让我非常感动。

我记得我当时曾经向他建议说你就不要辞职了，算是公司给你派到日本去，你带薪去学习，但条件就是学习两年后回到万科，被他婉拒了。因为他说自己不能确定两年之后回不回来，但是他承诺只要回中国他一定回万科。这是当时他辞职万科时说的。当时我就一直惦记着这件事。两年很快就过去了。1994年，我到东京找他说：“你毕业了，是不是可以回来。”他说自己只是学习规划，但是还没有学习建筑，自己很想在日本的设计事务管理所学习一下。显然两年之后他不回来了。我说好吧，你实习一年之后是不是就可以回来了。他说一年不够，可以感觉到他不大想离开日本。

一年之后的1995年，我记得很清楚，那一年我们一个小组考察日本，主要看建筑，是从雄本走到四国、本洲，最后到北海道。在途经东京的时候，我又强烈要求小付重返万科。我记得很清楚，在东京的电视塔旋转餐厅我们一边吃着披萨，一边谈回万科的事。他说自己的小孩在上小学，他已经熟悉东京生活了。我一听，坏了，我只好改变策略，我说好吧，我不打你回万科的主意了。你就留在日本，作为万科学习日本的窗口，这是1995年的事情。小付留在日本之后，他和万科一直保持着联系。

只要是万科来的考察团，小付都是负责安排接待，以至于我都不好意思了，有两次到日本专门拜访小付所在公司的老板，请吃饭，占了小付的时间。我和小付的老板三板先生也成为朋友。给我的印象非常清楚，介绍了他的一些项目，显然他在日本公司发挥的作用比在万科时的大。到了2012年10月，小付说无印良品的社长要开个讲座，你是不是听一下？我当时说为什么听呢？小付说我们在上海、在杭州和无印良品的故事。你去听会加速万科和无印良品的合作关系。

这次听讲演，我印象最深的有两点，无印良品的讲座是安排他们的社长和一位德国顶尖级的工业设计师一块来，不是一个人的讲座。题目为“设计在现代生活这样一个角色”，一个就设计师角度来谈他自己的体会，一个是品牌公司的社长这个对话本身就非常有意思。但是给我印象最深刻的不是这个，最深刻的是之前我对无印良品没有专门的研究，但是在听讲座时，和就读MIT一流学生们对无印良品品牌的理解上，我觉得自己和他们的理解有差异。这让我惊讶，差异在什么地方呢？

差异就在无印良品这种品质追求和本身形象宣传这样一个定位上。按照现在西方主流商品推销来讲就是，既然你讲尊重自然、朴实、不浮夸、面对城市中产阶层，那你这个东西就不能贵，既然是面对大众的，你一定就要像麦当劳这样，你这么贵，怎么销售？显然，对东方传统设计中的这种自然与设计相结合、和艺术结合的理念，作为一个中国消费者要比西方消费者更容易接受和理解。这是我在和MIT学生对话当中的感受。

更明显的感受就是东方文化和西方文化的差异，以及中国文化和日本文化的渊源，对中国的消费者而言，接受无印良品显然比西方消费者更容易，这是给我的最明显感觉。当然，我们再来看看万科在这方面是怎样接受无印良品的，我记得这是非常有意思的。

这个故事发生在2004年，当时小付还没有回万科。他还在日本。他组织了一个日本的设计团队，从建筑设计到景观设计到室内装修和万科合作，项目在无锡。设计、景观这些都是由日本建筑师、设计师、景观师完成的。其中尝试和无印良品合作，作为样板房软装修由无印良品来提供。一切都在进行当中，但销售部门却把无印良品的室内装修给毁掉了，说你这几乎等于没有装修。销售部门认为色彩过于朴素，要知道我们中国大陆现在讲究的更多的是贴金带银，水晶灯，大镜子一定要带金框的，各方面都要奢侈、浮夸。销售部说无印良品这种风格消费者能接受吗？销售部门强烈地说不能接受，也就是第一次的合作上，还没有推出来，就被万科的人员给毁掉了。

我们上海的老总是无印良品的粉丝。他在2007年、2008年搞了一个礼品，选了无印良品200个保温杯，他非常欣赏无印良品简洁实用的设计，所以说万科和无印良品的真正的合作是从200个保温杯开始的。在这之后，这位老总调到杭州，做一个叫“良渚文化村”的项目，他到任后就全力以赴引进无印良品的设计、理念、商品。后来，他们告诉我说无印良品的京井社长有讲演，你要去听，我说好。我真正接受是从这开始。

后来良渚文化村真正成为和无印良品的一个对话，一个连接，一个合作的媒介是因为文化村是万科一个代表未来的设计，万科预计明天，五年、十年、二十年之后，良渚文化村和无印良品都会有非常非常好的合作。

如果要面对未来，显然和无印良品的合作让我们找对了方向。如果只谈眼前，就没有必要和无印良品合作。因为现在的中国社会，大众、消费者对生活更多的是一种浮夸的，表面的追求。但是你如果真正对艺术、对自然、对生活有一种向往，对自然有一种敬意，对社会有一种责任感，那你就要多思考未来。

万科在接受了无印良品的风格后，消费者自然才有机会来接近、认可并接受。也就是说在做无锡的项目时，我们所采用的无印良品设计风格还没有让消费者接受，只是我们自己先接受了。但是自从接受后，在中国，尤其在整个长江三角地区都已经开始慢慢接受，现在也开始在北方区其他地方开展合作。

今天中国已经成为世界第二大经济体，在基本技术层面，中国企业正在接受、模仿国际上所有的，包括日本企业的成果，但是这样做就足够了吗？富裕起来的中国人应该对传统和未来保持怎样的态度？

当我们转身时，一样会看见悠久的历史为我们积累的资源，但很可惜，在中国的城市建设过程当中更多的拆，而不是在传统中寻找经验。站在今天必须反思我们过去的一些野蛮行为，我们必须在现代和历史之间从容穿行，才能真正具有创造力，我想我们之所以成功绝不仅仅是依靠高新技术或者请全球顶尖设计师，我们的产品中体现出的传统情趣，“素”和“空”，是对生命价值和传统文化的新思考，这些思考和价值最终构成了一种独特魅力。

万科2013年开始转型，再次由专业化向多元化过渡。这里的多元化不是经营其他行业，而是把万科单独的住宅建设变成包括建医院、建学校、建商场，本质还是在建筑房地产行业内的多元化，由单一住宅开发向综合配套商过渡。

但是这些配套设计一定是环保的，节能的，在现代化道路上，日本比中国先行了两百年，中国需要向成熟的日本企业学习，才能发挥后发优势，过去十几年万科曾向索尼公司、东京建屋、前田建设学习，学习质量、学习成本精细的控制，未来还是要向日本学习成熟的设计文化和艺术。学习如何进行现代和传统的结合。学如何在舒适和可持续间取得恰当的平衡。无印良品是日本设计文化艺术的标杆，万科能够与无印良品合作，对万科设计走向成熟非常有帮助，对全体中国人，尤其是帮助城市年轻人树立健康的消费观也会带来非常重要的影响。中国企业向日本企业学习，与日本企业合作，带来的不仅是中国企业成熟度提高，也会促进中日间的友好交流，我相信对美的共同追求不仅能改变我们生活，也会增进我们中日两国的友谊。

| 大咖观点 | 王石为什么对民营企业开炮

王石天山峰会谈话，引起轩然大波。2016 年 2 月 5 日，王石在微博表示，天山峰会上几句话，并非发言主旨，不料引发轩然大波。老王自己被指“傲慢”“歧视民营企业”，或属咎由自取，不宜强作辩解。但给诸多友人带来迷惑困扰，实非所愿，心中十分不安，必须道歉，必须认错。万科并非国企，老王亦无任何官方身份，万科的伙伴多是民企，老王的朋友圈多是民营企业家。若说看不起民企或民营企业家，那是连自己也看不起了。老王虽然莽撞，不致如此忘本。至于什么样的股东结构，才更有利于万科长远发展，非一两百字所能表达清楚。春节后或借一长文，求教于各方贤达。之前孟浪，还望海涵。

商业文明联盟创始人、秦朔朋友圈发起人、原《第一财经日报》总编辑秦朔发表长文《王石为什么对民营企业开炮?》。现摘录部分章节。

这几天，不少朋友问我在“天山峰会”上演讲观点的看法，主要是两段话。一段是，“民营企业，不管我喜欢你，不喜欢你，你要想成为万科的第一大股东，我就告诉你，我不欢迎你。”另一段是，“我们是个社会主义国家，举足轻重的公司不能是一个纯外商、纯民营的公司。所以我的设计就是混合所有制，里头要有民营的活力，要有外资的规范、成熟，当然也要有符合中国国情的、社会主义体制的国营企业成分。”

对您的这些话，起初我的反应是“不会吧”“肯定是谁理解错了王董的意思”。然而我仔细读了您的演讲全文以及接受无界传媒采访的报道，发现“不欢迎民企成为万科第一大股东”“举足轻重的公司不能是纯外商、纯民营的”的确是您的观点。您说得斩钉截铁，一点余地也没有。

自宝万之争开始，我写过一些文章，站在商业文明和企业家精神的角度，我提出要充分尊重和维护万科的职业经理人制度与文化，我质疑姚振华一方试图用短期万能险资金拿下万科控制权的“资本冒险”。直到今天，我仍然反对成王败寇的规则观。合乎交易规则的，未必合乎更大视野里的是非观。所以我提出，不能只看交易本身，而要探究交易背后的“元规则”，希望整个社会对商业发展的“支援意识”是一种追求基业长青、正道光明的意识。

但是，看到您最新的这些观点，我无法不做出回应了。在宝能和万科之间，我选择万科。但在您和常识之间，我只能选择常识。按照我理解的关于产权、激励、绩效的常识，如果今天我们还要花时间去论证民营企业的合理性、重要性、效率更高、激励更强、对资源占用更少而产出更多这些问题，还要主观、主动地扩大“所谓举足轻重行业”的范畴，进而把“举足轻重”和国有资本画等号，我觉得中国改革开放的这三十七八年的探索算是白搞了。

关于民营企业

从您也了解的张謇、范旭东、卢作孚、荣宗敬、荣德生那一代人开始，中国的民营企业和民营企业家，在何种方面低能、低智、低德于其他类型的所有制企业，因此这也不配、那也不配?! 他们在夹缝中求生与发展，却用跬步千里、点点滴滴的努力，为人们带来优良的产品和服务，百川汇海，万壑争流，改天换地，报效社会，以分工的深化促进市场的扩大。他们的地位岂是任何人随便一句“我喜欢，我不喜欢，我欢迎，我不欢迎”所能决定的?!

苍天在上，我想它的一大遗憾就是对中国的民营企业开放得太晚了，给的空间太少了，给的不公平待遇和不必要约束太多了。2002 年我悲痛于我们只能说民营企业、民办企业，连和国有企业相对应的“民有企业”都难以启齿，怕和“私有化”沾边，但我也实在不想用“民营民办”的字样，难道他们就只能办、不能有、随时准备上交? 我最后选择了“民间企业”的说法。

其实，自由经济、市场经济的法则并不深奥，而毋宁说只是一种常识，一种对人性的体察，对人的自由选择能力的信任。我决计写这本书的目标很单纯，书里说了，“写下这几十万字的目的，也许只是为了再说一次——自由人的理念，自由企业的信念，在 21 世纪的中国，终将不言自明。”十多年过去了，离不言自明还要多久? 我们还要继续呼吁多久?!

关于举足轻重

我承认万科是一家了不起的企业，但要说“举足轻重”，试问普天之下的消费者，万科和华为相比，和BAT京东相比，和中国平安相比，和万达苏宁相比，哪怕是和2010年之后才诞生的小米、美团、滴滴相比，谁更举足轻重？大家判断吧。我只举一例，美国为什么不干涉国有股是最大股东的万科（当然今天已经不是了）进军旧金山住宅市场，却制造种种理由不让纯民营的华为进入美国市场？

很简单，华为“重”啊，即使不是国有也不让进（是国有当然更不能进），而万科不就一个造房子的嘛，“轻”啊，你就是纯国有也让你进来（何况还不是），无所谓。上述这些在我看来至少比万科更举足轻重的公司，请问他们的第一大股东是谁？答案：都不是“国有股占第一大股东”。我不明白这些几乎没有国有股的公司会有什么危险？

房地产是国民经济的支柱产业之一，这个我也承认，但以万科在中国房地产这个充分竞争市场上不过小小几个百分点的占有率，少了万科，人们不会买不着房子吧？我从来没有听碧桂园、恒大、融创、星河湾这些公司说他们是多么“举足轻重”，以至于“重”到需要找国有股当大股东！

即使不谈万科，回到您本人身上，N年以来，您代言过不少广告，虽然相当多代言费用于公益类活动或属于资源互换，您也没有真在这方面得到很多收入，但代言，至少说明您对代言产品的高度认可。

我想问一下，摩托罗拉手机、户外用品“探路者”、制表品牌Breitling、大切诺基汽车、瑞士旅游、8848钛金手机，哪个公司是国有股当大股东？恕我冒昧再问一句，从资金来源看，剑桥大学以及1636年模仿剑桥大学而建立的哈佛大学，这些培养灵魂、传播知识的举足轻重的大学，是国有资本在主导的吗？

关于万科的混合所有制

您说您对万科的设计就是混合所有制，“里头要有民营的活力，要有外资的规范、成熟，当然也要有中国国情的、社会主义体制的、国营企业的成分。所以这么多年来，一直是国有股占第一大股东”“过去设计是这样的，现在是这样的，将来也会是这样的。”

从道理上说，这大体没错，但对于本身就是民企、外企的公司，是不是也要为混合而混合、加入国营企业成分，为混合所有制而混合所有制？我想是大可不必的。您认识的民企比我多，您可以去问一下他们和国企合作的感受。我不想多言。

这两天我仔细阅读了您的《道路与梦想——我与万科20年》，倒是有一些新的发现，即万科的前身是不折不扣的国有企业。1983年夏天，您是以广东省外经委正式职员的身份，拿着外经委的介绍信，前往深圳市最有影响力的公司“深圳特区发展公司”（前身是深圳经济特区管理委员会）谋求合作的。

合作方式是，特发公司提供营业许可、银行账号，不提供资金，赢利两方对半分。您的第一份工作是特发公司贸易部的贸易一科。1984年5月，特发公司下面的深圳现代科教仪器展销中心筹建，一开始的经理不是您，但由于当时的经理因为装修风格与您的争议撂了挑子，您放弃了回省外经委，留在展销中心当了经理。

再后来，为了保证自主经营，您和张西甫在特发公司科学仪器科的基础上创建了新一代企业有限公司（张是总经理，您是副总经理），在展销中心与特发公司之间打上两根楔子，即特发贸易公司和新一代公司。这个深圳现代科教仪器展销中心就是万科的前身（后来更名为深圳现代企业有限公司，1988年再更名为万科），在1986年深圳推进股份制改革时，因为您的敏感而成为股改试点。

1988年深圳市政府批准万科股份化改造方案，原现代企业公司以净资产1324万元折合1324万股（其中500万元为住宅资产），国家占60%，职员占40%，公开募集社会资金2800万元。最后总计4100万股的股份中，万科职工股应得的股票约为500万元出头。按照市政府办公厅下发的股改文件，这部分只能有10%量化到个人名下，其余的由集体持有。

您不愧为改革开放后罕见的放弃个人股权的企业家。您放弃了个人应得的股份。您说原因之一是社会价值倾向，“不患寡而患不均”的传统观念和仇富心态，使您在名利之间不要利。二是您讨嫌暴发户形象。三是家族没有掌管财富的DNA。您放弃了，王太也同意了，管理层都放弃了。这是一个了不起的时刻，比起那些巧立名目吞食国有资产的“改制者”高尚无数倍（他们永远没有资格把您当职业经理人来评价）。

但是，很客观地说，与那些完全是依靠自己奋斗、只是不得不带个“红帽子”的创业企业相比，万科先天就是国企，按照当时政府的股改规定，以您为首的创业者能够量化到自己头上的股份比例非常有限（当然你们放弃的股权价值累积至今也是天价了，这就是我为什么主张万科董事会要长期性地从报酬上善待您的原因）。

因为万科本身就是国企，国有资本当然是大股东。用这个例子去讨论混合所有制问题，我觉得并不恰当。别的民企一开始就和国企无缘，或者改制很彻底，他们可以自由决定要不要“再混合”。

看了万科的历史，我反而对华润平添了几分敬重。华润是万科的大股东，但华润的董事长，从宁高宁到宋林、傅育宁，其待遇都远远不如万科高管。我们都知道，众多在海外上市的央企、金融机构领导人所披露的高薪都是“假收入”，给海外投资者看的。如果华润真的按国资国企的那一套来管理万科，我估计万科高管的收入要跳水，而您也不会享有如此的时间自由。

以上所言，是我的一些肤浅而真诚的思考。您是我多年来相交最深的企业家，学习最多的企业家。我不知道这些思考在多大程度上误解了您的本意，如果是那样，提前向您道歉吧。那就把这些思考，交给更多关心中国经济命运和这个国家长远前途的人们吧。

“代替那存在着阶级和阶级对立的资产阶级旧社会的，将是这样一个联合体，在那里，每个人的自由发展是一切人的自由发展的条件。”共产主义是一个遥远的梦想，而我相信，只要每一个人自由发展、自由发挥起来，同时我们的社会能够用“同情的心”去平衡“无形的手”，那一天一定会到来。

| 大咖观点 | 什么是事业合伙人

2014 年 3 月的万科春季例会上，万科总裁郁亮回顾完 20 年前差点让万科管理层卷了铺盖的“君万之争”历史后，拿出了一本书——《门口的野蛮人》，担忧万科股价低迷之际再次暴露在“野蛮人”面前，并最终亮出万科的事业合伙人制度。

首先，我想从“3・30”事件说起。

1994 年 3 月 30 日，君安证券联合深圳新一代、海南证券、俊山投资和创意投资四家万科大股东发出了《告万科企业股份有限公司全体股东书》，文中对万科经营和管理中存在的问题，如业务透明度不足、参股申华公司无实效、房地产经营业绩欠佳和股权投资利润不稳定等进行分析，点明万科的产业结构分散了公司的资源和管理层的经营重心，已经不能适应现代市场竞争，并提出了对万科业务结构和管理层进行重组的建议。这就是“3・30”事件的发端，而这份“告股东书”的本质就是恶意收购、恶意改组董事会。

当时我很奇怪，为什么深圳新一代作为我们的母公司也会反目呢？其实，万科 B 股发行后，整整 8 年时间都没有超过发行价，股东不仅没有回报，还要承担我们做亏了业务的责任。君安提出了这个想法后，股东们看到了通过制造收购话题而促进股票上涨的机会，当然就被君安拉拢过去了，或者说为了自己的切身利益。当然君安也是持有万科的股票，希望抬升股价来获利。

而我们有考虑过股东的利益吗？长期以来，我们从来没把股东放在眼里，同大股东几乎没有任何联系，除了让他们承担责任，让他们签字。这个事件被外人称为“君万之争”，君安在万科前面，因为这是以股东名义发起的基于股东利益的事件。如果不是因为我们找到了君安的一个破绽，我们几乎没有胜算的可能，万科可能就被这些“野蛮人”拆分了。

说到股东，万科一直是很骄傲的团队，尽管我们经历了“3・30”事件的刺激，但对股东的认识依然不够深入。举个例子：2007 年，我们业务做得不错，制定了新的发展战略，我带着完整报告给华润董事长宋林汇报工作，当我洋洋得意地讲完之后，宋林董事长沉默了一分钟，然后问了我一句话：“郁亮，你告诉我，股东在哪里？在万科整个发展战略里面，股东在哪里？”

确实，我们整个战略里面没考虑过股东。从那时候开始，我们把提升 ROE① 作为公司的主要工作，去年公司的 ROE 水平已经接近 20%，达到了 1993 年以来最高的水平。

“3·30”事件是万科历史上的标志性事件，让我们对股权、股东以及我们自己的变革等等都有了深刻认识，我们更加重视股东、重视股东关系，更加坚决地做变革，更加深刻地认识到要掌握自己的命运。

第二，我想给大家推荐一本书——《门口的野蛮人》，讲的是 1988 年 KKR 做的一起 250 亿美金的收购案，这起收购案的金额之大，在相当长时间内没人超越。在 KKR 这单收购案之前，美国上市公司高管都很舒服，拿着高收入，拥有专用飞机，但是这些公司的股票都很低，把业务拆开来的价值比整体的价值高得多。

这些高管想变革又下不了决心，所以自然而然就引起了“野蛮人”的关注。任何“野蛮人”在门口出现的时候，门里面的人往往都有一些共同特征：一是股票特别便宜，二是有巨大的资源和价值潜力，三是自己过得很舒服，四是没有动力去充分发掘自己的资源和价值。像这样手里有好牌，却不想利用它的价值，又习惯于舒适日子的公司，如果赶上市场低迷、投资被套住的时候，“野蛮人”就会出现。

对比“3·30”事件和 KKR 的收购案，这几个特征在当前万科身上体现得淋漓尽致：①股价很低，我们的 A 股从最高 42 元跌到了现在的 6、7 元，应该说把 100% 的机构投资者都套住了；②我们现在肥得流油，而买下万科需要多少钱呢？200 亿就够了；③我们十分高薪。去年公布的年报中，地产公司十大收入最高的高管，有八位是万科的，今年估计 100% 都是万科的。舆论会认可我们吗？我们有这么好吗？④我们有很多变革的思考，却没有变革的行动。

---

① 编者注：Return on Equity 的缩写——ROE，中文名称为：股本回报率，又称：产权收益率、产权报酬率，是用以评估公司盈利能力的指标，可以用作比较同一行业内不同企业盈利能力的拥有指标，是净收入与股东股本（股东权益）的比值。

在这个情况下，“野蛮人”来万科敲门是很正常的。“野蛮人”会怎么行动呢？如果能成为大股东，获得绝对控制权，这是最简单的；如果不能获得绝对控制权，可以通过股东大会、董事会来捣乱，比如投反对票、利益要挟等等。面对已经上门的“野蛮人”，我们必须要拿出勇气和力量去战胜它，我们必须掌握自己的命运。说到这里，我想谈谈下一本书——《资本之王》。

《资本之王》是讲黑石如何爬上全球资本市场的食物链顶端。而之所以黑石、KKR 能够成为全球顶尖的机构，靠的正是合伙人机制。

黑石目前拥有房地产投资、PE、对冲基金、财务顾问等几大块业务，是全世界最大的不动产投资机构，直接管理着 2500 亿美金的资产。黑石在组建房地产团队时面试了很多优秀的人才，当问及是谁推荐的时候，不少人都说是一位芝加哥的老师，于是黑石就把这位老师请来做了合伙人。

普洛斯做亚洲业务时找了 KKR 的大合伙人和前公司主席作为合伙人，现在普洛斯在亚洲的物流地产业务和万科一样大。万科号称的“世界最大”是因为我们太过封闭和狭隘。可见，合伙人制度是比职业经理人制度更好的制度，每一位参与者不仅为公司、为股东、为投资者创造价值，也为自己创造回报。

事业合伙人不仅仅是一个简单的制度，更是一种发展机制、一种管理机制、一种分享机制。说发展机制，是因为它面向未来，并不解决万科眼前的问题，而是解决万科未来十年的问题。我们通过事业合伙人机制，能够在未来十年里把万科的舞台越做越大。说管理机制，是因为它将彻底改变我们的管理方式，而不仅仅是奖励制度。说分享机制，是因为我们希望通过事业合伙人机制，更好地解决投资者和员工之间的利益分享。

事业合伙人机制有四个最显著的特点：

一、我们要掌握自己的命运

我们要设计不同层级的合伙人制度，从而牢牢地掌握公司的命运。

二、我们要形成背靠背的信任

首先是架构扁平，我经常举一位主管插着裤兜监督三位清洁工打扫卫生的例子。这位主管可能拿着比三位清洁工加起来还多的工资，但仅仅是履行监督的职责。再往上，可能每三个主管就会有一个经理在监督他们工作。我们有没有可能建立一种机制，让三位清洁工之间有一种背靠背的信任，可以彼此充分协作来完成工作，不需要插裤兜的主管，然后这位主管的收入一半留给清洁工，一半给公司。这样改革最大的阻力来自哪里呢？一定是经理、主管。如果我们不下决心去变革，“野蛮人”就在门口敲门了。

管理层级扁平化的变革能够让每一位管理者都能直接听到最底层的声音。

其次是 One Team，是一个整体的团队。过去我们的做法是如果对一个人负责一件事情不放心的话，就会设两个人，让他们彼此竞争，然后为了防止出现你死我活的斗争，就会设第三个人来制衡。这样的结果是公司管理更稳定了，但公司可能变得滞缓复杂了。

第三是信任。我们经常会出现因为项目没做好而彼此埋怨的情形。这样解决问题吗？我们总是有足够的理由来推卸责任，所以我们需要一个机制，真正的“我中有你，你中有我”的机制，来形成背靠背的信任。

登山就有这样一种机制，每个登山者轮流往上攀登，前一个人打好钉子，挂好绳子，确认结实牢靠了，下一个人再在此基础上往上攀登，继续打钉、挂绳。如果钉子不牢靠，一定是自己先掉下去。这就是一种背靠背的信任，因为我知道我的队友是在拿自己的生命做试验。如果让一个人来指挥别人打钉、挂绳，就完全没有背靠背的信任可言。

同样，我们的信任不只是存在于员工和员工之间，也需要存在于公司和员工之间，我们没必要建立那么多的监察、监督机制，我们需要用事业合伙人的机制给我们建立背靠背的信任。

三、我们要做大我们的事业

我们的事业是不断创造出来的，如何让这些想做事的人脱颖而出，在万科的舞台上做得更大呢？这就需要我们搭建更大的舞台，通过事业合伙人的机制吸引并保有更多优秀的人才。万科现在的架构是最适合做平台式架构的公司，万科的文化能够容纳众多优秀人才来施展他们的才华，我们有无尽的可能性，我们能够把事业做大来实现我们的愿望和梦想。

四、我们来分享我们的成就

做大事业的目的之一当然是要分享。我希望万科在第四个十年之后，可以培养出200个亿万富翁，以我们现在800亿元市值的股票，如果我们拥有10%的份额，当万科市值达到2000亿元的时候，我们就有200亿元。市值超过2000亿元是什么概念呢，300亿元利润，我们现在是150亿元。而达成2000亿元市值、300亿元利润的目标，我们只需要做一件事情，仅仅通过运营效率的提升，我们就能实现200个亿万富翁的梦想。

总之，事业合伙人有四个特点：掌握自己的命运、形成背靠背信任、做大事业、分享成就。

我们具体做法有两个：

1. 跟投制度

业务层面的跟投制度。这看似简单，实际上它将改变我们从投资买地到销售结算这一项目操作全流程的所有行为。所有真正对运营效率提升有改善的做法，将会很快被运用和完善。比如工业化技术，佛山公司工业化提效方面的实践，已经在保证质量的前提下有效地缩减了工期；任何钻空子、只顾眼前利益的不当手段将不复存在，因为这些都事关合伙人的利益。传统业务层面是跟投制度，对于新业务，我们将采用新的机制、完全市场化的手段来解决。

2. 股票机制

集团层面我们将建立一个合伙人持股计划，也就是大约两百多人的EP（经济利润）奖金获得者将成为万科集团的合伙人，共同持有万科的股票，未来的EP奖金将转化为股票。这样我们可以共同掌握这家公司的命运，将决定万科未来往哪里走。我们要顺应大势，时刻保持新的生命力，不断地让优秀的合伙人加入，不断新陈代谢，从而把万科做得更大、更优秀。各位作为万科的持股人，不仅能够分享公司成长，还能愿意把位置让给更有能力的人去创造更大的价值，因为这个机制能让我们分享这一价值，这个机制能保证我们团队是最优秀、最有战斗力的团队。

最后，我希望通过事业合伙人能给大家创造出一个好的机制，使大家能在万科的平台上实现自己的财富目标，从而实现自己的梦想。

| 大咖观点 | 事业合伙人——思考与实践

2015 年 7 月 1 日，中国人民大学商学院、中国人民大学民营企业治理与发展研究中心主办的 2015（首届）中国民营企业治理与发展高峰论坛在中国人民大学国学馆报告厅举行。时任万科企业股份有限公司高级副总裁、董事会秘书、首席研究员谭华杰以《事业合伙人——思考与实践》为主题发表演讲。谭华杰认为，随着知识经济时代的到来，企业必须探索更有效率的分配机制，事业合伙人机制的核心在于重新界定和设计债权人、股权投资人和合伙人的收益分配方式，试图从根本上解决创造剩余和分配剩余这二者之间的问题。万科事业合伙人机制的三个组成部分，即合伙人持股计划、事业跟投计划、事件合伙人管理。同时也指出，事业合伙人作为职业经理人的升级版，目前尚处于一个探索阶段，还有许多问题有待解决。谭华杰的演讲后被摘录发表于《中欧商业评论》。

2015 年 6 月 2 号，万科集团要在天津召开一次会议，所有管理层都要参加。从深圳到天津的航班并不多，但万科管理层还是分乘了两个航班。不能所有人乘坐同一架飞机出行，这是万科管理层集体出差的一个惯例。但这个惯例的另一面说明，万科离一家立于不败之地的常青企业还有差距——我们能够承受一半管理层突然消失的风险，但无法承受所有管理层都消失的风险。

一个真正基业长青的企业，应该是能够自治的，每个细胞都应该具备分裂的能力，就像海星，把它砍得粉碎，只留下一个角，最后仍然能长成一个完整的海星。这种自治的企业，不依赖个人，靠的是制度和文化。万科正在尝试建立这样的制度——事业合伙人。这是一种类合伙人的机制。这意味着，它并非简单的合伙制。

一个困扰商业社会两千年的问题

早在古罗马时期，我们就可以找到“二人以上相约出资，经营共同事业，共享利益、共担风险”的合同。中世纪时期，在意大利商港形成的康曼达契约，已经形成了有限合伙人的概念。在现代社会中，大量的专业知识型企业如律师、会计师事务所、咨询公司等都实行合伙制度。而在基金、信托领域，大家对一般合伙人（GP）、有限合伙人（LP）这些概念都已经很熟悉。在目前的中国，领先企业如华为、阿里巴巴等，也在不同程度上尝试这种合伙人或类合伙人模式。

那么，事业合伙人机制究竟有何新意？2014 年，万科花了整整一年的时间来思考事业合伙人制度。这是因为，万科要面对以往的合伙制所未涉及的三个问题：第一，万科原来是一家股份有限公司，是公司制企业；第二，万科是重资产企业，并非专业知识型企业；第三，万科的规模已经很大，在中国民营企业中纳税和总资产排名第一。在此基础上实行类合伙人机制具有非常大的难度，在全球范围内可能还没有特别成功的先例。

那么，万科为什么还要知难而进？不妨先回到两个更基本的问题，即：企业存在的理由是什么？什么是伟大企业？

企业存在的根本性理由，或者伟大企业的标准，首先是满足人类从未满足过的需求。比如飞行是人类的梦想，直到飞机制造厂和航空公司出现，大家才实现了这个愿望。谁第一个满足人类从未满足过的需求，基本就可以戴上伟大企业的桂冠。

然而，伟大的开创者毕竟是少数。更多企业从事的是另一件事，即让产品价格可以被更多的人接受。正如熊彼特所言，商业社会的典型成就，并非在于为女王们提供更多的丝袜，而在于能使丝袜的价格低到工厂女工都买得起的程度。简单地说，就是用尽可能少的资源消耗，满足尽可能多的人类需求。把这件事情做到极致，那也是伟大企业。

这表面上很平淡，但暗地里激情四射。商业社会的不断进步，资源效率的不断提升，背后是把各种生产要素和资源一遍遍重新组合。借用熊彼特的话来说，这是“永不停歇的创造性毁灭风暴”。

企业利用资源的效率，一个简单的评估指标就是企业剩余。产出扣除各项要素成本后，就是剩余。企业创造了更多的剩余，就是实现了更高的经济效率。如何能创造更多的剩余？最直接的回答当然是科技创新。但有一个或许比科技更重要的因素，那就是人性。

人要走出舒适区是需要动力的。懒惰和浪费是人的天性，而这个天性是经济效率和企业剩余的大敌。有效的企业制度，应该基于基本人性来设计，而不能假设它的成员都是圣人或天才。企业要想创造更多的剩余，就得让那些影响剩余多少的人成为剩余的获得者。影响越大的人，获得的比例就应该越高。

公司制和合伙制的两难

基于产权理论而建立起来的经济法律体系，最基本的原则是财产的衍生价值归财产所有人。具体到企业，便是企业剩余归股东所有。这是历史形成的结果，必定有其内在的合理性。

第一，股权收益在各种投资人回报中是劣后的，天然需要承受剩余为负数的风险。因此，股东有提升企业剩余的动力。第二，人是有惰性的，需要被监督。在企业规模没有超出合理管理边界的情况下，老板监督员工，可能比员工自我监督更有效。第三，商业社会早期阶段的企业，很多股东既是投资者也是管理者，甚至是首席技师。企业最重要的知识就是掌握在他们自己手里。

然而，随着商业的发展，这种制度遭遇了越来越多的挑战。

首先，只要企业存续时间足够长，所有权和经营权就必然分离。当企业的所有者和管理者不是同一个人的时候，就面临一个问题：如果剩余都归股东所有，管理者有什么动力为股东创造尽可能多的剩余？

其次，当企业规模足够大，不得不采用科层结构时，就一定有官僚主义，此时即使企业有创造更多剩余的追求，也不一定能转化为有效的行动。

最后，也是最重要的因素是：知识经济的崛起和资本市场的出现。人类历史上存在的两种最基本企业制度——合伙制和有限公司，前者更适用于知识型企业，后者更适用于资本密集型企业。

然而，资本市场使得资本定价日益透明，资本也逐渐成为一种购买便利的资源。而知识的价值越来越高，知识与资本之间的天平在逐渐转移，这使得企业股东获得所有剩余并扮演劣后角色的机制遭遇挑战。它的效率，已经不可能像开始时那么高了。那么，如何解决所有权和经营权分离的问题？人们提供了很多方案。遗憾的是，在实践中并不那么有效。

比如股东大会、董事会、独立董事、监事会等公司治理制度。股东大会是行使股东意志最直接有效的方式，但一家公司不可能整天开股东大会，连董事会一年也开不了多少次。公司治理当然是有用的，但主要用处在于防止一股独大的大股东，或者内部人控制的管理层。激励经营者为所有权人创造更多剩余，这并不是公司治理的范畴。

比如股权激励。虽然它一定程度上将经营者和所有者的利益捆绑在了一起，但再慷慨的股权激励，经营者在剩余中拿到的一定是小头。越大的企业，股权激励能够覆盖的人员比例就越小。此外，股权激励往往是单向的。经营得好，管理者能分享收益，但如果经营失败，管理者并不承担风险。这种单向激励有一个很大的副作用，就是鼓励管理者选择更冒险的经营风格。

比如对赌制度。在私募股权投资（PE）和风险投资（VC）领域经常可以看到，这种制度是风险和收益双向共担的，但前提是管理团队拥有可对赌的资本。PE 和 VC 这些领域，薪金收入很高，管理者比较容易完成资本积累。换成别的行业就未必有效了。

再比如创业和上市的创富机制。某种意义上，它似乎解决了知识所有人和资本所有者之间的分裂问题。然而，这种机制仅在其上市前有效。在上市后，其就会面临传统企业要面临的所有问题。

这个两千年来公司制度一直无法解决的问题，在合伙制度下并不存在。合伙制与公司制最大的区别在于，合伙企业做决定的人是一般合伙人（GP），不管他们的合伙份额有多低，都需要承担劣后义务，甚至承担无限责任。这些一般合伙人也是企业的经营者。他们从自身利益出发的动力，是毋庸置疑的。

但合伙制也有问题。财富 500 强里面，好像一个合伙企业都没有。合伙企业基本都是纯粹的知识型企业、轻资产企业。也就是说，合伙企业可以走得很远，可以很赚钱，但做不大。

事业合伙人制度是两全之策

那么，公司制和合伙制是否真的泾渭分明、冰炭不同炉？我们的回答可能是否定的。在满足特定条件的前提下，企业或许能实现公司制和合伙制的合璧。新的、更有效率的企业制度，或许能够兼有公司制和合伙制的优点，而同时规避二者的缺陷。万科的事业合伙人制度，正是在这个方向上的一种探索和努力。

在传统的企业分配机制中，工资是企业的成本，扣除各项成本（含工资）后的收益是企业的剩余，剩余的小部分作为股权激励分配给员工，大部分则作为企业利润分配给股东。真正决定这个公司有没有剩余、剩余是多少的员工，仅能从剩余中分配到很小的部分。

在知识经济时代，企业分配机制有可能被重新设计。股东收入将被分成两部分：一部分是作为股东必须要获得的收益，即股权的机会成本；另一部分则是股东承受更高风险所要求的风险溢价。在这种模式下，企业向股东购买股权资本，股东基本收益成为企业的一项成本。

也就是说，在这种制度下，合伙人取代股东，成为企业的劣后收益人。由于企业的管理者站到了劣后位置，自然就有更强的动力去创造远超社会平均水平的卓越收益。这才真正解决了创造剩余和分配剩余两者的脱节，进而彻底解决了所有权和经营权分离的问题。

什么企业更适合事业合伙人制

好消息是，我们似乎找到了一个可以彻底解决问题的答案；但也有一个坏消息——这样的制度安排并非对所有企业都有效。能否推行事业合伙人机制，取决于三个方面的因素。

第一，知识的个体性。即企业知识是否掌握在个人手中。举一个反例，富士康的绝大多数知识都浓缩在它的生产线上，工人只需按照工作规程进行简单重复的操作。因此，富士康的工人不仅不需要创造力，甚至不能有创造力。对于这类企业而言，他们建立合伙人机制是没有意义也没有必要的。

第二，股权的分散性。如果一个企业的股权高度集中，老板和员工很难就此达成共识。老板会本能地不愿意放弃剩余索取权。而企业最卓越的那些员工，最佳选择一定是去投靠一个实行合伙制的企业，或者出去创业。他们不会把时间花费在和老板的谈判上面，而他们的老板显然也未必会接受这种谈判。

第三，业务的封装性。所谓封装性，是指业务能否分解成一个个小的单位，每个单位都可以单独进行核算。例如，我们可以将律师事务所的业务分成一个个案子，会计师事务所的业务分成一个个项目。

反过来说，另一些企业的业务，需要海量的人一起协作，这就是不具备封装性的业务。业务如果没有封装性，合伙份额就无法确定，因为每个人的贡献既无法量化评估，也无法通过内部博弈谈判来确定。

总之，一个企业要推行事业合伙人制度，就必须满足这三个条件，即知识个体性、股权分散性、业务封装性，而万科恰好符合这三个条件，所以开始了这个尝试。

万科先行的实践与思考

万科的事业合伙人制度，并非书斋里的完美设计，而是从一开始就来自反思和自省。

2008 年，受房地产市场环境影响，万科的 ROE 降低到 12.7%，仅略高于当时的社会平均股权收益（12% 左右）。换句话说，这一年万科基本没有为股东创造价值。于是，万科开始思考一个问题：如何让万科实现尽可能高的 ROE 水平？

2010 年，万科推出了经济利润奖金制度。这实际上是一个对赌制度。也就是说，如果公司的 ROE 超过社会平均收益水平，公司将从经济利润（EP）中按规定比例计提奖金；反之，管理团队就要按照相同的比例赔偿公司。为了保证团队具有偿还的能力，EP 奖金作为集体奖金统一管理，三年内不分配到个人。这三年滚存的集体奖金，就是管理团队用来和股东对赌的保证金。在推出经济利润奖金制度以后，万科的 ROE 从 2010 年的 16.47% 提高到 2013 年的 19.66%，达到 1993 年以来的历史高位。

但股东看重的不仅是回报率，还有股价。股价会受到系统性因素的巨大影响。2013 年万科的 ROE 创造历史高位，但 2014 年 2 月份，受股市大盘和房地产市场信心的影响，万科的股价跌到了 2010 年中期的最低点。股价是管理团队无法完全控制的事情，但万科管理团队觉得这是团队的耻辱。管理团队需要向股东证明，即使在股价问题上，团队和股东也是共同进退的，甚至团队需要比股东承担更大的风险。

基于这种考虑，万科在 2014 年推出了合伙人持股计划。这个计划不是股权激励，更不是团队从公司获得的奖励，而是经济利润奖金的全体奖励对象自愿把滚存的集体奖金，加上杠杆买成公司股票。由于引入了杠杆，在股价的涨跌过程中，持股合伙人将承受比股东更敏感的损益。这类似于一种劣后的安排。

2014年，万科还推出了“项目跟投制度”。这是向投行和万科在美国的合作伙伴学来的机制。所谓项目跟投，就是对项目获取和经营质量影响最大的那部分员工——项目的管理团队，和城市公司的管理层，需要拿出自己的钱和公司共同投资。从2014年4月开始，万科所有的新获取项目都必须配套跟投计划。跟投计划是公司最终决定是否投资的首要考虑因素之一。

在事业跟投的基础上更进一步，就将是真正的事业合伙制。事业合伙人将完全站到劣后收益的位置：在股东没有获得足够的收益之前，事业合伙人的投资将没有回报，甚至连本金都要用来赔付。但如果经营取得了远超社会平均水平的回报，事业合伙人的分配比例，将明显超过他们的投资占比。

可以说，事业合伙人是职业经理人制度的升级版。万科作为最早引进职业经理人制度的企业之一，在业内具有一定的影响力和知名度，但即使是万科的职业经理人制度，也存在管理团队承担风险和失败后果不足的问题。所以在共创、共享的基础上，还需要共担，让管理团队与股东真正共同分担风险、承受失败的后果。也就是说，让企业的管理者变成比股东更劣后的收益分配人。

万科的这套制度，到目前为止还处于一个非常稚嫩的状态，还有太多疑问需要去面对。公司制和合伙制各行其道的历史，实际上就是整个人类商业史。如果能成功将二者合璧，这将是商业史上的重要创举。这样的重大变革，一般来说不太可能由一家公司独自完成。万科不惮于为有志同行者探路，但也期待着他山之石的启迪。

| 背景链接 |　166年后的事业合伙人宣言

2014年5月28日，万科周刊《166年后的事业合伙人宣言》揭开了万科事业合伙人制的神秘面纱。就在这天，代表万科1320名事业合伙人的盈安合伙通过证券公司的集合资产管理计划，并通过深圳证券交易所证券交易系统购入万科A股股份35839231万股，占公司总股本的0.33%。

一个幽灵，事业合伙人的幽灵，在大梅沙游荡。为了对这个幽灵进行神圣的围剿，旧房地产圈的一切势力，野蛮人和黑嘴、带路党和五毛、中国香港的激进派和华尔街的资本家，都联合起来了。

有哪一个事业合伙人不被他（她）的反对派质疑呢？又有哪一个怀疑论者不拿事业合伙人这个名头去回敬更进步的怀疑者和自己的论敌呢？

从这一事实中可以得出两个结论：事业合伙人已经被圈内的一切势力公认为一种势力；现在是事业合伙人向全世界公开说明自己的观点、自己的目的、自己的意图并且拿自己的宣言来反驳关于事业合伙人的谣传的时候了。

为了这个目的，万科事业合伙人集会于深圳、北京、上海、广州等地，拟定了如下的宣言，用《万周》微信号公布于世。

至今一切经济单位的历史都是资方与劳方斗争的历史。

奴隶主和奴隶、地主和农民、资本家和劳动力、煤老板和民工，一句话，资方和劳方，始终处于矛盾的两个方面，进行不断的、有时隐蔽有时公开的斗争，而每一次斗争的结局都是：要么店大欺客，要么客大欺店。

在过去的各种管理模式中，我们几乎到处都可以看到公司内划分为各个不同的等级，看到各等级分成五花八门的层次。在古罗马，有贵族、骑士、平民、奴隶；在中世纪，有封建主、臣仆、行会师傅、帮工、农奴；在当代，有投资家、经理人、小白领、临时工、实习生，而且几乎在每一类人群内部又有一些特殊的阶层。

从奴隶制、封建制灭亡中产生出来的现代公司治理结构并没有消灭等级划分。它只是用新的阶级、新的劳动合同、新的斗争形式代替了旧的。

但是，我们的时代，互联网时代，却有一个特点：技术让公司人际关系简单化了。一个典型的公司日益分裂为两大阵营：在你朋友圈里的和不在你朋友圈里的。

从20世纪末的QQ群、MSN群中产生了网络时代初期的打工仔，从这个打工仔阶层中发展出最初的职业经理人。

互联网的引进、沟通成本的降低，给新兴的打工仔阶层开辟了新天地；东印度和美国的市场、非洲的商机、住房制度的改革、WTO和民众财富的增加，使得人民群众拥有大House的欲望空前高涨。

早期那种依靠胡萝卜和大棒的治理方式已经不能满足新的市场要求了。职业经理人制度代替了传统的方式。科长、局长、厅长被新兴的管理阶层取代了，各种专业口之间的分野随着公司做得越来越大而趋于消失。管理成了一种不完全依赖于具体业务经验的专门技能。

但是，改革总是要推进，市场总是在扩大，人民群众的欲望总是在增加。工地上的工友们天天加班、大梅沙的同事们天天打鸡血也不再能满足需要了。恰在此时，资本市场和互联网技术引起了时代的革命。扁平化的组织架构代替了金字塔架构，组织中的事业合伙人，抱着“最好的投资就是投资自己”的信念，走到了签约桌前面。

由此可见，现代事业合伙人本身是一个长期发展过程的产物，是互联网时代和组织结构的一系列变革的产物。

公司发展的每一个阶段，都伴随相应的组织结构上的进展。员工在公司最早期是不折不扣的创业者；在公司发展壮大后，是职业经理人制度的主要基础；最后，从2014年4月23日创始大会开始，它在公司里完全确立了主人翁的地位。166年前《宣言》对于资方和劳方前景的悲观展望，并没有出现；《1844年经济学哲学手稿》中关于“异化劳动”的恐怖预言，已经被某不务正业的运动员股份有限公司证伪。

产品快速迭代开发、组织的不断变革、外部经营状况的高频率切换、政策面永远的不安定和变动——这就是互联网时代不同于过去一切时代的地方。一切固定的、僵化的治理结构以及与之相适应的企业文化都被消解了；一切因为加班而被你错过的好姑娘都嫁人了；一切舒适区间都要被突破了。我们终于不得不用冷静的眼光来看员工与组织的相互关系。

西方老牌资本主义国家和小米等企业的经验表明，合伙人制度可以在短时间内解放巨大的生产力。建立事业合伙人制度的前提条件，是财富在员工手里的积累，是资本的形成和增殖。员工通过向自己投资而达到的革命联合，代替了他们由于组织庞大造成的分散状态。旧制度的灭亡和新机制的胜利是同样不可避免的。

看到这里，您已经了解了事业合伙人同已有制度安排的关系，因而也就不难了解他们同股东和职业经理人的关系。

事业合伙人为股东和自己最近的目的和利益而斗争，但是他们在当前的运动中同时代表运动的未来。

事业合伙人把自己的主要注意力集中在住宅开发，因为业界正处在范式转换的前夜，因为同20世纪90年代的日本和2008年的美国相比，中国将在城镇化水平更低的条件下，拥有更多的增长潜力去实现这个变革，因而万科的事业合伙人革命必然是公司治理革命的直接序幕。

总之，事业合伙人到处都支持一切组织创新的革命运动。

在所有这些运动中，他们都强调组织创新问题是运动的基本问题，不管这个问题的发展程度怎样，也不管你有没有所谓“互联网思维”。

最后，事业合伙人到处都努力争取全世界开发商之间的团结和协调。

事业合伙人不屑于隐瞒自己的观点和意图。他们公开宣布：他们的目的只有用双手创造更多的价值才能达到。让旧的体制在事业合伙人革命面前发抖吧。事业合伙人在这个革命中失去的只是旧的观念枷锁。他们获得的将是整个世界。

与1848年那个《宣言》不同，166年后的这个《宣言》，是一个关于梦想的宣言：

我们梦想有一天，这个公司会以新的样貌重生，真正实现其信条的真谛：“让建筑赞美生命。”

我们梦想有一天，在梧桐山的凉亭里，深圳公司事业合伙人的儿子将能够和新疆公司事业合伙人的儿子坐在一起，共叙兄弟情谊。

我们梦想有一天，甚至连那个路很堵、霾很大、风很干，侯门深似海的地方，也将变成自由市场经济的绿洲。

我们梦想有一天，公司市盈率飙升，离职率猛降，自我颠覆之路成坦途，而立之年，生如夏花。

第四章

深圳的召唤

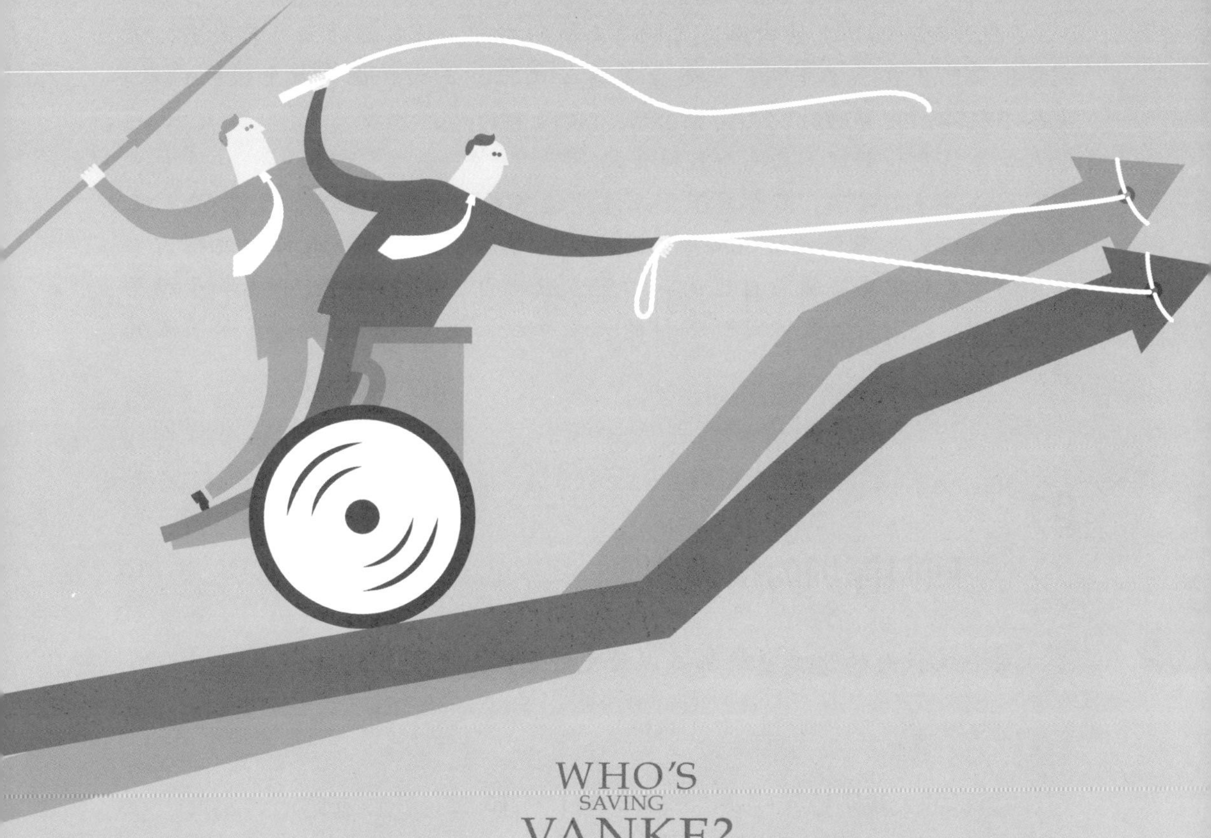

滚滚长江东逝水，浪花淘尽英雄。是非成败转头空。青山依旧在，几度夕阳红。白发渔樵江渚上，惯看秋月春风。一壶浊酒喜相逢。古今多少事，都付笑谈中。

——杨慎《临江仙》

深圳，一座年轻而性感的城市。

“我敢把人类历史的内裤，勇敢而无情的撕开，让本真的面目与丑恶，统统露出来！我追上了光明，一路上习惯了黑暗，正如我掘到黄金般的诗歌，吹尽了狂沙。最美丽的风景尚在天涯，我以梦为马，独步天下！”这是70后诗人李晃诗意的深圳，从一个渔村崛起。

或许是登山累了，游学累了，或许是读书累了，恋爱累了，年过60的王石在“野蛮人”急促的敲门声中，终于听从了深圳的召唤；或许他的确需要深圳的年轻与性感来刺激自己的荷尔蒙，激活自己沉睡的创业斗志和干枯的生理欲望，否则甭说宝能站到万科的大堂争权，就连田朴珺都会牵起王石的领带闹独立了！

回家，好么？

01 回归深圳的抉择

每一次巨大的历史灾难都是以历史的进步作为补偿的。

——恩格斯

“万科的大戏刚拉开序幕。”2016年1月16日，在转发微信公众号“上海房地产观察”一篇文章时，王石如此评论。

1 月 15 日晚间，万科发布公告称，因本次筹划的重大资产重组极为复杂，相关工作难以在 1 月 18 日前完成，无法实现 A 股复牌，申请继续停牌。万科同时表示，将在 3 个月内，即 3 月 18 日前做出重组预案披露。

2015 年 12 月 18 日，万科突然宣布停牌，并预计在不超过 30 个自然日的时间内披露本次重组方案，即在 2016 年 1 月 18 日前披露重大资产重组信息。万科此后还多次发布公告披露资产重组进展。不过，万科 A 股按时复牌最终还是未能上演。

2016 年 3 月 12 日晚间，万科发布了一则引发巨大争议的公告。公告称，3 月 12 日，万科就拟议交易与深圳市地铁集团有限公司签署了一份合作备忘录，作为双方交易的初步意向，初步预计交易对价介于人民币 400 亿到 600 亿元之间，公司将继续停牌。公告显示，万科将以向地铁集团新发行股份为主，如有差额以现金补足的方式收购地铁集团下属公司的全部或部分股权。

当日，《财经》独家报道：国资委已批复地方国企深圳地铁集团以土地注资形式入股万科，并且万科与深圳地铁双方已于近期举行了战略合作备忘录签字仪式。董事会主席王石，总裁郁亮，执行副总裁王文金，高级副总裁谭华杰、张纪文、朱保全，深圳公司总经理周彤等，深圳地铁集团董事长林茂德等出席上述签约仪式。

官网资料显示，深圳市地铁集团是深圳市国有资产监督管理委员会直属国有独资大型企业，经营范围为城市轨道交通项目的投融资、建设运营、开发和综合利用，投资兴办实业等。公司前身为深圳市地铁有限公司，成立于 1998 年 7 月 31 日，2009 年更名。截至 2015 年底，该集团注册资本金 241 亿元，总资产 2411 亿元，净资产 1503 亿元，资产负债率 37.65%，员工人数约 1.3 万人。

万科与深圳地铁集团素有渊源。2014 年 11 月，万科以 45.3 亿元竞得深圳地铁集团红树湾物业开发项目合作开发及 BT 融资建设标书，万科从中获得 49% 的权益。2015 年 3 月，万科深圳公司通过公开招标方式获取深圳北站枢纽城市综合体 C2 地块物业开发项目。同年 3 月 12 日，深圳地铁万科投资发展有限公司在深圳工商局登记注册，公司注册地址在万科中心，由深圳地铁集团持股 51%，万科持股 49%。

深圳地铁集团在官网介绍中称，集团已确立“轨道 + 物业”的发展模式，一方面充分利用上盖空间再造土地资源，另一方面以地铁上盖及沿线物业的升值效益反哺轨道交通建设运营，实现轨道交通的可持续发展。目前，该集团物业开发在建项目 9 个，建筑面积约 450 万平方米，已实现 4 个项目入市销售，累计销售超150亿元。

一个是净资产1002亿元的“城市配套服务商”，一个是净资产1503亿元的“轨道交通运营商”，自然会带给人们巨大的想象空间。

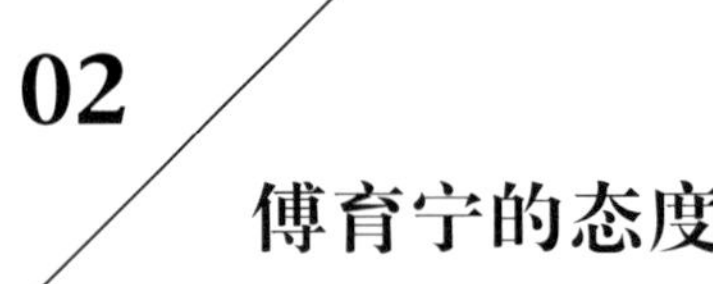

02 傅育宁的态度

万科不是深圳的万科，深圳的地铁却是深圳的地铁，而华润是全国的华润。

——宋斌 云月投资合伙人

2016年3月17日下午，阴雨绵绵，有些许凉意。深圳盐田区，万科集团总部，万科股东大会，审议万科A股继续停牌的议案。

14时57分，王石、郁亮、王文金、孙嘉、谭华杰、朱旭等一众万科高层集体亮相，华润集团派出一位女代表，宝能系老板姚振华虽未亲临，但派出前海人寿监事会主席陈琳。王石面露微笑在主席台就座，戴上一副黑框眼镜，目光从左至右扫了一眼台下的股东。

万科集团高级执行副总裁谭华杰向到会股东介绍了本次重大资产重组背景、进展情况以及申请延期复牌的原因。他表示，此次交易将是2015年以来A股规模最大的资产重组项目。“交易较为复杂，涉及大量前期准备工作。3月18日前不可能完成，预计还需要2个月的时间。”谭华杰还表示，本次交易涉及国资转让，继续停牌有利于避免内幕信息泄漏和股价异动。

现场观察，绝大多数股东投了赞成票，理由多数是看好深圳地铁与万科的商业合作模式。同样有投资者认为长期停牌容易造成公众对万科的负面看法。16时25分，继续停牌议案获得出席股东97.13%的高票通过，投赞成票的股东包括宝能系和华润集团。

王石在解答股东提问时表示，万科是混合所有制公司，因我个人的言论被解读为万科不欢迎民营企业，是误读。作为管理层，我们欢迎民营企业参与公司混合所有制建设。王石还表示，万科是由团队、员工、股东和业主一块儿形成的作品，应把万科当作作品不作为孩子。同时，王石表示，他一定有一天会退出，无论主动被动。

陈琳离开后，宝能随即对赞成票做出回应：“宝能坚定看好中国经济和中国资本市场，努力为国家发展做出应有贡献。宝能维护万科全体股东尤其中小股东利益。”

华润集团与会股东代表则表示，万科与深圳地铁的合作公告，没有经过董事会的讨论及决议通过，是万科管理层自己做的决定。“为了避免股价波动和市场混乱，华润认为万科股票继续停牌更符合股东利益。华润派驻万科的董事已经向有关监管部门反映了相关意见，要求万科经营依法合规。”

华润集团股东代表透露，3 月 11 日万科开了董事会会议，讨论 21 个事项，但不包括万科与深圳地铁合作这一项。到 3 月 12 日，万科直接与深圳地铁签署了战略合作协议。

万科给媒体的解释是：“就此次重组事宜，公司早就和华润董事进行过沟通。春节前，公司管理团队拜会华润董事时，曾经明确提到公司有意和深圳市地铁集团进行战略合作，并提到了存在向深圳地铁集团增发股票的可能性。”万科表示，在传闻出来后，公司立即与各位董事进行了沟通或发送了信息，其中也包括华润方面的三位董事。在公告披露前，公司根据内部的信息披露管理流程，向包括所有董事在内的信息披露委员会委员通知了这一事项。

万科还表示，3 月 12 日上午，公司与深圳地铁集团签署了战略合作备忘录。此份备忘录仅为对拟议交易的初步意向，除费用、保密、终止、法律适用与争议解决等一般性条款外，其他条款目前和将来均不对地铁集团及公司产生法律约束力。备忘录并未约定具体注入项目，也没有约定在重组中对应的股权比例和股权价格，未来交易如需进行，还需要经过公司董事会和股东大会的审议。根据《公司法》及《公司章程》的规定，签署无法律约束力的备忘录，并不是必须经过董事会、股东大会审议的事项。因此，公司签署合作备忘录，无须事先通过董事会审议，符合公司治理的相关规定。

如此的解释并未得到华润的谅解与认可。当日深夜，华润集团再度回应：公司以公司董事会名义（“承董事会命”）发布公告，且公告涉及公司重大资产交易及股价敏感信息，公告就必须先经董事会讨论。

股东大会前的 3 月 14 日，万科临时取消了原计划于当天下午召开的与深圳地铁战略合作媒体见面会。万科给出的解释称“因时间仓促，双方还未做好充分准备”。从华润提出程序“异议”来看，或许就是因为华润对合作持有不同意见，导致媒体见面会最终取消。

3 月 19 日，华润集团董事长傅育宁在北京接受腾讯财经专访时表示，自己对此事要说四句话：万科这个公司做得很不错，在中国房地产业很有影响力，管理团队也很专业，我们一直是支持万科发展的，“这是第一句话。”

第二句话是："17 号临时股东大会之后，我们的股东代表向媒体所披露的是一件令人遗憾的事实，他们（华润股东代表）说的是事实。"

第三句话是：华润支持万科发展，同时也高度关注良好的公司治理制度。治理结构对一个公众公司是更重要的，一个公司要长远健康地发展，良好的公司治理结构是不能忽视的。

傅育宁补充第四句话说："如此重大的事情在 11 号的董事会只字未提，第二天就签订了一个又是股权对价，又是交易资产的规模，又是支付方式（的备忘录），这合适吗?"他表示目前外界的误解很多，"要准确地表达我的意思。"

无疑，傅育宁给了王石一记耳光！

03 历史性机遇

我是一个深圳的企业家、深圳的一个既得利益者，作为我来讲，应该做贡献。于是从 2014 年起，我就改变了我的计划，只要是对深圳转型发展有益的事情，我都会承担。

——王石

必须看到，万科谈轨道交通并不是一时兴起，与深圳地铁合作也未因傅育宁的一记耳光而即刻终结，这就是王石，这就是郁亮。

在万科的研究中，中国城市化进入到了第二阶段，"都市圈"和"城市带"兴起。这些城市沿着一些主轴在发展，这些主轴就是轨道交通。"房地产行业发展到现在，所遇到的两次最大的机遇，第一次是 1998 年，国家把实物分房取消改成了货币化分房；第二次就是轨道交通时代的到来。"

按照联合国的预测，中国在未来 10 年还会有 1.7 亿人口流入城市，基本都会流入到发达的都市带。都市带为了能够接纳他们，所能采取的唯一的方式，就是大规模地修建轨道交通。这也意味着，沿轨道交通拓展的城市新区，是未来整个房地产行业的主战场。

作为"宇宙房企"，万科自然不会放过这个"历史级机遇"，围绕地铁为城市提供配套服务，成为万科未来最重要的发展方向之一。2013 年，万科联合北京京投拿下北京丰台区郭公庄交通设施用地兼容居住、公建地块，并在此后开发京投银泰万科西华府项目。2014 年 7 月，绿地集团与申通地铁、上海建工等上海企业签署战略合作协议，成立绿地地铁投资发展公司，正式开启“大基建”战略；北京京投银泰凭借着几个地铁上盖物业的强势表现，占据着北京市场销售额前五的地位。

万科管理层对于地铁上盖土地有着高度的渴求。2015 年 3 月 14 日，万科 2015 年业绩推介会上，管理层用近四分之一的篇幅讲述城镇化中轨道交通建设的发展空间。“目前北上广深轨道交通分担率分别为 42%、51%、47% 和 28%。这意味着中国核心城市在轨道交通方面有巨大空间，而深圳的空间在四个一线城市中是最大的。”万科高级副总裁谭华杰说。总裁郁亮表示：“万科与地铁的合作很多，从长春到上海、北京。万科和地铁从 2014 年开始合作，轨道上盖是一种很好的资源，可以看到在每个城市里最稀缺的土地资源是轨道上盖，轨道交通在城市圈发展中一直是重要角色。同时，轨道上盖物业最符合万科定位，可以为万科做城市配套服务提供机会。”

另一个现实的问题，作为深圳的本土企业，“万科这些年很少在深圳关内拿到地，部分原因是土地稀缺，另一个更重要的原因在于万科走市场化路线，在中心区拿地频次一向低于擅于与政府打交道的民企。”

2014 年开始，万科才通过代建或配建的方式拿下多块深圳关内的土地。土地性质也包含了旧改、产业地产等多种形式。2014 年 8 月和 9 月，万科分别中标前海企业公馆 BOT 项目和南山留仙洞 501－0069 号总部基地项目。

2014 年，万科提出转型“城市配套服务商”，但表现最为突出的依然是住宅销售领域，在大型区域开发、综合体项目运营、基础设施建设等方面并无代表性作品。

深圳地铁以深圳地铁建设和运营为主导，其定位为大型城市公共设施服务运营商。深圳地铁是中国所有地铁企业里唯一把“轨道交通建设”“轨道交通运营”直到“轨道上盖物业开发”整个链条全部打通的公司，也是目前中国的轨道交通企业有外地项目、有外地订单的唯一一家。这与万科的“城市配套服务商”定位有着高度的吻合。

或许万科还看中另外一点。作为深圳市政府下属企业，背后是深圳市财政，深圳地铁向政府争取了很多优惠条件，行政划拨了很多土地。2012 年前，深圳地铁的拿地方式是设定定向条件的公开招拍挂，提前锁定地价，地铁上盖物业属于土地二次利用，免征地价或先征后返；2012 年后，深圳市把土地作为一种资产，直接注入深圳地铁，不必再通过招拍挂模式。有媒体报道，深圳地铁拿地成本不到 1 万元/平方米。深圳即使偏远区域的地铁住宅均价现在也达到 5 万元左右，这自然成为深圳地铁入股万科的重要筹码。

2016年6月12日上午，由深圳地铁集团和万科集团联合主办的“2016轨道交通与城市发展高端论坛”在深圳五洲宾馆举行。深圳地铁、万科与重庆城市交通开发投资集团、东莞实业投资控股集团、中轨集团等单位分别签署了四项备忘录。

深圳地铁和万科签署了具有实质意义的合作框架：万科集团与深圳地铁签约明确在地铁四期轨网建设和沿线土地开发将以“轨道+物业”模式参与深圳轨道交通及上盖物业项目的建设。此外，深圳地铁、重庆交开投集团和万科集团三方，深圳地铁、东实集团和万科集团三方，以及深圳地铁、万科集团和中轨集团三方，分别签署了合作备忘录。

深圳地铁、重庆交开投集团和万科集团三方拟在深圳和重庆的轨道交通建设和沿线土地开发中创新合作模式。按照属地原则，深圳的轨道PPP项目由深圳地铁主导，重庆的轨道PPP项目由重庆交开投集团主导，采取两两合作或三方合作的形式。深圳地铁、东莞实业投资控股集团和万科集团三方合作形式类似。

规划中的深圳地铁四期工程包括18条线路，总长446公里，首批项目7条新线规划6个车辆段、6个停车场，总面积294公顷，预计可开发物业面积达400万平方米以上。

王石在论坛表示：“万科很荣幸被深圳地铁选中，成为合作伙伴，并进一步进行战略合作。关于股权方案，双方还在洽谈中。”王石还表示，深圳地铁是国内最市场化、也是最具有跨地域扩张实力的轨道建设运营商。深圳地铁和重庆交开投的合作，意味着深圳地铁的影响力已经不仅仅局限于珠三角；而和中轨集团的合作，则为深圳地铁和万科参与轨道交通PPP项目提供了资金支持，中轨集团是全国城市轨道交通行业唯一的产业资本，拥有充足的外债指标和多元化的资金来源。未来，深圳地铁与万科的合作有望随着深圳地铁的扩张，延伸到深圳之外的区域；而率先践行“轨道+物业”模式的万科，也将在新一轮城市圈发展格局中抢占新的制高点。

深圳地铁总经理肖民指出，轨道与房企的创新性合作模式，可以让双方更专注于各自的优势领域，将有利于“轨道+物业”模式的推广应用，促进PPP项目的实施落地，并可以共同开拓一带一路海外大市场。

世联行董事长陈劲松认为，世界不是平的，房价山峰会越来越高，美国这样，英国这样，日本也是这样，房价在全球范围高峰越来越高。大都市圈成为整个国家，也是世界经济发展最重要的引擎。中国未来城市化不是发展小城镇，而是大都市化。珠三角都市圈在迅速成形。

同济大学前副校长孙章认为，以“公共交通为发展导向[1]”的这种开发模式，是规划一个居民或商业区时，使公共交通使用最大化的一种非汽车化的规划设计方式；是新城市主义者最有代表性的理论成果，被广泛采用在城市开发中，尤其是城市尚未成片开发的区域。“城市群的生命力就是轨道交通。”

据了解，目前世界范围内城市轨道交通的运营管理模式主要分为六种：竞争条件下的国办国营，如首尔；无竞争条件下的国办国营，如北京、广州等；国办民营，如新加坡；国办半民营，线路为政府所有，政府股份占主导的上市公司来经营，如中国香港；公私合营，线路归政府和地方公共团体所共有，并由其组织人员经营，如东京；私办私营，如曼谷轻轨。其中，港铁和东京急行电铁是“轨道＋物业”模式的两大代表。

论坛结束后，万科新任董秘朱旭向媒体表示，就万科与深圳地铁的合作，万科已向华润和宝能两大股东知会过，华润此次应该不会就此提出程序异议。据朱旭透露，万科已初步确定不会在2016年6月18日前直接复牌，而是会在2016年6月17日左右向深交所提交关于引入深圳地铁的重组预案。

04 华润最后一刻

为了你个人的抱负，为了你企业的发展，为了这个社会的进步，我是有野心的。我的野心是把万科办成像二战之后日本产生的一些企业，不仅仅提供产品、服务，使他们有很好的品牌、收入，还带来社会的进步，对生活方式起着积极正面的引导作用，比如说索尼、丰田、松下。索尼的随身听完全改变了人们娱乐消费的方式，我希望万科能成为这样的公司。这是我的野心。

——王石

2016年3月，郁亮表示，对于重组，万科坚守两条原则：一、有利于全体股东的利益；二、需要符合公司战略，对公司长远发展有利。

兴业证券分析师阎常铭指出，“轨道＋物业”联合开发是打造城市群的主

---

① TOD，Transit－Oriented Development，以下简称TOD模式

要模式。TOD 模式是中国一、二线城市升级发展的必然选择，社会力量迎来了前所未有的参与新一轮城镇化建设的契机。

提出房地产行业已进入“白银时代”的万科，高调抛出“轨道 + 物业”将推动房地产业迎来“铂金时代”。在深圳地铁入股万科的方案中，万科管理层多次强调：公司要提供的，是一个符合所有股东利益、有利于公司未来发展的方案。万科跟深地铁的战略合作，被视为双方优势资源极大互补的合作。

但一切，并未如规划的那么顺利。

2016 年 6 月 17 日下午，万科召开董事会审议发行股份购买资产的预案。2015 年年报显示，万科董事会成员包括王石、乔世波、郁亮、孙建一、魏斌、陈鹰、王文金、张利平、华生、罗君美、海闻共 11 人；其中万科、华润各占 3 人，另外 5 人中独立董事占 4 个。此次董事会，11 名董事中张利平董事认为自身存在潜在的关联与利益冲突，申请不对所有相关议案行使表决权。

在听取万科管理层对预案的报告后，华润董事提出反对意见，表示认可万科和深圳地铁的合作有利于万科发展，但认为没有必要通过发行股份的方式实现，可以通过现金购买等方式进行。华润董事的意见与现场独立董事产生了较大分歧。独立董事华生表示：“我亲自去考察了深圳地铁，也看了两个项目所在地块，觉得真的是很好。我觉得这次买的不是资产，而是万科的未来。”另一位独立董事认为“如果不通过，会损害万科品牌形象，如果地铁资产无法注入，那么华润有什么优质资产可以帮助万科的发展，维护中小投资者利益呢?”

最后，经过无关联关系的 10 位董事投票，7 位董事赞成，3 名华润董事乔世波、魏斌、陈鹰表示反对，投下了反对票，最终董事会以超过 2/3 的票数通过此次预案。

2016 年 6 月 17 日深夜，万科发布公告宣布已经通过引入深圳地铁的重组预案，并公布具体方案内容，万科拟以发行股份的方式购买深圳市地铁集团持有的前海国际 100% 股权，初步交易价格为 456. 13 亿元，全部交易为对价交易发行股份方式支付，初步确定对价股份的发行价格为每股 15. 88 元，即定价基准日前 60 个交易日万科股票交易均价的 93. 61% 。据此计算，万科将就本次交易向地铁集团发行 28. 7236 亿股 A 股股份。

交易标的资产是前海国际为枢纽上盖设立的物业项目公司，主要资产为待开发的前海枢纽项目地块和安托山项目土地，均为深圳核心区域极度稀缺的大型优质地铁上盖项目，总计容建筑面积约 181. 1 万平方米。其中，安托山项目位于二号线、七号线双地铁交汇处，是深圳第一豪宅集群区罕见的大规模地块项目；前海枢纽项目规划为 3 条地铁线和 2 条城际铁路交汇，未来可通过轨道交通直达中国香港，定位为带领深圳迈向世界级城市、引导区域经济转型升级的世界级枢纽综合体地标。

2016 年 6 月 24 日至 27 日，万科独立董事、经济学家华生在《上海证券报》以“我为什么不支持大股东意见”为题连发三篇文章，详细披露了“6·17 董事会”的过程、质疑了华润和宝能的暧昧、分析了华润在万科事件中的真实意图。

“华润此次谋求的，不仅是第一大股东的地位，而是能够控股和控制万科，使万科名副其实地变为华润旗下的下属央企控股企业，服从华润的一元化领导，拨乱反正，从根本上结束过去华润身为第一大股东而又说了不算的局面。然而由于华润短期内不可能在万科增加持股到 50% 以上，成为绝对控股股东，故而要实现华润说话算数的目的，就必须改变现行万科治理架构，赶走长期实际控制的公司管理层。听说有人已经放出话来，华润主导后，按央企管理，王石必须走人不说，郁亮等人可以留下，但受不了新的国企管理办法，也可以选择离开。这个底气当然也可以理解，咱这家大业大还怕没人来？

这是为什么华润可以容忍‘野蛮人’宝能，但绝不能让深圳地铁进来的原因。因为宝能与万科管理层的对立和交恶已经众所周知，而深圳地铁是由万科管理层引进，后台是深圳市政府。深圳市的目的是让深圳地铁与万科强强联合，形成深圳企业在国内乃至世界上同行业的领先地位和品牌。深圳市当然不会自毁长城，支持改变万科这么多年来已被证明是成功的管理构架和优秀团队。我猜想这恐怕是华润方面无论采用什么理由和办法，对万科乃至华润作为央企的形象造成多大的负面影响，也要不惜代价否决重组预案的原因。否则如果只是对王石个人有意见，那么提议召开董事会，重新协商选举一下董事会主席，对王石个人有个符合其功过的公平安排，本来并不困难。搞到现在这样剑拔弩张的多输局面，就毫无必要了。”

华润在最后一刻投下反对票后，多次迅速公告澄清媒体对自己的报道，但对于华生的上述解释和分析，华润迄今未予回应。2016 年 7 月 10 日，《财经》推出封面报道《万科输赢》，披露了一个十分重要的信息：万科重组是深圳市下的一局大棋！

《财经》获悉，深圳地铁重组预案形成后，深圳市多位主要领导曾与华润高层直接沟通，希望华润支持该案。同时有关领导还明确表示，深圳市将在事件平息后协助华润恢复万科第一大股东地位。

为打消华润主要领导对未来不确定因素的疑虑，深圳市还就此给华润写了一封书面承诺信。这种情况下，华润领导表示支持重组。

但是，6 月 16 日的华润党组会却在更多复杂因素的作用下，推翻了支持重组预案的决定，要求华润派驻万科的三名董事在董事会上投反对票。此时距离万科董事会已不到 24 小时。

得知此重大变化后，深圳市主要领导两次给华润主要领导打电话意图挽回局面，但华润领导不再回应。此时，远在北京的相关主管部门负责人也给华润主要领导打电话询问情况，希望华润支持重组，但华润的董事们第二天还是按党组会决定投了反对票。

据此得出结论：这不仅仅是万科或者深圳地铁的战略，甚至可以说是深圳的城市大战略！宝能的确不在万科第一大股东的选项之中。宝能在万科复牌后继续大笔买入，就变得容易理解：因为进攻就是最好的防守。

05 宝能与华润站成一队

我不是帮王石做参谋。

——黄奇帆 全国人大财政经济委员会副主任委员

华润何以投下反对票？2016 年 6 月 18 日华润独家回应了凤凰财经的采访：基于保护所有股东的权益和以下几点原因，代表华润方面的董事对重组方案投了否决票。

第一，华润和深圳有非常好的合作关系，也很支持万科与深圳地铁在业务层面的合作。但本次深铁只是通过两个项目与万科合作，并不是深铁整体业务的权益合作，不能锁定未来万科与深铁在其他项目的开发合作，未能形成对万科的持续性支持，是否有必要大幅摊薄现有股东权益？

第二，万科的增发股票股价折让较大，所有股东的权益都会被摊薄，而且摊薄万科未来几年的每股盈利。

第三，华润负有对国有资产保值增值的责任，对该方案并不满意。我们认为这个方案还有优化的空间。

第四，华润已经向万科反馈质疑决议已通过的法律效力，并建议万科在对外披露公告前咨询其他独立法律意见，确定今天的董事会投票议案是否按照有关法律法规及公司章程有效获得通过。

第五，万科在出具公告前，没有咨询过董事的意见，华润的董事也没有审阅过相关公告。

2016 年 6 月 22 日下午，深交所针对万科独立董事张利平回避表决等 7 个问题，向万科发出许可类重组问询函，要求万科在2016 年6 月24 日之前做出书面答复。

独立董事张利平的独立性是焦点，深交所在函件中问询称：独立董事张利平回避的具体原因是什么？该原因与此次交易之间有何关系？公司董事会认定独立董事张利平需回避的认定程序、认定原因是什么？是否符合《公司章程》《董事会议事规则》等的规定？要求进一步说明该独立董事回避表决是否合法合规？此次董事会做出的决议是否合法有效？

2016 年 6 月 23 日 23 时 10 分左右，深圳市钜盛华股份有限公司、前海人寿保险股份有限公司发布公告称，明确反对万科 A 发行股份购买资产预案，后续在股东大会表决上将据此行使股东权利。宝能系表示，万科董事会未能均衡代表股东利益，独立董事丧失独立性，未能诚信履职；万科监事会对董事会出现的种种问题未能尽到监督及纠正的职责；万科已实质成为内部人控制的企业，违背公司治理的基本要求，不利于公司长期发展和维护股东权益。

2016 年 6 月 23 日 23 时 50 分，华润通过官微重申反对万科重组预案。声明称华润注意到钜盛华和前海人寿2016 年6 月23 日的联合声明。在此，华润有以下三点回应：①华润支持万科与深圳地铁在业务层面的合作，反对万科管理层提出的拟发行股份购买资产的重组预案；②华润对万科董事会在审议及表决重组预案过程中所存在的问题，已发函向两地监管机构反映，并质疑议案审议过程的合规性及议案通过的有效性；③华润支持万科持续健康的发展，高度关注万科存在的内部人控制等公司治理问题。华润将继续致力提升万科企业管治水平，维护全体股东和投资者的权益。

时间如此紧凑，观点惊人一致，万科重组会否流产？

2016 年 6 月 30 日，一条据称是姚振华内部讲话的录音流传出来，被认为是姚振华的一个男性声音说明了 3 个意思：①宝能当初吃进万科股票，只是正常的财产配置，并没有想控制万科，走到现在也是他没有想到的；②宝能的资金使用是合规的，时间已经证明了这一点；③他现在唯一担心的是政府干预。

7 月 7 日晚，又一条疑似“宝能内部会议”的电话录音流出。在这段长约 13 分钟的录音中，内容颇为劲爆。

1. 宝能的姚振华暂时同意调解与撤出，但未有具体的细节步骤与撤出时间表。

2. 宝能系将现有所持的万科股份的 50% 卖给华润，另一半卖给深圳地铁。华润与深圳地铁将分列第一股东与第二股东。

3. 根据大致的调解方案，王石暂时不出局，卸任万科董事会主席，但担任名誉董事长，未来不再具体介入管理运营工作。在新的董事长到任前，万科总裁郁亮兼任董事长。

4. 作为对宝能系的补偿，深圳市将补两块土地给宝能。这次事件中，华润产生的财务费用，由宝能承担。

5. 宝能姚振华今天下午开了内部紧急会议，要求给出一个退出方案。

6. 在紧急会议上，姚振华之弟姚建辉对公司相关部门的战略失误提出了批评，并提出，相关部门应该进行内部调整。

7. 姚振华并不十分甘心，其认为，宝能仍有 70 亿元的对冲资金可以使用，并且可以撬动高达 105 亿到 110 亿元的资金调度。

8. 姚建辉在内部紧急会议上询问，还能不能用对冲基金再买入一些万科股票。

9. 深圳地铁被认为是搅屎棍。小姚（姚建辉）认为，没有这根搅屎棍，自己不会这么难堪。

2016 年 7 月 7 日晚间，万科集团公开回应称“对于上述传言，万科集团毫不知情”。深交所称，对此表示关注，并要求万科向华润及其一致行动人、钜盛华及其一致行动人、深圳地铁及其一致行动人核实后说明上述媒体报道是否属实，如属实是否遵守相关规定，并补充履行信息披露义务。

对于这段录音，后有媒体报道为“假消息”。

2016 年 6 月 30 日，在重庆市政协一个经济形势报告会上，黄奇帆说：（监管机构）首先要查（宝能收购万科股权的）资金规不规范；第二，要查管理团队跟董事会之间的约定、信托、责任合理不合理；第三，股东之间事前可以酝酿，任何股东之间的协议都要公告、不能密谋，这是现代企业制度上市公司的原则。黄奇帆还表示，“你做人家大股东是要做百年的，不做百年至少十年吧”，如果保险公司收购股权的资金是 1 年—2 年期合约的短期资金，但又要做上市公司的大股东，那么“除非你容许已经出了 100 亿—200 亿元的万能险的老百姓跟你签约委托你。我们不只做两年三年，我们准备长期跟你做投资股权，这就变成众筹的股权委托。但要做成这个事情绝对难。”黄奇帆特意强调，这番话只是结合金融风险控制所谈，“我不是帮王石做参谋”。

一语点醒梦中人。

06 深圳为什么

土地资源日益稀缺的深圳，万科还有什么魅力？

——韦桂华

崛起于深圳的万科，似乎始终没有读懂深圳为什么？正如没有读懂华润为什么一样？不知是王石的智慧还是王石的愚昧。

2016 年 8 月 29 日，深圳诞生中国总价新地王。深圳市政府与招商蛇口、华侨城投标联合体签署了深圳国际会展中心项目运营监管协议，深圳国际会展中心通过公开招标正式确定了建设运营主体，招商蛇口、华侨城以总价 310 亿元拿下大空港 11 块地。

此地块超过了此前广州亚运村地块。2009 年底，富力、雅居乐、碧桂园组成的联合体以 255 亿元天价夺得广州亚运城地块，总建筑面积高达 438 万平方米，折合楼面价 5810 元/平方米。2014 年底，中民投联合外滩投资、佳渡置业以 248. 5 亿将上海董家渡地王收入囊中，近乎底价成交，折合楼面价为 35392 元/平方米。

招商蛇口和华侨城投标联合体在 2016 年 8 月 29 日拿下的这 11 宗土地位于深圳宝安区空港新城，均为深圳国际会展中心（一期）配套商业用地。占地 52. 8 万平方米，总建筑面积 154. 3 万平方米。虽然是全国总价地王，但这块地楼面价并不高。考虑到代建 91 万平方米会展中心的成本，及政府将以建筑成本回购的 10 万平方米人才公寓，11 宗配套商业地块的楼面地价约为 2. 15 万元/平方米。

2015 年 11 月高交会前夕，深圳正式对外发布消息称，将在机场附近建设新的国际会展中心。按照规划，该项目将采用综合开发模式，融入酒店、办公、餐饮、商业等功能，深圳国际会展中心完成全部建设后，室内展厅面积可达 50 万 m^2，超过德国汉诺威会展中心（室内展馆面积为 49. 6 万 m^2），成为全球最大的会展中心。一期 30 万 m^2 将在 2018 年建成投入使用，在全球已建成的会展中心中排名第六。

此次集体出让的 11 宗土地采用邀请招标方式，只有接到邀请的企业才能投标。投标分为商务标和技术标，其中商务标指 11 宗商业用地的报价，占 67 分；技术标指对深圳国际会展中心的代建代运营水平，占 33 分，其中投标人明确合作的运营机构及其实力经验占 6 分，说明合作的方式及会展中心运营团队的组建占 8 分，论述对会展中心的运营管理计划占 10 分，承诺运营期前 5 年业绩目标以及展馆服务、维护标准占 9 分。

此次共有招商华侨城联合体、华润、万科、保利 4 家企业参与投标，中信也曾出现在邀请竞标的名单上。招商蛇口、华侨城合作的场馆运营机构为美国 SMG 公司，后者在全球管理各类场馆超过 240 座，其中会展中心 75 个，展厅总面积超过 150 万平方米。保利合作的运营商为德国汉诺威展览公司，万科的合作商为新加坡新展场馆管理私人有限公司，华润的合作商为意大利米兰展览股份有限公司。

在 2016 年 8 月 26 日第一阶段开标会上，四家企业进行投标，签字确认后开标会便结束。8 月 29 日，招商蛇口、华侨城组成的联合体以 89. 5 分胜出。据了解，经专家评审，招商蛇口与华侨城组成的投标联合体以技术标得分第一，商务标得分第二，总分第一中标。也有评论认为，招商蛇口和华侨城，这两家纯本土央企无疑是这批企业里与深圳城市血缘最亲近的两个。

与此同时，另一个“内幕”被爆出：参与竞标的万科，报价最高达 362 亿，最终仍失之交臂。“362 亿的真金白银没能买来深圳市政府的垂青，万科难免失意，仿佛又回到了八年前深圳湾大运会‘春茧’项目招投标时。”土地资源日益稀缺的深圳，万科还有什么魅力？

07 对赌传闻

公开的资本市场最怕“抽屉协议”，深圳地铁此举，究竟在敲打谁呢？

——韦桂华

2016 年 9 月 8 日，国家发展改革委员会组织召开城市轨道交通投融资机制创新研讨会，深圳市地铁集团董事长林茂德在介绍深圳地铁运营经验时表示，下一步深圳准备做三件事情：一是继续探索“轨道 + 物业”模式，继续在四期规划建设当中储备土地资源、开发土地资源；二是一定要有开放的心态、改革创新的心态搞 PPP，多拿两条线搞标准的 PPP 建设，引进社会资本，打造 PPP 建设的模型；三是要让深圳地铁的上盖物业资产证券化。

谈到地铁上盖物业的资产证券化时，林茂德说：“大家都知道我们正在参与一个上市公司的事，但是又不能多说，很多人问我为什么要参与：第一，我跟他对赌。我们持有你 20 多亿股后，必须保持每年（每一股）分一块钱给我，每年都要分 20 亿给我，相当于现金流很好。第二，它过去 20 多年增长 100 多倍，它未来十年增长 1 倍我就赚 500 亿，增长 2 倍我就赚 1000 亿，我贷款就有还款来源了。”

无疑，林茂德所指的“上市公司”应该就是万科。按照林茂德所言“每股支付 1 元”，根据重组预案万科向地铁集团发行 28. 72 亿股，则每年万科需向深圳地铁支付逾 28 亿元。万科 A2015 年报显示，公司净利润 181 亿元，如每年支付逾 28 亿元，占万科去年净利润逾 15% 。不过，该方案随后遭到了华润和宝能的反对。15. 88 元/股的价格也远远低于万科 2016 年 9 月 9 日的收盘价 23. 17 元，折价 31. 46% 。

关于深圳地铁入股，万科 A 2016 年 8 月 17 日公告的最新进展显示，交易预案披露后，公司及公司聘请的相关中介机构积极推进与本次交易相关的工作，审计机构和评估机构正积极推进标的资产的审计和评估工作。

林茂德还表示，如果入股万科的“第一方案”受阻，深圳地铁在资产证券化方面还有第二方案。“第二方案我是可以说的，如果我们第一方案受阻，第二方案就是我们用国资上市公司的壳，用零划转的方式划给地铁集团，地铁集团把上盖物业培育成上市公司，培育成熟以后，规模够了以后，用这个上市公司来购买地铁集团的运营资产。特别是 1 号线每天 100 万客流，可以满足上市公司回报的。”

林茂德所说的第二方案，不是借“股值”上市公司的壳，而是借“国资”上市公司的壳。此前市场就一直有深圳地铁可能借壳上市的传言。2016 年 4 月，特尔佳还因此被投资者询问。

“对赌门”的出现将万科再次推向了风口浪尖。深交所 2016 年 9 月 10 日下发问询函，要求万科交代对赌安排的具体内容，包括但不限于达成日期、各参与主体、对赌内容、目的及对公司与地铁集团重组事项的影响。

9 月 12 日早间，万科发布公告称，经公司自查，并向公司董事、监事及高级管理人员书面确认，同时向深圳市地铁集团有限公司发函核实，公司与地铁集团之间不存在以协议或其他任何形式达成的对赌安排或意向。万科公告称，根据地铁集团给公司的复函，上述发言是地铁集团按照市场化原则，基于该上市公司以往优秀业绩表现及分红政策，以及对“轨道＋物业”发展模式的信心，做出的投资回报设想。该投资回报设想是地铁集团判断长期重大股权投资之可行性的重要依据之一。

万科表示，公司未来分红能力与未来市场环境、公司经营业绩紧密相关。万科之意不言自明，管理层无法掌控公司分红能力，没有对赌协议，所谓“对赌”只是深铁的自我设想。

公开的资本市场最怕“抽屉协议”，深圳地铁此举，究竟在敲打谁呢？

08 深地铁，不玩么

深圳地铁虽然出局，但就此断言深圳放弃了万科，还为时过早。或许，深圳国资会以另一种全新的方式重新介入万科。

——韦桂华

无论是从万科的未来发展，还是从深圳的区域战略来看，将深圳地铁的优质资产注入万科的品牌运营，实现“资产”与“知本”的珠联璧合，是能够演绎“轨道＋物业”的美妙乐章的。

但王石已经无法左右。2016 年 12 月 18 日晚间，万科 A 发布公告称考虑到公司股价自复牌以来波动较大，当前各方尚无法达成一致意见，董事会同意终止与深圳地铁集团重大资产重组。

万科与深圳地铁集团重大资产重组的方案曾被市场解读为万科为抵御宝能而精心设计的毒丸计划，是王石最后的王牌。如今，一纸公告，我不跟深铁玩了，用不着看华润的脸色，也不给宝能投“反对票”的机会，万科选择了主动退出。

对于此次终止跟地铁的合作，万科董事会是这样解释的：

本次交易预案公告后，公司部分主要股东公开表示对本次交易方案存在不同意见。公司与主要股东就本次交易的意义以及方案调整建议进行了多次洽谈，同时也与地铁集团保持密切沟通。但截至目前，各方尚未就本次交易的具体方案达成一致意见。

根据《中国证券监督管理委员会关于规范上市公司重大资产重组若干问

题的规定》，发行股份购买资产的首次董事会决议公告后，董事会在6个月内未发布召开股东大会通知的，上市公司应当重新召开董事会审议发行股份购买资产事项，并以该次董事会决议公告日作为发行股份的定价基准日。从目前与各方的沟通情况来看，公司难以在审议通过本次发行股份购买资产相关议案的首次董事会会议（即于2016年6月17日召开的第十七届董事会第十一次会议）决议公告后6个月内发布股东大会通知。

考虑到公司A股股价自复牌以来波动较大，当前各方对本次交易方案的调整尚无法达成一致意见，继续推进方案的条件不成熟，基于谨慎性原则和对公司全体股东负责的态度，公司经研究认为，继续推进本次交易将面临重大不确定性。为切实保护广大股东及公司的利益，经与地铁集团协商，公司董事会同意公司终止本次交易事项并与地铁集团签署《万科企业股份有限公司与深圳市地铁集团有限公司之发行股份购买资产协议之终止协议》。

根据万科董事会公告，对于这次事项采取了通讯方式表决。先由万科的董秘拟出了“终止发行股份购买资产事项的议案”，于2016年12月12日以电子邮件方式提交了各位董事。最后，董事会以10票赞成，0票反对，0票弃权的结果，通过了这个议案。

据报道，华生独立董事、罗君美独立董事、海闻独立董事对上述议案发表了事前认可和独立意见。张利平独立董事基于公司第十七届董事会第十一次会议上其回避表决，且本次董事会会议拟审议之事项系前次董事会会议审议事项之延续，特向公司董事会申明回避本次董事会会议议案之投票表决。

当初力主引入深圳地铁的管理层会都对放弃重组投出了赞成票，董事会出现“一边倒”的格局。面对媒体采访，宝能、恒大均表示不予回应，沉默以对。

深圳地铁虽然出局，但就此断言深圳放弃了万科，还为时过早。或许，深圳国资会以另一种全新的方式重新介入万科。相信万科，不会是深圳的弃儿！

万科是一家特殊的上市公司，证券代码000002证明了这一点。它的成长是时代的产物，也是无数个巧合和运气的产物。

作为深圳的标杆企业之一，万科2015年贡献的税收是323亿元，仅次于华为的337亿元。万科战局如何解局，考验的是地方政府的智慧，甚至是中央政府的智慧。而最重要又最核心，是将万科置放于一个怎样的发展语境，这是智慧与境界的博弈！

| 大咖观点 | 华润须说明对万科管理层态度为何巨变

2016年06月27日，中央财经大学中国企业研究中心主任、研究员刘姝威在其微信公众号上发文指出，万科股权之争不仅将成为中国股市的历史标志性事件，而且也将成为中国经济发展史上的标志性事件。因为万科股权之争的结局将影响到中国的法制建设和实业发展。

刘姝威表示，万科股权之争对中国法制建设的影响之一就是金融监管机构必须确认宝能收购万科股份的资金是否合法；另外，华润必须公开说明为什么在万宝股权之争公开化时沉默不语，而现在华润与宝能步调一致。为什么华润对万科管理层的态度发生如此变化？华润应该向公众说明。

万科股权之争对中国法制建设的影响之一就是金融监管机构必须确认宝能收购万科股份的资金是否合法？如果金融监管机构确认宝能收购万科股权的资金来源合法，那么宝能收购万科股份的筹集资金模式就会成为范本，更多的机构会按照宝能筹集资金模式，举牌上市公司。关于宝能收购万科股份的筹集资金模式，此前媒体已经进行了详细报道和质疑。如果宝能的高杠杆筹集资金模式被认为是合法的，那么中国股市很快会有第二次股灾。

华润是央企，按照国资委的要求，华润的决策必须经过党委讨论。所以，在万科股权之争中，华润的行为会被市场看作是执政党对中国法制建设和实业发展态度的风向标。

在万宝股权之争公开化时，华润只是少量增持万科股份。此外，我们没有见到华润作为万科前第一大股东的任何其他作为。2016年6月23日华润在宝能发表声明后立即发表立场相同的声明。在媒体和舆论质疑宝能收购万科股权的资金来源合法性后，变得沉寂的宝能突然在2016年6月26日要求召开股东大会罢免董事。是什么让宝能突然从沉寂变成咄咄逼人？

华润必须公开说明为什么在万宝股权之争公开化时沉默不语，而现在华润与宝能步调一致？如果华润与宝能存在私下的承诺，那么万科复牌后，投资者就可能会受到欺骗，被“割韭菜”。

在万科股权之争中，在市场看来，华润的行为代表着执政党对中国经济发展的政策和方向，绝不能小觑！

一家上市公司是否能够给股东带来投资回报，在很大程度上取决于上市公司的管理层。万科企业文化的建立与华润作为前第一大股东的态度有相当大的关系。现在华润对万科管理层的态度与此前有天壤之别。为什么华润对万科管理层的态度发生如此变化？华润应该向公众说明。

万科股权之争的结果将对中国股市的发展产生重大影响，或者促进中国股市的法制化，促进中国实业的发展，或者让中国股市陷于混乱、失控和衰退。

| 大咖观点 |　华润的决策者做错了什么

2016 年 07 月 01 日著名财经评论家水皮通过微信公众号水皮 More 对华润的决策提出了严厉的批评，“野蛮人敲门这种事，他们显然是有准备的，停牌这半年，足以进行妥当安排。那么，为什么还暂时产生了这种危险的意外呢？一定是有人采取了极度非理性的行为。没错，这就是华润的决策者。”

就目前的情况来看，王石先生的确是意外地陷入了被罢免的风险之中。记住，这显然是一种意外。你要相信，这个世界上有一些人是有非凡特质的。一个能在早年股份制改造中就放弃股权，五六十岁还爬珠峰和去世界名校求学的人，一定有你无法想到，或者想到了也无法做到的意志品质的。

更不用说那些我们都能搞懂的斗争哲学和运作之道。人家白手起家把一家小贸易公司搞成了世界最大的住宅开发商，什么风浪没经历过？我们能懂的那些道理人家早就懂了。何况他显然不是一个人在战斗，他背后还有郁亮，还有一个远远领先于绝大多数知名企业的管理团队。野蛮人敲门这种事，他们显然是有准备的，停牌这半年，足以进行妥当安排。

那么，为什么还暂时产生了这种危险的意外呢？一定是有人采取了极度非理性的行为。没错，这就是华润的决策者。万科的独董华生先生在上海证券报连发了3篇雄文，有理有据地呈现了这种意外产生的详细过程和细节。据说，王石先生也不禁在朋友圈感叹说“遮羞布全撕去了”。

下面我们具体来看看华润的决策者做错了什么。

第1大错误：逆中央的国企改革方向而行，没有大局观。

中央现在提倡“积极发展混合所有制经济”。什么是经得住市场检验的混合所有制呢？目前正是需要通过实践来解答的时候，估计中央的政策制定者和国资管理者也非常想知道答案。

各位，何必舍近求远，万科本身不就是一个少有的混合所有制成功样本吗？万科从创立之初，就一直由国有企业担任第一大股东，管理层一开始就放弃了股权，也从未谋求过取而代之。上市之后，在资本市场的推动下，国有资本得到了巨大的增值，成为世界第一的住宅开发商。这次引入深圳地铁的重组方案，虽然有防御恶意收购的意图，但其实际结果不就是进一步强化万科的混合所有制吗？

事实上，从宁高宁先生开始，华润就实事求是地尊重了万科创始人和管理团队的独立性，这是一种对国有资本经营模式的一种重大创造，万科市值的巨幅增长证实了这种创造的革命性价值。

华润现在的决策者却一味纠结上位，不计后果，打破均衡，无视前人的智慧，把这个本来可以成为改革范例的企业，硬是要拖回到国有控股的老路上去。我们不禁要问：你们最近认真抄党章了吗？

第2大错误：远远低估了万科的价值和影响，把万科当成了一家普通上市公司。

万科马上就要进入世界500强了，这是了不起的成就。跟国内很多成功企业一样，万科也是中国经济高速增长的受益者。但是万科的价值远不限于此，万科更大的价值在于不仅能进500强，而且很有可能长期留在500强名单内。

换句话说，这不仅是一家成功的企业，这更是一家有可能基业长青的企业。具体理由我就不展开说了，《基业长青》这本书很好找，你找来一条条跟万科对比一下，就知道我没有乱说。

所以，在万科股权风波的问题上，华润的决策者如此混乱和随意的决策，足以看出他们根本就没有理解万科，他们根本没有搞清楚情况，根本不知道自己在干什么。他们只是把万科当作了一家普通的上司公司来对待。

这种严重的理解偏差将导致当事人完全无法预料的后果。一个小小的征兆就是独董华生先生的三篇文章，你何曾见过一家公司独董的文章可以连续发在资本市场第一媒体的头版，甚至头版头条？另一个征兆就是，在达沃斯论坛上，国务院国资委主任竟然被记者问及了一家上市公司的股权争夺。

任何机构的人事都是更替的，后来者最大的本分就是对前人辛苦工作的成果保持基本的尊重。这里的前人不仅指华润的前任决策者，也不仅指万科上上下下员工的努力，更是指那些开启改革开放大业的人们，以及那些创立房地产市场和资本市场的人们。

各位领导，你们真的搞清楚自己在干什么了吗？

第3大错误：与入侵者相互呼应，失信于天下。

宝能利用金融自由化带来的监管滞后，肆意加杠杆，以小博大，这才快速举牌成了第一大股东。对于这样的入侵者，王石先生直率，一开始就说宝能做万科的第一大股东不够格。华润却一直没有表态，直到近期却让人大跌眼镜地反对防御入侵的重组，并在所谓的万科管理层内部人控制问题上与宝能采取了统一立场。

对此，华生先生公开表示了质疑。深交所也进行了正式问询。试问，万科是一家股权相对分散的公众公司，但是长期以来，最大的股东是不是你华润？就像一个没有父母的家庭，你是不是长子？现在有人打上门来了，所有人都指望着你出最大的一份力，你却反而向入侵者示好，一起来对付自己的兄弟和亲人。不仁不义，你这样失信于天下，成何体统？

是的，万科管理层主导的这个重组是会稀释你的股份，但是宝能不是早就稀释了你的股份了吗？早就把你挤下大股东的宝座了吗？你那时怎么不做声更不作为呢？如果不是看你不理不睬，万科的管理层需要冒那么大风险去运作这次重组吗？

还说什么内部人控制，如果真是内部人控制，你们在董事会上投反对票的那3位董事是刚刚加入的吗？他们早干吗去了？他们是公职人员吗？如此失察是否应该受到比法律更严格的纪律约束？

第4大错误：未履行特殊“共和国长子”的市场责任，破坏央企在资本市场的整体形象。

华润是央企，但跟其他央企不一样，华润是最早一批在中国香港上市的央企，长期在成熟的市场经济环境中经营。由此，华润不仅是“共和国长子”，更是一个特殊的“共和国长子”，毫无疑问应该成为国内市场经济建设的标杆。

我们不能简单拿中石油这类央企来跟华润比，中石油的历史负担哪是华润的决策者可以想象的？早年的华润决策者显然是意识到了这种市场责任和历史责任，并且出色地履行了这种责任。

而现在的决策者们呢？不但没能及时谨慎地应对新问题，继续创造性地履行标杆责任，反而低三下四地与问题入侵者站在了同一立场。不仅置其他股东利益于不顾，甚至置国有资产的保值增值职责于不顾。这损害的不仅仅是华润的历史声誉，更是央企在资本市场的整体形象。

人们会更加坚信，资本都是逐利的，资本都是无情的，资本说话都是合理的。请问，这真的没有违背社会主义“共和国长子”所肩负的职责和使命吗？

第5大错误：节奏失当，前期错失良机，后期急躁冒进。

宝能刚开始举牌时，华润无动于衷，选择旁观。万科管理层求助时，华润还是无所作为。事情总是越拖越麻烦，连我这种小老百姓都明白的道理，你们这些大脑袋难道不懂？

你们在资本市场也是老人家了，说是没有经验谁也不相信。天知道你们在等什么。唯一合理的解释就是，华润刚经历了人事风波，万科也不是华润控股，所以就听之任之了。如果不这样解释，怎么开脱你们不作为的责任呢？

等重组方案开始董事会表决了，你们好像突然睡醒却换了个人一样，拿出要死磕的姿态反对重组。你们的反常举动真是震惊了整个市场。此时，平心而论，你让万科管理层怎么办？回头去跟深圳地铁说：“对不起，我们还是分了吧。”

拜托，华生先生不是说了嘛，如此危急的形势下，能碰到深圳地铁是多大的幸运呀。所以，此时你显然是反应过度了。另外，从一般的逻辑上来说，你一个堂堂央企，你都稳了这么久了，你现在着什么急呢？你好歹先看看宝能的反应再说嘛。要反对也让宝能先反对嘛。

重组成败跟股价直接相关，你难道不懂吗？万科这种公司股价如果暴跌意味着什么？去年股市暴跌抓了多少人呀？你抢这个风头干什么？

你这么猴急地跳出来，让宝能突然死蛇一般地复活了，终于傍上了大款，气焰之嚣张远甚于前。不过人家无所谓，因为所有的风险都有你这个大佬来垫背了。

当然，这么讨论的前提是假定你们不是一致行动人，你们没有更多的利益瓜葛。我也希望你们不是一伙的。

写到这里，我才发现我还没有吃晚饭。时间已经到了零点。是呀，连我们这种平头老百姓都已经愿意为这个社会的进步多做一点力所能及的事情，手握重器的你们是不是也该消消气，冷静冷静了？

| 背景链接 | 2016 年 6 月 23 日宝能系声明全文

深圳市钜盛华股份有限公司（下称“钜盛华”）、前海人寿保险股份有限公司（下称“前海人寿”）成长发展于深圳经济特区，始终感恩国家，感恩改革开放、感恩广东省、感恩深圳市，坚定不移扎根深圳，扎根广东，愿意也能够为国家经济发展和结构转型做出实质贡献。

作为有高度社会责任感的企业，钜盛华、前海人寿于去年中国资本市场遭遇重大下挫、极其困难的时刻，响应国家号召，立场坚定、持续增加对资本市场的投资，以实际行动提振资本市场信心，做长期的资本市场投资人。

2016 年 6 月 17 日，万科董事会发布拟发行股份购买资产的预案（以下简称“预案”）。因在董事会表决程序的合法性、购买资产定价公允性、独立董事身份有效性、股份发行定价合理性等方面存在重大瑕疵，预案引发了资本市场、社会各界的广泛关注和不安。

我方自 2015 年成为万科第一大股东以来，一直保有巨大的耐心，真诚地希望万科能够实现更好的发展。由于 6 月 17 日召开的董事会引发的各种问题和巨大纷扰，作为重要股东，我方有责任有义务明确表达立场和意见：

（一）本次预案将大幅摊薄现有股东权益和上市公司收益，我方明确反对万科本次发行股份购买资产预案，后续在股东大会表决上将据此行使股东权利。

（二）万科董事会未能均衡代表股东利益，独立董事丧失独立性，未能诚信履职；万科监事会对董事会出现的种种问题未能尽到监督及纠正的职责；万科已实质成为内部人控制企业，违背公司治理的基本要求，不利于公司长期发展和维护股东权益。

上述立场和意见是基于全体股东利益考虑和上市公司规范公司治理的发展需要，不针对任何团体或个人，希望得到全体股东的充分支持。

我方尊重万科创立至今管理团队、各级干部及全体员工的努力和付出，充分感谢社会各界、全体合作伙伴、所有万科客户的支持和帮助。

我方作为万科重要股东，充分尊重和相信万科的全体股东完全有资源、有能力、有信心推动万科长期健康稳定发展，为股东带来更大回报。

深圳市钜盛华股份有限公司
前海人寿保险股份有限公司
二〇一六年六月二十三日

| 背景链接 |

《关于对万科企业股份有限公司的重组问询函》的回复

2016 年 6 月 22 日，深圳证券交易所公司管理部向万科集团发出《关于对万科企业股份有限公司的重组问询函》（许可类重组问询函〔2016〕第 39 号），提出七大问题，并要求万科于 6 月 24 日回复，直至 2016 年 7 月 1 日，万科才做出正式回复。现摘其要点，以飨读者。

问题1：公司披露董事会决议称，独立董事张利平认为由于其本人任职的美国黑石集团正在与公司洽售在中国的一个大型商业物业项目，带来潜在的关联与利益冲突，存在《公司章程》第152条第2款所述之关联关系，不得对该等12项议案予以表决，特此回避本次会议12项议案之投票表决。请公司核查以下事项并补充披露，律师出具专业意见并对外披露：

（1）该独立董事回避的具体原因、该原因与本次交易之间的关系，并说明是否符合本所《股票上市规则》第10.2.1条等的规定；公司董事会认定该独立董事需回避的认定程序、认定原因及是否符合《公司章程》《董事会议事规则》等的规定；进一步说明该独立董事回避表决是否合法合规、本次董事会做出的决议是否合法和有效；

（2）该独立董事所任职的美国黑石集团与公司间的交易、合作等具体情况，相关交易、合作等是否可能妨碍该独立董事进行独立客观判断，如是，补充披露独立性受到影响的起始时间及其后的董事会表决程序是否符合《公司法》《公司章程》等有关规定；如否，补充披露判断依据及合理性；

（3）结合上一问，该独立董事是否具备《关于在上市公司建立独立董事制度的指导意见》、本所《独立董事备案办法》等所要求的独立性，是否仍符合独立董事任职条件，如是，补充披露判断依据及合理合规性；如否，补充披露公司拟采取的措施。

回复：

一、该独立董事回避的具体原因、该原因与本次交易之间的关系，并说明是否符合本所《股票上市规则》第10.2.1条等的规定；公司董事会认定该独立董事需回避的认定程序、认定原因及是否符合《公司章程》《董事会议事规则》等的规定；进一步说明该独立董事回避表决是否合法合规、本次董事会做出的决议是否合法和有效；

（一）对该独立董事回避的具体原因、该原因与本次交易之间的关系及是否符合《股票上市规则》第10.2.1条等规定的说明。

在公司董事会第十七届董事会第十一次会议审议有关公司向深圳市地铁集团有限公司发行股份购买资产的12项议案表决前，张利平独立董事向公司董事会申明，“由于其本人任职的美国黑石集团正在与公司洽售在中国的一个大型商业物业项目，带来潜在的关联与利益冲突”，鉴于上述情况可能影响其独立商业判断，并本着审慎的原则，张利平独立董事在本次会议上做出予以回避表决的意思表示。

前述美国黑石集团正在与公司洽售中国的一个大型商业物业项目是公司为进一步提升商业物业管理运营能力，而计划并购 The Blackstone Group L. P.（以下简称“黑石集团”）关联企业管理的基金（以下黑石集团或其关联企业管理的各只基金均简称为“黑石基金”）所持有的一家大型商业地产平台公司（以下简称“A 公司”）的多数股权。A 公司拥有成熟的国内商业物业开发管理和经营管理能力，并持有和管理位于国内核心城市的多处商业物业。自 2016 年 1 月起，公司即已与黑石基金及 A 公司其他股东展开洽商，包括黑石基金在内的 A 公司主要股东拟同意由公司下属全资子公司及其合作方成立共同控制的有限合伙制基金（以下简称“联合收购平台”）取得 A 公司 96.55% 股权（前述收购以下简称“黑石商业收购项目”）。黑石商业收购项目完成后联合收购平台将持有 A 公司 96.55% 股权。公司董事会已于 2016 年 6 月 21 日通过通讯表决方式审议通过收购 A 公司的议案，张利平独立董事在审议时回避表决。目前黑石商业收购项目的相关协议文件未正式签署。黑石商业收购项目不需要提交公司股东大会审议批准。

就前述回避事项，张利平独立董事于 2016 年 6 月 25 日出具了书面回复意见（以下简称“《回复函》”）作了进一步解释。其确认，黑石商业收购项目交易标的涉及在中国的多个商场。根据本次董事会审议的本次交易预案及万科管理层的介绍，本次交易引进地铁集团对万科而言是其实施从传统的住宅开发商向城市配套服务商这一重要业务转型的契机，该交易完成后万科需要加强商业物业项目开发、管理能力。张利平独立董事认为从商业逻辑上来看本次交易的通过与否可能影响黑石商业收购项目的通过与否，张利平独立董事对本次交易的独立商业判断因而可能受到影响。基于诚信勤勉和忠实之目的，张利平独立董事在会议上披露了上述可能影响其独立商业判断的原因。本着审慎的原则，张利平独立董事在本次会议上做出予以回避表决的意思表示。公司本次董事会在张利平独立董事申明回避原因并实行回避的情况下，出席会议的其他万科董事在本次会议表决前并未提出异议。

根据《万科企业股份有限公司董事会议事规则（修订稿）》（以下简称“《董事会议事规则》”）第四十条，出现下述情形的，董事应当对有关提案回避表决：（一）本公司《公司章程》规定的因董事与会议提案所涉及的事项有关联关系而须回避的其他情形；（二）其他法律法规等规定董事应当回避的情形。在董事回避表决的情况下，有关董事会会议由过半数的无关联关系董事出席即可举行，形成决议须经无关联关系董事过半数通过。出席会议的无关联关系董事人数不足三人的，不得对有关提案进行表决，而应当将该事项提交股东大会审议。

公司认为，本次交易引进地铁集团对万科而言是其实施从传统的住宅开发商向“城市配套服务商”这一重要业务转型的重要契机。本次交易涉及的前海枢纽项目包含了丰富的产品类别，包括商务公寓、甲级写字楼、地上和地下商业、豪华酒店、酒店式公寓等多种业态。该交易完成后万科将深度介入“轨道+物业”模式，进一步加强地铁上盖项目的开发，必然需要加强商业物业项目开发、管理能力，从而在商业逻辑上使得本次交易与前述商业收购项目具有内在关联性。张利平独立董事系基于从商业逻辑上来看本次交易的通过与否可能影响黑石商业收购项目的通过与否，由于其本人在黑石集团（中国香港）有限公司（The Blackstone Group（HK）Ltd.，以下简称“黑石中国香港”）任职，对本次交易的独立商业判断因而可能受到影响，本着审慎的原则，张利平独立董事在本次会议上做出予以回避的决定。尽管张利平独立董事不属于《股票上市规则》第10.2.1条第（一）至（五）项所列示的关联董事，但确实存在“因其他原因使其独立的商业判断可能受到影响的”情形，前述回避符合《规范运作指引》《董事会议事规则》及《独立董事制度》的规定。

（二）对公司董事会认定该独立董事需回避的认定程序、认定原因及是否符合《公司章程》《董事会议事规则》等规定的说明

根据《规范运作指引》第3.5.1条，独立董事应当独立公正地履行职责，不受上市公司主要股东、实际控制人或者其他与公司存在利害关系的单位和个人的影响。若发现所审议事项存在影响其独立性的情况，应当向公司申明并实行回避。任职期间出现明显影响独立性情

形的，应当及时通知公司，提出解决措施，必要时应当提出辞职。

根据《独立董事制度》第3条，独立董事对公司及全体股东负有诚信与勤勉义务，按照相关法律、法规、中国证监会规范性文件、《股票上市规则》和《公司章程》的规定和要求，独立公正地履行职责，维护公司整体利益，尤其要关注中小股东的合法权益不受损害，不受公司主要股东或其他与公司存在利害关系的单位和个人的影响。若发现所审议事项存在影响其独立性的情况，应向公司申明并实行回避。独立董事在任职期间若出现明显影响独立性的情形，应及时通知公司，必要时应提出辞职。

根据《公司章程》第一百二十六条，董事个人或者其所任职的其他企业直接或者间接与公司已有的或者计划中的合同、交易、安排有关联关系时（聘任合同除外），不论有关事项在一般情况下是否需要董事会批准同意，均应当尽快向董事会披露其关联关系的性质和程度。除非有关联关系的董事按照本条前款的要求向董事会作了披露，并且董事会在不将其计入法定人数，该董事亦未参加表决的会议上批准了该事项，公司有权撤销该合同、交易或者安排，但在对方是善意第三人的情况下除外。

公司认为，根据上述《规范运作指引》《公司章程》《董事会议事规则》的规定，在出现影响独立董事的独立性并需要其回避的情形时，在程序上独立董事在向董事会申明后即可实行回避，前述规定并未设定其他前置认定程序。在张利平独立董事申明回避原因并实行回避的情况下，出席会议的其他万科董事在本次会议表决前并未提出异议。

（三）对该独立董事回避表决是否合法合规、本次董事会做出的决议是否合法和有效的说明

1. 张利平独立董事回避表决是否合法合规

如上述分析，张利平独立董事基于从商业逻辑上来看本次交易的通过与否可能影响黑石商业收购项目的通过与否，由于其本人在黑石中国香港任职，对本次交易的独立商业判断因而可能受到影响，本着审慎的原则向董事会申明并做出予以回避表决的意思表示，其回避表决符合《规范运作指引》及《独立董事制度》。

2. 本次董事会做出的决议是否合法和有效

根据《公司法》第一百二十四条，上市公司董事与董事会会议决议事项所涉及的企业有关联关系的，不得对该项决议行使表决权，也不得代理其他董事行使表决权。该董事会会议由过半数的无关联关系董事出席即可举行，董事会会议所作决议须经无关联关系董事过半数通过。出席董事会的无关联关系董事人数不足三人的，应将该事项提交上市公司股东大会审议。

根据《公司章程》第一百二十六条，董事个人或者其所任职的其他企业直接或者间接与公司已有的或者计划中的合同、交易、安排有关联关系时（聘任合同除外），不论有关事项在一般情况下是否需要董事会批准同意，均应当尽快向董事会披露其关联关系的性质和程度。除非有关联关系的董事按照本条前款的要求向董事会作了披露，并且董事会在不将其计入法定人数，该董事亦未参加表决的会议上批准了该事项，公司有权撤销该合同、交易或者安排，但在对方是善意第三人的情况下除外。

根据《公司章程》第一百三十七条，董事会职权包括制订公司增加或者减少注册资本、发行债券或其他证券及上市方案，董事会审议前述事项必须由董事会三分之二以上的董事表决同意。

在本次董事会会议投票表决前，张利平独立董事申明，其所任职单位与公司正在洽售一个大型商业项目，带来潜在的关联与利益冲突，并据此实行回避。在张利平独立董事回避的情形下，本次董事会审议的 12 项议案均已取得至少 7 票赞成票，超过无关联关系董事半数，也已超过无关联关系董事的三分之二以上，根据《公司章程》的上述规定，本次会议形成的决议合法、有效。

二、黑石集团与公司间的交易、合作等具体情况，相关交易、合作等是否可能妨碍张利平独立董事进行独立客观判断

（一）黑石集团与公司间的交易、合作等具体情况

除前述披露的黑石商业收购项目外，公司（含控股的下属企业）与黑石集团（含控股的下属企业或管理的基金）还存在如下交易、合作：

1. 2014 年 10 月，万科控股的下属企业 LOGISTICS INVESTMENT

COMPANY LIMITED、LOGISTICS OPERATION COMPANY LIMITED、LOGISTICS PROPERTY COMPANY LIMITED 与黑石基金下属企业及 CHINA LOGISTICS MANAGEMENT（BVI）HOLDING LIMITED、CHINA LOGISTICS PLATFORMI LTD 分别签署《股份认购与股东协议》，万科控股的下属企业认购 CHINA LOGISTICS MANAGEMENT（BVI）HOLDING LIMITED、CHINA LOGISTICS PLATFORMI LTD 的股份，该交易现已完成，完成后 CHINA LOGISTICS MANAGEMENT（BVI）HOLDING LIMITED 的股权结构为万科持有 70% 股份，黑石基金持有 30% 股份，CHINA LOGISTICS PLATFORMI LTD 的股权结构为万科持有 50% 股份，黑石基金持有 50% 股份，该交易未达到提交万科董事会批准的标准。

2. 2015 年 12 月，万科的下属企业 LOGISTICS INVESTMENT COMPANY LIMITED、LOGISTICS PROPERTY COMPANY LIMITED，以及黑石基金所持有的下属企业签署《股份认购与股东协议》，万科下属企业认购 VXCOREII HOLDING LTD 的股份，该交易现已完成，完成后 VXCOREII HOLDING LTD 的股权结构为万科持有 50% 股份，黑石基金持有 50% 股份，该交易未达到提交万科董事会批准的标准。

3. 2016 年 6 月，万科下属的上海万科投资管理有限公司将其持有的上海万仓物流有限公司 50% 股权转让给黑石基金。目前该交易双方已签署交易文件，该交易金额未达到报万科董事会批准的标准。

（二）根据张利平独立董事 2016 年 3 月 5 日已向公司董事会出具的《声明》，张利平独立董事于 2015 年 10 月 1 日正式入职黑石集团，担任黑石集团高级董事总经理、大中华区主席。在其入职黑石集团前，黑石集团管理的房地产基金已与公司在物流地产业务开展合作。张利平独立董事作为黑石集团高级董事总经理、大中华区主席，负责为黑石集团高级管理层和区域内各业务单位提供建议与指导，张利平独立董事同时担任黑石中国香港的高级管理人员，且将被任命为黑石中国香港的董事。黑石中国香港不是黑石商业收购项目中公司的潜在交易对手方或其控股股东。黑石中国香港为黑石集团房地产基金提供咨询服务。黑石集团房地产基金的投资和投资资产处置决定（包括大中华区房地产投资）由黑石房地产合伙投资委员会做出。张利平独立董事不是该投资委员会成员，亦不参与房地产基金资产管理的日常工作。未来如公司董事会审议与黑石集团的任何交易，张利平独立董事承诺将回避相关事项的表决。同时，张利平独立董事已经向黑石集团承诺其将不参与黑石集团有关万科任何交易的决策。

综合前述，在前述交易中，万仓物流项目及X合资平台项目、Y合资平台项目所涉交易金额无论单笔或累计计算均未达到提交公司董事会审议的标准，且其中X合资平台项目签约时张利平独立董事尚未在黑石集团任职。此外，就黑石商业收购项目，在万科董事会审议该项目时，张利平独立董事已实行回避。

三、张利平独立董事是否具备《关于在上市公司建立独立董事制度的指导意见》(以下简称“《指导意见》”)、深交所《独立董事备案办法》等所要求的独立性，是否仍符合独立董事任职条件

张利平独立董事于2014年3月5日已签署《独立董事候选人声明》，声明其不存在上述《指导意见》及《独立董事备案办法》规定的不得担任公司独立董事的情形。

张利平独立董事于2016年6月25日出具《回复函》，其本人认为，其担任万科独立董事已履行了万科股东大会审议、深圳证券交易所备案审核等必备的法律程序，符合独立董事的任职资格。本公司经核查后亦未发现张利平独立董事存在上述《指导意见》及《独立董事备案办法》规定的不得担任公司独立董事的情形。

四、北京市君合律师事务所就上述相关事项出具意见如下：

(一) 张利平独立董事回避本次会议表决符合《规范运作指引》《董事会议事规则》及《独立董事制度》的规定。

(二) 在出现影响独立董事的独立性并需要其回避的情形时，在程序上独立董事在向董事会申明后即可实行回避。《规范运作指引》《公司章程》《董事会议事规则》并未设定其他前置认定程序。

(三) 在张利平独立董事实行回避的情形下，本次会议审议的12项议案所获赞成票均超过无关联关系董事半数，亦达到无关联关系董事的三分之二以上，根据《公司法》《公司章程》相关规定，本次会议所形成的决议合法、有效。

(四) 除非中国证监会或深交所另有认定外，张利平独立董事不存在《指导意见》及《独立董事备案办法》规定的不得担任公

司独立董事的情形。

问题2：根据预案，“本次交易涉及新发行A股，可能会导致H股公众持股量低于10%。公司后续或需采取一定的资本运作方式，以满足H股公众持股比例符合经中国香港联交所批准豁免的最低要求”，请公司进一步补充披露上述事项对公司的影响、公司拟采取的具体措施并进行相关风险提示。

回复：

一、对本次交易可能会导致H股公众持股比例低于经中国香港联交所批准豁免的最低要求的回复

（一）联交所对上市公司H股公众持股比例的相关要求

根据《联交所上市规则》第8.08条，上市公司在任何时候全部已发行股份中最少需要维持25%的公众持股比例。截至2014年6月25日，公司在联交所主板上市时市值超过100亿港元，因此根据《联交所上市规则》第8.08（1）（d）条申请获得对公众持股比例要求的豁免。根据此项豁免，上市公司需维持的H股公众持股比例为不低于10%。

（二）本次交易涉及新发行的A股股份数量及对H股公众持股比例的可能影响尚存在不确定性

本次交易中交易标的最终交易价格将以具有证券期货业务资格的资产评估机构出具的且经深圳市国资委备案的评估值为依据，由双方另行协商并签署补充协议予以确定。

本次交易标的资产的定价、对价股份的发行价格以及发行数量尚需经公司再次召开董事会审议、全体股东大会及类别股东会审议通过，并经中国证监会核准。若无法全部履行上述决策及审批程序，则本次交易可能被中止，在该种情况下公司将不涉及新增发行A股股份。在未履行完毕本次交易尚需履行的决策及审批程序前，本次交易对H股的公众持股比例的影响尚不确定。

此外，由于目前审计评估工作尚未完成，预案及交易协议中标的资产的价值均为预估值，本次交易新增发行的A股股份数量尚未最终确定，因此本次交易完成后H股公众持股比例低于10%并非确定事项。

（三）本次交易对公司H股公众持股比例的可能影响

本次交易前公司总股本为11,039,152,001股，其中H股公众持股量为1,314,955,468股，占比11.91%。基于当前的发行方案初步估算，本次交易拟新增发行A股股份2,872,355,163股。在H股股本不变的情况下，本次交易后完成后，公司的总股本将增至13,911,507,164股，H股公众持股比例预计将为9.45%，仅以0.55%的差距略低于经联交所豁免的最低要求10%。

（四）公司拟采取的具体措施

由于对价股份的发行数量尚未最终确定，本次交易完成后出现H股公众持股比例低于10%的情况仍存在不确定性，因此公司目前尚未形成解决H股公众持股比问题的具体措施和相应时间计划。一旦出现因本次交易导致公司H股公众持股比例低于10%的情况，公司将会尽快采取措施解决这一问题，包括但不限于进行H股增发或采取其他的资本运作方式。

问题3：请公司补充披露前海国际获地铁集团增资时的土地作价与本次交易土地作价存在较大差异的原因及合理性、该差异对公司的影响、增资作价事项在前海国际报表层面的会计处理、增资作价与当时可参考市场价之间的差异情况及其对前海国际净资产的影响，请会计师出具专业意见并对外披露。

回复：

一、对增资时的土地作价与预估值差异的原因及会计处理的回复

（一）前海国际获地铁集团增资时的土地作价与本次交易土地作价存在较大差异的原因及合理性

前海国际为地铁集团全资子公司，在获地铁集团增资时，三项地块均以土地原作价出资金额增资注入。原作价出资金额与本次交易作价相比有较大差异的原因为：

1. 依据于2012年12月和2016年4月签署的相关作价出资合同，前海枢纽和安托山两个项目注入地铁集团（作价出资金额参照的规土委内部评估基准日一般在合同正式签署前一段时间，例如安托山地块评估时间为2015年年中）；而深圳市房地产市场近年来不断发展，平

均地价有较为显著的上涨，同时前海区域规划建设逐渐成熟，预期的物业售价、经营收入等较原出资时点有了显著提高，因此两个项目预估值较原出资作价有较大增值。结合深圳市和南山区土地招拍挂市场数据分析，截至《万科企业股份有限公司发行股份购买资产暨关联交易预案》签署日，2016 年以来成交楼面均价较 2012 年相比分别增长 353. 77% 及 284. 13% ，较 2015 年分别增长 40. 70% 及 34. 12% ，增幅明显；而前海枢纽项目和安托山项目预估值较原作价的增值率分别为 123. 30% 和 44. 69% ，增值率在合理范围内。

2. 原作价出资模式为按照《深圳市国有土地使用权作价出资暂行办法》，地铁集团以作价出资形式取得前海枢纽项目和安托山项目，深圳市政府以地铁上盖及沿线物业的升值效益反哺轨道交通建设，支持构建和实施“轨道 + 物业”的市场化投融资模式，推动实现轨道交通的可持续发展，这也使得评估基准日土地使用权的预估值较原出资作价有一定幅度的增值。

（二）增资土地作价与本次交易土地作价差异及对公司的影响

1. 前海国际获地铁集团增资时三项地块土地使用权的土地作价为 235. 90 亿元。

2. 于评估基准日，三项地块土地使用权的预估值为 455. 74 亿元，较原作价出资金额增值 219. 84 亿元。

3. 交易标的资产的最终定价将以具有证券期货业务资格的资产评估机构且经深圳市国资委备案的评估值为依据，由双方另行协商并签署补充协议予以确定。标的资产的预估值已考虑地铁集团向前海国际增资注入的土地作价与本次交易作价差异对上市公司的影响，并将客观真实地体现标的资产的市场价值。

（三）增资事项在前海国际报表层面的会计处理以及增资作价与当时可参考市场价之间的差异情况及其对前海国际净资产的影响

1. 按企业会计准则的规定，前海国际获地铁集团增资时，三项地块土地使用权应以公允价值入账，依据估值技术得出的投资者增资投入时点的土地使用权公允价值预估值为人民币 455. 74 亿元。

2. 增资作价与当时可参考市场价之间的差异情况及其对前海国际净资产的影响土地使用权的公允价值与增资合同中约定的土地作价人

民币 235.90 亿元的差额人民币 219.84 亿元一次性记入资本公积科目。

二、会计师核查意见

毕马威华振会计师事务所（特殊普通合伙）就本问询函提出的上述问题出具了会计师意见如下：

“前海国际以公允价值作为投资者作价增资投入的土地使用权的入账价值，相关影响计入净资产的会计处理方法符合《企业会计准则》的相关规定。

由于本所对前海国际财务报表的审计工作尚在进行中，且审计的目的是对财务报表的整体发表意见，本所对上述土地使用权的公允价值的预估值的合理性不发表任何意见。

问题 4：根据预案，公司对三项地块采用动态剩余法进行评估。请结合三项地块的土地性质，分别补充披露已具备的开发条件、土地出让金缴纳情况、税费缴纳情况等，并说明评估作价的合理性。

回复：

一、对土地开发条件、土地出让金缴纳情况、税费缴纳情况及评估作价合理性的说明

（一）土地开发条件

本次交易涉及的三项地块拥有独立产权，具有独立规划及开工建设的法定权利。前海国际正在办理立项、环评、规划、建设等有关报批事项，具体情况如下：

T201－0074 号地块：前海国际已于 2016 年 5 月 20 日取得深圳市规土委核发的《不动产权证书》（粤（2016）深圳市不动产权第 0115424 号）。地铁集团已于 2015 年 2 月 4 日就前海枢纽项目取得《深圳市前海管理局关于前海湾综合交通枢纽上盖项目的备案通知书》（深前海函〔2015〕78 号），尚待办理立项主体变更为前海国际的手续。此外，前海国际尚需就前海枢纽项目办理环境影响评价审批程序，以及申领《建设用地规划许可证》《建设工程规划许可证》《建筑工程施工许可证》等文件。

由于该宗土地毗邻的交通枢纽项目前期规划施工的原因，截至预案签署日，前海枢纽项目尚未动工。前海枢纽项目尚在进行前期准备

工作，近期将按相关法律法规的规定申请《建设用地规划许可证》。

T407－0026、T407－0027号地块：前海国际已于2016年6月8日取得深圳市规土委核发的《不动产权证书》（粤（2016）深圳市不动产权第0127175号和粤（2016）深圳市不动产权第0127169号）。前海国际尚需就安托山项目办理立项、环境影响评价等审批程序，并申领《建设用地规划许可证》《建设工程规划许可证》《建筑工程施工许可证》等文件。截至预案签署日，安托山项目尚未开工建设。

（二）土地出让金缴纳情况

本次交易涉及三项地块的土地使用权性质为作价出资（入股），不涉及土地出让金的缴纳。

（三）税费缴纳情况

前海国际在获得T201－0074、T407－0026和T407－0027号地块时，根据相关法律法规的规定需要承担的税费包括印花税及契税。截至预案签署之日，三项地块的印花税已按国家现行标准缴纳，三项地块的契税已经政府批准予以免征。

（四）对评估作价合理性的说明

本次评估时，评估人员对评估对象的权属文件进行了核对，对增资协议、账面取得成本、纳税申报资料、计税基础等相关批复文件进行了逐一核实，并通过现场走访、询价等方式对周边土地市场进行了详细的调查。评估人员对被评估单位管理层针对项目可行性研究报告和企业未来开发计划进行了沟通，详细了解项目的开发方案、拟建物业类型等信息。在获取了土地总体规划指标、开发计划、拟建物业类型等资料后，选取动态剩余法进行评估，并且在评估过程中充分考虑了土地取得成本、计税基础对未来开发过程中应纳税额的影响，同时考虑了营业税改为增值税对估值结果的影响。

本次评估是在对被评估对象进行充分了解的基础上，结合项目自身特点，在评估方法、评估参数的选取方面、评估过程中税费的测算方面，综合考量各项因素后得出的预估报告评估结果，能够客观反映土地于基准日时点的价值状况。

问题5：根据预案，前海国际2016年1—5月、2015年和2014年实现的净利润分别为－209.50万元、830.55万元和－679.10万元，请公司说明前海国际的具体盈利模式，以及存量项目开发建设完成而实现对外出售后的持续盈利能力。

回复：

一、前海国际的具体盈利模式

前海国际成立于2013年10月，经营范围主要为轨道交通、综合交通枢纽等基础设施投资建设与运营服务，物业开发投资建设和经营管理服务。在2016年5月土地注入以前，前海国际受地铁集团委托，负责前海枢纽等项目的运营管理，并产生相关管理收入和费用。在地铁集团将T201－0074号、T407－0026号和T407－0027号地块注入后，前海国际将实现盈利模式的转变，全面负责前海枢纽项目和安托山项目的开发、建设及运营并享有由此带来的收益。

前海枢纽项目位于深圳前海深港现代服务业合作区核心位置，宗地面积为200,094.32平方米，总计容建筑面积为1278090平方米，业态涵盖商务公寓、写字楼、商业及酒店等；安托山项目位于深圳华侨城与香蜜湖片区交汇处、深圳地铁二号线和七号线的交汇地带，具有核心区稀缺的优质生态及景观资源，宗地面积为175,275.02平方米，总计容建筑面积为533,356平方米，业态涵盖住宅、商务公寓、商业及写字楼等。

前述项目包含了丰富的产品类别，前海国际将根据不同业态特点，对前海枢纽项目采取物业销售和持有运营相结合的模式，将部分物业开发建设并对外销售以获取开发收益，同时保留部分物业自持并对外经营以获取持续稳定的经营收益和未来物业增值的收益；安托山项目以对外销售为主。

二、存量项目开发建设完成而实现对外出售后的持续盈利能力

（一）持有运营物业情况

如前所述，前海国际将部分物业开发建设完成并实现对外销售后，仍将自持前海枢纽项目部分物业，待其建设完成后用于获取租金收入和未来物业增值收益。前海枢纽项目自持物业类型包括写字楼、商业、酒店及地下车位等。

（二）持有运营物业持续经营能力的分析

1. 核心区域及人流密集区域的租金保证

前海枢纽项目具有较强的区位优势。前海枢纽项目位于深圳市前海深港现代服务业合作区桂湾片区的核心位置，与前海综合交通枢纽（由地下五条轨道线路换乘站、公交、出租车、旅游巴士等各类交通接驳场站共同构成）无缝衔接。前海枢纽项目将得益于优越的区位条件和交通枢纽的人流吸聚效应，在酒店、写字楼、商业、车位等持有运营型物业的经营过程中，获得持续的租金保证及物业增值收益。

2. 租金上涨收益

深圳市商业物业和写字楼物业租赁市场近年来不断发展，平均租金有较显著的上涨。2015 年末深圳市甲级写字楼物业平均月租金为 254.20 元/平方米，较 2014 年末的 235.60 元/平方米上涨 7.89%；2015 年末深圳市优质购物中心物业平均月租金为 928.00 元/平方米，较 2014 年末的 885.00 元/平方米上涨 4.86%。前海枢纽项目持有运营型物业将受益于租金上涨带来的收益。

3. 新业务类型的附加收益

凭借交通枢纽聚拢人气的效应，地铁上盖物业将成为万科新业务的孵化基地，前海国际将成为万科发展新业务的落地平台之一，助力万科业务升级与转型，为“轨道 + 物业”模式下前海国际的经营发展提供新方向。

4. 项目具备调整灵活性

万科可根据自身长期发展战略和不断变化的市场情况，对前海国际所拥有的项目在开发销售和持有运营之间灵活调配，以更好地适应城市化过程中客户对居住和城市配套服务不断升级的需求，同时享受物业增值带来的收益，最大化项目价值，保证前海国际的持续经营能力，并为股东创造良好的回报。

综上所述，前海国际拥有的前海枢纽项目及安托山项目在完成开发后，不同的物业类型将为前海国际带来销售收入、租金收入和增值收益。销售型物业销售完毕后，前海国际将利用项目独特的区域优势及人流吸聚效应等，依托“轨道 + 物业”经营模式，通过持有运营型物业不断获取租金收入、增值收益及新业务发展带来的附加收益，最大化项目价值，从而增强前海国际持续经营能力。

问题6：根据预案，本次交易对价股份的发行价格为每股15.88元，为定价基准日前60个交易日上市公司股票交易均价的93.61%。请公司充分披露市场参考价的选择原因及对公司的影响。

回复：

一、对本次交易对价股份的发行价格所参考的市场价的选择原因及对公司影响的回复

（一）本次交易发行价格符合《重组办法》相关规定

本次交易对价股份的发行价格参考上市公司停牌前60个交易日交易均价进行选取，未低于定价基准日前60个交易日均价的90%，符合《重组办法》的第四十五条的相关规定。

（二）本次交易以上市公司历史估值水平作为定价依据参考

市盈率方面，自2011年1月31日至2015年11月30日，万科A历史市盈率的平均值为9.45、中位值为9.67，对应2015年万科基本每股收益，每股价格分别为15.50元和15.86元。

市净率方面，自2011年1月31日至2015年11月30日，万科A历史市净率的平均值为1.72、中位值为1.75，对应2015年末万科归属股东每股净资产，每股价格分别为15.62元和15.89元。

（三）本次交易的定价依据

交易双方在万科A的历史市盈率、市净率水平基础上，综合考虑上市公司及标的资产的内在价值、未来预期等因素，进行平等协商，初步确定每股发行价格为15.88元，为定价基准日前60个交易日均价的93.61%。

本次交易的定价方案已经并将继续严格按照法律法规的要求履行相关程序，以充分保护上市公司及中小股东的利益。股份发行定价已经公司董事会审议通过，独立董事事前对交易方案进行了认可，并就本次交易发表了同意意见。董事会后，公司于规定时间内公告了本次交易信息披露文件，及时向股东及市场披露了交易方案及股份发行定价信息。后续公司将严格按照法律法规的要求，再次提交董事会以及提交股东大会审议本次交易的相关议案。

（四）本次交易发行价格对公司的影响

本次交易标的预估值为456.13亿元，按照每股15.88元的发行价格计算，公司将发行2,872,355,163股A股股份。发行完成后公司股权结构将发生变化：

本次交易前，截至2016年5月31日，公司的股权结构如下：

主要股东	持股总数（股）	占总股本比例
华润股份有限公司	1,682,759,247（A股）	15.24%
HKSCCNOMINEESLIMITED	1,314,926,555（H股）	11.91%
深圳市钜盛华股份有限公司	926,070,472（A股）	8.39%
国信金鹏分级1号集合	456,993,190（A股）	4.14%
前海人寿保险股份有限公司	349,776,441（A股）	3.17%
中国证券金融股份有限公司	330,361,206（A股）	2.99%
德赢1号专项资产管理计划	329,352,920（A股）	2.98%
安邦财产保险—传统产品	258,167,403（A股）	2.34%
安邦人寿保险—保守型投资组合	243,677,851（A股）	2.21%
西部利得金裕1号资产管理计划	225,494,379（A股）	2.04%
A股股本	9,724,196,533	88.09%
H股股本	1,314,955,468	11.91%
总股本	11,039,152,001	100%

本次交易完成后，在H股股本不变的情况下，公司股权结构如下：

主要股东	持股总数（股）	占总股本比例
深圳市地铁集团有限公司	2,872,355,163（A股）	20.65%
华润股份有限公司	1,682,759,247（A股）	12.10%
HKSCCNOMINEESLIMITED	1,314,926,555（H股）	9.45%
深圳市钜盛华股份有限公司	926,070,472（A股）	6.66%
国信金鹏分级1号集合资产管理计划	456,993,190（A股）	3.29%
前海人寿保险—海利年年	349,776,441（A股）	2.51%
中国证券金融股份有限公司	330,361,206（A股）	2.37%
德赢1号专项资产管理计划	329,352,920（A股）	2.37%
安邦财产保险—传统产品	258,167,403（A股）	1.86%
安邦人寿保险—保守型投资组合	243,677,851（A股）	1.75%
西部利得金裕1号资产管理计划	225,494,379（A股）	1.62%

续表

主要股东	持股总数（股）	占总股本比例
A 股股本	12, 596, 551, 696	90. 55%
H 股股本	1, 314, 955, 468	9. 45%
总股本	13, 911, 507, 164	100%

问题 7：根据预案，公司提示了短期内每股盈利摊薄的风险。请核查后说明公司信息披露和审议程序是否符合《关于首发及再融资、重大资产重组摊薄即期回报有关事项的指导意见》（证监会公告〔2015〕31 号）的要求。

回复：

本次交易中，上市公司拟以发行股份的方式购买地铁集团持有的前海国际 100% 股权。标的资产——前海国际 100% 股权于评估基准日全部股东权益的预估值为 456. 13 亿元，交易双方以预估值为基础初步确定的交易价格为 456. 13 亿元。上市公司将以发行股份的方式支付全部交易对价，根据初步确定的对价股份发行价格为每股 15. 88 元，据此计算上市公司将就本次交易向地铁集团发行 2, 872, 355, 163 股 A 股股份。

从地块目前的开发建设到后期产生开发收益需要一个过程，再加上“轨道 + 物业”开发模式的特殊性，使得拟开发项目的盈利贡献主要集中在项目的中后期。因此，从短期来看，本次交易将摊薄上市公司的每股盈利。

由于本次交易尚处于预案阶段，标的资产的审计、评估工作等尚未完成，故公司尚无法精确判断本次交易对上市公司每股盈利的具体影响。公司将在标的资产的审计、评估工作完成后，以具有证券期货业务资格的资产评估机构出具的且经深圳市国资委备案的标的资产评估值为依据，另行协商并签署补充协议确定最终交易价格，并在标的资产审计结果基础上编制备考财务报表，以确定本次交易对上市公司每股盈利的具体影响。

届时，标的资产经审计的财务数据、资产评估结果、备考财务数据等将在发行股份购买资产暨关联交易报告书中予以披露。

除乔世波董事、魏斌董事和陈鹰董事就本回复内容尚有部分个人意见之外，本公司其余八位董事对本回复无异议，公司董事会将与三位董事进一步交流和沟通。

｜背景链接｜

关于深圳证券交易所公司部问询函〔2016〕第317号的复函

万科2016年6月17日晚间发布深铁将以456.13亿元的资产注入，并成为万科第一大股东的资产重组最新进展时，并无任何有关“对赌”的信息。同时，此案因华润和宝能的反对而逐渐淡出市场视线。2016年9月8日深圳地铁董事长林茂德披露的“对赌协议”，让万科再次陷入舆论谴责的漩涡。2016年9月12日万科在第一时间予以澄清。

深圳证券交易所公司管理部：

万科企业股份有限公司（以下简称“本公司”、“公司”）于2016年9月10日收到贵部出具的《关于对万科企业股份有限公司的问询函》（公司部问询函〔2016〕第317号）（以下简称“问询函”）。公司按照《问询函》所列问题和要求，对相关事项进行了逐项核实，现将问询函提出的问题回复如下：

1. 你公司与深圳市地铁集团有限公司（以下简称“地铁集团”）是否存在以协议或其他任何形式达成的对赌安排或意向，如有，请说明对赌安排的具体内容，包括但不限于达成日期、各参与主体、对赌内容、目的及对你公司与地铁集团重组事项的影响，并分析对你公司现金流及未来生产经营的影响。

经公司自查，并向本公司董事、监事及高级管理人员书面确认，同时向地铁集团发函核实，本公司与地铁集团之间不存在以协议或其他任何形式达成的对赌安排或意向。

2. 请你公司核查已披露的重大资产重组相关信息是否真实、准确、完整。经公司自查，本公司已披露的重大资产重组相关信息真实、准确、完整。

3. 你公司认为需说明的其他事项。

根据《中华人民共和国公司法》以及《公司章程》的规定，本公司分红派息方案由公司股东大会审议决定。本公司2015年度的分红派息方案为每10股派现金人民币7.2元，每股现金股息与公司2015年基本每股收益的比值为43.9%，本公司未来分红能力与未来市场环境、公司经营业绩紧密相关。

媒体报道，地铁集团董事长在国家发改委城市轨道交通投融资机制创新研讨会上谈及“参与一家上市公司”时表示，“我跟他对赌，我们持你20多亿股值后，必须保持每年分一块钱，每年都要分得20亿元”。根据地铁集团给本公司的复函，上述发言是地铁集团按照市场化原则，基于该上市公司以往优秀业绩表现及分红政策，以及对“轨道+物业”发展模式的信心，做出的投资回报设想。该投资回报设想是地铁集团判断长期重大股权投资之可行性的重要依据之一。

媒体质疑本公司于6月披露的向地铁集团发行股份购买资产之交易预案中未出现对赌信息，涉嫌信息披露违规。根据地铁集团给本公司的复函，关于“对赌”，乃是地铁集团对于被投资公司投后管理、投资期望和投后回报的设想。

本公司不存在应披露未披露事项。

特此函复

万科企业股份有限公司　董事会

二〇一六年九月十一日

第五章

国际潜伏者

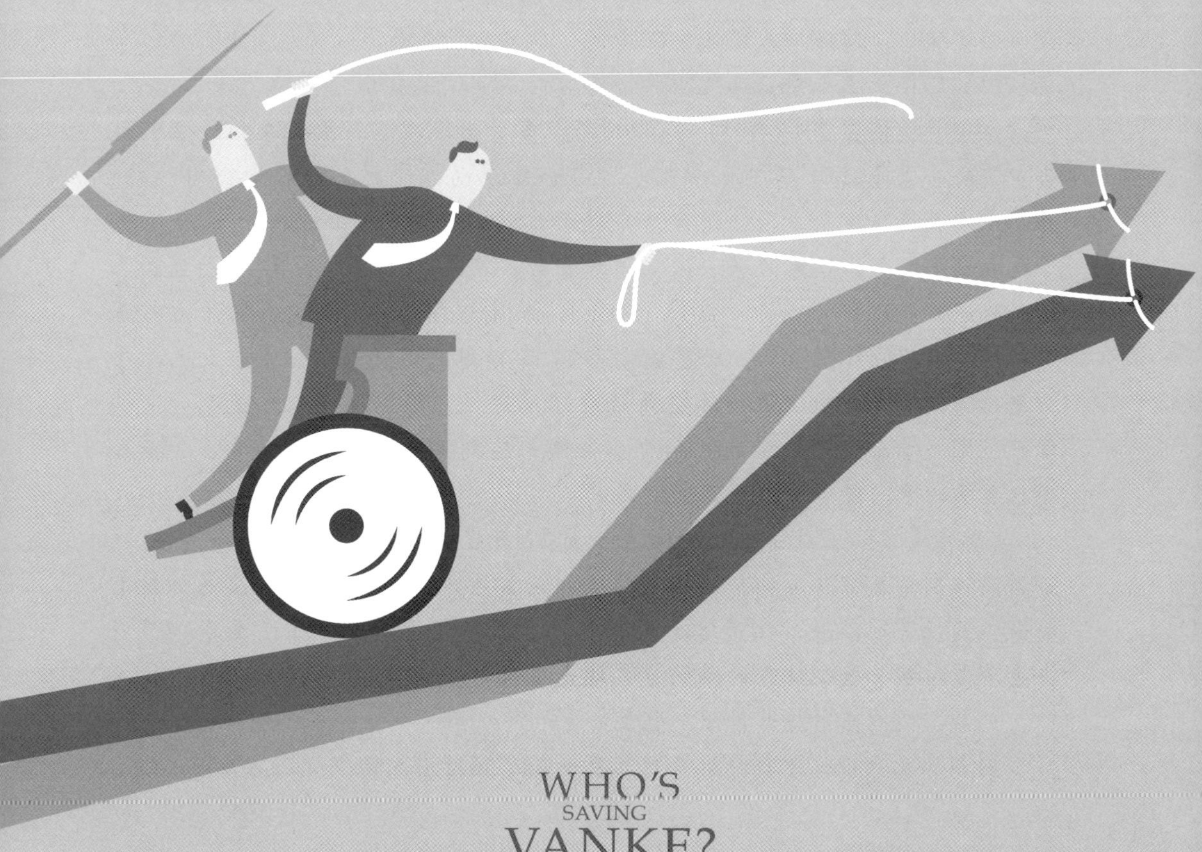

WHO'S SAVING VANKE?

酒酣胸胆尚开张。鬓微霜，又何妨！持节云中，何日遣冯唐？会挽雕弓如满月，西北望，射天狼。

——苏轼《江城子 · 密州出猎》

又一入局者，又一神秘人。

万科股权争夺扑朔迷离，钜华盛、前海人寿、安邦保险、深圳地铁，一个个粉墨登场，演绎一幕幕散户眼中的“狗血剧”。

但别忘了，剧本中始终埋伏一个关键词——“潜在卖方”。

这个关键词在2015年12月29日后，多次出现在万科披露重组进展的公告中。公告表示，与一“潜在卖方”有合作意向，计划全购目标公司权益，并拟以发新股及现金支付，但详情一直未曾披露。

在宝能、华润反对万科深铁重组方案后，万科2016年6月24日所发公告称，除地铁集团外，公司于2015年12月25日与另一名潜在交易对手方签署了一份不具有法律约束力的合作意向书。“目前本公司仍在与该潜在交易对手方进行谈判，是否能达成最终交易存在不确定性，根据目前双方谈判的交易资产范围，本公司预计该笔意向交易金额未达到重大资产重组的要求，本公司也无意以发行股份的方式作为对价。”

“潜在卖家”究竟是谁？2016年6月27日股东会上，现场股东多次询问。万科高级副总裁谭华杰称，意向交易谈判还需要更多时间，“这个交易并没有失败，可能还可以做，但是这个交易和发行股份就没有关系了。至于细节现在也不能披露，我们披露的唯一方式就是公告”。

如今，面纱基本揭开：黑石集团。

王石你真有种，万科身后竟然站立一位“国际潜伏者”。

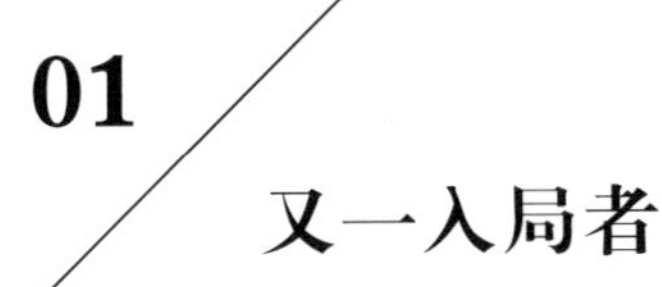

又一入局者

恶意收购往往是一个把收购成本无限制提高的过程，入侵者要应对可能出现的毒丸计划、金色降落伞或者白衣骑士，而被侵略一方为求自保，往往启动杠杆收购，这直接导致了企业债务猛增。我们认为，和每一单收购生意中的关联公司保持友善的关系相当重要，甚至我们可以放弃某些已经付出了艰辛的努力。

——史蒂夫·施瓦茨曼（Steve Schwarzman）美国黑石集团联合创始人

2016 年 7 月 12 日，万科发布境内同步披露公告：

1. 本公司于 2016 年 7 月 4 日以海外监管公告的方式刊发了《万科企业股份有限公司关于深圳证券交易所 <关于对万科企业股份有限公司的重组问询函>（许可类重组问询函【2016】第 39 号）的回复》（“回复”）。于回复的第三页本公司披露了与黑石集团关联企业管理的基金“黑石基金”的潜在交易。

2. 为了快速提升本公司在商业物业管理运营能力，本公司与合作方（“合作方”）计划收购黑石基金及其他独立第三方股东持有的特定商业地产公司（“目标公司”）的多数股权。本公司自 2016 年 1 月起已与目标公司的股东展开洽商。本公司下属全资子公司已成立有限合伙制基金（“联合收购平台”），合作方将获取联合收购平台的一定权益，随后联合收购平台将取得目标公司 96.55% 股权（“本次交易”）。本次交易已于 2016 年 6 月 21 日获得本公司董事会审议通过。

3. 目标公司 96.55% 股权价值经公司谨慎评估，并经交易各方的平等协商后确定价值约为人民币 128.70 亿元。本公司通过全资子公司拟投向联合收购平台合计投资额约为人民币 38.89 亿元。

4. 本次交易的对价将不涉及本公司发行任何本公司之证券。本次交易未有就有关发行或收购本公司股份进行任何谈判。

5. 联合收购平台的合作方不属于中国香港联合交易所有限公司证券上市规则（“上市规则”）定义下的本公司的关联人士以及深圳证券交易所股票上

市规则（“深交所规则”）定义下的本公司关联人。

6. 根据上市规则计算之有关本次交易之所有适用百分比率均不超过5%，故本次交易并不构成上市规则项下须予公布的交易。也不属于根据深交所规则需要披露的交易。

7 月 1 日，万科回复深交所的问询函中也曾提及这一收购。在问询函中，为了解释公司独董张利平为何回避投票，万科表示，公司正在与张利平所在美国黑石集团洽售在中国的一个大型商业物业项目，目的是为了进一步提升商业物业管理运营能力，而计划并购黑石集团关联企业管理的基金持有一家大型商业地产平台公司的多数股权。

02 告密信

对此事我的判断是，万科在罔顾股东利益，走一步险棋。

——网友

2016 年 7 月 8 日，中国香港杂志《港股策略王》引述一封告密信，匿名人士疑似向中国香港交易所上市部第 22 组的联络人（副总裁黄振宁、助理副总裁余淑庄、经理许诗慧及助理副总裁刘文超）告密，猜测万科管理层正动用 PLAN－B（B 方案），即万科计划收购黑石集团位于内地的资产，目的是保护管理层的控制权。该匿名人士落款自称“一名感到万科管理层的行为恶心的人”。

匿名信提到，万科最大股东（即宝能系）于 2016 年 6 月 26 日提出辞退现管理层。匿名人士怀疑“某些管理高层正在并购一个新的平台，令他们即使被辞退亦可以继续以同一组人运作”。此举令管理层涉嫌以公司资金和资源来满足个人利益，有损整体股东利益，并违反信托人职责之嫌。

匿名信指出，集团总裁郁亮及执行副主席张旭主导的万科管理层，正谋求透过收购黑石集团资产，并购黑石在国内两间商用物业平台，分别是印力集团控股有限公司和 MWREF Limited。信中粗略估计，收购价约为 130 亿元人民币，其中 90 亿元人民币美其名曰招商银行的股本投资，但实质是向招商银行借贷，万科会承担总价中的 35 亿元人民币，其余的 5 亿元人民币则由

“黄先生”支付。报道称，“黄先生”是绿景中国地产主席黄敬舒，而万科目前持有绿景6%的股权。

据媒体报道，告密信中提及的印力集团，其前身为成立于2003年的深国投商用置业。2013年11月，黑石集团与工银国际控股有限公司分别购入深国投40%及6%的股权，黑石集团成为深国投最大股东。2015年，公司更名为印力集团。

匿名人士在信件中认为，收购黑石平台套现的130亿元，或可由对方买入6%左右的万科股权，增加以王石为首的管理层一方对公司的控制力。告密信又指，交易设有“分手费”，若交易因公司未能支付，或未能取得反垄断的批准，万科将会被没收1亿美元的押金。

6%股权意味着什么？此前公开资料显示，万科盈安合伙（国信金鹏）持4.14%；德赢1号、2号资管计划共持股5%左右，王石坚定的支持者——最大散户刘元生超过1%的持股，若将加上黑石的6%，万科管理层手中握有的股权或超16%。此前表态支持万科管理层的安邦持有7.01%万科股份，万科管理层将获得超过23%的保底支持率。

此前，万科发言人在响应媒体质询时荒腔走板：“从来无听过黑石这事件。万科这件事，其中与收购相关的事宜，我所知道就只有深铁一事。从来无听过与黑石的交易”。并补充强调：“唯一听过黑石，是在准备收购深圳地铁的过程中，万科其中有一位独立董事，不在万科工作，但在黑石有职位，而黑石正同万科洽谈一些有关土地买卖交易，因他作为一个独立董事，而他的公司正与万科洽谈交易，他担心自己角色有利益冲突，所以他在以上提及的深圳地铁交易里无投票”。

两次公告中的时间不一致，到发言人的公然撒谎，让人们有理由怀疑万科和王石的公信力。但不管怎么说，与黑石携手，会让万科多一种选择。

2016年7月21日午间，万科临时发布《关于和黑石集团交易进展的自愿性公告》，称近日收购平台与相关方签订了本次交易的最终交易文件，拟投向联合收购平台合计投资额约38.89亿元，交易完成后联合收购平台将持有目标公司96.55%的股权。

除了披露交易进展以外，万科还澄清未授权任何人来否认与黑石集团存在的交易事宜。“近期部分媒体报道称本公司新闻发言人否认存在本次交易，本公司就此特别澄清，本公司从未授权任何人士否认存在本次交易”。

切，都不会那么简单！新的博弈，或许更为惨烈。有智慧，一切皆有可能！

03 搅局物流地产

中国给全球的印象往往是富有灵活性和创新精神。

——史蒂夫·施瓦茨曼 美国黑石集团联合创始人

万科与黑石的合作，其实并不是什么秘密。

万科股权重组决策中，有位关键人物张利平，2010 年在华润提名下担任万科独立董事。2015 年 7 月 3 日，黑石通过公告宣布张利平为高级合伙人和大中华区主席，为集团管理和区域内各业务单位提供战略建议与指导。

2014 年，黑石集团主席苏世民曾明确表示希望投资中国的工业地产和商业地产。同期万科高级副总裁谭华杰亦公开回应了合作的可能，未来会将合作的相关资产包放在房地产资产证券化（REITs）市场上。

2014 年底，时任万科高级副总裁的肖莉曾公开表示，万科的物流业务未来将覆盖江浙沪等地区，将引入 KKR、黑石、凯雷等战略投资伙伴。

2015 年 6 月 4 日，万科在发布 5 月份销售业绩的同时，首次于公告中披露新增物流地产项目用地情况，并称物流地产是产业地产业务重点方向之一。是月，万科撤销物流地产事业部成立万科物流公司，黑石是股东之一。万科与黑石正式开展合作。

公开资料显示，黑石集团（Blackstone）是全球投资和顾问公司，致力于提供能够为投资者、所投资公司，及整个社会创造持久价值的解决方案。Blackstone 由前雷曼兄弟公司高层皮特·皮特森（Pete Peterson）先生（于 2008 年作为高级主席退任）和老部下史蒂夫·施瓦茨曼（Stephen A. Schwarzman）先生（董事长兼 CEO）于 1985 年成立。目前，黑石集团拥有 1,700 名员工，坐拥 92 家公司的主要股份，包括希尔顿饭店、迈克尔斯百货、范思哲、徕卡相机等名牌企业，在全球范围内设有 24 个办事处。

黑石集团凭借持有的各种基金，在全世界范围内进行私募股权、房地产、信贷以及对冲基金投资。此外，黑石集团的独立财务顾问业务为全球企业和政府客户处理高度复杂和关键性的并购、改组、重组事宜。另外，黑石集团还向另类投资经理公司提供基金募集服务。2007 年 6 月，Blackstone 完成其首次公开发售，并在纽约证券交易所挂牌上市，股票代号为BX。

黑石在全球管理着超过3000亿美元的资产，是全球最大的房地产投资者之一，也是亚洲房地产市场最大买家。2016年5月11日出版的福布斯杂志以《华尔街不可阻挡的力量》为题对黑石进行封面报道。文中写到，黑石等PE已经取代高盛和JP摩根等投行成为新一代华尔街之王。

黑石集团股东米奇·罗宾表示，不论高盛还是摩根大通、富国银行，均运营良好，但它们遇到了不可抗力，即无法涉足一些企业交易活动。就在监管部门“腰折”摩根、花旗们的高薪之时，施瓦茨曼则在兴高采烈地数着他于2015年从黑石所获取的红利和收益共计8亿美元，这一数目相当于高盛、摩根大通总裁个人所得的30倍以上。施瓦茨曼的个人资产净值也因此突破100亿美元，并成为黑石集团历史上第五位亿万富翁，这一纪录目前华尔街尚无一家公司打破。

正如20世纪30年代经济大萧条成就华尔街伟大的摩根集团一样，2007年的金融危机也成就了伟大的黑石集团。此前，私募股权公司或对冲基金的软肋之一便是资本结构缺乏持久性。因此，在金融危机爆发之初，施瓦茨曼决定通过首次公开发行股票改善黑石资本的持久性。同时其经营团队对于施瓦茨曼的经营策略也了然于胸：即精明投资、崇尚企业家精神，且重中之重是莫失去资本。黑石亿万富翁前辈托尼·詹姆斯认为，永久持有资产正是黑石成为华尔街不可阻挡力量的制胜法宝。

具体到中国，2008年，黑石在北京成立中国代表处，正式宣布进入中国。2009年，黑石又在上海成立旗下第一家人民币私募基金——黑石中华发展投资基金。2013年收购了深国投商用置业40%的股权后，黑石先后收购哈尔滨、大连、沈阳、天津、济南、南京、上海等多个城市的购物中心项目。继商业地产之后，物流地产是黑石在中国发展的新计划，于是便有了与万科的合作。

据克尔瑞统计，截至2014年5月，全国优质仓储物业平均租金已连续18个季度上涨，仓储物业投资回报率超过写字楼、购物中心及高档住宅，跃居物业市场第一，一线城市仓储物业租金在未来15个季度还将继续上涨。近两年，中国电子商务的迅猛崛起，对仓储物流需求形成直接的支撑。在电商物流对租赁需求的快速增加的背景下，物流仓储的市场需求量将继续保持强劲。

中国物流地产正进入快速成长期，但属于典型的重资产运营。外资企业在国内物流地产基本形成半垄断格局，市场第一的物流地产巨头普洛斯2002年入华至今，已在35个城市拥有1180万平方米的物业面积，占据着超过60%的市场份额。此外，澳大利亚的嘉民、新加坡的丰树等外资企业也都在中国稳定占据着一定的市场份额。

万科有着娴熟的土地开发和资金回收的能力，黑石集团有着超前投资眼光和基金化运作经验，两者合作可以推动万科实现普洛斯式轻资产模式：即万科开发物流项目，由黑石收购，进行基金化运作，万科保留项目长期运营权，收取部分管理费用，并坐享基金分红，也即万科所谓的“小股操盘”模式。

物流地产并非蓝海一片。从2011年开始，京东、苏宁等电商就先后通过重资产布局物流仓储。2013年，阿里巴巴联合银泰、顺丰等企业共同组建了“菜鸟网络”，通过大数据实现仓储管理和物流的智能化。2014年前后，“菜鸟网络”又在多地积极推进物流仓储基地项目。绿地、富力、复星、万通等开发商也同样对物流地产领域增强了布局。

04 中国版黑石

在这个世界上，成为你所希望看到的改变。

——莫罕达斯·卡拉姆昌德·甘地（Mohandas Karamchand Gandhi）

2002年5月，王石第一次在中城联盟内部提出房地产基金，国内法律尚没有为真正意义上的基金留出空间。2002年9月28日，中城投资正式成立，目标定位是做中国最好的“产业基金管理公司”，万科、万通、建业等12家地产行业知名企业，成为中城投资的第一批股东。

本着“做基金就是要公平、谁也不能控股”的原则，股东的出资额以430万元为单位，每家出资最多不得超过两个单位，共同集资1亿元人民币。业务是在创始股东间开展投融资服务，由项目经理对接单个项目，基金产品对应的标的都是基础资产，融资性质是债权，而且是短期贷款，被称作“圈子内的金融模式”。

由于王石是“中城联盟”第一任轮值主席，便戏剧性担任中城投资第一任董事长。公司现任董事长周庆治在公司既没有股份也不领薪水。1993年，周庆治到杭州开发房地产成立南都集团，2006 年万科出手约 17.66 亿元买下南都房产部分权益，拥有南都房产 80% 的股份，成为其控股股东。

公司法人代表、董事兼总经理路林曾在国务院发展研究中心工作，也曾担任中国高科集团股份有限公司副总裁，2004 年 4 月加入中城投资。2006 年 8 月，中城投资完成了从内部“互助基金”向公司型投资基金的转型，用有限责任公司的实体来做项目直接投资，通过筛选项目、项目投资、投后管理和退出，获取合理回报。

2007 年 5 月，中城投资第一次基金分红，每 10 股分红 1.35 亿元。2009 年，中城投资的管理团队开始组合投资产品的研发、设计，将不同规模、期限、收益项目组合在一起，降低单个项目带来的不确定性，享受组合收益。

2013 年，乘着《新基金法》允许证券投资私募机构发行公募基金，以及利率市场化改革启动的利好，中城投资改制为“投资管理股份有限公司”，进化为一家金融属性更鲜明的私募投资管理机构。数据显示，2013 年、2014 年和 2015 年 1—3 月，中城投资的毛利率分别是 61.64%、40.24% 和 26.79%。

2013 年后，中城投资便将主要从事投资项目股权、增量业务，转向投资持有型物业等权益类资产，包括 REITs 在内的资产证券化成为中城投资未来的主要发展方向。其中 REITs（房地产投资基金）是一种主要投资于房地产或房地产抵押有关公司发行的股票的投资基金。

2015 年 10 月 26 日，上海中城联盟投资管理股份有限公司在全国中小企业股份转让系统（新三板）正式挂牌，是国内第一家挂牌的“以房地产及相关新产业链投资见长的资产管理公司”，中城投资的股东堪称房地产界的豪华阵容组合，包括万科、复地、万通、龙湖、中粮地产等；而郁亮、任志强、冯仑、胡葆森等大佬，更是赫然出现在其本届董事会、监事会名单上。

郁亮	董事	男	51	硕士	3 年	否
路林	董事兼总经理	男	54	博士	3 年	是
胡葆森	董事	男	60	本科	3 年	否
冯仑	董事	男	57	博士	3 年	否
陈劲松	董事	男	52	硕士	3 年	否
漆洪波	监事会主席	男	53	硕士	3 年	否
任志强	监事	男	65	硕士	3 年	否
陈俊	监事	男	50	硕士	3 年	否

续表

孙树涛	职工代表监事	男	46	硕士	3年	是
张晓达	职工代表监事	男	37	本科	3年	是
衷存皇	副总经理兼财务负责人	男	41	硕士	3年	是
张海泉	副总经理	男	43	硕士	3年	是
缪涤非	副总经理	女	49	硕士	3年	是
王珊	副总经理	女	40	硕士	3年	是
赵珂	董事会秘书	女	40	硕士	3年	是

中城投资共有55名法人股东，有20家是上市公司。在股权设置上，中城投资的股权结构极为分散，每个股东的股份比例都不超过4%，限制了单个股东对公司的影响，持股最大的股东之一万科仅持有3.06%股权。

“我们拥有令人难以置信的幸运，拥有横跨地产和金融两个支柱性产业的独特优势。”在2015年致投资者的信中，中城投资骄傲地表示。

“以‘REITs’为特色经营的投资旗舰”登上了中城投资挂牌新三板的庆祝海报。按照国际惯例，REITs绝大多数属于公募基金，与中城投资的“私募资产管理机构”属性相悖。业内人士指出，中城投资是指自身的“类REITs”模式，而不是“真REITs”。

国内首单REITs产品，为2014年5月中信证券推出“中信启航专项资产管理计划”，但因不具备良好的流动性、较低的投资门槛、产品的标准化等国外成熟房地产信托投资基金的特点，中信启航并不被业内视作标准REITs。

中国REITs仍处于混沌阶段，中城投资能否打造成中国版黑石，我们只能拭目以待。

05 国际评级机构的关注

万科任何专业管理团队的离开将是一次灾难。

——瑞信

万科股权争夺战的负面效应，随着剧情的发展逐步显现。

2016年7月12日，瑞士信贷（瑞信）发布对万科的投资评级，在Asian

Daily 中表示，万科 A 股与万科 H 股的投资评级将有调整，对万科 A 的评价从“跑赢大市”调整为“跑输大市”，目标股价由此前的 20. 8 元下调至 10. 1 元，未来的潜在跌幅达 46%。

瑞信在该份报告中称，考虑对 2016 年年末预计资产净值 14. 4 元进行了 30% 的折扣。瑞信将万科 H 股的评级也由“跑赢大市”调整为“跑输大市”，目标价格由每股 25. 4 港元下调至 12. 1 港元，未来的潜在跌幅达 52%。

瑞信称，万科管理层及大股东宝能系的“控股”之战越演越烈。瑞信认为，万科任何专业管理团队的离开将是一次灾难。此外，瑞信认为，从基本面来看，万科销售推动的模式将不可避免地导致毛利下滑，并因此扩大万科与直接竞争对手中海地产的利润差距。同时，华润置地也快速增长，并缩小与万科的收入差距。

2016 年 7 月 6 日，麦格理将万科（02202. HK）评级由“跑赢大市”下调至“中性”，削目标价 27% 至 16. 78 元。中期而言，该行对公司之投资主题为 2025 年将市值增五倍至 1 万亿元人民币，可能因管理层任何明显变动而落空，故将公司每股资产净值折让由 12% 调高至 36%。

该行认为，万科股价跟随 2016 年 6 月销售数据及拒绝宝能提案后，在过去三日由二十个月低位反弹 11%，但董事会换人的风险未完全消除，因宝能持股 10% 以上，已可自行召开特别股东大会，而且在 2017 年 3 月便要重选董事会。该行又认为，深圳地铁交易亦是不稳定因素，因为任何监管风险都可能导致监管当局介入，无短期解决方法，而且该行忧虑高管与大股东华润集团关系恶化。另外，董事会若出现变动亦会影响项目执行，同时财务成本亦可能影响信贷评级。

高盛高华在 2016 年 7 月 8 日的报告中，将万科 A 股评为卖出，认为其估值偏高，目标价为 15. 6 元。高盛认为其估值偏高，停牌时 A 股（24. 43 元/股）相对于 2016 年底净资产价值折让仅 2%，对应 11. 3 倍的 2016 年预期市盈率，2. 1 倍预期市净率。

摩根大通则相对乐观，2016 年 7 月 12 日报告中表示“我们预计万科股价将保持区间波动，由于宝能集团继续增持可能导致股价的非理性上涨，股价有上行倾向。”“当前事件给万科带来更多的不确定性，因此短期内将对万科产生负面影响。”摩根大通指出，“我们没有发现这笔恶意收购存在清晰的逻辑，我们也认为宝能可能获得的财务利得很少。”

06 仅剩10股万科A

各方都已经不顾脸面，一个一流品牌的打造需要数年，但500多亿市值的破灭只需要几天，其实灰飞烟灭的是万科的中小股民对万科品牌的信任，产业品牌毁于资本掠杀是市场的悲哀。

——崔新生 经济学家

2016年7月14日，万科A股股价在18元/股上下波动，此时距该股复牌仅8个交易日，跌幅超过25%。

其实，截至2016年7月12日收盘，万科股价已全部低于宝能增持的9个资管计划最高成本价，其中6个资管计划或已被套。按买入均价计算，个别亏损最严重的，净值已经逼近其0.8的平仓线。

股价的暴跌，自然引起人们对商业银行此前给宝能的巨额配资资金安全性的担忧。耗资400多亿举牌万科的宝能系，被疑面临资金紧张。2016年7月12日，万科A发布公告称，钜盛华于2016年7月12日将持有的万科3735.73万股无限售流通A股通过质押式回购方式质押给中国银河证券，并已办理完成股权质押登记手续。

公开信息显示，截至2016年7月12日，钜盛华通过普通证券账户直接持有万科A股股份926070472股，占公司总股本的8.39%，累计质押股数为926070462股，占公司总股本的8.39%，仅剩10股未质押。

2016年7月13日晚南玻A股也公告称，钜盛华将其持有的5955万股南玻A股通过质押式回购方式质押给银河证券，占南玻集团总股本的2.87%。目前南玻集团第一大股东前海人寿的一致行动人包括钜盛华，前海人寿及一致行动人合计占南玻集团当前总股本的26.36%。

2016年7月11日，《中国经营报》发表记者杨井鑫的报道《宝万之争后遗症：银行资金被绑架》，提示了业界对宝能系资金来源和风险的关注和担忧。

此前有消息称宝能系用26倍杠杆操纵520亿资金与王石对垒。近日王石和姚振华接受新华社采访时，王石认为宝能系杠杆或在20倍以上，而姚振华却坚称实际杠杆仅1.7。双方各执一词，但是这套“迷踪拳”却引发越来越高的市场关注度，并让监管开始对配资业务重新审视。市场传言，在该事件的影响下，银行配资杠杆再次遭降，从1：3或1：2将至1：1。对于这一说法，虽然监管层未明确发文，但是已经得到多位银行人士的证实。

据《中国经营报》记者了解，自7月15日起，商业银行对于证券一类投资的配资杠杆将限制在1：1，主要针对的是二级市场投资。此次政策可能并未涉及债券的投资杠杆。“目前股票投资的配资杠杆没有调整，放款约在两周内。但是，这项业务很可能会面临变动。”

7月6日有消息称，建行或退出宝能配资，而这无疑是在释放一种信号。“宝能系资本运作中，股价和资金链一旦出现问题，可能损失最多的就是银行资金。相比较520亿的资金，宝能系的资金规模就要小得多。”某券商资管部人士表示，这种资本操纵过程中，银行资金很容易被绑架，而其后续的风险会更大。

“在配资业务前期，资金通过挪腾和复杂的产品结构设计，让银行在其间无法实现穿透，也根本不可能从大局上把控风险。这就给予了机构多种放大杠杆叠加的投机可能，变相用极少的资金操控大笔资金的投资方向。”上述券商资管部人士认为，“资本运作的模式容易被效仿，而这种模式的风险目前只能说不低。从监管的角度看，降杠杆控风险是必然。”

投资需要杠杆，但是也要学会控制杠杆。宝能将杠杆发挥到淋漓尽致也并不是好事，增大了如今运作风险。万科、宝能、华润（简称万宝华）股权之间诸多谜团仍未得解，而更多新的秘密和疑问又在逐一浮出水面。“各方都已经不顾脸面。一个一流品牌的打造需要数年，但500多亿市值的破灭只需要几天。其实灰飞烟灭的是万科的中小股民对万科品牌的信任，产业品牌毁于资本掠杀是市场的悲哀。”对于万宝华之争进展至此，CCVI中国价值指数首席研究员崔新生表示很痛心。

07 验证匿名信

如果未来有一天真的发生了我们自己难以克服的困难，我们相信大家也会理解我们所做出的选择。

——孙嘉　万科执行副总裁

2016年8月21日，万科在深交所、港交所同时披露了2016年上半年业绩报告。同时，万科H股还披露了收购黑石集团名下商业地产公司的公告。

收购公告称，万科将通过成立投资基金，以128.7亿元收购黑石集团名下的商业地产公司印力集团96.55%股权以及MWREF公司。黑石集团联营公司所管理的基金持有印力集团及MWREF大多数股权。

投资基金组成包括万科子公司Vanke SPV全资持有的有限合伙人Ⅰ、持有50%权益的有限合伙人Ⅱ以及持有40%权益的普通合伙人。该基金已经于7月15日成立。投资基金之全资附属公司Vanke Rainbow7月15日与印力集团订立认购协议。根据认购协议，Vanke Rainbow同意认购，而印力集团同意发行及配发印力集团的认购股份，相当于完成投资事项后印力集团已发行总股本的96.55%。投资事项的总代价为192,798万美元（约人民币128.7亿元或港币150.3亿元），收购由Vanke Rainbow具体执行。公告称，黑石集团联营公司所管理的基金持有印力集团及MWREF大多数股权。

按照澎湃新闻的计算，万科最终持有62.07%的权益。而根据披露的交易信息，万科只需要为这部分权益支付58259万美元（约人民币38.89亿元），占投资事项的总代价192798万美元（约人民币128.7亿元）的30.2%。

万科公告称，就有关成立投资基金，基于各相关方的进一步协商，于2016年8月21日，本公司与招商银行就有关事项，其中包括，提供财务支持订立了合作协议。根据合作协议，本公司与招商银行同意就有关投资总额达人民币90亿元的投资事项进行合作。招商银行可于有限合伙人II及Vanke Rainbow未能履行彼等就投资事项的相关支付义务（包括偿还贷款义务）时，本公司及Vanke SPV将为投资事项提供财务支持，包括增加投资及提供充足资金以确保全数偿还贷款及相关利息。

根据投资基金的出资框架，在这项总额达到128.7亿元的大宗收购中，万科仅出资38.89亿，便获得了合资基金62.07%的权益，一定程度上似乎符合匿名信所称的进行借贷一事。

除招商银行外，万科没有披露普通合伙人的具体名单。值得关注的是，万科在公告里“限制性条款”这一项提到一家合资企业——深圳市深安房地产开发有限公司，为万科旗下间接全资附属公司及招银国际分别各自持有50%的合资公司。该公司注册资本1000万元，成立日期为2016年1月11日，法定代表人正是匿名信中提及的万科执行副总裁张旭。

“从目前印力的商业地产项目来看，并没有非常出众的地方。这也可以让万科花费不高的代价就拿下。更重要的是，这也有利于黑石顺利实现资产变现，利好后续的投资。甚至不排除后续黑石会投资持股万科等，此类策略或都在万科管理层的掌控之中。”易居研究院智库中心研究总监严跃进表示。

2016 年 8 月 22 日下午两点，万科在深圳大梅沙总部以及中国香港文化东方酒店二楼举行万科中期业绩推介会，执行副总裁孙嘉、王文金、张旭以及董秘朱旭出席，王石、郁亮缺席。郁亮自担任总裁以来，还是首次缺席业绩推介会。

“王石先生和郁亮先生今天没有出席发布会主要是郁亮先生最近在忙于协调股权事件，我们也希望股权事件妥善解决。”朱旭解释。

“我们没有做过特别具体的测算说如果股权纠纷继续下去，会导致我们的融资成本上升多少。但是评级机构已经关注到了万科的股权纠纷可能对我们未来的信用评级展望带来的影响，如果继续下去，确实会导致万科的融资成本进一步上升。”孙嘉表示，股争对项目投资的影响却已显现，“在两个月的时间有 30 多个项目的条件有变化，如果未来股权纠纷继续的话，预计也会对我们新的投资产生不利影响。”

对于管理层出走的最坏预期，孙嘉指出，如果说未来王石主席发生变化，管理层是否会有变化，我个人觉得管理层的去留也不完全由管理层自己决定。过去一段时间以来，公司确实面临着非常大的非经营性困难。在这个过程中，管理层还是把更多的精力放在了怎么保障万科广大的客户、股东、员工的根本利益上，而不只是关心我们自己的去留。我们也会尽全力，尽量理性地面对一切的局面。“如果未来有一天真的发生了我们自己难以克服的困难，我们相信大家也会理解我们所做出的选择。”

现场提问：“万科昨天公告了收购印力集团 96. 55% 股权，收购印力是万科管理层的一个退路吗？”朱旭斩钉截铁地表示：“根本不存在退路或者说是另一个平台。万科为什么收购印力或者说和这个平台合作呢？万科在 10 年战略里提出打造城市配套服务商，这是我们打造商业平台非常重要的一个举措，或者说是其中的一部分，而且是为所有的客户提供一个体验式消费的商业平台。这是万科 10 年战略里面一定要做的一件事。”

朱旭还补充表示：“我们也看到印力是一个非常优秀的商业运营平台，把它的运营平台和万科资源协同起来，相信能够产生非常好的协同效应。而且通过这些协同，可以打造一个非常好的商业运营平台，这是我们战略的组成部分。无论是印力的资产还是黑石另外一个平台 MWREF 的资产，都是非常优质的资产，而且最近土地价格上涨，可以看到这些资产的价值优势非常明显，这是我们的初衷，不存在说的作为未来的一个退路。”

张旭也表示：“我们从来就没有 B 计划。董事的去留也是由股东大会和董事自身来决定的，这个不由我们来妄加揣测。”

关于深圳地铁，朱旭表示：到目前为止，万科发行股份购买深圳地铁资产的预案，在各个股东层面的确是还没有达成共识，对此我们也表示非常的遗憾。但是我们相信各个股东在共识上是天然趋同的，万科的稳定和健康发展是符合全体股东根本利益的，这是一个很好的沟通和对话的前提。公司也认为"轨道+物业"的模式对万科未来的发展至关重要，因为当前地价非常高，面粉贵过面包。如果说发行股份购买资产的方案能够顺利实施的话，万科是有机会抢占"轨道+物业"这个先机的，是有机会突破土地资源获取的瓶颈，因此公司一直在跟各方股东做深入的磋商。"希望在尊重大家的前提下，尽快推出各方共赢的方案。我们认为未来只要是符合万科长期稳定发展这个原则，能让公司健康发展，都是非常好的结果。"

万科管理层当众厘清，应该用"股权事件"而非"股权争夺"来代指从2015年延续至今的纷争，这一细节耐人寻味。

2010年，陈晓和黄光裕爆发国美控制权之争，我在《国美之战》中曾写下：我不赞成让一个法律的"囚徒"操纵国美，我也不赞成让一个道德的"囚徒"掌控国美，但更不赞成让我们无法懂其语言的国际资本占有国美！

面对王石对黑石的选择，我持坚定的反对意见，这不是狭隘的民族主义，但我绝不希望看到让国人为之骄傲的标杆，一夜之间打上国际资本的标记。

王石此举，将是其职业生涯的最大败笔！

| 大咖观点 | 万科宝能案例：影子银行+双倍杠杆的风险

针对万科与黑石就129亿元人民币收购地产资产事宜，摩根大通2016年7月12日发布研报《影子银行+双倍杠杆的风险：万科宝能案例》（《JPMorgan Vanke Blackstone Acquisition：Acquisition of commercial assets is strategically positive》），认为该项交易潜在收购项目与万科建立投资性物业的战略定位契合，符合当前万科建立投资性物业的战略定位。同时指出，6家银行为宝能利用4.2倍杠杆，收购万科的交易融资总计260亿元人民币，这些银行过于依赖贷款的担保价值（即宝能），风险管理松懈。"财务风险可能成为银行重估的拖累因素。""这并不是个案。"

来自保单持有人和银行储户的低风险偏好资金是如何成为针对中

国最大开发商的恶意收购的融资资金的呢？

万科事件揭开了谜团：①利率下降，流动性充足，理财产品风险定价扭曲推升风险偏好；②中国金融监管相对宽松，不协调，影子银行工具应运而生（即资产管理计划）。资产管理计划将银行资金转移到高风险投资者手中。六家银行为宝能利用4.2倍杠杆收购万科的交易融资总计人民币260亿元；③杠杆推高资产价格，为冒险者和他们的投资者创造利润。鉴于2016年第一季度资产管理计划管理的资产规模已经达到人民币32万亿元，我们相信这不是个别案例；监管者需要填补漏洞，否则财务风险可能成为银行重新评估的拖累因素。

净资产收益率为2.8%的钜盛华如何尝试收购万科？2014年以来资产管理计划（AMP）成长速度加快，当时信托/财富管理产品监管收紧。资产管理计划是为增加银行贷款成立的特殊目的工具。新华社报道称中国建设银行，民生银行，平安银行，广发，浦东和浙商银行利用资产管理计划结构为钜盛华（JSH，宝能子公司）收购万科提供融资。每一层融资的杠杆均为2.0倍，但如果综合计算，实际杠杆倍数为4.2倍。我们的分析显示，截至2014年，JSH利息覆盖率和现金/短期债务率为2.29倍和0.44倍，远低于同业，这表明借款方过于依赖贷款的担保价值（即万科股东），且风险管理松懈。

类似前海人寿的保险公司如何在保险市场赢得市场份额？在利率走低的背景下，未上市的保险公司产品对寻求高回报投资的投资者来说极具吸引力。为了实现高收益，这些保险公司选择高风险资产。比如，股票投资占前海人寿总投资规模的36%。中国大陆上市保险公司这一比例为15%，中国台湾地区为12%，美国和欧洲保险公司为3%~4%。2015年未上市保险公司资产增长率为59%（前海人寿为178%），领先于同业14%的水平。受惠于来自万科投资的相关财务盈利以及合并前海人寿利润，钜盛华2015年利润增长6，445%。

中国金融体系的交叉风险是什么？①利率下降，流动性充足以及理财产品风险定价扭曲鼓励牺牲风险管理换取收益的行为；②蔓延风险通过影子银行（即资产管理计划）传导至银行；③监管机构并未充分监督资产管理计划产品和未上市保险公司的投资风险。截至2016年第一季度末，资产管理计划管理的资产规模已经达到人民币32万亿元；

假设其中有30%为影子银行工具，这构成了金融稳定的重大不确定因素。填补监管漏洞对防范金融风险至关重要。

对万科A&H股的影响？我们预计有三种可能：①正面：宝能将自愿退出，较历史成本能获得一笔收益；②中性：宝能被迫出售万科股票。万科A股短期将出现调整，但这确保了万科管理层的连续性；③负面：宝能继续筹集资金买入更多万科A股股票，从而获得罢免万科管理层的足够股权，并利用他们自己的方式将万科品牌货币化。万科可能失去估值溢价，长期估值受影响。

对万科和地产行业的影响

宝能收购万科的风险：更换管理层意味着摧毁万科最大的优势。万科采用职业经理人管理公司的结构。受益于过去二十年万科董事会主席王石的努力，该公司没有控股股东。股权结构分散鼓励万科管理层做出战略决定时考虑将全体股东回报最大化，而不是仅仅考虑大股东。

因此，万科管理团队被认为是业内表现最佳的团队之一，管理风险时拥有良好的自律能力，同时在做出投资决定时将净资产收益率最大化。他们具有远见，并且应对未来挑战证明了自身的能力。比如，2008—2009年引入组合房屋配件制造以提升施工效率；2009—2010年市场利润率下滑之际，万科率先实施快速资产周转模型；并在2012—2013年传统地产开发商利润萎缩之际，采用轻资产模型。

王石自万科1991年首次公开发行股票以来一直担任董事会主席，郁亮自2007年起担任万科总裁。核心团队成员未发生变化。我们认为公司的卓越表现应当归功于其管理团队。我们没有发现任何关于宝能的优良表现记录能够让我们相信其管理团队也拥有万科管理团队的远见和执行能力。

因此，我们认为任何可能改变万科高级管理层团队和企业文化的举动都将对公司产生负面影响。这可能导致万科净资产收益率降低，风险状况增加，以及由此带来的融资成本提升，最终影响万科的估值溢价。

宝能潜在动机？

我们欣赏万科及认为万科股票价格被低估，所以如果维持现状，我们理解宝能为什么收购万科A股。但是，正如临时股东大会提案所阐述，我们认为宝能动机不同于其他保险公司，其他保险公司买入地产公司股票主要是出于获得较高股息收益和展开与实体地产方面的战略合作的目的，或者进入更多业主网络。根据宝能在万科临时股东大会的提案，公告以及年度股东大会的投票，看起来宝能反对当前管理团队做出的任何决定。他们持续买入万科股票，希望借此获得更多控股权以达成上述目的，尽管宝能宣称将自身定位为战略财务投资者并且不会向董事会派驻代表。

万科并不是重资产公司，因此我们认为宝能的目标并不是万科的任何特别资产；宝能提议罢免所有董事会成员，我们认为宝能亦未看中万科的管理层能力。总之，我们认为宝能最大的动机是万科的品牌，及万科进入金融市场的能力以及与当地政府的关系。

与万科相比，宝能不动产市场份额非常有限（2015年万科市场份额为3%，宝能为0.01%）。借助万科的品牌和平台，宝能可以将其现有地产资产并入万科，由此缔造“太大而不能倒”的商业帝国。如果宝能最终能够取得全国最大地产开发商的控制权，那么该公司政治影响力尤其是在深圳，将大幅上升。

摩根大通观点：没有明显逻辑的恶意收购；应属特例

我们没有发现这笔恶意收购存在清晰的逻辑，我们也认为宝能可能获得的财务利得很少。根据万科年度股东大会投票结果判断，安邦保险全面支持万科管理层，华润集团只反对阻碍他们作为大股东的行为，但对万科管理层没有表现恶意。因此，僵局很可能持续下去，除非宝能继续耗资数十亿人民币买入万科A股并取得万科控制权，或者他们被逼出售手中的万科股票。

我们认为当前事件给万科带来更多的不确定性，因此短期内将对万科产生负面影响。但是，我们对万科的基本面很有信心，万科的利润年均复合增长率>20%以及股息收益率>7%。而宝能可能继续增持万科A股，万科股票下行风险受到有利的支持。我们预计万科股价将保持区间波动，由于宝能集团继续增持可能导致股价的非理性上涨，股价有上行倾向。

我们认为这场恶意收购应属特例，因为：①多数上市地产开发商是国企（例如中海，华润置地，保利）或者家族企业（例如恒大集团，碧桂园，龙湖地产，万达，雅居乐，富力地产，融创中国）；②多数保险公司对投资持理性态度；③如果宝能最终更换万科管理层，宝能并不会获得特别的财务利得。

对万科 A/H 股的影响

我们预计万科事件的结局最终有三种可能：对万科而言，一个积极的结果就是，宝能将自愿退出，卖出股票还能获得一些收益；中性结果是对前海人寿财富管理产品强制清算，万科 A 股短期将出现调整，但这保证了万科管理层的连续性。这将有长期的积极影响；最糟糕的结果是如果宝能和财富管理产品子公司继续筹集资金以溢价买入更多万科 A 股，他们可能获得罢免万科管理层的足够股权，并利用他们自己的方式将万科品牌货币化。万科股票将失去估值溢价。

| 背景链接 |　尝试透视黑石集团

黑石所秉承的投资哲学是“Buy it，Fix it，Sell it”，意思是买下来，包装一下，再卖掉，从差价中赚取利润，典型的投机主义，带有浓浓美国式的兀鹫作风。

2016 年 5 月 11 日的福布斯杂志以《华尔街不可阻挡的力量》为题对黑石进行封面报道。文中写道，黑石等 PE 已经取代高盛和 JP 摩根等投行成为新一代华尔街之王。此后，互联网上的一篇综述《尝试黑石集团透视》为我们打开了解黑石的窗口。

知道黑石不一定懂 PE，不了解黑石肯定不懂 PE。

谁的开始都很难

黑石在当时的华尔街尚属无名之辈，在募资过程中吃了不少闭门羹，“被我们视为最可能点头的 19 家客户，一个个拒绝我们。总共有 488 个潜在投资人拒绝我们。”

1985 年，黑石公司成立于美国华尔街，当时仅为一家只有 4 个人、

40 万美元的一家小型的并购公司。谁也不曾想到正是这个不起眼的并购公司，20 多年后一举成为业务覆盖私有股权投资基金、房地产基金、对冲基金以及债务投资等诸多领域，资产规模超过 800 亿美元的 PE 天王。

运气和谋略成就了黑石

美国保险及证券巨头保德信公司给黑石带来了转机。黑石公司创始人彼得森回忆，“黑石”取得了保德信副董事长凯斯的信任。“他当时说，‘我喜欢你们两个家伙，我会给你们 1 亿美元’，后来我们又从杰克·韦尔奇那里拿到一笔钱，于是我们就算上路了。”黑石的第一只基金吸引了 32 个投资者，包括大都会人寿、通用电器公司、日兴证券以及通用汽车公司的退休基金在内。黑石的好运气从此开始。

“友善”的黑石策略

在盛行恶意融资并购的 20 世纪 80 年代，彼得森和施瓦茨曼就为公司发展定下了一条基本准则：坚持不做恶意收购；他们还发现，运用彼得森强大的人脉关系网和他们每一单收购生意中的相关公司建立友善关系至关重要，而且无往不胜——这一条现在已经成为“黑石”的标志性策略，使“黑石”成为一个连对手都愿意与之打交道的公司。

合伙人的优秀

客观地说，黑石的每一项辉煌都是两人并肩战斗的成果。彼得森和施瓦茨曼两个人年龄相差 20 岁，原来是上下级，如今是合伙人。一人“主内”，一人“主外”，配合得几乎天衣无缝：年富力强的施瓦茨曼坚韧不拔的毅力和充沛精力是“黑石”这部庞大“生财”机器得以顺利运转的“发动机”，老谋深算的彼得森在金融界及政界浓厚的人脉资源和游刃有余的外交手腕则是“黑石”的“润滑剂”。

独到的眼光

施瓦茨曼的眼光之独到和时机掌握之准在华尔街都无人能及。例如，2004 年黑石集团从德国私人资本手中买下了 Celanese 化学公司。

这块资产到手还没捂热，随即被推向美国上市。当时以互联网为代表的新经济低迷，传统行业在股市开始受到青睐。不到半年，黑石集团转手之间就拿到了现金收益30亿美元，而且手上还掌握了为数不少的股份。能做如此划算的买卖，施瓦茨曼的手段可见一斑。

业务组成

经过三十多年的发展，黑石现已发展成为美国和全球顶尖的私募股权投资集团，其核心业务包括私人房地产投资、企业债务投资、对冲基金、共同基金管理、私人募股、可销售另类资产管理和投资银行咨询服务。自25年前跨入资产管理行业以来，黑石集团在管基金规模超过3000亿美元，分布在：私募股权投资、房地产投资基金、夹层基金和高级债券基金等领域。它的收入结构也很简单：管理与咨询费，业绩表现费，投资收益，股息及利息收入。

天下武功，唯快不破

有时，黑石基金也会进行反向操作。即，在资本市场估值较低时以杠杆并购方式将上市的地产公司或REITS（房地产信托基金）公司私有化下市。然后，再将物业分拆出售，以套取房地产和资本市场之间估值的价差。在整个操作过程中，黑石体现的是“闪电速度”——快速的完成物业分拆出售。应该说，快速安排负责融资结构、快速完成大型交易的能力是黑石能够在金融危机中取得成功的关键。

较长的投资期限

金融危机中，黑石旗下有两只基金于2005年进入投资期。在2007—2008年，由于这两只基金名下的资产都是在2005—2007年购买的，处于估值高峰期，在2009年金融危机期间，黑石基金也遭受了严重的损失。比如，BRER Int’Il出现了44.1%的价值损失，截止到2010年投资价值仍低于成本5%，尔后两年（2011年和2012年），欧洲资产一直没有明显的价值回升，直到2013年该基金投资价值大幅提升了30%，年均内部回报率达到2%，2014年进一步提升到4%，但此时基金已经过去了9年时间。至少可以看到，在金融危机期间能够不损失并有一定的盈利，是得益于基金没有到期赎回的巨大压力，一直可以投资获得回报，从而等待危机的复苏和投资价值的恢复。

黑石地产基金至今保持着零亏损记录，其中的一个重要原因是“足够长的存续期”。与国内地产基金通常1~2年存续期不同，国外标准基金的存续期一般都在10年左右。研究显示，当基金持有超过7年时，地产基金的损失率就接近于零。这是因为经济周期的系统性风险变化趋势趋于平缓，从而能够为投资人提供一个长期相对平稳的收益。

第六章

权力的游戏

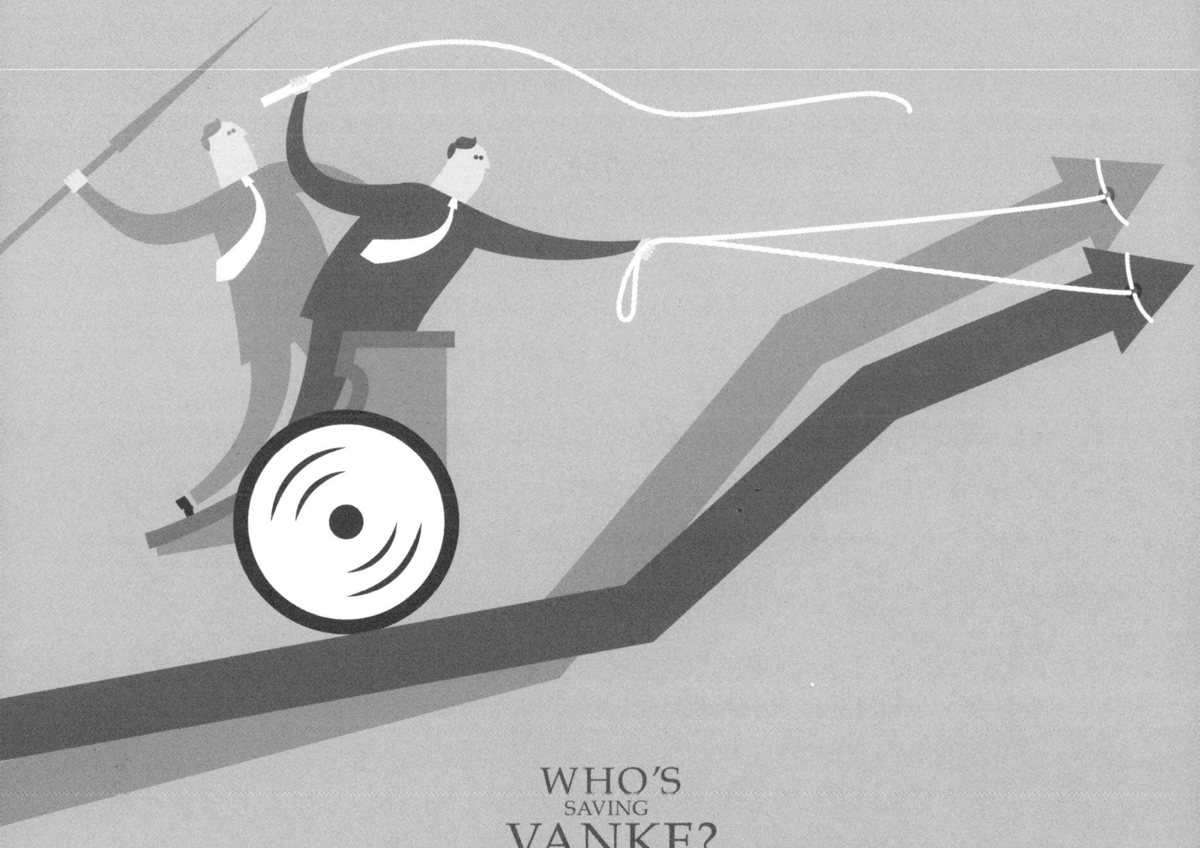

WHO'S
SAVING
VANKE?

“天下熙熙皆为利来，天下攘攘皆为利往。夫千乘之王，万家之侯，百室之君，尚犹患贫，而况匹夫编户之民乎!”

——司马迁《史记·货殖列传》

这是网上疯狂流传的一个段子：

王石盖了一栋别墅。华润买下了主卧成为第一大股东，次卧和客厅被散户买走，王石只留下卫生间成为别墅的管理层，并按照自己的Style装修了整个房间。宝能通过购买散户的资产买下了次卧，但并不满足，想打通房间扩大面积。王石作为物业出来发话：你这是野蛮装修，不能进入别墅。宝能不屑地看了王石一眼，默默地拿着钥匙进入了自己的房间。王石一看自己管不了宝能，主卧的华润也睁一只眼闭一只眼，于是准备在别墅上加盖一层并卖给深铁，让深铁成为第一大股东。这时候主卧的华润不干了，说没经过我的同意，不能在上面盖违法建筑。宝能趁机敲边鼓说：“物业没能履行自己的职责，不能维护业主权益。”大声叫嚷：“王石你违规了，立即出去!”

资本为王，联袂屌丝逆袭，一向高雅的王石，从不曾像今天这般狼狈；横扫一切的万科，从未遭遇如此难缠的厮打。自以为没有实际控制人，自以为一切自己说了算，殊不知，时代变了，环境变了，画风也变了，英雄或许还是那个英雄，结局一定不是那个结局。

01 “任性”的火药

当你曾经依靠、信任的央企华润毫无遮掩地公开和你阻击的恶意收购者联手，彻底否定万科管理层时，遮羞布全撕了。好吧，天要下雨、娘要改嫁。还能说什么？

——王石 2016年6月26日

华润态度的转变，让王石心寒。

更让王石始料不及的，是宝能对万科“全罢免”的动议。

2016年6月26日，万科发布公告称，收到股东深圳市钜盛华股份有限公司及前海人寿保险股份有限公司（合称“宝能系”）向公司发出的通知。钜盛华和前海人寿作为合计持有公司10%以上股份的股东，提请公司董事会召集2016年第二次临时股东大会，审议宝能提请罢免王石、乔世波、郁亮、孙健一、陈鹰、魏民、王文金等7名董事，张利平、华生、罗君美3位独立董事，以及解冻、廖绮云2位监事。

宝能系认为，万科本届董事会、监事会未能保证万科管理活动遵守上市公司规则与公司《章程》的约束，并在议案中对于提请罢免全部董事、监事职务给出了多项理由。

鉴于万科企业股份有限公司（简称万科或公司）现任董事长王石显示在其任职期间未能根据《中华人民共和国公司法》等法律规定及《万科企业股份有限公司章程A+H》等公司治理文件履行其董事职责，深圳市钜盛华股份有限公司、前海人寿保险股份有限公司作为合计持有公司10%以上股份的股东提议罢免王石先生公司董事职务，理由如下：

1. 第十七届董事会第十一次会议审议重大资产重组预案相关事项过程中，王石先生作为董事（长）没有充分关注重组交易价格的公允性、合理性，没有充分关注重组是否有利于公司及全体股东的整体利益、能否均衡反应股东的诉求，没有对异议董事提出的意见予以必要的重视和考虑，没有对独立董事提出回避的合法合规性予以特别的关注与审查，其行为严重违反《公司法》规定的董事义务及《深圳证券交易所主板上市公司规范运作指引》（2015年修订）规定的董事行为规范，引发了资本市场、社会各界的广泛关注和不安，给股东带来了巨大的困扰；王石先生作为董事（长），作为全体股东受托人，违背了其对公司和股东负有的诚信、勤勉、忠实义务，没有尽到保护公司及股东利益的责任。万科已经成为被内部人实际控制的上市公司，违背了《公司法》《证券法》《上市公司治理准则》等法律法规及规范性文件对上市公司的治理要求，不利于维护股东利益和万科长期发展。

2. 实际上，从万科2008年宣布无实际控制人开始，万科已经偏离上市公司规范运作的要求，万科管理层控制董事会、监事会，越过公司股东大会自行其是，王石作为董事（长），对此负有直接主要责任：

（1）万科2014年推出的事业合伙人制度的具体内容，以及公司董事、监事在该制度中能够获得的报酬及获得此报酬的依据，董事会从未向投资者披露过，违反上市公司信息披露有关要求。

（2）万科事业合伙人制度作为万科管理层核心管理制度，不受万科正常管理体系控制，系在公司正常的管理体系之外另建管理体系。万科已实质成为内部人控制企业，严重违背《公司法》《证券法》及《上市公司治理准则》要求的治理架构，不利于公司长期发展和维护股东权益。

（3）王石先生于2011—2014年担任公司第十六届董事期间前往美国、英国游学，长期脱离工作岗位，却依然在未经股东大会董事批准的情况下从万科获得现金报酬共计5000余万元。在万科缺少股东层面实际控制人、有效监管手段缺位的情况下，王石先生利用董事（长）地位获取巨额报酬，损害公司和广大投资者利益，严重违反《公司法》等法律法规规定的董事勤勉、忠实义务。

综上，王石先生为了自身利益，不遵守上市公司规则与公司《章程》的约束，没有履行其作为董事应当尽到的责任和义务，不适合继续担任公司董事职务。作为股东，我们尊重万科创立至今的管理团队、各级干部及全体员工的努力与付出，但基于全体股东利益考虑和上市公司规范治理的发展需要，现提议罢免王石先生公司董事职务，希望全体股东充分支持提案人提议，请予以审议。

万科发布的公告称，公司将于近期召开董事会，审议有关请求。董事会将根据法律、行政法规和公司章程的规定，在收到请求后十日内提出同意或不同意召开临时股东大会的书面反馈意见。

财新报道称，宝能系计划推举华润集团助理总经理、华润置地执行董事吴向东为万科董事长，宝能系实际控制人姚振华为监事长。此前更有消息称，华润提出联合万科对抗宝能系的条件之一就是吴向东进入万科董事会和管理层。

华润对此予以否认。华润集团表示，华润没有向万科提出召开临时股东大会的议案，亦没有提名吴向东出任万科董事长。

王石当天在朋友圈再次对“倒王”言论做出回应称，人生就是一个大舞台，出场了就有谢幕的一天。但还不到时候，着啥子急吗？

宝能祭出此招儿，颇有图穷匕见之味，激起舆论强烈反弹。此后，王石开始饱受舆论的抨击和网民的嘲讽，王石的情怀成为耍流氓的代名词，田朴珺被“人肉”得体无完肤，寂寂无名的姚振华和初来乍到的傅育宁，一夜之间成为网民和散户追捧的英雄。

2016年6月27日上午，姚振华出现在天津夏季达沃斯会场，只身一人，未带助理，颇为低调。对媒体不断提出的万科股权之争相关问题，姚振华始终未予置评，在听完李克强总理讲话后，便离开会场。媒体称姚振华是以最具发展潜力增长型企业代表的身份参与此次达沃斯，此行并没有公开的议程。

舆论惊呼：如此低调的姚振华，原来真是个“野蛮人”。“宝能华润万科之争还在继续，一则提议罢免万科董事会和监事会的公告，把宝能系的老板姚振华推上了风口浪尖。并购万科，有钱的姚老板真的任性吗?”（水皮杂谈）

房天下调查显示，在罢免王石团队方面，3千余名网友中，支持王石的一方占到55%，支持宝能一方的为35%，其余10%保持中立。65%的被调查对象认为，王石等管理团队的离开，会对万科造成重创。

02 新华社喊话

相互理解是最大的智慧。

——新华社

2016年6月29日，新华社喊话万科之争：告别“任性”的火药。“公司控制权争夺中的‘任性’成为万科当前发展的关键阻碍。‘宝能系’成为第一大股东后，提出要求罢免包括王石在内的全部董事和监事的议案；而王石也曾对市场投资者‘宝能系’抱着‘瞧不起’的态度。各方任性之举愈演愈烈，企业和平运营的环境丧失殆尽。”“相互理解是最大的智慧。确保万科持续健康发展是各方共同愿景，‘宝能系’、华润集团、王石团队、中小股东应该携起手来，克制不必要的任性，相互理解与妥协，在大股东利益、中小股东利益和公众利益之间寻求到一个最大公约数，共同完善好公司治理结构，维护好投资者的合法权益。”

2016年6月27日凌晨，锤子科技CEO罗永浩在其微博中表示，看了一路的新闻和评论，感慨万千。王石是中国最优秀的企业家之一，万科是中国最好的房地产公司，没有之一。王石作为万科的缔造者，当年不得已放弃股份，是时代的悲剧。“他被打败了?”也许吧，谁知道呢，但“他只是个打工仔?”qhxbnnkfvs，轻浮是我们时代的主旋律。

财经作家吴晓波表示，现在华润和宝能联手发动的这场“驱王运动”，是中国企业史上的一个悲剧。因为在这次事件中看不到任何和进步、负责有关的行动，就是一次赤裸裸的掠夺。

他表明：如果之前还有人怀疑宝能系是不是恶意收购，那这次罢免董事的行为无疑是昭然若揭了。这是一次打着改善公司治理的旗号，实际上劣币驱逐良币的挑衅，我相信这种做法不会得逞。如果这都能得逞，那中国市场经济、商业秩序这几十年的建设，算是白搞了。华润给人的印象，是要花最小的力气，维持第一大股东地位，又没什么战略。万科今天的危机，华润难辞其咎。

华夏基石感叹，在全球商业演变史上，创始人在公司做大后被赶走的事并不鲜见，当初激烈争斗和股东、董事的压倒性投票，往往让人一度认为赶走创始人的决定无比正确，但随后的故事通常表明，把视公司为生命的创始人，尤其是缔造企业成功的创始人赶走，通常意味着这家公司的精神死亡以及随后的业绩起伏、衰退乃至失败。

唯一曾经幸运的公司是苹果，乔布斯被赶走后苹果一落千丈，最终董事会把他请回来，在乔布斯带领下，创造了苹果迄今仍在延续的空前成功。问题是，如果未来万科出现危机，以中国的现实和王石的个性、年纪，他和其他可能被干掉的万科管理层，是否还有时间和心气重新回到万科重振河山?

03 断崖式代谢

万科无疑是中国改革开放以来在公司治理层面上最为健康和阳光的企业之一。过去几年王石本人和郁亮团队在公司经营业绩方面并没有出现大的失误或值得指摘的违规行为。那么大股东动用这样的权力对经理人阶层进行全面的清理，这在全球公司史上都是非常罕见的事情，一定会被记录到中国企业史里。

——吴晓波 财经作家 2016 年 6 月 26 日

按计划，2016 年 6 月 25 日王石将前往南京大学发表演讲，并出席“Rock & Row 世界大学赛艇行”南京大学站活动，但王石没有如期出席。2014 年 9

月 24 日，王石当选亚洲赛艇联合会主席。台北赛艇协会主席洪瑞昌、新加坡赛艇协会主席 Nicholas EE、伊朗赛艇皮划艇帆船协会秘书长 Vahid Moradi 当选副主席。

2016 年 6 月 27 日下午 2：30，万科企业股份有限公司 2015 年度股东大会在深圳总部召开，王石、郁亮、王文金、孙嘉、张旭、谭华杰、朱旭、解冻、周清平等出席，华润方没有出席，王石做了简单的开场白后，郁亮做了董事会工作报告，现场也没有对罢免议案进行审议。

会上，王石向宝能姚振华、中小股东和网民等对象连续三次致歉。王石表示："如果自己的一些话造成他被认为是野蛮人，那么自己表示歉意，但自己从未说过野蛮人，只是说过恶意收购。"

"能否给你们忽视多年的中小股东和网民鞠躬?"王石称："没有问题，我道歉。"随后便起身道歉。谈及万科房子质量问题时，王石称，万科房子项目服务过程中应该有很多不尽如人意的地方，对此表达歉意，改进自己的工作。

对于宝能系提出罢免王石等管理层这一问题，郁亮表示，"我们尊重每个股东根据公司章程做出的决定。我承认，这个对万科管理团队是很大的困扰。我们从去年年底开始，就一直在维持团队稳定，我们的业绩并没有受到影响。在公布与深铁的合作时，我们员工深受鼓舞，但之后反对之声、罢免管理层事件的出现，让我们压力很大，部分待签约项目出现解约或终止签约情况……面对重重压力，我们管理团队有心无力，我和王石的去留都不重要，但重要的是股东的权利，我们在意的是每一个股东的利益。"

王石表示，"我是万科主要创建人，也是万科一员，在如何协调各方面的利益和稳定各方上，万科一直在妥协。但这种妥协是有度的，不能违背阳光透明的制度。我不认为大股东可以为所欲为，我们有相关的监管部门控制。"

对于薪酬问题，王石现场解释："你不问我也想说。我不是挂名的董事长，我是拿薪酬的。1988 年改革之前，我拿工资；改革之后我是董事长兼总经理，我拿的还是工资。监督公司运转，监督业务，是我的职责。我是在国外考察学习，沟通业务，国际化业务，这属于管理层的分工。美国的旧金山，投资都是我参与谈判的，包括伦敦、西雅图。我觉得作为一个专职的董事长，主要的职责是对公司进行战略上的把握，并随时监督公司运转。"

万科监事会主席解冻补充说，合格的董事长必须要管好大事。这些年万科的战略、团队和业绩都算是行业领先。另外需要澄清的是，王石从来没有脱离工作岗位，一直负责和公司发展有关的战略思考，指导推进国际化业务，并起到了关键作用。王石属于执行董事，和另外两位执行董事一样，并未单独领取董事津贴，而是作为公司经营管理团队的一员，和其他管理层一样从公司获取薪酬。薪酬由董事会薪酬与提名委员会批准，并在年报中披露，作为年报的一部分，经过股东大会的审议。

解冻表示，1998 年万科销售收入仅 20 亿，2010 年万科年销售收入突破千亿，2015 年接近 2000 亿，利润 181 亿，18 年间销售规模增长 116 倍。但王石的薪酬不但没有随业绩的增长而增长，反而主动下调。“我想，王石主席应该还算是合格的董事长，至少没有不堪到要被股东大会罢免的地步。”

王石表示，万科管理层是万科文化的守护者，换掉管理层要付出代价，会损伤中小股东、万科业务和合作伙伴以及万科品牌。王石和郁亮均表示，只要是为了万科的品牌，自己怎么选择都不重要。

对于什么时候考虑退休的问题，王石称，“我曾经说过，没有人需要我才是成功。现在来看，我还不太成功。”王石还说，如果没被罢免，未来郁亮接任是不错的选择。

这次万科股东大会审议了五项议案，董事会、监事会报告两个议案未获有效表决通过，审计财报、分红方案、续聘会计师事务所三个议案获得通过。

04 下棋的是谁

我们还是面对现实吧，人生就是一场零和博弈，输赢高下都在政坛上见分晓。不管我们愿不愿意，都是这条路上无奈的过河卒子，只能一路向前。

——《纸牌屋》

2016 年 7 月 4 日复牌交易的万科 A，仅仅三周，股价便跌去 30%，最低探至 16.74 元/股。

当初浮盈约 230 亿元的宝能，9 个资管计划，7 个出现浮亏，面临被平仓风险。宝能 9 个资管计划，利率区间为 6.5% ~7.2%，购入万科 A 股股票的总平均股价为 18.89 元/股，如按平均利率以及已存续期 8 个月计算，考虑融资成本后的平均股价约 19.83 元/股。

如此，宝能陷入风雨飘摇之中，随时有翻船的危险。

更何况，万科股权博弈漩涡暗涌，从王石的情怀、宝能的资本，到华生的质疑、华润的法律，无所不用其极，更一步步指向内幕交易和操控。

媒体爆料称，深圳地铁重组预案形成后，深圳市多位主要领导与华润沟通，并得到华润的谅解与有条件支持，6 月 16 日华润党组会却在“更多复杂因素的作用下”推翻了支持重组预案的决定，甚至不再回应深圳市主要领导的挽回意图。

央视特邀财经评论员水皮在《王石、姚老板都是棋子，下棋的出来走两步?!》一文中发出质疑：华润为什么最后时刻投反对票，为什么推翻自己对深圳市政府的承诺，为什么连北京相关部门领导的电话也不接，质疑以党组的名义投反对票……谁在把水搅浑，谁又能浑水摸鱼？王石算什么，姚振华又算什么，无非都是被人操纵的棋子，下棋的人还在幕后。

05 从《资本论》到《纸牌屋》

宝万之争已成为中国最受关注的企业大战，双方的指责蔓延到公共领域，打破了权贵间的冲突要关起门来进行的中国社会规矩。

——唐·温兰 FT 中文网

2016 年 7 月 4 日，万科企业股份有限公司工会委员会起诉钜盛华、前海人寿、南方资本、泰信基金、西部利得损害股东利益责任纠纷案被深圳市罗湖区人民法院受理。根据《民事起诉状》，万科工会的诉讼请求主要有五个：

第一，请求判令 5 名被告持有万科 A 股股票达到 5% 时及其后续继续增持万科 A 股股票的行为属于无效民事行为；

第二，请求判令 5 名被告在《证券法》及《上市公司收购管理办法》规定的限售期届满后，通过深交所的集中竞价交易系统期限改正其无效的民事行为；

第三，请求判令 5 名被告在改正违法行为之前，不得对其违法持有的万科 A 股股票行使表决权、提案权、提名权、提议召开股东大会的权利及其他股东权利；

第四，请求判令第三人（指万科公司）在 5 名被告违法行为改正之前，就 5 名被告违法持有的万科 A 股股票不予计入股东大会议案的有效表决权，对 5 名被告对违法持有的万科 A 股股票行使提案权、提名权、提议召开股东大会的权利及其他股东权利不予接受；

第五，请求判令5名被告承担本案全部诉讼费用，包括案件受理费、保全费、保全担保费、律师费、差旅费等。

万科工会的诉讼理由主要有三个：钜盛华、前海人寿等涉及未履行向国务院证券监督管理机构书面报告的义务、未严格按照《证券法》《收购办法》的要求履行信息披露义务、增持属于无效民事行为。

2016年7月6日，万科召开“万科职工代表大会”，由万科监事会主席解冻主持，约200名由万科全体员工选出的万科委员参加会议。决议包括两点内容：

1. 全体职工代表支持万科工会起诉钜盛华公司及其一致行动人违法增持万科A股股票行为；

2. 全体职工代表要求股东遵守事业合伙人规定，维护员工跟投利益。

2016年7月5日下午，上海天铭律师事务所宋一欣律师、上海汉联律师事务所郭捍东律师收到广东省深圳市盐田区人民法院寄来的《立案通知书》。投资者袁女士（持有10000股）、张先生（持有11100股）分别诉万科企业股份有限公司撤销董事会决议纠纷两案已由法院正式受理，开庭时间尚未确定。

此时，网上对华润和宝能是一致行动人的质疑更是“漫山遍野”。2016年7月11日，证券日报常务副总编辑董少鹏在个人实名认证微博贴出一份文件截图：

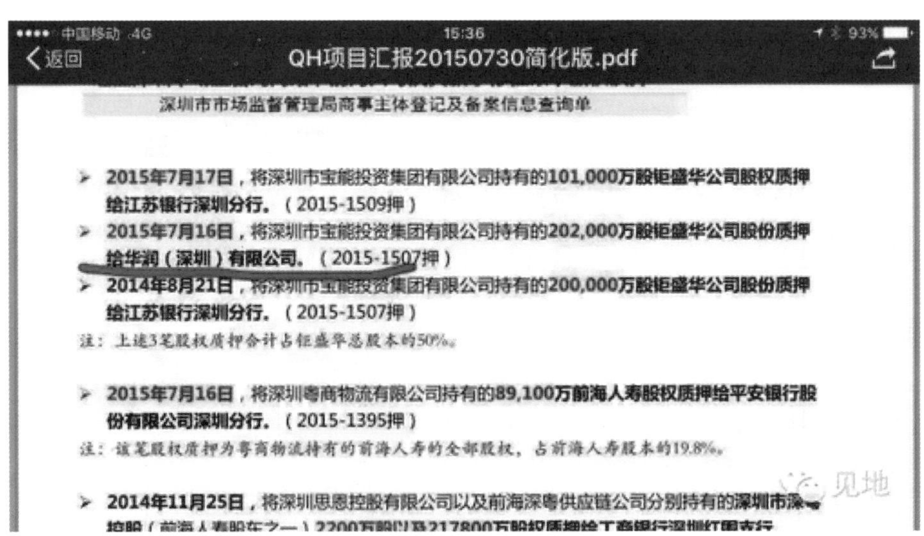
QH项目汇报20150730简化版.pdf

深圳市市场监督管理局商事主体登记及备案信息查询单

- 2015年7月17日，将深圳市宝能投资集团有限公司持有的101,000万股钜盛华公司股权质押给江苏银行深圳分行。（2015-1509押）
- 2015年7月16日，将深圳市宝能投资集团有限公司持有的202,000万股钜盛华公司股份质押给华润（深圳）有限公司。（2015-1507押）
- 2014年8月21日，将深圳市宝能投资集团有限公司持有的200,000万股钜盛华公司股份质押给江苏银行深圳分行。（2015-1507押）

注：上述3笔股权质押合计占钜盛华总股本的50%。

- 2015年7月16日，将深圳粤商物流有限公司持有的89,100万前海人寿股权质押给平安银行股份有限公司深圳分行。（2015-1395押）

注：该笔股权质押为粤商物流持有的前海人寿的全部股权，占前海人寿股本的19.8%。

- 2014年11月25日，将深圳思恩控股有限公司以及前海深粤供应链公司分别持有的深圳市……

截图显示，2015年7月16日，宝能将持有的202000万股钜盛华股份质押给华润。

董少鹏微博配文称，现双方已解押，故网站上已没有，但记录可查。华生也发微博提醒，因双方现已解押，深圳市场监督监管网上已撤下，查档需当事公司或权威部门。

华润方面对这笔质押并没有否认，回应中只称“此案与万科股权之争毫不相关。有人借此炒作，混淆视听的做法是极不负责任的”。

06 李森困境

开撕仍在继续，正在变成一个诡局。

——韦桂华

2016 年 7 月 19 日，万科向证监会、深圳监管局、深交所、中国证券投资基金业协会递交一份近 9000 字的《关于提请查处钜盛华及其控制的相关资管计划违法违规行为的报告》，提请查处钜盛华及其相关资管计划涉嫌违法违规行为，剑指宝能系的 9 个资管计划。

万科在《报告》中指出，出于对钜盛华的高杠杆资金链能否持续的担忧，公司对钜盛华及其控制的九个资管计划进行了初步调查，结果发现 4 大问题，分别是 9 个资产管理计划违反上市公司信息披露规定；九个资管计划违反资产管理业务相关法律法规；9 个资管计划将表决权让渡与钜盛华缺乏合法依据；钜盛华及其控制的九个资管计划涉嫌损害中小股东利益。

《报告》列举了宝能资管计划的“八宗罪”：① 9 个资管计划未按照一致行动人格式要求完整披露信息；② 9 个资管计划合同及补充协议未作为备查文件存放上市公司，披露的合同条款存在重大遗漏；③ 9 个资管计划违反资产管理业务相关法律法规，属于违规的“通道”业务；④钜盛华涉嫌非法利用 9 个资管计划的账户从事证券交易；⑤ 9 个资管计划涉嫌非法从事股票融资业务；⑥ 9 个资管计划将表决权让渡给钜盛华缺乏合法依据，不具备让渡投票权的合法性前提；⑦ 9 个资管计划涉嫌损害中小股东权益，钜盛华涉嫌利用信息优势、资金优势，借助其掌握的多个账户影响股价，钜盛华涉嫌利用 9 个资产管理计划拉高股价，为前海人寿输送利益；⑧未提示举牌导致的股票锁定风险，可能导致优先级委托人受损。

万科《报告》中，还有一个小亮点，宝能系在近期增持了 0.4% 的万科股票。报告称，钜盛华、前海人寿及钜盛华作为劣后级资金出资人的 9 个资产管理计划于二级市场持续增持万科A股，目前合计持股占万科总股本之25.4%，占万科A股28.83%。与万科2016年7月7日公告宝能系第五次举牌时的25%持股数出现0.4%的差异，其中泰信1号、东兴7号持有的万科股份数出现增加，泰信1号由1.57亿股增加到1.67亿股，东兴7号由6000万股增加到9457.99万股。

有意思的是，这份《报告》既没有出现在万科官网、交易所网站，也没有出现在指定信批媒体网站，甚至是证监会网站，而是直接出现在媒体网站。“（万科）直接发给了记者，没有发官网”，媒体如此解释。

2017年7月19日晚间，万科企业内部公众号“万科周刊”刊发《李森困境》一文，讲述的是巴林银行交易员李森的投资经历。文章直指：何为李森困境？当某个大资金成为唯一明庄的时候，其他所有机构都将成为对手盘；某一个大型机构，在各种复杂的原因下，试图以一己之力对抗整个市场的趋势，与其他机构和趋势相拼；高调在下跌中做多，成为整个市场的对手盘。“从内容不难看出，大有含沙射影，以‘李森困境’暗喻宝能所为错误，将大亏收场。”

2016年7月20日，宝能系钜盛华的委托中介中银律师事务所在核查后认为，钜盛华通过资管计划购买并持有万科A股在信息披露、投资者利益影响、资管产品合规性、股份表决权、融资业务等方面均未违反相关规定。

回应质疑点一：“信披合规”

钜盛华《法律意见书》认为，钜盛华通过资管计划持有万科A股份所履行的信息披露合法合规。理由：①钜盛华已将其涉及的9个资管计划所持万科A股份表决权的情况如实进行了披露；②钜盛华对9个资管计划的信息披露，不存在重大遗漏，不违法信息披露相关规定；③钜盛华及其一致行动人约定钜盛华作为指定代表统一编制信息披露文件，符合法律规定，不需要各个资管计划单独披露权益变动；④资管合同及补充协议不属于本次权益变动法定备查文件，因此钜盛华没有义务对该类文件进行同步披露。

回应质疑点二：“9个资管非通道业务”

钜盛华《法律意见书》认为，钜盛华通过资管计划持有万科股票的行为合法合规。理由：①9个资管合同不属于“通道”业务；②钜盛华通过9个资管计划持有万科A股股份不属于非法利用他人账户从事证券交易的情形；③9个资管计划按照钜盛华的建议投资万科A股股份不属于非法从事股票融资业务；④9个资管计划投资于万科A股股份符合法律规定。

回应质疑点三："表决权符合规定"

钜盛华《法律意见书》认为，《16 号准则》25 条明确允许投资者"通过信托或其他资产管理方式进行上市公司收购"，实践操作中，存在多起资管计划举牌上市公司的情况。9 个资管计划的补充协议约定，按照钜盛华意见行使表决权的做法也并不违规。理由：① 9 个资管计划作为钜盛华收购万科 A 股份的一致行动人不违法法律法规的强制性规定；② 9 个资管计划之补充协议约定资管计划表决权按照钜盛华意见形式符合规定。

回应质疑点四："利益输送的质疑缺乏合理性"

钜盛华《法律意见书》：钜盛华及其控制的 9 个资管计划未损害中小股东权益。理由：①钜盛华及其一致行动人增持万科 A 股的目的"主要是出于对上市公司未来发展前景的看好"，且根据相关规定上述股份 12 个月内不得出售，钜盛华不存在短期拉抬股价的动机，拉高增持时点的股价不符合钜盛华的利益，上述质疑不符合钜盛华投资目的，且缺乏商业合理性；②经核查，9 个资管计划的资管合同和补充协议，该资管计划的优先级委托人均为商业银行，有充分的风险认知、判断和承受能力，且资管合同已经就资管计划持有的证券发生锁定/或其他无法交易情况的处理措施进行了约定，并设立了"风险揭示"专项条款，对资管计划可能面临的各项风险进行了提示。

回应质疑点 5："已进行风险提示"

"《万科报告》上述所质疑钜盛华及 9 个资管计划涉嫌违规事项，缺少事实基础，无法律依据，《万科报告》未能指证钜盛华及资管计划可能违法的任何具体的法律条文来支撑万科观点。""《万科报告》纯属主观臆测。"

2016 年 7 月 21 日，深交所给万科、钜盛华各发了一封监管函。深交所称，万科于 2016 年 7 月 19 日向非指定媒体透露了未公开重大信息；钜盛华经我部多次督促，仍未按要求上交股份权益变动书。

2016 年 7 月 29 日，央视财经频道记者来到万科公司，按照程序查阅了钜盛华提交的《关于万科企业股份有限公司详式权益变动报告书备查文件》，这份文件共有 49 项具体内容，涵盖了钜盛华的 9 个资管计划，发现几乎每一份文件都有被涂黑的地方，除了一些人名、联系方式以及账号被涂黑以外，发现更多的是在资产管理计划合同中，关于预期收益率、平仓线以及警戒线等核心条款被涂黑。

被遮盖的关键信息主要集中在以下 5 点：① 9 个资产管理计划的资产管理合同及其《补充合同》中的投资范围（投资标的）被遮盖；②9 个资产管

理计划资产管理合同中的优先级份额预期收益率、预警线、触发预警线和平仓线的具体安排等核心条款被遮盖；③广钜 1 号、广钜 2 号资产管理计划资产管理合同中第 24 页“投资限制”部分第（13）条整条条款被隐去；④西部利得金裕 1 号、西部利得宝禄 1 号资产管理计划资产管理合同中第 6 页“（四）劣后级委托人特别承诺”中的有关信息被隐去；⑤东兴信鑫 7 号资产管理合同中第 25 页“投资限制”部分关于资产管理计划作为进取级委托人的一致行动人的有关信息被隐去。

2016 年 8 月 17 日唐·温兰在英国《金融时报》撰文指出：“宝万之争已成为中国最受关注的企业大战，双方的指责蔓延到公共领域，打破了权贵间冲突关起门来进行的中国社会规矩。”

2016 年 7 月 27 日，王石去了一趟华润总部，见到了傅育宁，最终王石铁青着脸出来，结果不言而喻。

战局仍在继续！

“我是很尊重潮汕帮的，特区帮、深圳帮大家都是为深圳做建设的，宝能、华润、万科都是深圳帮，都是一家人，不应该内斗。”“我们愿意照顾前海的诉求。前海很像中国香港的梁伯韬，能改组就改组，不能改组股价上他也不会亏。”2015 年 12 月，王石登门拜访瑞士信贷，并在演讲中明确表示，不会实行毒丸计划。如果宝能要改组董事会的话股权还不够，同时也会对公司造成不稳定影响。

零点调查董事长袁岳表示：“万科的治理是相对规范化的，但是规范化所追求的不维系于个人去留的境界与王石的自我感觉是不是有点距离呢？人才作为公司的资产很重要，但是当管理资产成为与管理层紧系的坚强属性，那么资本控制者的安全感与权利空间是不是也需要适度尊重呢？”

融创中国董事会主席孙宏斌明确表示：我坚决支持万科管理层！万科团队有魄力创业，我愿意出钱，至少投一个亿。大家要讲规则，规则就是股东大会选董事会，董事会选管理层，尤其上市公司，规则更多。没有规则，买股票就没依据了。

清华大学中国与世界经济研究中心主任李稻葵表示：“乔布斯创办了苹果，还是被人赶跑了，如果是真英雄你杀回来！你按资本的规则杀回来。如果真的这帮人毁了万科，那你如果有乔布斯的本事，再过几年公司一泻千里的时候，他们还把你请回来。”前人乔布斯就是一个榜样，即使是乔布斯当年也不能逆转资本的规矩。光做精神领袖，无法避免“被赶跑”。目前我们不知道王石还有没有机会逆转不利形势，短期只能按规矩办事。新的一帮人如果无法运营好万科，王石就被夹道欢迎。“是真英雄一定能东山再起。资本市场不讲情怀，只讲规矩。”

2016 年 7 月 8 日，新华社记者分头采访了王石和姚振华。王石说，万科团队应当摒弃鱼死网破的斗争哲学，在多元社会和市场经济的框架下，找到一种折中的、共赢的方案往前走。姚振华说，我们将本着对事不对人的态度，从大局出发，从全体股东利益出发，从万科长远发展出发，以最大的诚意与各相关方进行坦诚沟通，尽快平息纷争。

王石，是真英雄吗?！别较真，一场游戏一场梦。

｜大咖观点｜　万科股权之争应置于市场规则之下

2016 年 6 月 29 日，《21 世纪经济报道》发表张立伟先生的文章《万科股权之争应置于市场规则之下》，呼吁“把市场的交给市场，让规则战胜情怀，这是重建中国市场文明的关键时刻。”

持续半年之久的万科股权之争，最近重起波澜。万科管理层提出的重组方案遭到包括第一大股东宝能系、第二大股东华润的公开反对。2016 年 6 月 27 日，万科股东大会以 68% 的比例否决了董事会报告，显示不满比例甚高。与此同时，宝能系提请万科召开临时股东大会罢免包括王石、郁亮等在内的多位董事、监事；而万科独董华生指责华润、宝能涉嫌一致行动人，后者遭深交所发函要求说明情况，火药味很浓。

尽管舆论上出现了巨大的混乱和对峙，但万科股权争夺依然运行在规则的轨道上。

这场争斗之所以轰轰烈烈，除了过程跌宕起伏之外，主要是由主角王石所引发的各种道德评论所吸引，舆论称之为情怀派。事实上，这种股权争夺是资本市场重要的组成部分，只有是否合规的问题，没有道德上的好坏之分。中国资本市场缺少上市公司之间兼并重组或股权争夺的文化，是由各种缺陷所致，并非因为其是“坏的行为”。

目前来看，宝能系从二级市场上直接收购万科股权，成为第一大股东后就公司问题发表自己意见是正常的市场权利；王石和管理团队也有权利采取有效措施反击他们认为的这种恶意收购；原第一大股东的华润也有权利反对董事会做出的稀释大股东权益的重组方案。因此，各方都在行使规则赋予的权利，维护自身利益。

当然，相互之间也质疑彼此违规，比如宝能系的资金来源问题，虽然保监会调查结果表明合规，但市场仍有声音指责其非法；比如万科先停牌后寻找重组项目被指责为侵害股东利益，构成欺诈；再比如有人怀疑华润与宝能系事实上是一致行动人，等等。诸如此类的质疑，需要进一步由各方和监管部门澄清。

万科被资本盯上并面临举牌，是万科自身缺陷赋予资本的机会。首先，万科有充足的时间完善公司治理结构，设置一些具体的反恶意收购条款，但这家被称为公司治理最好且长期由管理层主导的企业并没有这样做；其次，万科股价长期低迷，与其经营业绩不符，这说明公司治理存在问题，不仅让很多中小投资者诟病，也给资本举牌的巨大动力与获益空间，宝能系的恶意收购成了价值发现的过程。

王石所代表的国内最优秀的管理团队本来占据有利位置，但令人意外的节节败退，甚至到了被逼宫的地步。很难判断其是将对手不放在眼里，还是缺乏定力与能力导致的结果。

鉴于这一事件的影响力，各方应该有为中国资本市场发展与完善起到标杆作用的自觉，包括独董在内的各方应该停止言语攻击与道德指责。没有永恒的敌人，只有永恒的利益，这是普通的生意博弈，并非零和游戏，妥协与合作可能是目前游戏各方共赢的基础。其次，管理团队应该遵守职业经理人精神，管理层不管对万科做出了多大贡献，也要基于产权制度尊重资本的意志。虽然不是资本的奴隶，但作为上市公司，本质上就是为资本打工，双方需要相互信任和尊重。

最重要的一点是，任何一方都不应该求助于政府干预解决目前的僵局。因为政府干预可能会违背其中一方意志并损害其利益，这对市场是巨大的伤害，也让这场股权之争变成真正的闹剧。如果各方拒不妥协最终损害了万科的品牌以及团队，那将是玉石俱损的结局，这不是理性的市场行为。把市场的交给市场，让规则战胜情怀，这是重建中国市场文明的关键时刻。

| 背景链接 |　同心者同路——致万科合伙人

2016 年 6 月 27 日凌晨，万科管理层以“事业合伙人大会执行委员会”名义，发布了一封名为“同心者同路——致万科合伙人”的内部邮件，致万科全体员工，明确表示不同意所谓股东与“内部人控制”之争，称所有权和经营权分离是现代企业的最基本特征，并鼓励员工稳定军心，坚守岗位，勤勉尽责，同仇敌忾。

亲爱的万科合伙人：

2016 年将近过半，经过大家半年来在各种压力下的奋斗，付出的汗水正结出硕果。万科几乎所有的经营指标，都在迈上一个新的台阶。大约 20 天后，公司料将实现 2000 亿销售额。十年前我们曾觉得只能遥迢仰望的世界 500 强，也即将入围。而万科的新十年战略，经过大家的不断探索，也正在变得清晰丰满起来。更美好的未来就在前方，等着全体合伙人去争取和开创。

就在此刻，资本市场风云变幻，公司第一大股东已经悄然变更，股权问题成为各方关注的焦点。近日，钜盛华及前海人寿要求召开临时股东大会并罢免全体董事和股东代表监事。今天，公司根据规则公告了这一要求。无论全体合伙人的感受如何，都必须勇敢面对。

万科被举牌，外界可能理解为公司控制权之争，尤其是股东与所谓“内部人控制”之争。可以明确地说，我们不同意这种说法。所有权和经营权分离，是现代企业的最基本特征。毫无疑问，股东是企业的所有者，管理团队和股东争夺公司所有权是荒谬的；而另一方面，管理团队为全体股东服务，而不是某一个股东的工具。我们事业合伙人既是万科的小股东，也是万科管理团队中的骨干成员。我们不仅追求“共创、共享”，更追求“共担”。很多合伙人把多年的劳动收入跟投到项目中，其中层级越高的合伙人，承担的跟投责任就越大。这使得我们更有使命感、责任感去捍卫万科长期发展的利益，捍卫全体股东的长期利益，捍卫万科的文化与价值观。

1988 年万科进行股份制改造时，创始人团队放弃了唾手可得的股权，是为了避免公司成为少数创始成员乾纲独断的僵化组织。正因为如此，万科建立了中国企业当中可能是最平等的文化、最简单的人际关系和最有效的纠错机制，吸引着一批批优秀的理想主义者加入万科。28 年过去了，我们的初衷丝毫未改。28 年中，我们这个行业诞生了难以计数的亿万富翁，却并不包括全球最大房地产企业管理团队中的任何一人。我们收获了客户的满意、社会的尊重、成功的喜悦、无价的友谊，以及无数个幸福快乐的日日夜夜。我们无怨无悔。

因为这样的初心，万科的股东和管理团队之间建立了最和谐的关系，成为中国良好公司治理的一面旗帜。在房地产行业，万科无疑是最成功的企业之一，这不仅是管理团队努力培育的果实，也是股东共同信任结出的善良之花，是中国资本市场足以流传后世的佳话。如果这个故事没有美好的结局，那么不仅我们会痛心，社会舆论会遗憾，也并不符合任何相关方的切身利益。

逐利是资本无可厚非的特征。一支优秀的团队是资本争夺的资源，而不是排斥的对象。我们不是资本的奴隶，过去不是，未来也不是。资本市场正日益发达和便利，知识经济是不可逆转的趋势和潮流。在资本和知识的对话中，我们不必抵触，也无须怯懦。资本可以雇佣劳动，知识也可以购买资本。资本和知识的关系，是双向的相互选择，是合作和共赢，而不是单方面的控制或支配，不是依附与被依附的关系。

过去十年，无论在中国还是海外，无论腾讯、阿里巴巴、华为还是谷歌、苹果、脸书，这些新涌现出来的卓越企业，没有一家仅仅依靠资本取得竞争力优势。人才和知识才是它们制胜的根本，理想和情怀才是它们动力的源泉。如果我们真的能做到这一点，那么万科最珍贵的财富始终在我们手中，无人能够夺走。

近期我们每一位合伙人都承受着前所未有的压力：部分待签约项目出现解约或终止签约情况；部分已售未结的项目面临退定和交付风险；客户由于焦虑而质询的情况每周成倍增加；银行和评级机构在重新评估公司的信用风险；部分项目合作方对经营前景深表忧虑甚至调整商务条款；猎头闻风而动，频繁联系公司员工，人才流失风险上升……面对重重压力，我们应当在各自的岗位上尽到勤勉责任，需要继续证明我们是这个行业最优秀的团队。

“可口可乐之父”罗伯特·伍德鲁夫曾经说过，即使一夜之间所有工厂都在大火中化为灰烬，但只要品牌还在，那么可口可乐第二天就能东山再起。对我们全体合伙人来说也是如此，只要我们的能力还在，只要我们的勤奋、敬业、思考力和创造力还在，我们就永远不会没有用武之地，广大理性投资者将是我们最大的盟友。

全体合伙人因为追寻共同理想走到一起，因对共同文化的眷恋而不离不弃。只要我们不忘初心，齐心协力，我们一定能成功地为全体股东和利益相关方创造更大的共享价值，赢得所有人的尊敬。未来的路还很漫长，同心者同路，我们还要一起坚定走下去！

事业合伙人大会执行委员会

2016年6月27日

| 背景链接 |　收到股东提议召开临时股东大会的公告

万科企业股份有限公司（以下简称“公司”“本公司”）于近日收到公司股东深圳市钜盛华股份有限公司（以下简称“钜盛华”）及前海人寿保险股份有限公司（以下简称“前海人寿”）向公司发出的“关于提请万科企业股份有限公司董事会召开2016年第二次临时股东大会的通知”。

钜盛华和前海人寿作为合计持有公司10%以上股份的股东，提请公司董事会召集2016年第二次临时股东大会审议如下议案：

1. 关于提请罢免王石先生公司董事职务的议案；
2. 关于提请罢免乔世波先生公司董事职务的议案；
3. 关于提请罢免郁亮先生公司董事职务的议案；
4. 关于提请罢免王文金先生公司董事职务的议案；
5. 关于提请罢免孙建一先生公司董事职务的议案；
6. 关于提请罢免魏斌先生公司董事职务的议案；
7. 关于提请罢免陈鹰先生公司董事职务的议案；
8. 关于提请罢免华生先生公司独立董事职务的议案；
9. 关于提请罢免罗君美女士公司独立董事职务的议案；

10. 关于提请罢免张利平先生公司独立董事职务的议案；
11. 关于提请罢免解冻先生公司监事职务的议案；
12. 关于提请罢免廖绮云女士公司监事职务的议案。

以上议案内容请见钜盛华和前海人寿发出的《关于提请万科企业股份有限公司董事会召开2016年第二次临时股东大会的通知》。

公司将于近期召开董事会，审议有关请求。董事会将根据法律、行政法规和公司章程的规定，在收到请求后十日内提出同意或不同意召开临时股东大会的书面反馈意见。

特此公告

万科企业股份有限公司董事会
二〇一六年六月二十七日

｜背景链接｜ 保卫万科请愿书

尊敬的深圳市委市政府领导：

我们是保卫万科职工大联盟，这次来到政府请愿，实在是忍无可忍，不想在资本大鳄的血盆大口下坐以待毙！万科正面临成立32年来的最大危机！万科所有职工正面临职业生涯的最大危机！

去年7月以来，资本玩家疯狂买股，原第一大股东睁一只眼闭一只眼。现在两家竟然要合谋罢免全体董监事，彻底搞垮万科的体系和文化。覆巢之下安有完卵！世界上有多少见不得光的事，以“规则”之名行之！

我们要问：公司经营向好，宝能和华润为何要狼狈为奸，无缘无故罢免董监事会，全面否定万科，否定全体万科人的工作，把万科推向深渊？

我们要问：如果任由资本血洗万科，公司未来在哪里？职工利益谁保障？我们不相信你们的甜言蜜语，你们那套拉拢分化的不当手段，已经演过太多遍了！

朗朗乾坤，世间自有公道。我们相信党，相信政府，相信社会正义，万科危急！万科全体职工危急！

我们以和平安静方式请愿，希望市委市政府出面主持公道，查处宝能和华润的非法行为，帮助深圳优秀企业抵御恶意资本的入侵!!

保卫万科职工大联盟

2016.6.30

｜背景链接｜
关于提请监管部门关注钜盛华及其相关资管计划违法违规行为的报告

2016年7月18日，自媒体流出据称是万科公司的名为《关于提请监管部门关注钜盛华及其相关资管计划违法违规行为的报告》的举报信，信中称钜盛华及其一致行动人存在两大违规嫌疑：一是钜盛华增持万科股份过程中涉嫌连续交易、约定交易、尾市交易等操纵证券市场，二是九个资管计划或被锁定12个月以上，存在无法减仓平仓的风险。2016年7月22日，证监会新闻发布会上，新闻发言人邓舸表示，证监会日前从网上关注到万科发布的举报信，深圳证监局、深交所、基金业协会分别收到书面报告。对此，深圳证监局、深交所展开调查，已分别对深圳市钜盛华股份有限公司未将权益变动相关备查文件备置于上市公司住所，万科未履行公司决策程序且向非指定媒体发布重大信息等违法行为，进行监管，要求遵守法律法规，杜绝此类事件。

中国证券监督管理委员会：

中国证券投资基金业协会：

深圳证券交易所：

中国证券监督管理委员会深圳监管局：

2015年下半年以来，深圳市钜盛华股份有限公司（以下简称“钜盛华”）、前海人寿保险股份有限公司（以下简称“前海人寿”）、钜盛华作为劣后委托人的九个资产管理计划（以下简称“九个资管计划”）于二级市场持续增持万科A股，目前合计持股占万科总股本之25.40%，占万科A股之28.83%。

钜盛华及其所谓一致行动人单方面宣称成为万科第一大股东后，

在缺乏必要调查了解和依据的情况下，强硬声明反对万科发行股份引入深圳地铁预案，贸然提出罢免万科全部董事、非职工代表监事，否决万科2015年度董事会报告、监事会报告和年度报告，对万科的正常经营、业务发展造成非常不利影响。客户开始观望甚至退房，合作伙伴提出解约，猎头公司开始挖角，国际评级机构拟调低信用评级，投行纷纷下调目标股价，万科A股股价自7月4日复牌以来累计下跌26%。此外，钜盛华通过自有证券账户持有的万科A股已基本全部质押；截至7月16日，9个高杠杆的资管计划已有六个出现浮亏，一个接近平仓线，资管计划平均持股成本18.89元，如按7%的利率加计融资成本，持仓成本约为19.83元。中小股东、媒体、社会公众对于钜盛华的高杠杆资金链能否持续，是否会引发万科A股股价断崖式下跌，是否会再现2015年股灾期间二级市场系统性踩踏风险，表示了极大顾虑。

根据《公司法》《证券法》的规定，为了维护全体股东，特别是维护中小股东的合法权益，确保万科长期、稳定、健康发展，维护资本市场健康、平稳成长，万科对钜盛华及其控制的九个资管计划进行了初步调查。现将发现的涉嫌违法违规行为报告如下，恳请监管部门启动核查，对核实的违法违规行为予以查处。

一、9个资产管理计划违反上市公司信息披露规定

（一）9个资管计划未按照一致行动人格式要求完整披露信息

根据钜盛华披露的《详式权益变动报告书》，9个资产管理计划以集中竞价方式增持万科A股股票。但是9个资产管理计划并未如同前海人寿一样，并列为钜盛华的一致行动人，也没有如同前海人寿一样，按照信息披露义务人的格式要求完整披露有关信息，而是被钜盛华作为买入万科A股的融资工具和账户通道，披露为“信息披露义务人管理的资产管理计划”，详式权益变动报告书违反信息披露规定。

根据《中华人民共和国证券投资基金法》《基金管理公司特定客户资产管理业务试点办法》（证监会83号令）、《证券公司客户资产管理业务管理办法》（证监会93号令），资产管理人应当代表资产管理计划实施法律行为。9个资管计划买入万科A股的过程中，资产管理人未能依法履行相关责任披露与钜盛华是否构成所谓一致行动人关系，也未

按《上市公司收购管理办法》《公开发行证券的公司信息披露内容与格式准则第15号——权益变动报告书》格式指引，代表资产管理计划披露相关信息，包括：信息披露义务人基本情况介绍；各信息披露义务人之间在股权、资产、业务、人员等方面的关系，说明其采取一致行动的目的、达成一致行动协议或意向的时间、一致行动协议或意向的内容（特别是一致行动人行使股份表决权的程序和方式）；对上市公司的主营业务、现任董事、高管、员工聘用计划，分红政策等方面的后续计划；是否对境内、境外其他上市公司持股5%以上；是否拥有境内、境外两个以上上市公司的控制权；是否与上市公司存在持续关联交易；是否与上市公司之间存在同业竞争；是否拟于未来12个月继续增持；前6个月是否在二级市场买卖上市公司股票；是否存在收购办法第六条规定的情形；是否已提供收购管理办法第五十条要求的文件；是否已充分披露资金来源；是否声明放弃行使相关股份的表决权等。

（二）9个资管计划合同及补充协议未作为备查文件存放上市公司

根据《公开发行证券的公司信息披露内容与格式准则第15号——权益变动报告书》，信息披露义务人应当将备查文件的原件或有法律效力的复印件报送证券交易所及上市公司，备查文件包括权益变动报告书所提及的有关合同、协议以及其他相关文件。截至目前，钜盛华及其一致行动人尚未将《详式权益变动报告书》中提及的9个资产管理计划的资产管理合同、补充协议及其他相关文件作为备查文件提交万科备查，违反了信息披露义务。9个资管计划与钜盛华的关系全部依据钜盛华的单方面披露，无从核实。

（三）9个资管计划披露的合同条款存在重大遗漏

与市场常见的“优先—劣后”结构的资产管理合同相比，钜盛华披露的《详式权益变动报告书》中对九个资产管理计划相关合同重要条款的披露并未包括以下重要条款：

1. 资产管理人、优先级委托人、劣后级委托人、托管人在资管合同项下的权利、义务；

2. 资产管理计划的预警、补仓、平仓机制的运作程序及后果；

3. 资产管理计划的投资政策、投资限制或禁止条款；

4. 资产管理计划的收益分配约定（包括收益分配原则、优先级份额持有人的基准收益、收益分配的周期及时限等)；

5. 资产管理计划的份额转让条款；

6. 违约条款。

综上，钜盛华单方面披露存在的重大遗漏误导了投资者和社会公众，使得投资者无法判断九个资管计划买入万科A股的目的，无法判断九个资管计划是否可以配合钜盛华举牌万科，无法判断其是否与钜盛华构成所谓一致行动人关系。

根据《上市公司收购管理办法》，上市公司的收购及相关股份权益变动活动中的信息披露义务人，未按照本办法的规定履行报告、公告以及其他相关义务的，中国证监会责令改正，采取监管谈话、出具警示函、责令暂停或者停止收购等监管措施。在改正前，相关信息披露义务人不得对其持有或者实际支配的股份行使表决权。信息披露义务人在报告、公告等文件中有虚假记载、误导性陈述或者重大遗漏的，中国证监会责令改正，采取监管谈话、出具警示函、责令暂停或者停止收购等监管措施。在改正前，收购人对其持有或者实际支配的股份不得行使表决权。

万科请求监管部门对钜盛华和9个资管计划之资产管理人上述行为进行核查，对查实问题责令改正。在改正之前，不得行使表决权。

二、9个资管计划违反资产管理业务相关法律法规

根据钜盛华披露的《详式权益变动报告书》，9个资产管理计划中1个为证券公司作为资产管理人的证券公司集合资产管理计划（东兴信鑫7号)，其余8个为基金管理公司及其子公司作为资产管理人的“一对多”基金管理公司资产管理计划。从目前钜盛华披露的信息看，9个资管计划存在违法违规问题，应当予以清理，不具备上市公司收购主体资格。

对此，恳请监管机构关注以下问题：

（一）9个资管合同属于违规的“通道”业务

《中国证券监督管理委员会关于进一步加强基金管理公司及其子公司从事特定客户资产管理业务风险管理的通知》（证监办发〔2014〕26号)、《证券期货经营机构落实资产管理业务“八条底线”禁止行为细则（2015年3月版)》规定，基金管理公司及其子公司不得通过“一

对多”专户开展通道业务。《中国证券业协会关于进一步规范证券公司资产管理业务有关事项的补充通知》（中证协发〔2014〕33号）规定，证券公司应当切实履行集合资产管理计划管理人的职责，不得通过集合资产管理计划开展通道业务。据钜盛华披露信息和万科了解的情况，9个资管计划的合同约定万科A股为唯一投资标的，约定投票表决权归钜盛华，约定任何投资建议均应由钜盛华下达，管理人不得擅自就《资产管理合同》项下委托资产进行任何投资操作。管理人买入万科A的数量和时点完全听从钜盛华的指令，甚至有的管理人将交易系统直接外接给钜盛华（可通过下单IP、交易系统记录查证）。在详式权益变动报告书中，钜盛华将9个资管计划定义为“信息披露义务人（钜盛华）管理的资产管理计划”，等于公开承认了9个资管计划的通道业务性质。

（二）钜盛华涉嫌非法利用9个资管计划的账户从事证券交易

根据《中华人民共和国证券法》第八十条，“禁止法人非法利用他人账户从事证券交易；禁止法人出借自己或者他人的证券账户”。根据《中华人民共和国合同法》第五十二条，违反法律、行政法规的强制性规定的合同无效。9个资管计划的交易标的锁定万科A股，投资建议由钜盛华下达，投票权也委托钜盛华行使，甚至部分资产管理人还将交易系统外接给钜盛华直接供其下单。钜盛华也在《详式权益变动报告书》中承认，9个资管计划是“信息披露义务人（钜盛华）管理的资产管理计划”。上述情况充分说明，钜盛华利用九个资管计划的账户买入万科A股已经涉嫌违反《证券法》第八十条有关强制性规定，属于无效合同。

万科请求监管部门核查：钜盛华利用9个资管计划账户买入A股的详细过程，包括下单IP，交易记录；对发现的违法行为按照《证券法》第二百零八条查处。“违反本规定，法人以他人名义设立账户或者利用他人账户买卖证券的，责令改正，没收违法所得，并处以违法所得一倍以上五倍以下罚款”。九个资管计划如核实违反《证券法》，请监管部门认定为无效合同。

（三）9个资管计划涉嫌非法从事股票融资业务

根据《证券法》《证券公司监督管理条例》和《证券公司融资融

券业务管理办法》，只有经批准的证券公司可以从事"向客户出借资金买入股票"的证券融资业务。去年股市异常波动的一个重要教训就是大量机构未经许可，从事"向客户出借资金买入股票"的场外股票融资业务。

2015年9月，中国证券监督管理委员会《关于继续做好清理整顿违法从事证券业务活动的通知》中明确，信托产品中如果存在"优先级委托人享受固定收益，劣后级委托人以投资顾问等形式直接执行投资指令"的情况，应该作为场外配资予以清理。2015年11月，中国证券监督管理委员会《关于规范证券期货经营机构涉嫌配资的私募资管产品相关工作的通知》，将场外配资的清理范围从信托产品账户扩展到证券期货经营机构的私募自营产品，并再次强调"优先级委托人享受固定收益、劣后级委托人以投资顾问等形式直接执行投资指令参与股票投资的私募资管产品"涉嫌场外配资。

2015年11月12日，深圳市中级人民法院发布了《关于审理场外股票融资合同纠纷案件的裁判指引》。该指引规定，"场外股票融资合同属于《中华人民共和国合同法》第五十二条第（四〉、（五）项规定的情形，应当认定为无效合同"。在起草说明中，深圳市中院认为，根据《证券法》规定，只有证券公司经批准可以开展融资业务，其他各种形式均为无效合同。

根据钜盛华披露的信息，9个资管计划的优先级委托人享受固定收益，按季度支付；劣后级委托人钜盛华下达投资建议，管理人不得擅自就《资产管理合同》项下委托资产进行任何投资操作。这已经涉嫌从事非法股票融资业务。

万科恳请监管部门对上述情况予以核查，对核查发现的场外配资业务，按照《关于规范证券期货经营机构涉嫌配资的私募资管产品相关工作的通知》予以清理。

综上，万科认为9个资管计划本身存在违法资产管理业务的法律法规问题，不符合《上市公司收购管理办法》所规定的收购人的条件。同时，根据《中华人民共和国合同法》第五十二条，九个资管计划的合同如果违反法律、行政法规的强制性规定，则合同无效。因此，万科恳请监管部门对上述资管计划的合法合规性进行核查。在核查结果出台前，不具备行使表决权的资格。

三、9个资管计划将表决权让渡与钜盛华缺乏合法依据

根据钜盛华披露的《详式权益变动报告书》，在资管计划存续期内，如万科召开股东大会，资产管理人应按照劣后级委托人钜盛华对表决事项的意见行使表决权；如钜盛华需要资管计划行使提案权、提名权、股东大会召集权等其他股东权利事项，资产管理人应按钜盛华出具的指令所列内容行使相关权利。

经调查了解，我们认为9个资管计划的管理人听命于劣后级委托人行使表决权，缺乏合法依据。

（一）9个资管计划不符合上市公司收购人的条件

9个资管计划与钜盛华构成所谓一致行动人关系并将表决权让渡给钜盛华的前提，是9个资管计划为符合《上市公司收购管理办法》的收购人。9个资管计划根据《基金管理公司特定客户资产管理业务试点办法》和《证券公司客户资产管理业务办法》分别设立，既不是法人，也不是自然人，不符合《公司法》关于股东的条件，无法在工商登记机关办理登记。因此，9个资管计划不符合《上市公司收购管理办法》中关于"收购人"的条件。同时，根据《证券法》，中国证券登记结算公司提供的信息表明，9个资管计划为万科股票的证券持有人。根据《公司法》《证券法》和《上市公司收购管理办法》，资管计划所持股票可以进行买卖，但是不具备成为收购人的条件，不能参与"举牌"，并构建一致行动人关系。钜盛华也认为，9个资管计划由其"管理"。如前所述，这就涉及通道业务等问题，9个资管计划本身存在违法问题，更不符合上市公司收购人的条件。而且9个资管计划认定为钜盛华一致行动人后，万科股票将锁定12个月，即使达到资管计划合同约定的预警线和平仓线，万科股票也不能卖出，使得原先资管合同的约定无法执行。这个情况说明，根据资管合同的约定，9个资管计划不得参与并购举牌。

（二）9个资管计划的相关各方均无充分依据行使表决权

根据《基金法》《基金管理公司特定客户资产管理业务试点办法》和《证券公司客户资产管理业务办法》等办法规定，资产管理人应当代表资管计划实施相关法律事务，但是代表资管计划行使表决权事关

资产委托人的重大权利，不是资产管理人的法定职责。资产管理人与劣后级委托人钜盛华签订补充协议让渡资管计划持股全部表决权没有法律依据。

钜盛华作为9个资管计划的劣后级委托人没有法律依据代表资管计划行使表决权，也无权替代资产管理人代表资管计划进行信息披露。随着万科股价的下跌，部分资管计划已经接近平仓线。如果继续下跌，钜盛华作为劣后级委托人的权益有可能全部消失。显然，钜盛华没有法律依据代表资管计划行使所持全部股票的表决权。

9个资管计划的优先级委托人合同签署人均为商业银行。不论商业银行使用的资金是银行贷款还是银行理财资金，商业银行如果作为优先级委托人拥有万科股票的表决权，都已经涉嫌违反《商业银行法》第四十三条，不得向非自用不动产投资或者向非银行金融机构和企业投资的规定。如果商业银行不能合法拥有资管计划的万科股票表决权，又如何约定向钜盛华进行转让。

如果认为银行理财资金不受《商业银行法》管制，商业银行也就更没有法律依据以商业银行的名义将银行理财资金持有的万科股票表决权进行让渡。

（三）9个资管计划不具备让渡投票权的合法性前提

据万科了解，9个资管计划的补充协议约定，只有在符合监管要求的前提下，表决权可以按照钜盛华的要求进行投票。如前所述，9个资管计划未能遵守相关上市公司信息披露的规定，与钜盛华的合同约定和买入万科A股的过程违反了相关法律法规，同时也不是适格的上市公司收购人，存在严重的违法违规问题。因此，根据合同约定，资产管理人也不得将所持万科股票的表决权让渡给钜盛华。

万科已与部分资产管理人联系，资产管理人表示听从监管部门的认定，服从监管部门的安排。万科恳请监管部门要求9个资管计划的管理人提交资管计划合同及补充协议，进一步核查表决权让渡条件等有关情况，明确9个资管计划是否符合《上市公司收购管理办法》规定的条件，明确9个资管计划是否合法合规，按照补充协议的规定要求资产管理人拒绝继续履行钜盛华的指令。

四、钜盛华及其控制的九个资管计划涉嫌损害中小股东权益万科目前总股本为11,039,152,001股，其中A股9,724,196,533股。在A股中，除宝能系、华润、证金汇金公司、安邦、金鹏计划、德赢计划以及QFII、基金外，其余股份不到A股的20%，中小股东流通盘面较小，易被人为操纵。

（一）钜盛华涉嫌利用信息优势、资金优势，借助其掌握的多个账户影响股价。

2015年下半年以来，特别是万科A股于2016年7月4日复牌以来，交易多次出现异常，存在被人为操纵的迹象。例如：

1. 万科A股股票自2015年11月27日收盘价14.26元涨至2015年12月3日收盘价19.15元，连续四个交易日累计涨幅34.29%，累计成交额293.28亿元，其中12月1日和2日连续涨停，形成股价异常波动。而安盛1号、2号、3号、广钜1号、泰信1号五支资产管理计划在2015年11月30日至12月3日期间连续买入万科A股股票。

2. 万科A股股票自2015年12月16日收盘价20.19元涨至2015年12月18日收盘价24.43元，连续两个交易日涨停，累计涨幅21%，累计成交额109.15亿元，形成股价异常波动。而广钜2号、西部利得金裕1号、西部利得宝禄1号和泰信1号四支资产管理计划在2015年12月17日至12月18日连续买入万科A股股票。

3. 2016年7月5日，万科A复牌第二天，万科股票一直停留在跌停价19.79元，该日14点45分起，出现大量9999手和10000手买单申报，14点51分共出现23组8787手的卖单申报，两者之间存在相互暗示的可能，而该日钜盛华通过资产管理计划购入万科A股7529万股股票。

（二）钜盛华涉嫌利用9个资产管理计划拉高股价，为前海人寿输送利益

9个资产管理计划在前海人寿之后购入万科股票，平均持仓股价19元左右，如加上融资成本，持仓成本接近20元。钜盛华涉嫌用9个资产管理计划拉高股价，涉嫌为前海人寿持有的万科A股维持浮盈，输送利益。

（三）钜盛华和9个资产管理计划未提示举牌导致的股票锁定风险，可能导致优先级委托人受损

结构化的资管计划之预警、补仓、平仓机制的运作程序均建立在

持仓股票具有流动性可以随时卖出的基础上。九个资管计划存续期为24～36个月，杠杆比例1∶2；除2个资管计划（75亿资金）将于2018年12月到期外，其余7个资管计划均于2017年11～12月到期。目前六个资管计划已经出现浮亏，一个资管计划已接近平仓线。根据《证券期货经营机构私募资产管理业务运作管理暂行规定》，9个资管计划到期后均需清盘，即使有新的资管计划接盘，杠杆也必须从1∶2降至1∶1，钜盛华及其所谓一致行动人面临降巨额资金缺口。同时，钜盛华及其所谓一致行动人每增持一笔万科股票，九个资管计划持有的万科A股均需相应延长锁定12个月。九个资管计划可能会面临到期后，万科股票仍处于锁定期，无法出售变现的巨大风险。此外，鉴于股权之争，多家投行已下调万科A的目标价。如果万科A股股价达到各个资管计划的预警线和平仓线，在万科A股处于锁定无法出售的情况下，资产管理人难以实现强制减仓、平仓止损，优先级理财资金份额持有人将蒙受重大风险。

对此，本公司提请监管机构核查以下问题：

1. 在万科A股中小股东流通盘面较小的情况下，钜盛华明显具有资金优势、持股优势和信息优势，极易利用其掌握的多个账户形成并实施市场操纵。需核查钜盛华增持万科股份过程中连续交易、约定交易、尾市交易等证券市场操纵行为。特别是核查2016年7月5日14点45分起，出现大量9999手和10000手买单申报的IP地址，以及14点51分23组8787手的卖单申报的IP地址。如果来自钜盛华及其一致行动人，该行为违反12个月不得出售的承诺；如果来自其他机构或个人，需要调查其意图，是否与钜盛华存在一致行动关系。

2. 核查9个资管计划之管理人和优先级委托人是否事前知悉此次投资的万科A股股票将被锁定12个月以上，存在无法减仓平仓导致优先级委托人受损的风险；是否就此取得了全体委托人的同意。

综上，公司恳请监管部门核查以上问题并回复公司。公司作为万科工会向深圳市罗湖区人民法院起诉钜盛华及其一致行动人在举牌过程中存在违法行为的利害相关第三人，有义务将以上资料在诉讼时提交给法院。公司将依照有关规定履行相应的信息披露义务。

第七章

独董的呛声

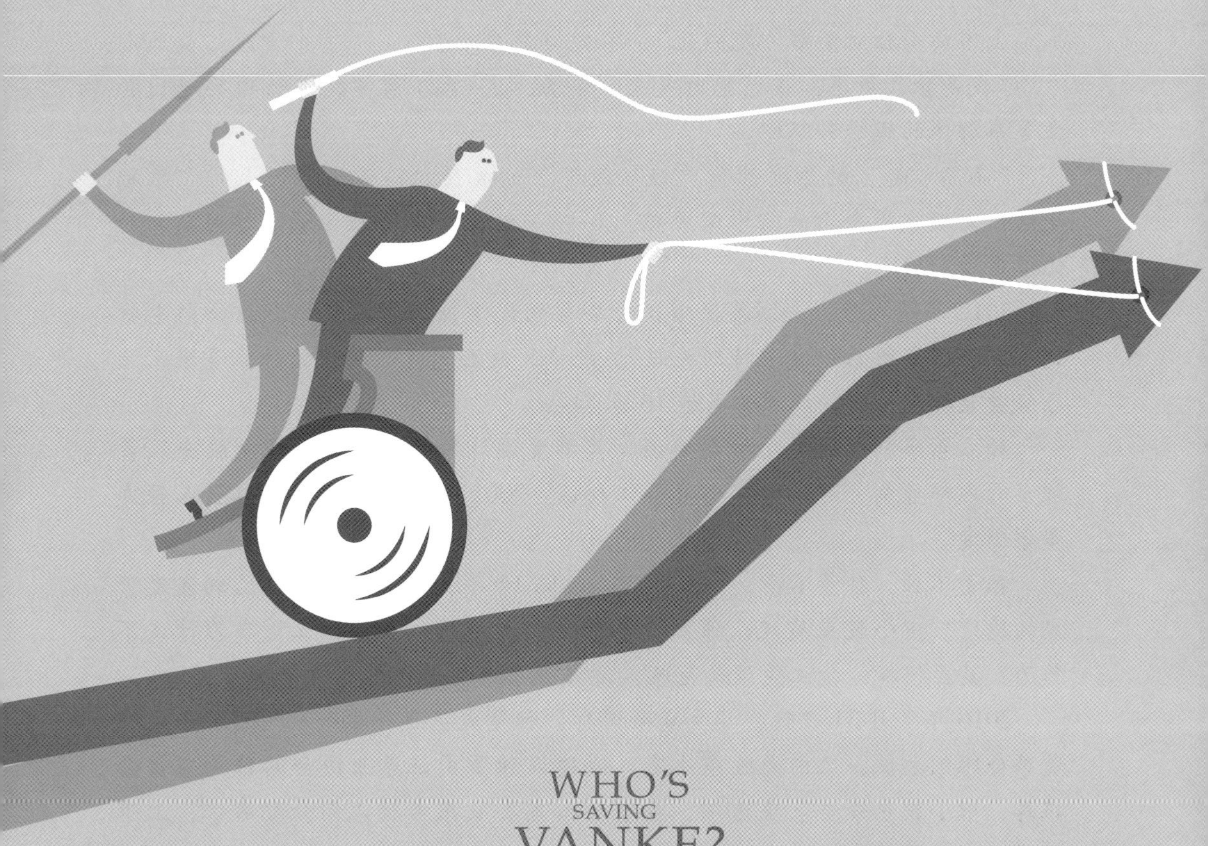

WHO'S
SAVING
VANKE?

"大海抓住闪电的箭光，把它们熄灭在自己的深渊里。这些闪电的影子，活像一条条火蛇，在大海里蜿蜒游动，一晃就消失了。"暴风雨！暴风雨就要来啦！"这是勇敢的海燕，在怒吼的大海上，在闪电中间，高傲地飞翔；这是胜利的预言家在叫喊：——让暴风雨来得更猛烈些吧！

——高尔基《海燕》

上市公司独立董事"花瓶化"，不失为中国风景。

"我是独立董事，我也绝对是个'花瓶'。"长江商学院院长项兵道出独立董事群体的尴尬和窘境。

"高高举起"的原则性和"轻轻放下"的妥协性；董事会议上的"幸福生活"与股东大会上的"水深火热"……一位上市公司独立董事曾用系列对比道白履职困惑。

2012 年情人节，一则某上市投资公司的议案惊动了深交所。该公司也收到了来自深交所的一份"特别关照"。原来，该公司意欲聘请的独立董事王某已经身兼数职——任职单位多达 16 家。

独立董事制度最早发端于美国。其制度设计目的在于防止控制股东及管理层的内部控制，防止损害公司整体利益。2001 年，中国上市公司引入独立董事制度。

独董不独、独董不懂，一人多职。时隔 14 年，独立董事制度已到岌岌可危的境地。中小股东质疑，独立董事到底代表谁的利益？独立董事为什么不作为？甚至愤批：独立董事是花瓶，是大股东或公司内部人的帮凶。

2016 年 7 月 31 日晚，华生发微博称，独董成花瓶并非个人问题，而是在董事会比例太低，又由大股东决定。他建议独董由证券业协会的独董委员会推荐，中小股东分类表决选举，董事会按各类股东占股比例分配席位，上市公司治理必将大为改观。

独立董事只能供大股东驱使或被管理层驱使？万科股权之争给出了否定的答案。无论是华生的声音，还是张利平的关键一票，打碎了独董的“花瓶”。

01 独家采访

中国A股市场上各种奇葩的壳资源收购重组大行其道，政策生态对壳收购大开绿灯，对优秀企业被收购的保护措施尚未提上日程。

——华生 东南大学教授

中国上市公司的独立董事，大多履历辉煌，知识渊博，富有主见，但又很少表明观点，也很少接受采访，似乎只是一种程序需要，在董事会大多只是配合大股东，充当“稻草人”和“花瓶”的角色。

2011年出任万科独立董事的华生，1953年生，是中国经济学家中的首富，武汉大学教授，万科是他唯一出任独董的上市公司。华生现任中国侨商联合会常务副会长，北京市侨联副主席，东南大学经济管理学院名誉院长，曾任前中共总书记赵紫阳秘书。2007年4月26日，与中国作家协会主席铁凝结婚；2012年5月17日，为庆贺母校东南大学110周年，和夫人铁凝联名捐赠1100万元，这是东南大学建校历史上最大的一笔个人捐款。

作为万科的独立董事，万科股权之争爆发初期，华生并没有什么惊人的言论。直到2016年1月，华生接受了新京报的独家专访，这是他第一次通过媒体就“万宝之争”表态。由于万科尚未召开董事会会议，华生表示是以经济学家的身份接受采访。他表示“最好的结果，是各方把趋势和风险看清楚，在规则的范围内做互利的妥协。”是月18日，新京报发表了部分采访内容。

新京报：万宝之争的焦点是万科管理层与宝能的较量，他们之间的矛盾点在哪？

华生：宝能和万科一样，也是做房地产的企业，但客观说，过去听说过这个企业的人恐怕不多。并购重组是推动资本市场前进、增加市场活力的重要杠杆。但好的资本市场是优胜劣汰，强大的行业龙头兼并弱势企业。行业中的落后者收购重组龙头标杆企业，很难是资本市场良性运作的方向。

其实作为财务投资者，宝能与万科并无利害冲突，还可以交流互补。但若宝能要收购、控制万科，就会跟万科特别是现管理层的利益与诉求产生绝对的对立。因为宝能的文化确实是家族企业，老板一统天下、说一不二、亲力亲为，而万科管理层特别是王石认为，自己几十年把万科做成一流的规范企业，向来以老大自居，根本无法接受被人收购去为二三流的地产企业打工。一山肯定不容二虎。从这个意义上，我们也能理解王石开始就跟宝能老板谈崩的原因。

新京报：可以理解为，您认为宝能的战略意图相当关键？

华生：宝能多次举牌，现已稳居第一大股东。我觉得这时候信息披露是非常重要的，到目前为止宝能没有披露，也没有被要求披露，这是不应该的。

如果宝能是以全面控制万科成为实际控制人为目的的，那很多投资人就可以不卖出股票，等待宝能收购、股价继续上涨。而如果宝能作为财务投资者可以与万科妥协，那投资策略又完全不同了。因此，信息披露是证券市场的生命线。

新京报：在万宝之争中，宝能运用了许多资本手段举牌万科，您怎么看待宝能所面临的风险？

华生：当然也有很多风险。因为历史一再证明用高杠杆买股票风险从来就很大，更不用说还要长期持有做大股东。另外用保险资金来配合实际控制人，把保险机构作为融资平台，保监会已经提出公开批评，是否要改正，这也有政策风险。

宝能借那么多钱、花那么大代价收购控制万科，到底图什么？光靠股权分红连融资成本都不够，更不必说后来的高价抢购了。但如果是看中万科手上的几百亿现金和利用重组万科的优质房地产资源，这就有个同业竞争、关联交易和上市公司利益可能受大股东侵害问题，这里面也涉及大量政策风险。

新京报：有声音认为，万宝之争中万科管理层也有不可推卸的责任，您怎么看？

华生：应该说这一次万科出现被敲门的情况，职业经理人起主导作用的治理结构受到了巨大的挑战，跟管理层的懈怠、失误是分不开的。所谓苍蝇不叮无缝的蛋。

新京报：万科管理层的懈怠是怎么表现出来的？

华生：就是有些自满自得，一说就是我们是最好的团队，万科是最标杆的，这些话别人可以讲，自己是不能讲的。当企业存在很大风险和隐患的时候，你还高枕无忧、轻松潇洒，那这之前你肯定是失察，是懈怠，是麻痹大意，是自满自得。而且你有那么好的企业和资源，却没有将其潜力都挖掘出来，所以万科的市值才会被低估，成为人家的目标。如果万科是高估的，几十倍市盈率，宝能还会敲门吗?

新京报：具体的失误又有哪些?

华生：万科管理层对万科法人治理结构所面临种种问题的防范，应当说是非常差的。在股权结构上，早该想到要引进一些互补性的机构投资者。如果里面有两三家像华润这样的大股东，还有人来敲门吗?

另外公司的章程虽然有统一规范的要求，但也给了企业有一定自主决策空间。比如许多公司防止董事在任期间被举牌者更换，将罢免董事列为重大事项，需要经过股东会 2/3 通过。万科却没有。反过来，定向增发是由自己主导的，万科却列为重大事项，要 2/3 通过。正是由于自己这个章程的规定，万科这次想借重组增发摆脱危机，在股东大会通过的难度就倍增。人家修长城，是把敌人堵在外面，万科却是搞个绳子，把自己的手脚给捆住了。

万科章程里对控股股东的规定也很奇怪。股份超过 30% 为本公司控股股东，可以提名一半的董事。这个规定其他上市公司都没有。我猜想万科当年制定这条的时候，是怕别人恶意收购，觉得只有过 30% 触发全面要约收购，才能当控股股东，因为当年有一个 30% 会触发要约收购的法规。

后来证监会收购管理办法修改后超过 30% 不用要约收购，部分要约就可以，甚至进行爬行收购还可以豁免所有要约义务。法规改了，你也得改啊，因为你的老防线已经成了马其诺防线，不管用了。但是万科的章程却没有做相应修改。本来在宝能开始举牌的长时间内，也是来得及修改的。这样一错再错，现在自然被动了。

新京报：在万宝之争前后，险资举牌也是市场关注的焦点，怎么看险资举牌?

华生：举牌就意味着要中长期持股。我觉得这是大好事，还应该多举。这才能改变我们过去的机构投资人从不举牌，只是个追涨杀跌的大散户的状况。将来不单是保险公司，养老基金、公募基金以及各种投资基金，都应该逐步成为稳定的机构投资人，这样才能在上市公司治理结构当中发挥积极的作用，才能形成现代企业结构。

新京报：那么宝能旗下的险资举牌要怎么看待?

华生：有两点要看到。①宝能旗下前海买万科，跟一般的保险举牌不一样。对于一家保险公司买进上市公司股份，法规是有限制的。过去保监会规定不超过 5%，后来放松到 10%，总体是说法律要求保险公司不是集中投资，而要分散风险。资本市场也是希望保险机构作为理财的委托人，作为一个稳定的机构投资者，去挖掘上市公司的投资价值，帮助投保人价值增值，而不是越俎代庖，自己操盘控制各行各业的上市公司去干实业。②保险公司跟实际控制人联手利用保险资金，帮助它的大股东去控制上市公司，我认为是不能鼓励和应该限制的。保险公司变成大股东的融资平台，就给保险资金带来了一个额外的风险，偏离了保险资金的使用方向。

新京报：万宝之争的走向会是什么情况?

华生：从目前来看，在监管层保持中立的情况下，宝能占股比例这么高，再借点钱，可以利用万科章程的缺陷来控制万科。

如果宝能以控制万科为前提，那么万科无论拿出什么样的重组方案都会被宝能反对，其通过的可能性很小。原因很简单：①宝能现在已经占有近25%的股份了，万科难以再争取三分之二多数支持。②万科这么大体量的地产公司，很难拿出任何使股价在高位继续上涨的方案，这样中小股东在利益上更易趋于宝能。③公布重组方案后要复牌，复牌到表决需要一段时间，这个时间段除了宝能系，其他人很少会高价追入，故万科方案要获得2/3的支持就更难了。

新京报：宝能若收购成功，中小股东的命运会如何?

华生：如果宝能收购成功，在这个过程中炒作并成功出逃的中小股东会赚钱，但对收购成功之日起的万科全部中小股东，很难是好消息。因为收购题材完结，股价势必从高位大幅回落。而且宝能控盘后随着万科现经营层的股权难免变现退出，许多原先欣赏万科透明治理结构的机构投资者退出，以及华润在万科变为家族控股企业后不能不做的重新布局考量，客观说预后难以乐观。

新京报：如您所说，万科管理层错失了许多机会，目前已经很被动。这是否意味着接下来的主动权已经完全在宝能手中?

华生：前期宝能计划周密，利用万科的失误和章程漏洞包括利用监管规则打擦边球，占据了可进可退的主动局面，但宝能也累积了一定的融资风险和政策风险。万科如果吸取经验教训，也不是已弹尽粮绝。

万科现在一个可行的做法是修改公司章程，将控股股东定义为履行了全面要约收购的举牌者。增加这一条就保护了在宝能收购成功时所有其他股东有高价卖出的权利，因而容易争取各类法人和机构投资者以及中小股东的支持。

在万科停牌期间宝能又没法增持股份，同时修改章程H股股东也会参加投票并一般会支持修改，这样通过胜算更高。这样修改章程后，宝能即便收购万科30%的股权，仍不能控制董事会，收购的意义就会大减。

其次，保监会已对保险公司成为大股东或实际控制人的融资平台提出批评，万科可以经董事会批准，向保监会提出申诉，要求前海人寿限期纠正其错误做法，并在纠正卖出股票前限制其投票权。

最后，如果宝能万一成功否决了万科章程修改议案，试图增持万科股份至30%以上成为控股股东，万科可经董事会决议，向证监会提出申诉，要求审查宝能的收购人资格。因为宝能虽然目前还不属于证监会收购管理办法中“负有较大债务，到期未清偿”的不合格收购人，但确实债务巨大、杠杆率高，有潜在清偿风险，且有利用保险资金作为融资平台的涉嫌违规行为。

同时万科还可联合华润等减持受限的机构投资人及董监高申请证监会不豁免宝能的要约收购义务。鉴于宝能收购万科后会带来同业竞争、关联交易等一系列不利因素和不确定环境，可以申请要求宝能收购30%时额外履行全面要约收购义务，以保护广大中小投资者有高位卖出的选择，包括特许万科被限售的大股东和董监高有卖出回避风险的权利。因为在目前证监会对大股东和董监高的减持限制下，这些相关股东丧失了在面临恶意收购这种特殊情况下用脚投票的权利。

总之，严格按照市场规则和维护证券市场健康发展的要求去博弈，万科还有相当迂回的空间。

此时，华生的分量很轻，不只是社会大众不甚关注，或许连“王石们”也是嗤之以鼻。2016 年 7 月 21 日，华生微博发声称，万科之争以来，除发文章和微博，我谢绝了各媒体的采访要求，也实在无力对所有来电、短信、来人的采访要求做出回应，再次一并致歉。“相信阳光是最好的防腐剂。”

02 重磅出击

我可以不同意你的观点，但我誓死捍卫你说话的权利。

——伏尔泰（Voltaire）《伏尔泰和他的朋友》

万科回归深圳的路，一直遭到华润呛声。

2016 年 3 月 12 日，华润突然发声，指责万科董事会未经讨论就抛出与深铁重组意向；随后，华润集团董事长傅育宁在“两会”期间接受媒体采访时公开呛声万科；3 个月后的万科董事会，华润派驻万科的三名董事投下反对票，意在从程序上阻截重组推进。

2016年6月24日至27日，万科独立董事华生重磅出击，在《上海证券报》连发三文，题目是《我为什么不支持大股东意见》，详细披露了6月17日万科董事会的内幕，可谓石破天惊，引起舆论哗然。华生由此赢得很多万科事件关注者的褒奖，被称为“是条汉子”“中国学者典范”“时代的良心”等。

“万科提出另寻国企参与重组，华润后来表示可以，但华润希望重组后仍保持第一大股东地位。深圳地铁参与重组后，华润总体并未反对，但在程序等细节问题上有不同意见。万科已请深圳市主要领导与华润多次沟通协调。”

华生文中指出的这一点，与《财新》的报道基本一致。那么，华润是如何解释的呢？“华润不反对万科和深圳地铁的合作，但在没有具体交易框架时，华润不方便提出具体意见。对于万科在停牌时并没有预先向华润打招呼、与深圳地铁合作的框架协议未经华润同意披露，在这些问题上华润认为万科是有很多缺陷和瑕疵的。宝能现已是万科第一大股东，万科的任何重组没有宝能同意很难推进。华润已与宝能接触，宝能不反对华润成为第一大股东。华润也与深圳市政府有很多沟通。在最近的协调会上，华润表示，如果按照目前公司的增发规模，影响华润恢复第一大股东地位，又较大摊薄宝能的股权，也没有解决股权分散问题，宝能很可能投反对票。华润因此表示不赞成。如果一定要增发股权，华润希望把华润恢复为第一大股东情况一并考虑，并提出一个方案。”

华生对此的判断是“华润此次谋求的，不仅是第一大股东的地位，而是能够控股和控制万科，使万科名副其实地变为华润旗下的下属央企控股企业，服从华润的一元化领导，拨乱反正，从根本上结束过去华润身为第一大股东而又说了不算的局面。然而由于短期华润客观上不可能在万科增加持股到50%以上，成为绝对控股股东，故而要实现华润说话算数的目的，就必须改变现行万科治理架构，赶走长期实际控制的公司管理层。听说有人已经放出话来，华润主导后，按央企管理，王石必须走人不说，郁亮等人可以留下，但受不了新的国企管理办法，也可以选择离开。”

华生的文章更是质疑华润与宝能是一致行动人。“华润方面在董事会上也承认，华润与宝能本来就有若干重要项目合作与关联，在网络上广为流传的华润前海中心项目的合作方就是宝能，并说华润为此向宝能提供了大量的资金优惠和融资。该传言至今尚未得到华润方面和宝能的澄清和反驳。”“人们不禁要问，华润方面与宝能有这么多接触密谈，被指存在关联和交易，是否已经涉嫌形成关联和一致行动人关系?”

华润表示：“我们已经注意到媒体的相关报道，正在核实其内容真实性、准确性，以及研究个别人士的公开发言是否合法合规。”

2016 年 6 月 26 日晚间，深圳证券交易所即分别发函给宝能与华润。

针对宝能：①你公司及一致行动人提出罢免董监事而未同步提名董监事候选人的原因，请充分考虑并分析说明相关董监事被罢免后对万科日常经营的影响，以及为消除相关影响拟采取的措施。②你公司及一致行动人做出关于召开本次股东大会提案的决定所履行的相关程序及具体时间是否与你公司于 2015 年 12 月 16 日披露的（《详式权益变动报告书（修订稿)》中所称“暂无计划改变上市公司现任董事会或高级管理人员的组成”相符，是否存在违反承诺的情形及判断理由，并说明拟采取的后续计划。

针对华润：①请你公司自查与钜盛华及其一致行动人之间，是否存在协议、其他安排等形式共同扩大所能够支配的万科股份表决权，并说明理由。②如果答案为是，请说明是否遵守了《上市公司收购管理办法》第 12 条、24 条等规定，并向本所提交相关证明材料。

华润是这样回复深交所问询的：下属企业确与宝能及关联企业展开业务合作，相关商业决策均由华润股份之下属企业在合规的情况下，基于各自业务需要和内部决策程序做出，完全独立于华润股份及一致行动人的商业决策。

“深交所的质询只是一般性询问，并没有证据。但在华生的证词之下，宝能和华润的一致行动人嫌疑增大，接下来就不会只是询问了，证监会甚至可以展开调查了。如果查证属实，宝能和华润除系一致行动人之外，他们对深交所的回答还将构成虚假陈述。”一位学者表示。

针对众多网友指责万科独立董事偏袒管理层，没有独立性的声音。2016 年 7 月 29 日，华生再度发文，为此辩护。“我在万科当独董，坐了 5 年冷板凳，开会发言征求意见，也是属于倒数的两位，和万科管理层素无交情。上次董事会（2016. 6. 17 董事会）后这一个多月，据说王石等人多次来京，我与王石直到前几日才见了一面，而且好几次他说完一段话，我还是直言不讳：你的观点我并不赞同。因为正如我文章中所说，我一向认为万科走入今天的困境，以王石为代表的公司管理层负有不可推卸的责任。特别是去年宝能举牌以来，应对失据，一错再错。万科至今可以说已内外交困，但王石还在唱着让郁亮等在一线应对锻炼的高调。有人指责万科举报宝能的 9 个资管计划违规，目的是打压股价，而万科又恰恰是在宝能护盘岌岌可危的时候，发布分红派息方案，使得宝能获得近 20 亿资金的及时雨支援。万科股价也于当日应声改变颓势。所以在我看来，万科管理层被人猜度为老谋深算，其实也可以被说成是迂腐得可以。可能是自己干得行业真懂，其他的就不怎么懂，否则真无法理解他们是怎么把企业做进世界500强的。”

2016年7月31日晚间到2016年8月2日，华生连续发布三条微博，总结之前五次发文，同时再次指责万科大股东华润和宝能出尔反尔，造成公司长期停牌和损害公司利益。

“有人说这第五篇文章太长，其实也就说了几个问题。一是说中国的独董成花瓶并非个人问题，而是在董事会比例太低，又由大股东决定。只要证监会修订颁布15年来未改的独董制度指导意见，独董由证券协会的独董委员会推荐，中小股东分类表决选举，董事会按各类股东占股比例分配席位，上市公司治理必大改观。”（华生的微博，7月31日23：46）

“二是说法律规定董事要对信息披露的完整、准确和真实性负责，独立董事更有证监会指导意见授予的‘特殊职权’，‘认为可能损害中小股东权益的事项时’，‘独立董事应当对上市公司重大事项发表独立意见’并可披露。因此独立董事在指定信息披露媒体发言是履职表现，所谓独董未经批准发声涉嫌违规是无知偏见。”（华生的微博，8月2日00：04）

“三是发新股引进深圳地铁的重大重组，为万科管理层建议、2016年3月股东大会批准通过，其中华润宝能投赞成票起了关键作用。因此现以发行新股会摊薄老股东权益为由反对深铁进入，是出尔反尔，由此造成的长期停牌和损害公司利益，其他股东有权要求赔偿。华润、宝能的权利和正确做法是对重组预案提出不同及修改意见。”（华生的微博，8月2日21：17）

对华生如此公开地质疑、逼视大股东，披露董事会内幕新闻，也有不同的声音，甚或谩骂与威胁。

《一个投行人眼中的万科收购战》一文中指出：“真是看不惯华生口口声声为中小投资者利益考虑，却又不知不觉违背上市公司董事勤勉、忠实义务的样子”。

清华大学经济管理学院宋学宝教授提出商榷：“华生先生批评华润集团在公司面临野蛮人入侵时不积极采取行动，而又在管理层引入新的大股东来应对野蛮人时横加阻挠。这实际上是独立董事越位的不当行为。华润是否采取行动，这是大股东的权利。华润投票反对引入新的大股东议案，也完全是合乎情理的。如果一个大股东心甘情愿放弃自己的控股地位，那才是不正常的。独立董事真正应该关心的，不是公司的大股东是谁，因为这是独立董事无法控制的，而是应该关心大股东和管理层是否存在损害中小公众股东的行为。”

“华生肆意揣测、恶意传播对当事人以及万科本身的声誉，已然造成了难以逆转的舆论影响。如果此时监管机构还不能站出来，警告华生不要再触碰法律的红线，当事人估计只能诉诸法律来维权，以制止这位失控的独董了。不知那时，等待华生的是什么？”

“独董华生的多次发言，使用很多个人臆测、电话听说，捕风捉影，且主要针对的是大股东宝能、华润。而对于万科管理层的诸如内部控制人问题、资管计划等中小股东关心的问题却只字不提，视而不见。作为独立董事的华生在万科董事会中的不作为、乱作为已经让他失去了作为独立董事的基本资格。”

这些褒赞与攻击的背后，是否有着其他利益的力量，这就不得而知了。

03 微博力道

一个根深蒂固的“好公司”形象骤然漏洞百出，股权结构、公司治理、独立董事等问题突然在万科爆发，谁该为此感到尴尬？

——苏培科 财经评论员

除了《上海证券报》上的长篇大论，华生发声的另一个阵地就是微博，力道很大，而且与网友能够及时互动，充分展示了自媒体的力量。

2016 年 6 月 18 日晚十点，华生发布一则微博：万科董事会我发言说，宝能举牌后我曾多次批评万科管理层的轻率表态，高度肯定华润过去在公司治理中的基石作用。但华润长期摇摆后今天突强调要坚决控股，既逼退宝能又反对深铁入主，而自己并无资产注入方案，今独立董事若听从大股东否决重组，万科周一复牌势必连续暴跌，这将严重损害广大投资者利益……

2016 年 6 月 19 日下午 15：07 分，华生在微博上提到：在万科董事会上，我对管理层和大股东导致公司困局分别提出严厉批评和责问。但在宝能因故只求全身而退的情况下，华润提出否决深铁入主，让万科巨资收购深铁土地，待事过落定再对华润等增发股份的方案则遭到独立董事一致反对，因这太过自私会更大损害其他股东利益。我当时并提议应公布会议记录充分披露。

2016 年 6 月 21 日，华生再发微博，称“删博是接受有关意见，不在难以表达完整内容的微博上讨论此问题。我会发文全面说明在万科董事会上投票的立场和理由。我在万科不拿一分钱，也无任何利益人情瓜葛，不会屈服于任何攻击和压力。万科股票在停牌中，威胁我泄露所谓内部信息并不能堵住人的嘴。本博是供理性探讨和批评的园地，不欢迎发泄和谩骂”。

2016 年 7 月 12 日，人民网一篇文章中爆料宝能系曾质押股权给华润获得巨额资金。文中称，2015 年 7 月 16 日，宝能投资将持有钜盛华公司 20.2 亿股股份质押给华润（深圳）有限公司。

文章表述：“质押发生于2015 年 7 月 16 日，也就是从 2015 年 7 月起，宝能集中买入万科股票”。当晚万科独董华生微博称，钜盛华在去年宝能举牌后质押股权给华润获巨额融资并增持万科。并列出了股权质押证据。但“证据”上并没有写实宝能质押股权从华润获得的资金去向。那么，华生为何断定“钱是增持了万科股票”呢？

是日 21 点 26 分，华生再发微博称自己远在国外考察，相信国家的实力对于南海问题能够不战而屈人之兵；电话证实钜盛华在去年宝能举牌后质押股权并向华润巨资融资，此后直接买入万科，并号召卖出万科受损的中小股东可要求关联方以半年最高价收购。

2016 年 7 月 13 日，华润对澎湃新闻回应称，“此事与万科股权之争毫不相关，有人借此炒作，混淆视听的做法是极不负责任的。”

2016 年 7 月 13 日晚和 7 月 14 日清晨，华生继续连发三条微博，逼问华润和宝能之间的关系。华生写道：华润沉默数日今天终于承认宝能钜盛华质押 20% 股权给自己之事，包括华润与宝能洽谈前海合作项目达 2 年之久，并在宝能系去年 7 月 11 日首次公告举牌收购万科的同月，双方签署 200 亿前海 5：5 合作项目和合营公司，这不是一致行动人定义第六款“投资者之间存在合伙、合作、联营等其他经济利益关系”？多少亿才是？

2016 年 7.15 钜盛华质押股份给华润“增信”，不欠款要质押增信？说宝能 8.13 已还款，为拖这几天办质押解押不累？钜盛华不还钱有啥急事？7.24 公告一出明了：钜盛华直接再举牌万科。这不是一致人定义第五款“非银行法人……为投资者取得相关股份提供融资安排”？证监会规定有“之一”即一致行动人，五、六皆有呢？

一致行动人定义很清楚：双方为同一个公司重要股东又密切合作。华润宝能去年 7 月起同为万科大股东并巨资合营、交叉任职、融资买股。华润另欠回答：华润后来要万科接受宝能，请问是在何时何种会上决定放弃第一大股东给宝能？华润又在董事会上说宝能已同意华润重返第一，请问是密谈还是协议、承诺函同意？

2016 年 7 月 15 日，华润针对举报信发出律师声明，表示举报信虚构华润

“内幕交易”“谋取非法巨额暴利”“构成意图操纵市场罪”等事实，以及所谓“铁证如山”等不实之词，恶意诋毁华润股份有限公司名誉。

2016 年 7 月 15 日，华生微博称：华润回应深交所称其下属企业与宝能开展常规业务，完全独立于华润及其一致行动人决策。华润置地为华润绝对控股，为华润一致行动人，自己与自己独立？且与几无地产业绩的举牌对手合作 200 亿项目，帮对手垫资让对手控盘，对华润是天大的事，按规须上各最高层会议反复研究。是谁这样公开撒谎辱我华润声誉？

2016 年 7 月 16 日，华生微博表示，万科股东举报线索有据、逻辑合理，且小股东实名举报大股东伤害，既是神圣权利，又是证券市场保护重点。“我倒愿与华润领导同开媒体会，逐条回答他人指控。”华生称。

自 2016 年 7 月 24 日起，华生对于其微博的评论功能做了一定的设置，阻止了很大一部分人的评论。华生声明他“介入万科之争目的之一是推动人民看到市场信息披露之严重不足和改进的巨大空间”。

华生曾预言，万科之争的最终结局取决于各种力量的角力以及大环境的制约，而目前，随着恒大举牌晋级第四大股东之位，万科之争卷入了万科、华润、宝能、安邦和恒大多方力量，令结局越发难以预测。

对于华生频繁谈及万科事件，微博粉丝意见不一，有人称其为“和平时期的英雄”；也有人说：“你不独立，倾向很明显”。

04 回首旧事

我从未敢把自己包装为道德完美之人，更不属于喜欢秀肌肉、示豪情的勇士。这次卷入漩涡如我之前所说，只是一时冲动的正义感加上不信邪的倔脾气，不小心闯入了巨大利害的是非之地。

——华生 东南大学教授

华生发表在《上海证券报》的文章，将华生自己推向风口浪尖。15 年前的 ST 海洋和闽福发，也再次出现在公众视野。

有网友扒出，1999 年 8 月，深市上市公司闽福发（现“航天发展”）发布重组方案，在参与方名单中出现一个奇怪的名字——福州牛津剑桥科技发展有限公司。福州牛津剑桥的背后是牛津剑桥国际高科有限公司，工商资料显示，这家公司董事长为华生，不过目前为迁出状态，营业期限已经截止，也没有了对外投资信息。华生在闽福发最后一次公开露面，是在 2001 年 9 月 7 日闽福发股东大会上，华生说，“牛津剑桥不但不会走，还要把闽福发搞得更好!”2 个月后，2001 年 11 月 23 日，华生辞去闽福发董事、董事长职务，牛津剑桥作别闽福发。

更有网友扒出，2001 年 2 月，华生辞去 ST 海洋的董事、副董事长职务。ST 海洋股价曾从 11 元一路冲高到 24 元，牛津剑桥因此顺利逃生。但曾经的大股东离开不足半个月，ST 海洋的散户们却迎来了绝对的噩梦：23 个跌停，从接近 11 元直接暴跌到 2.66 元，真是惨绝人寰。2016 年 7 月 14 日，华生在微博回应：“有问我为何不回应 ST 海洋和闽福发事。一我已说将开媒体会回答，不会被造谣者牵着走。二仗义执言不要求一个人历史清白，曾有过之人乃至罪犯今天做好事也应欢迎，那种不论是非而查祖宗三代之恶习必须抵制。三事实与抹黑恰恰相反：两事均见光彩而非耻辱。我暂没空拿陈年旧事自夸。性急者先自查当年媒体报道。”

2016 年 7 月 21 日早间，华生写了封给媒体的微博：“万科之争以来，除发文章和微博，我谢绝了各媒体的采访要求，也实在无力对所有来电、短信、来人的采访要求作出回应，再次一并致歉。我余下两文预计 8 月上旬写完，届时我会按承诺召开媒体见面会，相信阳光是最好的防腐剂。”并公布了报名邮箱。

2016 年 8 月 10 日午间，报名的 40 多家媒体收到署名“华生教授办公室”发出的邮件：“华生教授原定于 8 月上旬完成的文章因为工作量较大还没有写完，媒体见面会将会推迟，具体时间待文章发表后将以邮件形式通知大家”。华生在前一晚的微博中自嘲“写作构思时最痛苦”“公司治理是世界性的难题，如何在中国去做和做好，其难度和工作量确实超出我最初的预期”。

2016 年 8 月 12 日，《华夏时报》发表特约记者石省昌对华生的采访。采访时间为 2016 年 7 月 21 日下午，采访地点为北京北四环华生办公室。华生向记者讲了当年自己和 ST 海洋与闽福发的历史关联：“当时我还是中年气盛，收购这个企业，帮着还债作担保，结果几乎全军覆没。”

关于 ST 海洋，华生说，接手 ST 海洋半年，“我们的几个亿全都赔在里面了，还有很多隐性担保都出来了。他给别人担保，我们给他担保，就都变成我们的了。我们全军覆没，主要是因为给 ST 海洋接债务做担保，连牛津剑桥在闽福发大股东股权也被质押冻结了。”

“我们已经花了那么多钱，窟窿不是那么大了，问清华科技园能不能接手，他们先当了二股东，我们是大股东。我们的股权已经质押给银行了，不能转给清华科技，就把我们的所有权益包括表决权不可撤销的都委托给清华科技。双方签了协议，发了公告，我们一无所有后全部退出，走的时候真是不堪回首。”

关于闽福发，华生说：“那一段确实是我海归回国经商最困难的时候，大股东牛津剑桥在 ST 海洋被拖垮了，连在闽福发的股份都拿去质押了。后来没有办法，找我的同学朋友的企业福建国力民生科技投资有限公司花很大代价来接盘。其后直到今年年初，国力民生一直是闽福发的第一大股东。”不过，新大股东对我有个要求，要我继续担任闽福发旗下核心子公司重庆金美的法人代表和董事长。

闽福发的历年年报显示，华生一直担任金美公司董事长、法人代表直至 2016 年 4 月 20 日。

往事不堪回首，介入万科战局的华生，心一定很疼很疼！

05 回避难回避

万科的观点是，不算；华润的观点是，算。一道简单的算术题，难倒全中国。

——张利平 万科独立董事

万科战局，还有一位独立董事，虽未发一言，但对战局的影响极为深远，这个人叫张利平。

在 2016 年 6 月 17 日万科董事会关于引进深圳地铁重组事项的决策中，身为黑石集团大中华区主席的他，表示：“本人的律师提醒自己，黑石与万科为利益关联者，作为黑石的高层，我不太合适参与董事会的表决。”他选择了回避。

万科董事会 11 人，最终的投票结果是：7 票赞成，3 票反对。选择回避的张利平成为左右战局的关键人。如果把他算在董事会分母内，7 对 11，万科的重组案将不能过关。如果不算，7 比 10，万科的重组案则通过。

万科的观点是，不算；华润的观点是，算。一道简单的算术题，难倒全中国。

2016年7月4日，华润集团官方微信号“华润”表示，6月17日万科第17届董事会第11次会议审议万科重组预案是否通过出现了严重的争议。2016年7月3日，北京市竞天公诚律师事务所会同北京大学企业与公司法研究中心邀请中国法学界泰斗级人物江平、崔建远、孙宪忠、陈甦、赵旭东、施天涛、叶林、刘俊海、管晓峰、李有星、刘凯湘、蒋大兴、甘培忠等13名国内权威法学专家召开了“万科股权争议论证会”，就董事会决议效力、一致行动人等相关法律问题进行了研讨。论证会后，专家们形成了以下四点法律意见：

（一）独立董事张利平提出回避表决的理由不符合法律及《万科公司章程》的相关规定，6月17日董事会决议实际上并未有效形成，按照现行法的规定股东可请求人民法院撤销该决议；

（二）就委托方提供的材料以及迄今为止公开披露的信息来看，暂无证据表明华润公司与宝能公司应被认定为一致行动人；

（三）股权分散且以创始人为管理核心的上市公司要避免产生内部人控制、忽视股东合理诉求与合法权益的现象发生；

（四）上市公司信息披露应遵守法律、章程及公司内部规定，董事（含独立董事）个体不宜擅自披露未公开信息，泄露公司秘密。

但这份《专家意见书》一出炉，便遭到吐槽：“民间的论证代表一部分法学家看法，这个无可非议，大家都有言论自由权。但是现在的疑问在于，这个会是否是华润委托的。”

即使是参与者，中国政法大学终身教授江平在接受搜狐问询时，略显激动地表示：“我没有说过万科的董事会决议不成立，我的意见与华润的意见书并不完全一样，（不过）你现在问这个问题，我不谈了。”江平对《新闻极客》表示，“我不想发表任何意见，因为那个专家论证不应该公开的，也跟我自己本身的发言不完全一样。我只是签名是第一个。”

参与其中的中国民法研究会常务副会长孙宪忠在其朋友圈留言，称“这份曝光的材料违背了我的意见。负面的东西是写的太多，基本内容超出了我的看法。”这份材料违背了他的意见，“基本内容超过了我的看法”。更有人呼吁：“专家应该珍惜自己的羽毛”。

2016年7月5日早间，华生发布微博回应：“华润发布江平等13位法学大佬全面支持其诉求。评：法官判案也得先听原告再听被告。这些教授真是受人委托替人消灾，被请去开个半天会，就敢给委托方背书没有一致行动人关系。听人说有独董在自己博客上随便发布公司机密，不查证就判违规。这些老先生们若当法官不知得出多少冤假错案。真是可惜了一世英名！”

中上协董秘委员会副主任委员何愿平认为，万科还是遵照上市公司章程执行的，关于独立董事所表示的东西，万科和独立董事整个行为符合法律法规的，只是大家有不同的争议，可能是国内第一次碰到这样的事。我们还是支持万科，按照自己的结构和民主集中制来的。独立董事是按照他自己专业判断，如果他认为所做的业务有关联交易提前做出回避的行为，我认为这是可行的，没有什么问题。

用专家意见为华润的决策“背书”，将专家视为自己争夺舆论的工具，华润，你真有点意思。

06 媒体见面会

这一回华生不再甘于当花瓶了，他一定要发自己的声，我相信这对于公司治理而言并不是什么坏事。

——水皮 财经评论家

华生是中国独立董事制度下特别的存在。

他倔强、不服输，自称捍卫“上市公司的整体和长远利益”，既批评万科管理层，也质疑大股东华润与宝能。对于他的行为，外界赞誉有之，亦不乏腹诽。

自2016年6月24日起，华生不仅撰写6篇宏文，字数5.4万有余，而且在微博及时发声，详细披露万科股权之争各方争议的内情及细节，始终是万科股权之争中发声最多的那个人，甚至多于王石、姚振华、傅育宁、郁亮的总和。有评论人士就称其无论对于同行还是媒体都有巨大的信披贡献。

2016年8月16日早间，华生发布微博称：我说过万科在恒大举牌后已转为喜剧闹剧。恒大救了太多人的场，而拯救者是不受指责的。资本大佬竞相抢入，当然不是为管理团队，也不是为越来越高的估值，更不是为帮散户，而是为了万科这个可再融几千亿资金的平台。大佬们醉翁之意不在酒，羊如何与狼共舞虎口夺食并在潮退前逃亡，需要智慧，更需要运气。

2016年8月19日早间，华生发布微博表示，“我一直认为万科最后难免两个结局：一是无论大股东是谁，保持万科无实际控制人的现代治理结构，公司长期发展和业主等均可望实现多赢。这是包括我在内许多人不放弃努力的原因；二是管理团队出走卖股变现再创业，资本剩余时代并非难事，对他们自己更可能是幸事。就理论分析来说，前者有意义，后者有意思。”

不过，华生约定的媒体见面会，却一再爽约。

2016 年 6 月 29 日，华生发布微博称，“致媒体：万科之争以来，除发文章和微博，我谢绝了各媒体的采访要求，也实在无力对所有来电、短信、来人的采访要求做出回应，再次一并致歉。我余下两文预计 8 月上旬写完，届时我会按承诺召开媒体见面会，相信阳光是最好的防腐剂。”

2016 年 7 月 21 日，华生在其微博又一次提到媒体见面会，称“万科之争以来，除发文章和微博，我谢绝了各媒体的采访要求，也实在无力对所有来电、短信、来人的采访要求做出回应，再次一并致歉。我余下两文预计 8 月上旬写完，届时我会按承诺召开媒体见面会，相信阳光是最好的防腐剂。有意参会者联系 huabangong@ qq. com，以便提前通知和安排会场。”

水皮甚至表示;“如果说王石，或者是郁亮、姚老板，包括华润的老板他们愿意一起来开的话那就更好”。

2016 年 8 月 9 日下午，网易财经收到来自署名“华生教授办公室”的邮件称：“华生教授原定于 8 月上旬完成的文章因为工作量较大还没有写完，媒体见面会将会推迟，具体时间待文章发表后将以邮件形式通知大家”。

此后，关于媒体见面会的事情便一直被搁置。

华生亦在 8 月 9 日晚的微博中自嘲“写作构思时最痛苦”，“公司治理是世界性的难题，如何在中国去做和做好，其难度和工作量确实超出我最初的预期”。

苦等 2 个多月，终于传来华生与记者见面的消息。2016 年 10 月 20 日，华生在微博宣布，“闭门二个月，终于将万科之争相关公司治理的研究告一段落，下周一的媒体见面会也可还一下人情债了。”媒体接到通知，华生将于 10 月 24 日召开媒体见面会。

然而，在这封邮件发出还不到 24 小时后，通知又称，原定召开媒体见面会的场地被征用，见面会将推迟一周，也就是 2016 年 10 月 31 日召开。

2016 年 10 月 26 日，媒体接到华生办公室工作人员来电，称原定于 10 月 31 日举行的媒体见面会改时间了，而这一次变成了时间待定。问及推迟的原因，对方称，这是领导决定的事情。

华生，三次爽约媒体，不知葫芦里装了什么“难言之隐”。

但在 2016 年 10 月 20 日，华生再次站上《上海证券报》，公开发表了《万科之争的公司治理和国企改革意义——我为什么不赞成大股东意见（续三）》一文。在文中，华生称，万科之争，说起来尖锐复杂，其实无非争的就是上市公司的支配和控制权，在股东权利平等的公众公司，控制权归谁，公司如何治理，是证券市场诞生以来始终热度不衰的焦点问题。万科之争之所以引人注目，不仅在于其个案的是非曲直，更是因其恰好折射了公司治理、国企改革和资本市场规范等当前制约经济转型的几个关键问题。

华生还表示，世界上经营最好的大型公司往往都没有控股股东，都是经营者支配。其实中国的一些著名优秀企业，也是经营者支配。如华为的任正非、腾讯的马化腾、阿里的马云，都不是公司的大股东，这样的公司恰恰都成为中国的一流企业。纠结于控股问题是中国股份制乃至混合所有制提出之后至今难以真正突破的关键。

融创中国董事会主席孙宏斌曾说，“在社会上混，我最恨情怀，因为情怀没有标准；第二，还是要少说话，说多了就弱智了。比如独董发表的那个文章，写太多后面就不用看了。”

尽管如此，我们仍然关心华生的媒体见面会何时召开？在本书付印时，依然不得而知。但，华生的声音会一直在中国 A 股市场激荡。

暗流涌动的中国股市，你是否听到独董“花瓶”被任性的华生打碎的声响?!

| 大咖观点 |　　我为什么不支持大股东意见

上　作为独立董事就万科董事会投票立场的说明

“独立董事成为中国证券市场上罕见的关键少数，决定了表决结果，引起市场的震动和热议，也引起了对独立董事定位和作用的争论。”2016年6月24日至27日，万科独立董事华生在《上海证券报》连发三文《我为什么不支持大股东意见》，引起舆论强烈反响，在万科股权之争中成功吸引大众眼球，树立起中国股市新独立董事形象。当然，他鲜明的立场也成为人们议论的焦点：华生究竟是站在中小股东的这一边，还是在维护万科管理层的利益?

在日前举行的万科董事会上，对管理层提出的万科引进深圳地铁的重组预案，四名管理层及外部董事投了赞成票，大股东华润的三名董事代表全部投出反对票，四名独立董事除一人要求回避外全部投了赞成票。独立董事成为中国证券市场上罕见的关键少数，决定了表决结果，引起市场的震动和热议，也引起了对独立董事定位和作用的争论。在万科股票复牌之前，尽可能全面公开地披露关系到现有股东和潜在投资者切身利益的真实信息，是证券市场公平公正原则的要求，也是广大投资者的要求和权利。因此，我借《上海证券报》这一指定信息披露媒体尽可能就我作为一名万科独立董事所知晓的情况，对我作为独立董事的投票立场和理由作一个说明，希望有助于推动上市公司信息披露的公开化，促进上市公司治理结构的进步，进一步厘清独立董事的职责和作用，并对那些关心万科收购这一中国证券市场经典案例的教学研究人员也有所助益。

被逼入困境的万科独立董事

万科这届的独立董事，从简历上看，应当说都是各界的成功或知名人士。我和其他人至今都不很熟，听说这些独董是分别由公司管理层和大股东华润推荐的。只有我这个独立董事算个特例，因为我与华润和万科的人原本都不认识，是时任深圳证监局局长张云东推荐的。记得5年多前有一天，张云东局长突然给我打电话，说想推荐我当万科独董，我当时想都没想就拒绝了，我说我们认识多年但我真不是不给面子，我从来不给上市公司当独立董事。后来云东劝我说，万科是中国证券市场上治理结构非常优秀也非常独特的企业，希望我能例外支持一下。他并说，万科这个企业在深圳局辖区内，他本人很了解，他们非常珍惜企业形象，很爱惜自己的羽毛。

也许是云东所说的“爱惜自己的羽毛”的话触动了我心底的软处，放下电话，我又重新思考了一下。因为我从来相信法人与自然人的本性都一样，一半是天使一半是魔鬼，我自己也不例外。但是，一个人如果爱惜自己的羽毛，不同之处就是会有做人做事的底线。于是后来我给云东回了一个电话，我说我愿意当这个独董，不过有一个条件，就是不拿任何薪酬和津贴。这倒不是因为我高尚或钱多，而是因为我是做经济包括资本市场研究的，我不想因为当这个独立董事而影响我发表观点的公正性。现在看来，当时我这种自敛和谨慎还真并不多余。

刚当独董前后，记得万科总裁郁亮来拜访过我，他给我的印象很好，故这几年我与万科的联系几乎全是通过郁亮。至于王石，应当说我和他除了会上寒暄与他履职见我，没有任何个人来往。其实这倒也不是因为我记仇。记得还是七、八年前吧，在黑龙江亚布力举办的中国企业家论坛上，当时气温零下二、三十度，会间代表们外出滑雪，出门时我打个寒颤说，这天真冷。王石在旁一副英雄气概，当众嘲讽说："哈哈，这个博士还怕冷?!"因为见多了企业做大了说话口气也大的成功人士，我也没有吱声和在意。不过说实话，我真不太喜欢这种高调的派头。上次为宝能举牌接受媒体采访时，是我首次不点名地批评王石。我当时说："当企业存在很大风险和隐患的时候，你还高枕无忧、轻松潇洒，那之前你肯定是失察，是懈怠，是麻痹大意，是自满自得。"后来见到王石在媒体上回应，说到他此次事件过后该出游还出游，可见他对我的批评并不以为然。因此有人说我投票支持管理层是因为与王石的关系好，真是说反了。

由于我对大股东华润在万科的作用评价从来很高，故在今年3月华润就程序问题首次对管理层质疑挑刺之后，我就提醒郁亮一定要搞好与华润的关系。直到此次董事会之前一两天，郁亮告诉我他们仍在积极与华润沟通。华润在会前几天派代表出席万科与深铁的合作仪式后，我更加预期会有积极的结果。加上太太出差，孩子还小，所以此次董事会我并未到现场，只是电话出席。

在董事会开始不久讨论重组预案时，华润方面的董事代表首先发言，宣布他们已决定要对议案的主要内容投反对票。这使我极为震惊。故在华润董事代表发言后，我首先要求发言说："我想发表一点意见。我刚才听华润董事代表发言感到非常惊讶，跟我们原来外面的想法、看法相差很远。我现在有两个问题，分别是给我们的管理层董事和华润董事。"

"首先对管理层董事，我从来不当任何上市公司独立董事，到今天为止也只当过万科这一家。当时是因为深圳监管局张云东局长专门给我打电话动员了几次，动员的主要理由就是这个公司管理得非常规范，股权结构比较好，而且是中国上市公司中一家很特殊的，符合现代管理架构的上市公司，希望我支持。后来我同意了，但是有一个条件，不拿任何报酬。但是今年以来这个情况，让我非常奇怪，应该说也比较失望。在宝能举牌以后，我们董事会一直没有就宝能举牌举行过任何正式会议进行讨论，我认为是不应该的。无论是管理层还是华润作为大股东，都应该要提出召开董事会。因为在成熟市场我们看到，对有人举牌特别是举牌方已经成为大股东的情况下，唯一有权威的发言人是董事会。董事会一直没有开会研究。反过来，管理层却以个人名义发表意见。我对管理层一些做法是有公开批评的。”

“现在我想问的是重组搞到现在，管理层跟大股东华润有过沟通没有？尽过努力没有？怎么会到今天表决议案的时候，大股东表示反对。这个很荒唐。是管理层过于高傲或者太过疏忽，不去沟通，激怒了华润，就像外面传得沸沸扬扬那样，把个人关系搞坏了，还是怎么回事？在这当中，究竟跟华润进行过哪些沟通，这些沟通分别都是什么结果？为什么会走到今天这个地步？因为如果今天这个议案表决出来，整个社会哗然，对万科的形象、品牌都是很大打击，包括对我们作为董事会的成员，都要面临着中小股东无数的问题，所以本着对广大股东负责任，我希望今天管理层能做详细解释。”

“第二，深圳地铁是深圳市全资子公司、大国企，能够跟他们达成协议，说明深圳市政府对这件事是全力支持的。我们万科的董事有没有在自己沟通不利或者无效情况下，通过深圳市政府和华润进行过磋商和沟通？是没有还是磋商沟通无效？无效的原因又是什么？”

另外是对华润方面的董事。我说：“我在接受媒体采访的时候说过万科能取得今天的发展，跟华润作为第一大股东同时又不直接干预公司的经营，使得这个公司有一个现代企业的框架进行运行是有莫大关系的。所以华润在万科发展当中虽然平时不怎么发声，但是它的作用和功劳是巨大的，这是我以前的第一印象。但是这次从宝能举牌以来，华润的表现让大家摸不着头脑，不知道他们到底是什么意思。一开始宝能不断举牌，而且显然就是要夺万科控制权，华润作为第一大股东，除了最初做了一个很小的增持以外，没有做任何的表示。也没有采取任何反击性措施，或者提请董事会研究，让大家知道其真实意图，似乎是要放弃这个企业。而宝能，我不认识宝能任何人，但是作为同行业中比万科要差很多的地产企业，他来收购控股，会给万科带来同业竞争、关联交易、利益冲突等一系列问题，华润为什么不站出来表明自己的态度?”

“第二个问题，当宝能似乎退缩以后，管理层经过努力找到深圳地铁这样的合作伙伴，根据我看到的材料和他们今天的介绍，我认为从万科广大股东利益出发，现在引进深圳地铁对于万科的长远发展意义重大。刚才华润方面说的道理，市场上也有不同分析判断。同时这个得失绝对不是一两块地的价值多一点、少一点。我们这些董事都有商场上的实践经验。一笔交易根本不是一个土地多一点、少一点的价值，而是说你跟这个合作伙伴将来有多大的战略协同，能不能抓住今后十年、二十年中国经济特别是房地产市场发展的新机遇，这是关键。”

“刚才华润代表的发言给我的感觉是，就像前一阵提程序等问题一样，不知道真实的目的是什么。现在华润反对整个重组，是准备欢迎宝能坐实第一大股东呢，还是说你们自己要牢牢控制这个公司?我作为独立董事都不清楚，我更不知道广大投资者会怎么想。如果华润非要做第一大股东不可，那一直到今天为止，你们在干什么呢?你们完全可以增持、完全可以做许多工作，你们现在什么都不干，只是反对、反对。如果华润态度是欢迎宝能做大股东，那要给出为什么欢迎，说出为什么宝能进来对万科的发展、对广大股东有什么好处。要说清楚这个道理。如果是华润要自己坐实第一大股东，即使过去错失了机会，那今天要拿出实际行动来，你用什么样的战略性的资产，你用什么样的资源能够保证万科在今后十年、二十年有一个更好发展，比深圳地铁作为战略伙伴更好，这样能够给广大中小投资者带来实际的利益。如果说今天预案被否决马上复牌后，投资者肯定会受到巨大损失，而对这个前景，对万科向什么方向发展，谁是第一大股东、谁准备做什么，大家都不明白。不要说广大投资者疑虑重重，我作为一个独立董事也几乎什么都不清楚，不知道你们葫芦里面卖的什么药。信息披露是证券市场的生命。我们当时看中万科这个品牌和形象，来同意担任独立董事，现在把我们陷到这个里面来，我认为非常不应该，特别对广大投资者是不公平的。我建议今天我的提问以及公司管理层董事和万科董事的答复要全面在媒体上披露，让广大投资者充分了解这个信息，到底万科发生了什么情况，下一步会向什么地方发展，这样才是对市场和对投资者负责任的态度。”

在我提问后，万科管理层和华润方面分别也作了详细答复。万科管理层答复的内容大体为：宝能举牌后，万科与华润一直保持频繁的沟通接触。最初在万科请求下，华润作了少量增持，但表示华润有自己的情况和困难，只能酌情增持万科，不反对引入新的战略投资者。第二阶段万科筹划H股增发，曾向各位董事汇报，但最终遭华润否决。第三阶段宝能已增持为第一大股东，万科谋求华润支持包括与其旗下华润置地整合，但在可行性论证阶段也遭华润否决。由于股票连续涨停，公司又谋求重组，故按有关规定先行紧急停牌。第四阶段停牌后，万科与华润沟通，华润方面表示现在拿不出资源改变局面，建议万科接受宝能。万科提出另寻国企参与重组，华润后来表示可以，但华润希望重组后仍保持第一大股东地位。深圳地铁参与重组后，华润总体并未反对，但在程序等细节问题上有不同意见。万科已请深圳市主要领导与华润多次沟通协调。

华润方面的答复大体为：华润为保持大股东地位，做了很多工作，没有说只是因事情未完成前不便对外披露。华润最初作了少量增持，也采取实际步骤支持管理层增持。华润搁置万科H股增发方案，是怕摊薄股东权益。华润后来没有在二级市场大量增持是因为华润作为央企，不能在高价增持帮助别人高位套现。华润也积极接触了持股较多的多家大股东，探索直接转让的可能，但因种种原因均未有结果，并直到现在还在与中证金等积极联系，接手他们手上的股票。华润置地与万科整合的涉及面和难度都太大，因而并不可行。华润不反对万科和深圳地铁的合作，但在没有具体交易框架时，华润不方便提出具体意见。对于万科在停牌时并没有预先向华润打招呼、与深圳地铁合作的框架协议未经华润同意披露，在这些问题上华润认为万科是有很多缺陷和瑕疵的。宝能现已是万科第一大股东，万科的任何重组没有宝能同意很难推进。华润已与宝能接触，宝能不反对华润成为第一大股东。华润也与深圳市政府有很多沟通。在最近的协调会上，华润表示，如果按照目前公司的增发规模，影响华润恢复第一大股东地位，又较大摊薄宝能的股权，也没有解决股权分散问题，宝能很可能投反对票。华润因此表示不赞成。如果一定要增发股权，华润希望把华润恢复为第一大股东情况一并考虑，并提出一个方案。

说实话当时一边听我一边在想，这么多重要的信息，许多并非不可或不应披露，但连我这个董事会成员都一无所知，难怪中小投资者要总埋怨赔钱了。我们的信息披露工作真该大力改进。因此，在万科和华润方面答复后，我又进一步提了两个问题：第一个问题，现在我还有一点不清楚，现在矛盾焦点是不是华润和深圳市政府方面争第一大股东，双方没有达成一致？我认为价格倒是次要问题，因为这是一个大的战略合作。价格可以通过评估和各种办法协商。我听了半天，这一点还不是很明确，双方在第一大股东位置上达不成妥协？我想都是国企，都是公有制企业，怎么就不能协商呢？

我理解比如说万科可以用现金去买深圳物业一部分资产，但这跟市场的预期有比较大的距离。因为只是买卖关系。那万科和深圳地铁的合作就比较低层次。而且即使是小股权，合作层次也是比较低。对于万科想通过轨道交通来实现一个战略上大发展肯定会有比较大的困难。

第二个问题，我主要关心的是广大中小投资者的利益。如果否定深圳地铁重组预案，华润方面又没有有吸引力的资产注入或其他方案，会造成股价大幅度下跌，对广大中小投资者利益造成损害。华润这方面有没有什么对策？

华润方面回应，关于谁当第一大股东问题，这两天华润与深圳市已达成一致，同意恢复华润的第一大股东地位。但具体实现的环节比较复杂，华润主张现在不搞股权重组，可以用现金购买资产，待此完成后，再考虑择机向华润和深圳地铁定向增发比如10%的股票。对我问的第二个投资者保护问题则没有回应。

听到这里，我才算完全明白了各方的真实态度和意图。显然对立双方在预案上的矛盾是根本性的，不可能马上调和。独立董事别无选择，要么赞成，站在管理层一边，要么反对，站在大股东华润一方，甚至连弃权都不行。因为任何一张弃权票都会使赞成票不够数，从而实际上等于反对。而投票的任何结果，公布出来都是对公司整体利益的伤害。独立董事真是被逼入进退两难的困境。

无奈之下，表决前我急中生智，又提出最后一个建议。我说鉴于现在董事会分歧意见很大，强行表决会造成万科品牌等各方面非常不利的影响，而从表面上看各方诉求已接近一致似乎并无多大矛盾，建议能否推迟表决，再给各方沟通妥协的机会和时间。因为方案被否投资者会严重受损，而即便勉强通过，但大股东投了反对票，这种情况下也是给监管部门出了大难题。因此我建议今天是否能对重组预案先不表决。但是，公司相关人员回应说，今天已是半年期即6月18日前的最后一天，按规定，董事会今天若通过重组预案，预案报深交所审核通过后复牌。若否决，公司必须立即宣布重组失败，下个交易日即复牌。

进退两难又大限将至，我还真没遇到这么尴尬的局面，心里真恨不得骂人了。现在4名独立董事，一名提出回避表决，一名在前面发言时说自己现场考察过预案涉及的土地项目，赞成预案。另一名委托我投票。对立双方现已各自阐述了自己的理由，而我既没可能再去一一验证各方的依据，又无法回避投票，手中的票还决定着已停牌半年的重组预案的命运，到底怎么投？作为并无一股的独立董事，我有权帮股东决定这么大利害关系的事情吗？

中　为公众股东争取发言和表决权而投票

几个小时的董事会开到最后，我自己觉得已经听明白了万科管理层和华润方面各自的真实诉求。在对立的双方中被迫选边站，首先要看谁的立场更有道理、更符合公司和股东的整体利益。

就万科管理层来说，他们的诉求应当说始终比较一致，其站位也可以说是“司马昭之心，路人皆知。”从光明面说，他们是为了继续保持在一个规范的现代公司治理框架下自主经营的独立性；从阴暗面讲，是管理层想保持自己对公司运行长期以来的实际控制权。不过平心而论，管理层的这个私心也只是维持现状，而万科这几十年的脱颖而出正是因为这个“私心”，也提供了创业型企业家对公司成功和伟大的不懈追求、与时俱进的应变和创新以及为了企业的辉煌而自我激励自我约束的持续动力。这才使万科从当初一个不起眼的地方小企业发展成为中国乃至世界上最大的房地产公司。因此他们的这点自私心与公司发展并无实质冲突。用现代经济学的术语来说，他们与企业的发展目标激励相容。这就如亚当·斯密说市场经济一样，正是因为依靠人的自利心，社会上千千万万的人才尽心尽力自愿地为满足他人的需要而劳作，辛勤地提供别人需要的产品和服务以换取自己的利益，结果反而达到了资源配置最优的境界。再说这次整个事件也确实并非因他们而起，只是因为野蛮人入侵，恶意收购，他们被迫防守反击。当原来的第一大股东华润无力或不愿进一步支持时，才去寻找新的同盟者。他们的最大错误就是其标杆领头人王石，虽然过去曾经对万科的发展起了关键作用，但近些年来在光环照耀下有些自觉不自觉的飘飘然。特别是在这次股权争夺战中，出言轻率，树了许多不应该树的敌，加重了万科的困境。

“宝万之争”出乎所有人的意料演变为“华万之争”，还缘于以王石为首的万科管理层对自己原来赖以生存的生态即与华润集团的关系处理失当。须知原第一大股东华润的“大股不控股，支持不干预”的态度，既与当时社会经济氛围有关，也与前几任华润掌门人的个人性格、判断和偏好取向直接相关。万科的管理结构在国内的第一大股东为国企的公司中几乎是个孤例。万科的管理层绝对不能习惯成自然，觉得过去的惯例也就是今天的必然。由于国企是全民所有制企业，而全体人民不可能自己来管，所有者缺位时，通常是由政府及其官员管理。因而国企开门主要是对上级领导负责，关起门来，就是人人都要对本企业领导负责。这样极易形成真正的内部人控制。所以我们看到在行政化管理的有些国企中，往往一朝天子一朝臣。搞坏了关系，惹恼了现任领导，什么国家利益、股东利益都可以是放在嘴上的，给人穿起小鞋来可以不惜代价。在这种对上负责的行政管理体制中，干得好不好至多是能力问题，同时也可推给天灾人祸。但对领导态度如何，那是立场问题，说大就大到天上。以王石的高调作派，与现任大股东新领导关系搞僵，并不奇怪。特别是新一届华润领导并没有与万科长期交往的经历和相互理解，其对万科管理层各种也许不大但令人恼怒的不恭和轻慢的反感难免会日积月累。但这就会动摇万科治理结构的根基。

万科待人接物完全是现代企业冷冰冰的成本和效率考虑，能省事就省事，对此我早有切身体会。像我这样自己觉得好赖也算个人物，别人花多少钱请我去外地开会我都一概拒绝，但这些年我到深圳去开万科董事会，多早多晚到机场，只有一个不知哪来一言不发的司机把我直接送到住处，万科从上到下，连个人影都见不着，电话问候也没有，更不用说其他照顾服务了。咱是可以忍了，自愿的嘛。但大家知道有些国企，尤其领导出动，没有亲自迎来送往、恭敬伺候，那真是不想干了。万科的管理层大模大样惯了，自诩自己是治理结构和文化独特的现代企业，显得既不懂国企的规矩，又没有私企的殷勤。更要命的是，万科把法规中可以或应该预先知会或请示的事项本着“法无规定皆自主”的精神，统统自己就做主办了。虽然华润方面多次警示不悦，后来甚至大动干戈告到监管部门，虽总是因难以裁量定论而不了了之，但身为大股东的领导不满则可以想见。万科股权争夺刚开始时，还有所谓“有大背景的利益建团”插手的阴谋论传得活灵活现，现已销声匿迹。其实许多大事乃发轫于末节。中国过去讲关系，现在更时髦的名词叫情商，往往更决定成败。从这个意义上说，如果王石等万科管理层最后这一仗打败，一朝崩溃四散，万科从此走入下坡路的转折点，也可以说是“成也萧何，败也萧何”。

进一步分析，万科当时仓促停牌，没有预告原第一大股东华润，也没有迅速召开董事会通报和决策，这是很大的失误。为了自保并在无具体可靠的重组标的情况下火速停牌，是为自己过去一系列轻敌和失误付代价。但这种准备不足与无明确并购标的的长期停牌，应当说至少不符合公众股东的短期利益（因为中长期看，就如我曾撰文指出的，即便宝能收购万科最后成功，也只有利于少数敢于投机冒险并及时获利了结的人，绝大多数万科股东最后可能因公司衰落而受损，因为宝能既然在地产上做得只是一般，我们实在无法认为他们控盘会比现在万科管理层干得更好）。果然，万科在情急停牌后，病急乱投医，找过包括华润置地在内的各个重组对象，均先后告吹，就是验证。

万科不幸中的最大幸运在于，其最后找到的深圳地铁反而恰恰是最理想的合作对象。这真应了那句“踏破铁鞋无觅处，得来全不费工夫”。因为中国的房地产市场经过近20年的飞速发展，正面临巨大风险和变盘。万科这家房地产市场1.0时代的恐龙，能否在2.0时代生存乃至凤凰涅槃，能否抓住大城市圈时代“轨道加物业”的先机，确实至关重要。这还不用说，万科、深圳地铁以及原先的恶意收购人宝能都正好同在深圳市的地盘上，光是与深铁联姻，如果不与华润对立，就足以震慑宝能三思而行。有这样的运气，应当说具有相当的偶然性。这样的机遇，可以说暗示万科气数未尽，但也明示其已命悬一线。

独董的职责是防止个别大股东绑架董事会

至于华润的立场、态度和意图，直到这次董事会前，这半年多来确实让人摸不着头脑。华润最初确实也为保持第一大股东位置做了一些努力，但后来也准备适可而止乃至顺水推舟。在宝能似乎知难而退后，华润的态度也不断变化，准备重新坐稳第一大股东宝座。应当说这种因势利导、随机应变在商场上也无可厚非。

从台面上看，华润不同意重组预案的主要理由是深圳地铁的这两块地作价太贵，发股会摊薄现有股东的权益，因此华润不仅是为自己还是为了全体股东要否决重组预案。同时，摊薄和伤害了股东权益换来的并非是与深圳地铁的全面合作而只是换来了并非物有所值的两块地。其支持者还问：两块地就换一个中国乃至全球最大地产公司第一大股东宝座，是否太便宜了深圳地铁而伤害了万科股东们的利益？故而华润主张与深圳地铁只做项目合作或至多日后对深圳地铁少量发股。但仔细一推敲，不对了。即便不说华润自己当年入股成本之低，就是宝能去年抢了万科第一大股东位置，也只不过花了包括保险资金和杠杆融资的几百亿，现在深圳地铁以更货真价实的几百亿土地，也换个大股东位置，怎么就是损害和不公呢？如果真重视与深圳地铁这样的轨道交通“大拿”长期稳定合作、占据下一波房地产2.0时代“轨道加物业”的先机和优势，股权当然是最好和最能锁定的结盟方式。按照重组预案，深圳地铁成为万科新晋第一大股东，这不是全面合作还有什么是全面合作？至于说这两块地估值贵不贵，我不是内行，无法判断，但看到房地产业的分析师们普遍给的估值价不低。更重要的，证券市场的常识是，大城市土地也好，其他优质资产也好，作价注入上市公司换大股东股权一般总要大打折价，因为注入者醉翁之意不在酒。但同样的东西，若是到市场上论价，那对不起，这个价格根本拿不着。华润嫌深圳地铁这两块地太贵，主张万科举债融资去买，就是没有竞拍，谁都明白没有高得多的价格根本买不来。花更大的价钱又没有与深圳地铁结盟，落个里外两头亏，不是对公司和股东利益的更大损害吗？其实自己也有很大房地产业务的华润不会不明白这点常识。因此我当时判断他们说的理由似乎是拼凑出来的，自相矛盾，并站不住脚，显然不是他们的真心话。

那么，华润是否在宝能止步于全面收购之后，把最主要战略考量放在恢复第一大股东地位上，由于预案与其目标不同，故而不论对公司利益如何，自己非要否定呢？如果真是这样，虽然自利了点，但也还算理性。这也是我最初的推测。但董事会上双方一解释，原来也不是这么回事。华润谋求洽购中证金等国家队手上的股票，若成行，即便按重组预案实行，华润在重组后仍为万科第一大股东。国家队持股，只是为了稳定市场。有人接盘特别是自家央企亲兄弟接走，当然乐见其成。只是现在万科在停盘前股价被股权之争推得有点虚高。亲兄弟也要明算账，大家都有财务考核，谁都不愿也担不起让利给对方自己吃亏的责任。故按什么价格转让要在股价复牌落地后才好商量。更何况据介绍，深圳市政府也愿意采取相关措施，支持华润的第一大股东地位，宝能也表示愿意支持华润恢复第一大股东地位。既然如此，那么华润方面不顾一切非要否决重组预案，这究竟是为了什么呢？

这一点从华润董事代表在董事会上答复我的提问中可以看出端倪。华润说对深圳地铁发股，不能改变万科股权分散的局面。也就是说，华润此次谋求的，不仅是第一大股东的地位，而是能够控股和控制万科，使万科名副其实地变为华润旗下的下属央企控股企业，服从华润的一元化领导，拨乱反正，从根本上结束过去华润身为第一大股东而又说了不算的局面。然而由于华润客观上短期不可能在万科增加持股到50%以上，成为绝对控股股东，故而要实现华润说话算数的目的，就必须改变现行万科治理架构，赶走长期实际控制的公司管理层。听说有人已经放出话来，华润主导后，按央企管理，王石必须走人不说，郁亮等人可以留下，但受不了新的国企管理办法，也可以选择离开。这个底气当然也可以理解，咱这大家大业还怕没人来？

这是为什么华润可以容忍“野蛮人”宝能，但绝不能让深圳地铁进来的原因。因为宝能与万科管理层的对立和交恶已经众所周知，而深圳地铁是由万科管理层引进，后台是深圳市政府。深圳市的目的是让深圳地铁与万科强强联合，形成深圳企业在国内乃至世界上同行业的领先地位和品牌。深圳市当然不会自毁长城，支持改变万科这么多年来已被证明是成功的管理构架和优秀团队。我猜想这恐怕是华润方面无论采用什么理由和办法，对万科乃至华润作为央企的形象造成多大的负面影响，也要不惜代价否决重组预案的原因。否则如果只是对王石个人有意见，那么提议召开董事会，重新协商选举一下董事会主席，对王石个人有个符合其功过的公平安排，本来并不困难。搞到现在这样剑拔弩张的多输局面，就毫无必要了。

决策的真实意图摆不上台面，搞得华润这样有着特别辉煌历史的央企被别人看来好像成了怨妇，专找枝节和程序问题四处发难告状，实在令我这常常帮国资说话的人心酸。本来，华润、深圳市政府和万科管理层各有各的利益、角度和诉求，这并不奇怪。但万科管理层和深圳市的利益诉求是可以摆上台面的，而在我看来华润台面上的理由实在站不住脚，而台面下的诉求又很难搬上台面。因为万科多年来的治理架构和经营团队是万科成为业界标杆企业的核心竞争力所在，人们可以讨厌和数落王石个人的无数失误和不是，但根本颠覆万科的治理结构和改变经营团队在我看来并不符合万科公司股东们的利益，道义上也难以得到社会各界的认同。

正如我在董事会上发言所说，独立董事并无预设立场。华润方面否定重组预案也可以，其一是理由要自圆其说，不能自相矛盾；其二是一定要本着对投资者负责任的态度，拿出一个有吸引力的方案，以保护广大股东利益，防止股价过大幅度的下跌。但华润提出的方案，是要废掉万科与深圳地铁已达成的初步协议，主张几乎不可能的用现金买地。其实谁都明白，如果双方达成的协议由于万科自身的原因被撕毁，地也买不成，深圳地铁日后怎么还有兴趣再来掺和万科的事，当个小股东呢？特别是华润提出的否决重组预案，在没有任何可行替代方案或其他有吸引力的前景下让股票复牌，再加上宝能的收购题材没了，万科股价势必连续下跌。而华润想当第一大股东，拿出的不是在二级市场上增持的方案，而是提出待事过落定再对华润增发股份的方案。对我而言这听起来难免像是说“待股价跌到位后再对华润定向增发”。作为一个职守在保护所有股东利益的独立董事，我怎么能赞成这样的方案？我猜想，这也许是华润推荐的独董张利平在内外重重压力下，又迫于良心所在，无奈只能逃避投票的苦衷和原因吧？这也是我在微博上一时冲动，痛斥华润方面太过自私的原因。

当然分析各方的真实立场和理由，千万不可漏掉另一个主角即现在正宗的第一大股东宝能。宝能当初气势磅礴，有备而来，大有一举拿下万科的气概。但后来则逐渐偃旗息鼓，甚至在今年3月的股东大会上对引进深圳地铁重组、继续停牌的议题还投了赞成票，态度来了个180度的大转弯。背后又有哪些隐情？一种传言说，宝能当初借助金融杠杆特别是旗下保险公司收购万科，已经跨到政策边缘，受到关注和警示。到此打住，也就罢了，若再生事，则越过政策红线，自找麻烦和苦吃，故而收手。据华润方面在董事会上介绍，华润方面与宝能接触沟通很多，还有不少项目合作，关系并非一般。我之所以曾在微博上说“在宝能只求全身而退的情况下”，会如何如何，而不去假设“在宝能仍然志在必得的情况”，因为如果是后一种情况，不仅万科的重组预案毫无意义（宝能与华润在今后股东会上联手否定预案，谁也无力阻挡），而且华润提议以后对自己定向增发的方案也是无稽之谈。我既不能无端怀疑宝能向华润承诺愿意让出第一大股东是假话，更不能也不愿去设想华润方面的全部说辞和动作都是假的，只是为了帮助宝能暗度陈仓，这样未免就太低估华润的领导水平和央企的纪律约束了。其实如果当天董事会上华润方面出示宝能也准备否决重组预案的意见，独立董事们显然会一致同意没必要再通过预案。可见当时华润认为自己有十足把握否决重组预案。华润方面在表决结果出来后，表现得极度恼火，不惜撕破脸一定要否决重组，这时宝能自然会权衡利弊，看站在哪边更对自己有利。而宝能一旦出手，以其过去风格，肯定相当剽悍，从而使今后的变局更难预测。这也是我一直主张从监管和市场公平的角度，宝能应被要求公开披露其真实意图的原因。

分析思考到这里，我当然应当支持通过深圳地铁重组案。若自己判断代表自己发言，言责自负，当然没有问题。而代表公众股东表态，万一我的信息不全，判断失误，以小人之心度君子之腹，怎么办？即使我的判断全是对的，我有权代表广大公众股东决定这份预案在今天会上的命运吗？

我不是公众股东选举产生的，很难说我有权越组代庖。那股东们的态度如何呢？万科A股在停牌，从H股股东和市场投资者态度来看，3月份引入深圳地铁消息公布后，H股股份上涨强劲，这确实部分反映了投资者和市场对重组的态度。

可是，我这个独立董事毕竟代表的是A股股东。H股的表现只是旁证，不足以支撑这关键的投票。那么，在董事会没有代表的广大A股股东对此重组预案是什么态度呢？我无法猜度。当然，3月份的股东大会对引入深圳地铁重组、继续停牌的议案已获通过，这显示了股东们还是乐见重组有个积极结果的。但华润方面现在说，当时他们也投了赞成票，只是现在最终拿出的预案太差，会损害广大股东利益，故而又转为反对。应当承认，华润方面这一条说得有道理：当时投票赞成推进重组继续停牌确实还并不等于就赞成今天拿出的重组预案。

千回百转中，一个思路浮了上来，让我眼前一亮：华润说预案不好，我们若赞成，否决了预案，重组即宣告失败，等于是剥夺了大多数股东参与意见的权利，等于是让华润这个只持有百分之十几的大股东代百分之百的股东做了决定。我们投票支持预案通过，其实并没有真正代广大股东做什么决定，而是在其后提交股东大会时让他们自己决定。我们的赞成票只是为广大公众股东争取到了发言和表决权，防止了个别大股东利用在董事会的优势绑架公司决定，而这正是独立董事真正的功能职责和作用所在。想到这里，我这票怎么投已经不言自明。我不禁觉得自己之前的疑虑和煎熬是太傻了。

万科的4名独立董事，3名投了赞成票，1名在外人难以体会到的巨大压力下实际上也支持了多数独立董事意见，等于投了赞成票，为公众股东争取了自己决定的机会和权利。至于最后股东大会上股东们自己怎么决定，无论结果如何，即使预案被否决也是全体股东自己意志的表达，独立董事的赞成投票仍然有价值。因为股东有权自己决定与无权被别人决定命运是根本不同的。这就是现代市场经济的规则和程序正义。况且独立董事的投票和发声已经迫使华润乃至也许宝能不断披露自己的真实意图，从而避免了重组预案被否、股票复牌时，投资者毫不知情的盲目应对和受人摆布。因此有人丌玩笑说“这届独立董事不行”，而我则真诚地愿意为他们每一个人包括张利平先生点赞。

因为他用完全合法合规和宁可个人受难的方式，在巨大利益胁迫下表达了他不想否定重组预案的真实意愿。这也是另一种形式的勇敢和不屈。中国上市公司的独立董事如果都像这样履职，中国证券市场就真有希望了。

时至行文的最后一刻，听说尚未提议人选进入董事会的宝能，基于自己的利益盘算决定公开出手，并严厉指控为他们争取到对重组预案发言和表决权的独立董事，称“独立董事丧失独立性，未能诚信履职”。对此，我们也无怨无悔。

所以当时投完票，我长出了一口气，精神大爽，赶紧去补上当天的乒乓球训练。我那时完全没有想到这场投票背后还有我未知的大量隐情，乃至我自己很快也被拖入漩涡，而且这后续的剧情跌宕起伏，还进一步揭示了更多和更深刻的制度拷问。

下　没人能够一手遮天

万科董事会的表决，以独立董事实际全部支持和放行重组预案而结束，阻止了持股仅15%左右的二股东出尔反尔，利用其在董事会的话语权否决已经在今年3月全体股东大会通过的推进与深圳地铁重组的决定，把决定重组命运的权利再次交回给不久将召开的股东大会，保护和捍卫了绝大多数股东的权益。独立董事投票的合法合规和正义性不言而喻。所以我投完票，心情也大大放松，以为这事就已经结束了。

独董张利平回避权之争的实质

由于投票和律师见证宣布表决结果一切都很平静。听到宣布会议结束，我就挂断了连通会议的电话。但没有想到的是，会议结束后，估计在华润方面董事代表回去汇报了表决结果后，华润先是阻挠万科发布会议结果的董事会决议公告，在万科公告发布后，华润方面又于次日发表声明，质疑表决结果，认为独董张利平的回避表决理由不成立，应计入未赞成预案的董事人数，因此该重组预案并未依法通过。华润后来还进一步向深港两地交易所和相关监管机构提出正式投诉，认为决议通过不合法，要求裁决重组预案通过无效。此事迅速引起了经济界、法律界人士的热烈讨论。

我这人不爱拉关系，开了这么几年的会，与张利平先生还是不熟。那天张利平从海外回来，飞机晚点，董事会为等他推迟了半个多小时。飞机落地后，张利平拿着手机边出关边参会讨论。到预案表决时，不知他是因正在过关检查还是别的原因紧张，话说得我听起来有点语无伦次。我记得他上来的原话是：第一个声明是我新的工作在黑石，目前对两大股东都有交易，特别是目前有一个数额较大的和万科在进行，所以我已征求我律师的意见，我有利益冲突，所以我弃权。万科的高管何等精明职业，知道回避利益冲突与投弃权票这可有天壤之别，可决定重组预案的命运，说得含糊不清怎行！张利平话音刚落，董秘朱旭马上追问：那您这样的话，属于利益关联，您就属于回避表决，是这样吗？张利平答：没有错。朱旭又确认：回避表决？对吗？张利平回答：对。朱旭再跟进：那我要提醒您的是关于独立董事，您做出回避表决的话，必须给我们书面回避理由，签字，然后我们会在公告里公告。张利平最后答：就是我刚才讲的理由，因为利益冲突，所以我必须回避表决。我会提供书面意见，你们给我一个时间，我会提供。这就是大家看到的后来公告里张利平要求回避议案表决给董事会确认函的背景。

这里要回答的第一个问题是，张利平独董要求回避合法有效吗？理由充分吗？若理由不充分，因而决议通过就无效吗？其实这里的答案本来是极为明确的。法规要求有利益冲突的投票人回避，有利益冲突的人不回避是违法违规。投票人本着安全谨慎的原则，对自己认为可能引起利益冲突的某项议案要求回避表决，是保护自己的合法权利。即便当场有人提出异议，只要当时董事会没有通过决议认为他不存在利益冲突并为其参与投票表决免责背书，张利平先生均可拒绝任何个别人的不同意见，坚持回避。

而实际情况是，当张利平提出回避时，在场没有董事提出异议，更无董事会决议为其参与投票免责，因此张利平要求回避，本人一点错误和责任都没有。至于事后任何一方因自己认为张利平的回避理由不足而否定董事会表决的合法性，当然是绝对不行的。因为历史是不能倒转的。不要说张利平的回避要求完全合法合规、毫无瑕疵，就是真有问题，那也只是影响今后别人对他的看法和评价，投票结果仍然有效。就如关系无数人重大利益的世界级足球比赛，运动员犯规及裁判误判，只要没有当场纠正，事过即便有录像铁证如山，也不能改变已经发生的比赛结果。试想，如果事后谁都只要自己找个理由就想推翻规则、改写历史，这个世界上还有秩序吗？

其实对于华润这样的大型企业来说，对自己曾经投过赞成票的重组进程现在转而反对，不会在关键性会议的表决上不做好准备工作，而肯定是胜券在握，胸有成竹才来开会投票的。华润方面董事的确也是在预案讨论环节一开始就抢先发言，拿出事先准备好的稿子，宣读反对的各项理由。

我猜想张利平先生新的工作单位黑石，如他自己所说，与华润和万科这样的巨型企业很难没有偶尔的业务交集。而张利平当年作为华润方面推荐的独立董事，在巨大重重压力下或许已答应华润，自己会在表决时弃权。而华润方面以为只要有这张弃权票，否决重组预案便大功告成。没想到张利平先生要么是良知驱动，要么是焦虑压力下为自己回避找的理由出了岔。因为他先说的利益冲突与投弃权票是完全矛盾和会导致相反结果的两件事。万科的董秘素质到位、技高一筹，让他自己澄清了表述，表达了他本人不愿因自己原因否定重组预案的真实意愿。所以说，魔鬼往往就在细节之中。华润方面虽然家大业大，但从上到下参与此事的决策人执行人，预先功课没做到家，对出席会议的董事的交代中漏掉了微妙的关键之处，同时决策反馈又不灵敏，结果让煮熟的鸭子飞了。这就不难理解华润方面为什么事前稳坐泰山，会上有备而来，但在董事会表决失利后，一下子就撕破脸大动干戈，不惜代价和影响，到处兴师问罪。但花钱请了律师，其理由在我看来实在是无理取闹。我们若不论对错，从军事的角度看，在自己一方具有优势资源情况下把关键前哨仗打输，导致后患无穷。试想华润倘若在国际市场上遇到深谙规则惯例、并不惜在可行性研究上花大钱的真正外企，那还有多大取胜的希望？

第二个问题是，若张利平确有利益冲突需要回避，他是否早就没资格当独立董事，早该罢免了呢？这其实也是一个很大的误解。因为回避制度并不是为独立董事专门设立的，而是一个应用很广泛的制度。

回避制度主要是说执行公共事务的官员特别是如法官、检察官等，在与当事人或事件有利益关联从而与执行公务有利益冲突时，应当实行回避制度，因而这是一种法规的强制要求。回避制度也进而推广至一般社会上的如财务会计等执法或执业人员。因此，需要对某项特定或特殊当事人回避的公务或社会执业人员，并不影响其正常的公务执法或执业人员的身份资格。对上市公司的董事来说，《公司法》第一百二十四条规定："上市公司董事与董事会会议决议事项所涉及的企业有关联关系的，不得对该项决议行使表决权。该董事会议由过半数的无关联董事出席即可举行"。可见，上市公司董事无论是独立董事还是其他董事，当董事会讨论所涉及的企业有关联关系的（从张利平的情况看，重组预案所涉及企业为万科与深圳地铁两家，而张利平任职的黑石公司与其中之一的万科因正新近策划合作一大型商业物业合作项目而产生关联），就应在此事上回避。

这种回避并不影响董事任职资格。因为当一个董事任职时，他并不知道他本人或他就职的单位（也可能日后有改变，如张利平任独立董事期间，在2015年7月其任职单位就从原瑞士信贷转至黑石公司）是否将来会与担任董事的企业中的某人或某事有关联。故当某事项关联时，应要求回避。只有在关联关系今后长期持续存在，乃至其不得不持续回避从而影响其作为董事的正常履职时，此人就可以提出辞职。张利平因其刚任职不足一年的新雇主最近策划一个或有他本人参与的与万科合作的项目，目前并不影响其独立董事任职资格。

综上所述，万科这次讨论重组预案，表决程序和结果合法合规，无懈可击，且当场无任何董事、监事提出异议，现场见证律师确认决议结果合法有效。在这种情况下，华润方面事后质疑决议结果的有效性就有点近乎小儿科了。更有意思的是，沉默了很久但仍在不断窥测方向和调整立场的宝能，现在看到有华润这个根正苗红的"大块头"撑腰和遮风挡雨，终于按捺不住认为机会又到了，是大展身手的时候了，公然指控"独立董事丧失独立性，未能诚信履职"，并进而发展到要求罢免董事会全部董事，以便重新洗牌，实在是让人啼笑皆非。按照宝能的逻辑，董事会通过了符合上次股东大会决议方向的议案，给他这个未进董事会的第一大股东争取了重组预案发言表决的权利，是

“内部人控制”、不能均衡代表股东利益，那否定预案、否定上次股东大会绝对多数同意推进的事反而就是代表了全体股东的意志？现任董事会中，管理层只有3席，二股东华润也有3席，其他4位独立董事和1位外部董事基本上是华润推荐或同意的。如果这次独立董事跟着只持15%左右的二股东一起否决预案，人们是否更有道理指控董事会是被少数外部股东控制呢？其实宝能迄今也算个很成功和有很大规模的民营企业，奋斗到今天肯定也来之不易，应当有所珍惜和节制。因为历史反复提示，个人也好，企业也罢，都不能投机心太重，更不能自己觉得一时得势就忘乎所以，以为就可以战无不胜、横扫一切了。利令智昏的结果往往会搬起石头砸自己的脚。

闭门家中坐 祸从天上来

本来即便拿张利平的投票问题说事，也没有我的事。没想到万科董事会投票通过重组预案的第二天，尽管是周末，我的新浪微博上最近一篇关于杨绛先生的评论上突然出现了一批就万科事件攻击我的言论，说我给万科重组预案投了赞成票是给广大股东带来灾难，是屁股指挥脑袋，问王石给了我多少好处，竟然出卖人格、晚节不保等等。我看了非常奇怪。独立董事按照自己的判断投票是合法权利和正常履职，况且推进与深圳地铁的重组，而且宁可继续停牌也要等，是3月份股东大会以97%以上的高票通过的意见，5%以下的中小股东支持率虽然低点，但也超过93%，怎么等到胜利在望了，突然冒出这些希望重组失败的人呢？

所以我当时觉得很不理解，挺天真地发了两条新微博，简单解释几句我投赞成票的原因和理由，说明我在万科并不领报酬。不料这招来更猛烈的谩骂攻击：你没半毛钱关系发什么声？独立董事都拿薪酬，你不拿只能说明你更心怀叵测，其心可诛。你说不拿薪酬肯定会有其他更大利益，否则我死都不信……还有人威胁我透露了内幕信息，要追究法律责任等等。这才使我警醒：重组预案通过一定触动了一些人的深层利益，特别是有人想利用信息不对称浑水摸鱼，否则何必怕我说话、威胁我闭嘴？在这样的情况下我一了解才知道，这次投票不仅华润方面的态度来了个大翻盘，从赞成推进深铁重组进程到坚决反对，而且其他不少独立董事预先都有很多人做工作。还有的告诉我，这次投票得罪了很多人，包括几位交情很深的老朋友。只有我，也许因为我一个人远在北京，整天闷在家不怎么交往，也许怕我名气不大但嘴太快，也许已经搞定了足够的票数也就懒得来理我。总之，似乎只有我是蒙在鼓里的。一看这里利害相关的水很深，而微博字数有限，说不清问题还会被人歪曲扣帽子，况且确实也不够正规，我当即删去这两条微博。但我并不怕事，声明我将写长文正式说明我们独立董事投赞成票的原因和理由。

我这个人自小因“出身问题”备受歧视，养成了不服输的倔强性格。如那年参加亚布力企业家论坛，我做的演讲题目是“挣钱与花钱的意义”，尽管坐在台下的一位大佬在旁讽刺道：“这个教授来给我们讲钱，他见过钱吗?”我还是在演讲中鲜明阐述了自己的观点：在市场经济中，挣钱体现一个人的能力，花钱体现一个人的价值。这也是我自己的金钱观。我自己和家里现在生活开销已经绰绰有余，更多的钱生不带来、死不带走，每年差不多都会做几百万到上千万的公益捐赠。平时对挣钱的事提不起多大情绪。但一说起政策理论问题、学术模型问题，如要讲清道理、辩个明白，马上来劲。1988 年与几个同伴在《经济研究》连发三篇数万字长文，指名道姓与吴敬琏等人辩论，前两年还和周其仁老兄又就土地和城市化问题大辩了一场，为此也得罪了不少人。但天性如此，看来这辈子也改不了了。

故而这次通过电话出席万科董事会并参与投票，事后无端地被拉进矛盾漩涡，还有人威胁我泄露了内幕信息，半只脚已经进监狱。我的蛮劲就又来了，天天半夜起来写文章。现在监管部门将信息披露视为头等大事。按《证券法》的规定和要求，上市公司的董事等应当保证上市公司所披露的信息真实、准确、完整。从我的文章可以看出，这次万科董事会会议公告的信息实在少得可怜。大量对公众股东和市场投资者至关重要的信息均未公布。故我当时就要求公开董事会会议记录，但大家显然意见不一。然而公司股票很快将复牌，这种对信息披露的不准确、不完整因而必然不能全面真实的情况，只会有利于少量知情者，对广大公众股东和潜在投资人极不公平。在一时激情的正义感推动下，觉得即便个人付出点代价也要打破上市公司这种普遍存在的对关键信息披露的不准确、不完整因而也很难真实的局面。这样我才选择了《上海证券报》这一指定披露信息媒体刊登了这一系列文章。

有人说，除了上市公司及其董事会，其他人无权发布信息。那我看许多上市公司包括这次万科的大股东、二股东就自己发了不少声明，也从没有人说他们越权。我的文章就是我作为独立董事发表的声明，有何不可？还有人威胁说，你擅自透露大量内幕信息，是违法的，应予追究。但在境内施行的《证券法》第七十五条对内幕信息的定义是“证券交易活动中，涉及公司的经营、财务或者对该公司证券市场价格有重大影响的尚未公开的信息，为内幕信息”。万科境内的股票并不在“证券交易中”，已经长期停牌，故不符合内幕信息的前置条件。

说到违法违规，应当说这次万科重组倒可能有人涉嫌。华润本来是万科的第一大股东，而宝能是不请自来抢万科第一大股东的，本来这两家应当是利益相反、冤家对头，后来的事情让所有人都大跌眼镜。这本应对立的两家最近宣布将在下次股东大会上联手否决引入深圳地铁的预案，共同以“内部人控制”等治理问题指控万科管理层，这意味着双方在否决万科这几十年形成的公司治理模式、撤换经营管理层的目标下或成为同盟者和一致行动人。现在如果将历史回溯，这种逻辑的截然矛盾，也许就有了合理解释。

所谓冰冻三尺，非一日之寒。华润方面在董事会上也承认，华润与宝能本来就有若干重要项目合作与关联，在网络上广为流传的华润前海中心项目的合作方就是宝能，并说华润为此向宝能提供了大量的资金优惠和融资。该传言至今尚未得到华润方面和宝能的澄清和反驳。因而有人推测华润一些人本来就对万科这种与国企格格不入的治理方式和作风看不顺眼，怀疑宝能与华润管理层也许很早就有默契。宝能入局举牌，华润方面表面上半推半就，或坐视不救，或做点表面文章，不断否决万科管理层提出的各种自救方案。当兵临城下，火烧眉毛之际，还对万科管理层决定紧急停牌加以指责。后来眼见宝能离成功收购只剩一步之遥，干脆亮出底牌要万科管理层接受宝能入主的现实。只是由于万科管理层的顽强阻击和工作，加之宝能借助保险和杠杆资金吞并万科的企图也许触碰政策红线，被迫收敛。而此时万科管理层又运气极佳地找到了深圳地铁这个独占天时地利、背景强大的同盟者。若让其成功，显然某些人的计划就要泡汤。

照此逻辑，小兄弟不行，大哥只好亲自出马，准备在董事会上就让预案胎死腹中。无奈天算不如人算，在董事会表决功亏一篑的情况下，使出各种重手，也大失章法。而宝能毕竟年轻冲动，认为押宝站队的时候到了，公开与华润方面并肩作战。不过这样一来，人们不禁要问，华润方面与宝能有这么多接触密谈，被指存在关联和交易，是否已经涉嫌形成关联和一致行动人关系？因为按照这个思路去探究，许多原来不清晰和不可理解的现象的确有了合理的解释：为什么原本表面上对立的双方，关系越来越不一般，甚至相互礼谦，把万科这样一流企业的第一大股东宝座，私下让来让去？感情好到这种地步，真让外人看得眼热。

倘若真的如此，在未披露关联关系的情况下，华润方面与宝能对万科的股票你增我持，或已涉嫌违法违规，可以被要求投诉调查。双方所持股份在调查清楚和做出处理之前，可以申请临时冻结其表决权。

再进一步分析，华润方面在隐瞒所有这些信息的情况下，在董事会上完全翻脸，企图强行否决重组预案，其结果会让万科股票随即复牌。这种行为和意图，当时如果得逞，市场会以为万科的股权保卫战已经失败，宝能的胜利唾手可得，从而误导大批以为宝能还会乘胜继续收购的投资者火中取栗，而知晓内情的各种关系人等，可以高位出逃，坑害根本不知内情的大量无辜投资者。待等真相大白、股票下跌到位、套人无数后，再按计划对华润定向增发，使华润方面重新做回第一大股东。这样的意图及可能的严重后果当然也不能轻易放过，应当调查处理。所以难怪有明眼的朋友劝我说，这事和你一毛钱关系没有，你不知深浅地进去一搅和，坏了人家有巨大利害关系的好事，又给自己带来很大风险，这是何苦呢？我嘴上回应说，我自己本来有一大堆大课题做不完，哪有空研究万科这点事，但谁让他们招惹我呢？心里在想，社会主义市场经济需要推动法治社会建设，朗朗乾坤下，如果有点权有点钱就能破坏规则、不要企业家精神，只是玩玩资本就可获暴利，那证券市场还有公平正义公道良心吗，中国的经济能有希望吗？

文章写到此处，本该结束。但这次华润与宝能甩出以为能克敌制胜的“内部人控制”大棒以及企业改革、独立董事功能等重大问题，乃至有人对我文章中观点提出批评质疑，还没有来得及展开回应，故而这文章看来还得再续一篇。

| 大咖观点 |　大股东就是上市公司的主人吗

2016 年 7 月 6 日，华生在《上海证券报》再次发文，质疑“万科之争到底在争什么？大股东就是上市公司的主人吗？”现摘录部分内容。

续一　我为什么不赞成大股东意见

万科之争到底在争什么？

在与万科事件并无或很少利益关联的人当中，这次也明显地分为两个观点对立的阵营，可称为拥万派与倒万派。很多人将其归结为情怀与规则之争。据称，情怀派认为，王石等万科公司管理层创造了独特的万科文化，使万科成为中国公司治理的典范，并使万科在地产界脱颖而出，几十年来成长为最优秀的龙头企业和业内唯一一家即将进入世界500 强的巨人企业。因此，王石并不是一般的职业经理人，他还是万科的创业企业家。破坏这样一家标杆企业的公司治理结构、炒掉管理层有违常情，不符合万科公司和股东利益，也会产生不良的社会影响和示范，乃至加剧经济脱实向虚的蜕化。有人强调，蔑视资本权利是可悲的，只讲资本话语是可怕的。

与此对立，规则派则认为，即便承认情怀派的全部或大部分的理由，但规则就是规则。遵守现行法律和规则是现代市场经济健康运行的基础。王石作为创业企业家在股改时放弃了股权，选择当职业经理人，无论当时是情怀高尚还是犯了错误留下今日之隐患，现在就得承担这种选择的后果。规则派认为，别说王石近年来行为不像经理人而像老板一样去四处招摇，去年在遭遇恶意收购后仍然自我作大、言语伤人、失误不断，就是什么毛病也没有，只要大股东或外来资本依法取得控股权，不管管理层或个别人有多重要，不管你是不是创始人，想换就可以换，这就是游戏规则，人人都得遵守。有人把规则派观点发挥得淋漓尽致，“再说彻底一点，包括宝能在内的任何一个股东，无论他出于什么目的，干掉万科也好，赶走王石也好，高位套现也好，抑或是为了其他利益——只要不违背法律，这都是可以的。这是上市公司的规则赋予股东的权利。不管这个公司缺了王石之后是衰落，还是比以前更好，这都是法律赋予股东和其他利益相关方的权利。”当然，在这两种观点之外，也有些人游离于这两派之间，采取调和态度，希望有个各方妥协的结果。

在我看来换个角度，万科事件之争并不是什么情怀与规则之争，而是人们对这里产生的合法不合理、合理不合法的困惑。那么，在万科事件中，合法性与合理性是如何发生了冲突呢？在规则派看来，万科两大股东的行为至今只是受到监管部门的关注而并未查处，因而其要罢免全部董事或改组董事会、重夺公司控制权的一切动作就都是在规则之内，完全合法，这一点我也同意。在此合法利用规则之下，在我看来产生了四个关于合理性的困惑：

一、万科是业内规模最大、业绩最好的企业。二、万科的治理结构、公开透明度和企业文化一直被认为是国内现代企业制度的典范。三、万科的管理团队一直被业内公认为非常优秀，属于高产出、低成本的职业经理人队伍。四、市场经济中收购兼并包括恶意收购，都是正常现象，有助于淘汰低效或贪婪的代理人即管理层，促进资源优化配置。

显而易见，在这样的一些令人困惑的真实问题面前，滥抒情怀无济于事，空谈规则也无法服人。我们需要进一步的深究这其中的原因和奥妙。

当然，在合法与合理、规则与情理发生矛盾冲突的时候，我们也不能简单下结论就说规则有问题。因为这里存在各种可能，需要逐一仔细辨别和剥离。

合法不合理的几种情形

合法不合理的几种情形：第一种情况，合法不合理未必真合法，只是有法不依，执法不严的假象，因而首先是执法到位。第二种情况，似乎合理其实并非真有道理。第三种情况，对规则的误解或规则本身的缺陷。

我个人认为，股东是企业最终的剩余索取人，因此尽管企业的经营确实涉及和也必须对各利益相关方利益做出负责任的回应，但这只是给股东的主导地位施加了外部约束条件，并无法颠覆股东的中心地位。在这个意义上，王石所说中小股东就是我们的大股东也并没有说错。

假定宝能和华润这次完全没有合谋，也没有任何违法违规，但个别大股东的意愿与大多数中小股东的诉求并不一致，而管理层又违抗大股东的意志，捍卫自己认为的多数股东权益，在这种更纯粹因而也更典型的情况下，规则和制度应当怎样改进和设计，才会使公平的市场博弈导致多赢即经济学所说的帕累托改进而不是多输的结果，这才是对政府监管者的真正拷问，也是对经济学和法学研究的真正挑战。

| 大咖观点 | 万科独董丧失了独立性， 还是首次展现了独立性

时隔一月，2016 年 7 月 29 日，华生不吐不快，在《上海证券报 》上再次发文《万科独董丧失了独立性，还是首次展现了独立性》，探讨独立董事的制度改革。现摘录部分内容。

续二　我为什么不赞成大股东意见

独立董事制度从何而来，为何在此水土不服？

我们知道，在资本主义从封建或宗法的农业社会中产生出来的初期，最初的企业是私人业主的形态，即资本家就是企业家，自己亲力亲为，并对企业盈亏和债务负有无限责任。在这种制度下父债子偿乃至经营失败被迫卖身为奴，都是并不罕见的现象。企业制度发展的伟大革命和飞跃是有限责任法人公司的法律创造。在有限责任下，投资人承担的亏损和债务仅以其出资额为限，从而把自然人与法人区别开

来。当有限责任公司的设立在19世纪从王室的特许权逐步变为民间的普遍权利时，现代公司便迎来爆发性的增长和空前的繁荣，成为现代市场经济的细胞和主角。所以，还是十几年前，我在当时研究的一篇论文中写过：现代经济的惊人增长，与其说是资本主义对中世纪的胜利，毋宁说是公司即法人有限责任公司对自然人生产经营者的胜利。

更重要的是，有限责任公司的创造，即使创始人及其家庭免受无限责任的重压和困扰，也开拓了一个新的无限广阔的投资人之间合作的可能，这样也就产生了所有权与经营权或（更准确地说是控制权）之间的分离。这一点随着有限责任公司投资人即股东数量的增长而日益明显。大家知道，现代经济学的鼻祖亚当·斯密本人对此是极为疑虑的。他说“只有少量股东小额资本的股份公司，其性质与私人合伙企业相近，从而在经营上，几乎和合伙公司同样谨慎、同样注意，”但“要想股份公司的董事们监视钱财用途，像私人合伙公司那样用意周到，那是很难做到的……固所以股份公司没有取得专营的特权，成功的固少，即使取得了专营特权，成功的亦不多见”（见亚当·斯密《国富论》商务印书馆1997年版303, 305页）故而他总结，若平等竞争，股份公司能竞争得过私人业主或合伙企业，“那就违反我们一切的经验了。”（同上，307页）

现在我们知道，斯密的这一判断和预言并不正确。而且恰恰是得益于亚当·斯密在《国富论》中提出的分工和专业化的巨大效益，规模越来越大的股份公司能充分利用资本集聚和专业化人才的优势，如马克思、恩格斯在《共产党宣言》中所说，使得自然力的征服，科技的大规模应用，轮船的行驶，铁路的通行，电报的使用，整个大陆的开垦，河川的通航，巨大的人口，都被仿佛用法术一样从地下呼唤出来。尽管如此，我们也确实看到，当年亚当·斯密对股份公司激励机制的怀疑，对股份公司规模扩大后所有权控制权分离危险的担忧，依然独具慧眼，几百年来始终成为大型股份公司治理问题挥之不去的困扰。同时，这个问题随着证券市场的出现和流行而更加严重：股东空前分散了，他们往往互不相识，来去匆匆，甚至不知道他们投资的公司具体干什么，门朝哪儿开。

独立董事制度正是在这个背景下，由资本市场发育最成熟最强大的美国首创。独立董事制度最初兼有防范上市公司大股东滥用权力、损害公众股东利益的作用。随着美国立法和监管法规越来越限制大股东特别是金融企业对上市公司的控制和不当干预，大公司的股权日益分散，上市公司的控制权越来越落入职业经理人手（美国20世纪30年代，就出现了讨论经理人资本主义的一批有影响的论文）。独立董事制度就逐步成为制约企业经理人滥用权力的核心机制。

中国的独立董事制度于21世纪初引入。早在1999年，由于中国有相当一批大型国有企业（当时新经济的民企还未崛起）在美国上市，国家经贸委与中国证监会联合发布《关于进一步促进境外上市公司规范运作和深化改革的意见》，要求境外上市公司董事会换届时，外部董事应占董事会人数的二分之一以上，其中应包括两名独立董事，以满足国际上的监管要求。但这一规定并未应用于境内的A股上市公司。2001年8月16日，在时任证监会主席周小川的大力推动下，中国证监会发布了《关于上市公司建立独立董事制度的指导意见》，在当时是颇为大胆和需要勇气的重大改革举措。遗憾的是，这一尝试性的指导意见后来并未按照实施的情况和暴露出的问题进行与时俱进的修订。因此，独立董事制度实施15年来，虽然也多少起了一定作用，但出现了人们广为诟病的“稻草人”“花瓶独董”的现象。

我们的独立董事制度作为一个舶来品，移植的完整性有很大差距，更没有结合中国上市公司的实际情况与发展阶段（普遍是大股东控制公司董事会）。上市公司所有权、控制权分配和公司治理结构及水平更类似美国19世纪下半叶至20世纪初大股东专权的状况，但又直接嫁接了21世纪现代化的证券交易工具和信息传播手段，这就产生巨大的不适应和冲突，这也是中国证券市场总是弱不禁风，不敢敞开大门的重要原因。

万科的独董丧失了独立性，还是首次展现了独立性?

正因为在现行的法规框架和市场环境下，独立董事无论自身素质如何，往往难免成为花瓶或摆设，故我从来拒绝出任上市公司独立董事的邀请。当初破例担任万科的独董，从根本上说还是因为万科是中国上市公司中罕见的“无实际控制人”的奇葩，因而独立董事并非摆设、必要时能够发挥作用。

这次万科之争中独董的作用，之所以引起如此大的关注和争论，一是因为在“无实际控制人”的上市公司，独董确实在董事会分裂的时候，第一次扮演了关键的少数，从而一改人们对“花瓶独董”的成见，二是因为张利平独董的回避表决和我被称为“跳出来的不断爆料”。

应当说，万科的独立董事们在董事会发生严重分裂和对抗的罕见情况下，从最大限度减少公司声誉损失和保护中小股东利益的角度出发，不顾各种威胁利诱，按照自己的专业判断投票支持重组预案通过，表现了很高的道德水准和专业能力。

现在保监会等监管部门相继喊话，表明态度和立场，并采取行动从外围开始划清合规与违规的界限，以缩小和消除可能发生的局部金融风险。这是非常谨慎而积极的态度。

独立董事制度的改革

独立董事制度的改革，说难很难，说简单也并不复杂。而且其主要部分的改进，并不需要立法、修法的漫长过程，只需将15年前中国证监会自己发布的《关于建立独立董事制度的指导意见》加以修订，就可马上做到。依我来看，需要修改补充的主要有以下三个方面：

一、改革独立董事的提名和选举程序

现在中国上市公司独立董事提名，普遍由上市公司大股东一手操办，然后又在大股东有集中投票优势（许多中小股东因交易成本问题，往往不参与投票）的股东大会上通过。这导致现今99%以上的A股上市公司的董事会监事会，全部为大股东及其实际控制人垄断。这是A股市场中公众投资者利益受损、融资与投资失衡、市场对扩容极度恐惧的根本原因。在这种情况下，独立董事自己的个人素质再好，但受人之托，拿人钱财，很难不为人办事，沦为“花瓶”。

因此，就像很多有识之士已经建议的那样，独立董事可以或者改由中小股东提名，或者主要由上市公司协会的独立董事委员会，建立独立董事人才库，向上市公司推荐独立董事候选人人选。独立董事主要作为中小股东代表参加董事会工作，对公司的整体发展负责。独立董事的选举应采取分类表决的方式进行，即仅由与上市公司决策无利益关联的公众股东单独选举，上市公司大股东、管理层均不得染指。

独立董事的薪酬则可统一由上市公司协会的独立董事委员会发放。资金来源由上市公司向协会缴纳的会费解决，并将现在向协会交费的不规范办法改为所有上市公司一律按公平规则缴纳会费。会费的收取和使用要有公开透明的程序和监督。

二、提高独立董事在董事会的比例和权限

独立董事通过分类提名、分类表决产生之后，如果独立董事在董事会人数中比例太低，仍然不能有效发挥作用。建议修改指导意见中独立董事不低于董事会人数三分之一的规定，改为在董事会的股东代表席位中，独立董事席位应不低于该上市公司公众股东占有的股权比例。公众股东比例大的上市公司，独立董事在董事会的席位也多。这样保证大小各类股东都能在董事会得到合理均衡代表。同时这也照顾到了中国的现有国情，对持有较高比例股权包括绝对控股的上市公司大股东在董事会的代表席位也有了必要倾斜。

三、建立独立董事和内幕知情人信息披露的必要保护制度

我从未敢把自己包装为道德完美之人，更不属于喜欢秀肌肉、示豪情的勇士。这次卷入漩涡如我之前所说，只是一时冲动的正义感加上不信邪的倔脾气，不小心闯入了巨大利害的是非之地。从我自己这次的亲身经历可知，揭发内幕、追求真相竟要忍受造谣抹黑、违法违规指控、人身安全威胁的多重压力。

我们应学习国际上的成熟经验，建立保护“吹哨人”（Whistle blower，指警示透露内情的人）的制度，建立独立董事信息披露的指引和必要豁免制度，建立威胁独立董事自主投票的责任追究制度，以及考虑建立“污点证人”免予起诉制度。这样才能使越来越多的丑恶内幕曝光，使社会更加公平正义。

当然，独立董事制度无论有多重要，也还只是现代公司治理框架中的一个环节，要全面提高中国上市公司的治理水平、夯实强盛资本市场的根基、助推中国经济的转型升级，还要对现代公司治理问题进行正面的总览和透视，这将是本次系列文章最后一篇的任务。

| 大咖观点 |　　万科之争的公司治理和国企改革意义

2016 年 10 月 20 日，在恒大集团杀进万科股权之争后，万科独董华生再次在《上海证券报》发文，力挺“万科模式”。现摘录部分内容。

续三　我为什么不赞成大股东意见

在规模不断扩大的股份公司尤其是上市的公众股份公司，由于所有者人数众多，所有权与控制权没法统一。如果人人都要控制权，等于人人都没有控制权。故在股东权利平等的公众公司，控制权归谁，公司如何治理，是证券市场诞生以来始终热度不衰的焦点问题。

公众公司：谁来掌控，如何治理？

万科之争发端于上市公司是否应当听从大股东的意志。这在国内普遍被认为是毫无疑问的事，其实并不尽然。上市公司的股东，也被称为证券或股票持有人，放弃了对自己货币的所有权，换来的是股票持有人的契约权利，享有这份股票的收益即分红权、股东知情权和参加股东大会的出席权与投票权。总之，持有人享有的只是对这份额股票的所有权和处置权。至于对这个发行股票的公司，一个普通股东显然并不具有什么权利。尽管在法律上，全体股东可以行使公司所有人的权力，但是作为一份股票持有人，可以说甚至没有进入公司大门的权利。从另一角度看，不少公众股东以资本增值为目的，来去匆匆，无意也往往没有兴趣去了解更不用说去干预这个公司的运作。因此，所谓全体股东可以行使上市公司所有者的权力，其实是无法实现的幻想。至于派代表去掌控公司，由于交易成本与收益的不对称，大多数公众股东往往并不参加股东大会参与投票。

很多人根深蒂固地认为，上市公司当然就是大股东当家做主，任何抵制大股东的行为都是破坏市场规则。因此，在中国研究公司治理问题，首先要回答的就是大股东代表全体股东当家做主真是最有效率的管理形式，代表了公司治理发展的方向吗？

环顾世界，大股东掌控上市公司，在大多数治理不健全的发展中国家以及一部分被认为对公众投资者保护较差、资本市场发展不够充分的较发达国家，确实是普遍现象。但是，在通常被认为是西方市场经济的领头羊，法制健全、经济发达、资本市场强大的美国、英国、日本等代表性国家，大股东掌控上市公司，既不是大型上市公司的主流，也不是市场规则。这其中，权力分配的实质原因和机理，而不仅是股东大会、董事会和经理人相互关系的形式，是研究公司治理真正要搞清楚的问题。

本来，上市的公众股份公司，一股一票，每个股份持有者具有平等的权利。中小股东不来投票、不参与公司治理，是他们自己放弃权利，怨不得别人。这样，即便不是甚或远非绝对控股，上市公司的掌控权就会自然落在集中持股的大股东手中。从这个角度看，大股东掌控是公众公司权力结构演化最就便也似乎是最合理（毕竟大小股东都是股东、有利益共同的一面）的路径和结果。但是，为什么在以美国为代表的大型市场经济体中，市场不是自然发育和演化为大股东控制呢？

一个自然的问题是，大股东控制上市公司也是世界上的普遍现象。在发展中国家大股东尤其家族企业控股占绝对主导，即便在发达国家，中小型上市公司中，大股东控制也不是少数，其中许多企业也表现卓越。为什么在主要发达经济体，对公众投资者保护比较健全，大型上市公司就会出现大家不再争控股权，以至于没有了我们理解的老板即实际控制人了呢？

经营者支配为何成为发达市场大型上市公司的主流

经营者支配，从上个世纪初就已经开始出现和发展。1932 年伯利和米恩斯的《现代公司与私有财产》一书出版，首次提出了现代公司所有权与控制权分离问题，引起了世人的瞩目。从那时起，大型公众公司两权分离和经营者支配的现象不仅没有收敛，相反愈演愈烈。到 20 世纪六七十年代，经理人资本主义已经成为流行用语。近几十年来，随着经营者支配所带来的问题，特别是如安然、世通公司等大型公众公司丑闻曝光，所谓经理人资本主义有所遏制和退潮，股东对上市公司的制约有所加强。但是从总体上说，这并未动摇大型公众公司经营者支配的大格局。两权分离的公司治理模式还在不断向传统欧洲大陆国家和新兴发达国家市场蔓延。现今世界上我们熟知的跨国公司，大多都没有我们中国意义上的实际控制人，而是由经营者支配的。因此，一个自然的问题是，为什么大型公众公司所有权控制权分离后，经营者支配会成为公司治理结构的主要形式？代理人唱主角怎么会优于大股东包括家族控制呢？

首先，这是分工与专业化发展的结果。其次，经营者队伍是产生企业家人才的最好土壤。其三，经营者作为代理人要求在企业的经营上有支配权即全权代理而非分权代理。其四，经营者支配可以更好地服务于企业的整体利益从而服务于全体股东的长期利益。最后，经营者支配的最大问题就是经营者可能利用自己的主导支配地位谋取私利，从而损害企业和股东的利益。

这就是我们今天所看到的，上市公司的众多股东演变为纯粹谋取资本收益的出资人，而与企业经营毫不相干。而企业则始终必须由经营者支配，源于这是唯一最有效率的形式。资本所有人一旦与经营分离，他也就逐渐从企业内被淘汰出局，某种意义上成为与企业经营最没有关系的人。因为其他企业利益相关者如职工、客户等是企业不可缺少而必须持续关注的，而公众股东一旦认购股票之后，他们已经对公司“毫无用处”。据信这也是公众股东要受到法律专门保护的重要原因。同时不言而喻，经营者支配当然不等于经营者成为企业的主人。违反对股东忠信义务和业绩不佳的经营者始终有丢掉位置的危险。不过，替换的只是不称职的个人，而不会改变经营者支配这个企业发展的主流。

在这样的历史视野下，我们就可以更好地理解万科之争背后的意义。中国已经成长为世界第二大经济体，万科也靠自己的努力成为少数进入世界500强并正在逐步国际化的中国企业。这种经营者主导的企业模式能在我们崇尚胜王败寇的老板文化丛林中侥幸脱颖而出，应当说弥足珍贵。如果再任其泯灭或夭折，难免是一种制度的悲哀。我们应当看到，经营者支配、所有者监督这一代表着现代企业治理方向的幼芽，无论今天如何稚嫩和弱小，却预示着中国上市公司治理框架充满希望的明天。

解开国企改革死结的曙光

万科之争引出的更深层的意义是关于国企改革。因为万科长期以来的第一大股东央企华润，多年来采取的大股东不经营、监督不控制的态度，既使国资获利极其丰厚，也成就了万科这一被誉为业内标杆的上市公司。而正是因为华润在万科控制权之争中令人困惑的左右摇摆和反复，使华润既丧失了第一大股东地位，又与经营管理层走向对立。因此，国资国企如何当股东，就不仅是一个万科的个案，而是一个大的战略定位问题。

国家不控制支配企业，还要国资国企干什么？这个问题就问到了本源。直到今天，我们的企业无论是国有和国有控股企业，还是私人控股和家族经营企业，实行的都还是所有者控制和经营的古典企业制度。这样，不仅真正意义上的职业经理人队伍不能形成，而且国资国企的改革自然就难以有大的突破，混合所有制也不可能得到真正发展。万科……这种模式尽管在今天的条件下还非常脆弱和不完善，但是确实代表了我们国资国企改革和上市公司治理发展的方向。这也是我为什么在经营者支配这个公司治理结构问题上不遗余力地支持和呵护万科模式的真正原因。

第八章

恒大变奏曲

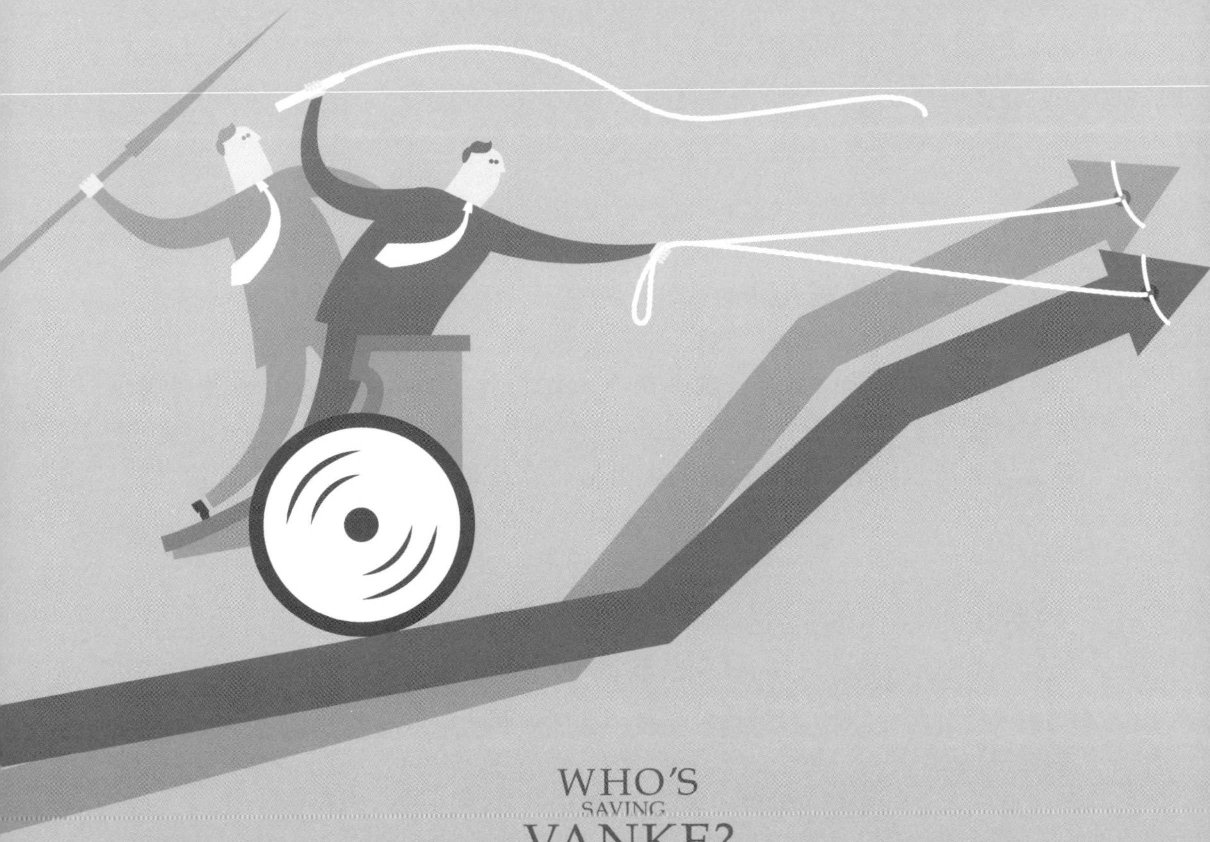

WHO'S SAVING VANKE?

“孽海茫茫，回头是岸；放下屠刀，立地成佛。”

——文康《儿女英雄传》

时间迈进2016年8月。

王石地位岌岌可危，万科大厦风雨飘摇，宝能资金频频告急，华润雄心朦胧依稀……万科战局步入混沌之际。

万科，究竟是谁的红烧肉？不曾想，恒大猛然出手，让“万科战局”再起波澜，硝烟弥漫。

螳螂捕蝉，黄雀在后。黄雀之后，还有老雕。

01 宝能资金危局

万宝之争目前的态势，犹如两个人在打牌，其中一个人打的是明牌，手里的子弹已经被整个市场算准了，嗜血的机构等着他一点一点打完子弹，再去清扫战场，顺便收获两败俱伤的蚌与鹤。

——夏立 财经记者

2016年7月4日，万科复牌后一字跌停，被近800万手巨单封死在跌停板上。当日万科股价从24.43元跌至21.99元，市值一日蒸发237亿元；7月5日，复牌的第二天，万科A开盘再次跌停，最终报价为19.79元，当日市值蒸发243亿元。

此后，万科A股价跌跌不休。至2016年7月19日，万科复牌12天，股价一度跌破17元，收盘价为17.11元，再创新低。据wind数据统计，万科A

累计跌幅为 29.96%。以停牌前 24.43 元/股的收盘价和 110 亿总股本来计算，复牌 12 天万科 A 的总市值已蒸发 805.2 亿元。，下跌约 30%。

宝能 2015 年 7 月第一次举牌，此后多次增持。据万科 2015 年年报显示，宝能系复牌前持有万科 A 共 26.814 亿股。以此计算，这 12 天该部分持股市值缩水 196.28 亿元。另外，宝能系曾在 2016 年 7 月 5 日至 7 月 6 日期间，通过资产管理计划在二级市场增持万科 A 股 7839.23 万股，截至 7 月 19 日收盘，这部分市值共缩水了约 2.11 亿元。算上复牌前持股和新增持股份，宝能系市值缩水了约 198 亿元。

摩根大通分析师 Katherine Lei 等在 7 月 12 日的研究报告中提到，宝能动用约 430 亿元人民币在二级市场收购万科股票，其中约 260 亿元为六家银行透过资产管理计划融出的资金。

据相关媒体统计，宝能系此前共耗资 207.7 亿元，动用了 9 个资管计划买入万科 10.98 亿股，占万科总股本的 9.95%。在这 207.7 亿元资金中，钜盛华动用自有资金为 69.23 亿元，而其他的 138.46 亿则为杠杆资金撬动，杠杆比例为 1：2。

在这 9 个资管计划中，金裕 1 号规模最大，为 44.99 亿元，泰信 1 号为 32.01 亿元，广钜 1 号和宝禄 1 号分别为 30 亿元和 29.98 亿元。从买入均价来看，广钜 2 号最高。数据显示，广钜 2 号买入万科最低成交价在 20.03 元/股，最高价 24.43 元，也就是买入均价大约在 22.27 元；泰信 1 号为 20.39 元，东兴 7 号、金裕 1 号、宝禄 1 号、广钜 1 号、安盛 3 号的买入均价分别为 19.79 元、19.94 元、19.55 元、18.36 元、17.68 元。

按 2016 年 7 月 19 日收盘价 17.11 元比照，宝能买入万科股票的 9 个资管计划中 7 个已经被套。未被套牢的安盛 1 号和安盛 2 号，其买入的均价分别为 16.31 元和 16.83 元，也面临平仓风险。

2016 年 7 月 19 日，万科向中国证监会、证券投资基金业协会、深交所、证监会深圳监管局提交了一份《关于提请查处钜盛华及其控制的相关资管计划违法违规行为的报告》，要求监管部门核查钜盛华增持万科股份过程中，九个资管合同是否属于违规的“通道”业务，是否存在非法利用九个资管计划的账户从事证券交易股票融资的行为。

2016 年 7 月 21 日，中国保监会主席项俊波在“十三五”保险业发展与监管专题培训班上提到，这几年，少数公司进入保险业后，在经营中漠视行业规矩、无视金融规律、规避保险监管，将保险作为低成本的融资工具，以高风险方式做大业务规模，实现资产迅速膨胀，完全偏离保险保障的主业，蜕变成人皆侧目的“暴发户”、“野蛮人”。这些保险公司激进的经营策略和投资行为，引起了社会的广泛关注，经过媒体、网络的放大效应后有些问题甚至成为社会的焦点问题。对于这些热点事件，尤其是负面新闻炒作的问题，如果不积极主动加以应对，就会产生大范围的不良影响，甚至造成严重风险。项俊波的这一讲话被市场和媒体解读为险资投资将从严监管的信号。

2016 年 7 月 22 日在证监会例行新闻发布会上，证监会新闻发言人邓舸披露深圳证监局、深圳证券交易所已经就举报展开调查，并已分别向钜盛华、万科发出监管函件予以警示，并对其主要负责人进行监管谈话。

《中国经营报》报道，由于万宝争斗的不断升级，建行放弃了对宝能的配资业务，另一家股份银行也表示在 2015 年合作资管计划之后，今年暂时不会与其开展任何业务合作。2016 年 7 月 20 日，财新网报道，这 9 只资管计划的管理机构，包括一家券商、几家基金公司及基金子公司均已与提供资金的银行方进行联系，银行方面也希望寻求安全的撤离机会。

宝能融资进入困境。此前，“宝能系”声称手握 300 亿现金，被市场人士怀疑，实为“空城计”。如果万科股价再下跌 4%，宝能的资管计划将面临强行平仓危机！

姚振华危矣！

02 恒大出手

恒大这次举牌万科不仅图利，还想图名——举牌万科有极大的广告价值。

——徐谌辉 财经记者

真是天无绝人之处，中国 A 股市场从不缺乏新闻“狗血剧”。

就在市场以为万科股权争夺战即将偃旗息鼓之际，姚振华资金链摇摇欲断之际，新的搅局者恒大杀了进来。

2016 年 8 月 4 日，A 股收盘后，恒大地产发布公告称，截至当日，该公司透过其附属公司在市场上收购共 516870628 股万科 A 股票，占本公布日期万科已发行股本总额约 4.68%，总代价为 91.1 亿元。

万科 A 也在当日再次登上了龙虎榜。截至 2016 年 8 月 4 日收盘，万科 A

股涨停收于19.67元/股，成交额达69.83亿。而万科H股也上涨3.22%，收盘价位18.60港元/股。

有媒体2016年8月4日午盘报道称，恒大已在二级市场大量买进万科A股票，持股超过2%。13时17分起，万科A股票突然出现直线拉升，一度上涨5.59%至18.88元/股，随后出现短暂波动并再次迅速上涨，并于14时50分左右涨停，收盘于19.67元/股。当日午后恒大否认买了万科A股票。8月4日15时左右恒大又撤回了上述辟谣，16时左右承认买入了万科A。

据接近许家印的人士向媒体透露，目前恒大的意图是财务投资，用的是自有资金。恒大原本计划买入万科4.9%的股份，但消息走漏之后万科股价飙升，使其最终未能实现目标。对于恒大未来是否会继续增持，该人士称“暂时如此”。

恒大在如此背景下加入万科战局，让多位业内人士惊叹意外。恒大增持万科A，无疑会拉升万科A股价的未来预期，解救宝能于困厄之中，顷刻间宝能拥有了喘息的机会。

此前有消息称，许家印曾在2016年全国两会期间向华润（集团）有限公司董事长傅育宁表示过接盘万科股份的意图。对此，接近许家印的人士表示，“绝无此事”，恒大与华润之间没有达成任何协议。

有媒体报道称，“记者作为万科股东，主动向万科查阅股东名册，查阅过程中，发现了恒大买入的迹象”，“万科将恒大大幅购买万科股票的消息透露给了媒体”，“恒大盘中否认买入万科，打压后再度洗筹，涉嫌操纵股价”。

2016年8月5日，深交所就恒大买入万科股票一事向万科公司发送关注函，要求万科自查是否私下泄露恒大购股情况，并要求万科向恒大核实后说明恒大是否存在利用不实言论交易股票，以及恒大与公司其他股东是否存在一致行动人关系。

深交所关注问题主要为：①要求万科自查是否私下提前向特定对象单独披露、透露或者泄露恒大拥有万科股份权益的信息；②要求万科向恒大核实并说明恒大是否存在利用不实言论交易万科股票的情况；③要求说明恒大与万科今年一季度列示的前十大股东是否存在一致行动人关系。

万科在第一时间发布澄清公告称，①本公司不掌握股东持股的即时情况。②从未向任何媒体透露中国恒大购买本公司股份的事宜，也从未授权任何人士对外发布相关信息。前述传闻不属实。公司对于制造虚假消息的行为保留追究法律责任的权利。

2016年8月6日，万科独立董事华生在微博上就恒大入股万科一事评论称，“周末看新闻，好像大家都在一本正经地查问：恒大买万科的消息是谁泄漏的？前天盘中发布消息的媒体说，记者从多方获悉恒大在买股票。看起来知道消息的人还真不老少。故我这个全国人民都知道后自称“当然知道”的人被人嘲笑，看来也不冤枉。有趣的是，问了一大圈，就是不去问问发消息的人，这闷子斗的。”

03 力信新势力的能耐有多大

万科杠杆极低，现金充足，潜在的股息和投资价值十分可观。

——王小卒 复旦大学教授

2016 年 8 月 8 日，恒大继续斥资增持万科股票，持股达 5%。8 月 15 日，恒大集团持有万科 A 上升至 2.36 亿股，占万科总股本的比例约 6.82%。至此，恒大已超越安邦成为万科第三大股东。

在恒大加入“万科战局”的同时，另一股势力也开始参与角逐。这股新势力以私募股权基金力信资本（Nexus Capital）为代表，将万科 H 股视为抢夺的“猎物”。

2016 年 8 月 9 日，力信资本以 20.50 港币的均价买入 77381611 股万科 H 股，耗资约 15.86 亿港币，总持股数达到了 96273111 股，约占万科企业总股份的 7.32%。力信资本开始浮出万科 H 股股东的水面。

2016 年 8 月 11 日，力信资本耗资 3.69 亿港元，买入 1803.27 万股万科 H 股，持股比例升至 8.84%；8 月 17 日，力信资本再次增持至 9.32%。8 月 22 日，力信资本买入万科 H 股 410 万股，持股比例升至 10.17%。据港交所数据显示，8 月 24 日，力信资本以均价 19.947 港币，买入 950 万万科 H 股，总持股达到了 151775844 股，占万科企业总股份的 11.54%，成为万科 H 股的第一大股东。万科 H 股占万科总流通股的 11.94%。

力信资本频频出击，引起中国香港媒体关注。媒体报道，力信资本管理有限公司创立于 2013 年 12 月 10 日，在上海、台北和中国香港设有办公室，母公司及子公司共有员工几十人。力信资本管理有限公司的网站上，能够清晰地看到力信资本管理有限公司的投资策略和投资企业。在其官方网站，力信资本管理有限公司的英文版本与中文版本的介绍有一定的区别。英文版本强调其总部在中国香港，主要集中在全球主要市场的股票和房地产投资。而在中文版本中，其简介为“一家总部设于中国香港之私人投资企业，主要投资于中国香港股票市场。凭借投资团队的丰富经验，我们专注发掘具成长空间的股权投资项目，致力为投资者争取最佳回报。”

力信资本在投资策略中还介绍，专业投资团队同时具备本土经验及国际视野，擅长发掘具增长潜力的中小型市值上市公司，灵活投资于企业的不同发展阶段。在投资组合上，投资了万科企业、国泰君安、百丽国际、中国香港交易所、联想等十余家中国香港上市公司。

据《明报》报道，力信资本是中渝置地主席张松桥实际控制的私募基金，主要从事上市及非上市公司股权及企业并购等业务。不久前，中渝置地在香港举办的中期业绩发布会上，副主席兼董事总经理林孝文表示，这是张松桥个人行为，与集团无关，集团暂时没有计划购买万科股票。

一个值得关注的焦点，张松桥是恒大主席许家印的牌友，“大 D 会”成员，这自然引起市场浮想联翩。“大 D 会”的核心人物乃郑裕彤长子、新世界集团主席郑家纯。据悉，郑家纯非常喜欢“锄大地”，因为经常与朋友“锄D”，组成“大 D 会”，成员包括许家印、张松桥，还有华人置业集团主席刘銮雄等。

许家印于 2008 年没能成功上市，经历了史上最大危机。通过英皇老板杨受成搭线，许家印结识郑家纯。许家印经过三个月的时间跟郑裕彤玩锄大地，最终得到信任。郑裕彤向许家印提供支持，化解了危机。从此之后，其也是多给予了提携和帮助，成为一段佳话。

2016 年 8 月 30 日，在深交所旗下互动易平台上，万科被问及恒大举牌前是否与之沟通。万科回应称，在恒大购入万科 A 之前，曾经与万科有过沟通，并希望成为后者的股东。从披露的交易信息来看，除张松桥投入超过 20 亿港元属于大手笔，郑家纯属于玩票性质，其家族“御用经纪”鼎珮证券持有万科企业的股票仅占 1. 29% 。

2012 年郑裕彤全面退休，郑氏产业交给长子郑家纯。郑裕彤半年后中风昏迷，再也没有露面。2016 年 9 月 29 日，昏迷在床四年的郑裕彤因为脑出血去世。

04 鲸吞120亿元筹码

如果说宝万之战、华万之战是第一部、第二部戏的话，随着恒大的加入，这部戏可能更具观赏性、悬疑性了。

——谭浩俊 财经专栏作者

2016年11月9日，恒大集团公告宣布，从2016年8月16日至2016年11月9日，公司透过其附属公司在市场上进一步收购共161，932，084股万科A股，连同之前收购，公司于11月9日共持有914，595，375股万科A股，占万科已发行股本总额约8.285%。

2016年11月23日，万科A股公告称，恒大地产集团有限公司携下属9家企业再次举牌万科。据了解，此次权益变动完成后，恒大实际持有万科A股股票11.039亿股，占万科总股份的10.00%。

2016年11月29日晚间，中国恒大发布公告称，从2016年11月18日至2016年11月29日，中国恒大透过其附属公司在市场上及大宗交易平台收购5.1亿股万科A股，斥资140.1亿元。连同早前收购，中国恒大共持有15.53亿股万科A股，占万科已发行股本总额约14.07%。截至公告日期，本收购及前收购总代价为人民币362.73亿元。

恒大公告显示，此次收购属于财务投资，是由于万科的财务表现强劲，符合恒大集团及其股东的整体利益。恒大表示，恒大的入主，将起到稳定股价的作用，保护中小投资者利益；恒大自身具有诸多优势，将有效促进万科的经营业绩，对万科的长远发展带来有力支持；通过两家最大房企的整合，将达到资源优化配置的效果，为市场提供更多高性价的优质产品等。

当日龙虎榜数据显示，万科A出现3笔大宗交易，累计成交金额高达121亿元，成交数量为4.40亿股，约占万科总股本的3.99%，成交价格为27.50元/股。大宗交易数据显示，买方营业部国泰君安证券股份有限公司广州黄埔大道证券营业部，卖方为中信证券股份有限公司北京复外大街证券营业部和中信证券股份有限公司北京总部证券营业部。

公告证实，当日万科A120亿的大宗交易的幕后买家正是恒大，万科自此进入宝能、华润、恒大三足鼎立的时代。恒大意欲何为？

05 谁是第八家

不会，而且绝对不会，许家印缺乏控股万科的智慧和能力！

——韦桂华

恒大介入“万科战局”，一个传言将市场搞得沸沸扬扬：

万科股权之争在深港通开通之际即尘埃落定：马云 26%、许家印 25%，两位挚友合计持股 51% 控股万科。马云任万科名誉董事长，许家印任万科董事长。宝能、华润、安邦将所持万科股份以每股 25 元价格，分别转让给马云和许家印。王石正常退休，不再担任董事长职务，任万科首席顾问。万科管理层其他成员职务不变。王石和现有管理层成员薪酬在现有基础上上浮 10%，中层员工薪酬上浮 5%。

万科周刊随即辟谣表示：“不信谣，不传谣。假的，吃瓜群众可以散去了！”

早在 2015 年，恒大已经布局金融行业。总裁夏海钧表示恒大的目标是获得全金融牌照，实现金融控股公司与地产公司并驾齐驱的构架。当年 11 月，恒大以 40 亿元收购中新大东方人寿保险公司 50% 股权，更名恒大人寿，从而获得保险牌照。根据半年报，自收购以来，恒大人寿累计实现保费收入 348.9 亿元。

2016 年 3 月，恒大成立互联网金融服务公司恒大金服。该公司现已拥有保险经纪和保理牌照。次月，恒大再斥资百亿元收购盛京银行内资股，现已成为盛京银行第一大股东。盛京银行下设消费金融公司，拥有消费金融牌照。2016 年 8 月，恒大完成收购老牌支付公司集付通，从而拥有了支付牌照。市场消息称，中国恒大已计划申请小贷牌照。从中国恒大目前的布局来看，它接下来的目标应该是证券、基金、期货等主要金融牌照。

2016 年 4 月 24 日晚间，嘉凯城发布公告称，恒大地产以 3.79 元/股从浙商集团、杭钢集团、国大集团收购嘉凯城（000918）约 9.52 亿股股份，合计金额约 36.1 亿，占总股本 52.78%，成为嘉凯城的控股股东。

2016 年 8 月 7 日晚间，廊坊发展发布公告称，根据恒大发来的权益变动相关资料显示，恒大于 8 月 4 日在二级市场合计增持廊坊发展股票 1900.76 万股，占廊坊发展总股本 5.00%。本次权益变动完成后，恒大持有廊坊发展

5702.46 万股，占廊坊发展总股本 15.00%，成为廊坊发展第一大股东。

在最新的半年报中，恒大人寿新晋成为智光电气（002169）、亿利洁能（600277）、平高电气（600312）、隆鑫通用（603766）、先河环保（300137）、永鼎股份（600105）这六只个股的前十大流通股东或者前十大股东。

具体而言，恒大新进买入了 937.68 万股，以 0.45% 的持股比例成为亿利洁能的第六大股东；恒大买入了 1010.36 万股，以 1.21% 的持股比例成为隆鑫通用的第三大股东；恒大持有 1760.09 万股永鼎股份，以 2.31% 的持股比例为其第四大流通股东；恒大持有 829.33 万股先河环保，以 2.86% 的持股比例成为其第五大流通股东。

据统计，恒大旗下的恒大人寿和中国恒大一共买入 13 只上市公司股票，分别是智光电气、粤宏远 A、金科股份、中航动控、宝鹰股份、金螳螂、世纪游轮、腾达建设、京运通、平高电气以及万科、廊坊发展、嘉凯城等。

A 股市场已经有一类股票被定义为恒大概念股，无论控股还是参股，只要恒大一进入，股价立刻飙升。现在，已经有了 25 只恒大概念股，包括嘉凯城、万科 A、廊坊发展、金螳螂等。

许家印已是七家上市公司的实际控制人（包括新三板在内的 A 股及 H 股），万科会否成为第八家？我在 2016 年 8 月份的新浪博客中明确表示：不会，而且绝对不会，许家印缺乏控股万科的智慧和能力！

06 许家印明智吗

恒大投身这个乱局，让万科控制权之争更加扑朔迷离。如果恒大想的是独自控制万科，它并没有取胜所需的财力。如果恒大想拥有能决定哪方将在这场争斗中胜出的影响力，它对自身财务状况的糟糕管控，令它与一个纪律严明的万科不太般配。

——《英国金融时报》

随着恒大加入万科战局，复牌后连续跌停的万科 A，深 V 反转，实现连续涨停，8 月 18 日一度冲高触及历史最高点 29 元，收盘价为 27.68 元/股，创历史新高。

摩根大通发布的一份报告显示，万科 A 连续三个涨停后，宝能系所持万科股权的账面价值达到了 773.04 亿元，如果不计算资金成本，账面收益率超 70%，浮盈超过 335 亿元。

2016 年 10 月，胡润百富榜发布，46 岁的潮汕商人姚振华以财富 1150 亿元排名第四位，仅次于王健林、马云和马化腾。部分得益于所持万科股权账面价的暴涨。一年之间，财富翻了 9 倍，其成为榜单中的最大黑马。2015 年，姚振华排在 200 开外。胡润表示："姚振华财富平均一周涨了 20 个亿。"

同为举牌者，王石的态度迥然不同。他对宝能举牌是暴跳如雷，对恒大举牌则一直保持缄默。媒体报道，2016 年 8 月初，恒大与万科有过初步接触。恒大与万科是"未来战局"同谋人，宝能与恒大是万科股争一致行动人。仁者见仁，智者见智。

很明显，机构套现离场，而恒大高位接盘。恒大如此一再增持，已不符合普通财务投资者的行为逻辑。

"很多人以为恒大举牌能解决万科股权之争，实际上是给宝万之争制造更多的麻烦。许家印突然突然介入，打乱万科阵脚，分散管理层精力；恒大拯救宝能于爆仓，让姚振华欠许家印一个人情，为结盟打下基础。最重要的是，推高万科股价，让恒大回归能卖个好价格。"有媒体如此分析。

恒大虽然表示其对万科的持股纯粹只是一项投资，2016 年 8 月 17 日《英国金融时报》在 Lex 专栏《恒大增持万科是否明智?》一文中指出：

交易员们常为变成长期投资的失败押注哀叹。那么，中国恒大集团（China Evergrande Group）可能正为此庆祝。由地产开发商转型为综合性集团的恒大，在同为地产开发商的万科（Vanke）身上做了一笔大交易。自 8 月初恒大披露其买入万科股份以来，万科的股价一直呈现上涨态势。周二，在恒大宣布增持万科股份至近 7% 后，万科 A 股更是上涨了 10%，触及涨停板。仅凭增持前的股份，恒大就获得了 7 亿美元的账面收益。尽管取得了这样的成功，这笔交易仍然带有治理不善的味道。

恒大表示，其对万科的持股纯粹只是一项投资。但恒大几乎匀不出逾 20 亿美元的闲钱，来收购一个竞争对手的少数股权。恒大 290 亿美元的净负债几乎是其息税折旧及摊销前利润（EBITDA）的 10 倍；这样的 EBITDA 将将够偿付利息（而这家公司还把这些利润拿去投资了）。标普全球评级（S&P Global Ratings）已表示，如果恒大的这些指标恶化，可能会将该公司评级从目前的"B -"进一步下调，这将导致该公司的融资难度加大。

恒大投身这个乱局，让万科控制权之争更加扑朔迷离。如果恒大想的是独自控制万科，它并没有取胜所需的财力。如果恒大想拥有能决定哪方将在这场争斗中胜出的影响力，它对自身财务状况的糟糕管控，令它与一个纪律严明的万科不太般配。

07 宝能的胃口究竟有多大

如果成为中国制造的破坏者，他们会成为罪人。

——董明珠

万科一役，宝能浮盈350多亿，默默无闻的姚振华华丽转身，瞬间妖幻成中国资本市场的枭雄。上市公司股东名单中只要出现姚振华，都会有丝许担忧。

2014年12月份开始，宝能旗下前海人寿开始买入南玻A股份。此后，在2015年前海人寿及其一致行动人继续举牌南玻A。截至2016年9月30日，在南玻A的前十大股东名单中，有四家被姚振华所控制，总持股比例达到24.39%。2016年11月15日前后，包括原董事长曾南、CEO、财务总监、技术副总裁、董秘等13位高管成员“集体出走”。

入侵“高富帅”万科后，“白富美”的格力自然成为宝能的新猎物。德林社在《资本大鳄吃货的阴谋》中就曾讲到，股权分散、估值低、现金多的格力电器给了野蛮人绝佳的机会。试想，姚振华以万科的浮盈来收购格力股权，董明珠又能奈何？

更何况，姚振华早已潜伏，但在格力电器2016年11月17日复牌前，宝能只持有格力电器0.99%的股份。此时，控股股东格力集团持股比例为18.22%；第二大股东河北京海担保投资有限公司持股8.91%。该公司是由格力电器主要销售商合资成立。宝能股份不足以对管理层构成威胁。

有万科的前车之鉴，董明珠对“野蛮人”敲门亦有戒备之心。2015年末宝能已持有格力电器近7000万股，为第四大股东。董明珠全力策划上百亿元的珠海银隆收购和定增案，进军新能源车，以抵御“野蛮人”入侵。但未料，收购案遭遇中小股东的反对，方案流产，增发告吹。

2016年10月18日，珠海市国资委对格力集团董事会发出了通知：“免去董明珠同志珠海格力集团有限公司董事长、董事、法定代表人职务”。此后，格力电器在给媒体的声明中称，董明珠是基于国家的相关规定及本人意愿，主动辞去格力集团董事长一职，仍继续担任格力电器的董事长兼总裁，专注于推动格力电器的发展。“这是正常的工作变动，珠海国资委也将一如既往地支持董总工作!”。

2016 年 11 月 17 日，格力电器复牌。收购案失败，董明珠卸任格力集团董事长，按市场原本逻辑，这应是利空。然而，格力电器的股价一段时间连续拉升。

2016 年 11 月 30 日晚间，格力电器在回复深交所问询函的公告中表示，前海人寿保险股份有限公司自 2016 年 11 月 17 日公司股票复牌至 2016 年 11 月 28 日期间大量购入公司股票，持股比例由 2016 年三季度末的 0. 99% 上升至 4. 13% ，持股排名由公司第六大股东上升至第三大股东，目前其尚未达到持股 5% 的披露标准，公司也尚未获悉其后续投资计划和投资目的。

“野蛮人”敲响了格力的门。前海人寿短短 8 个交易日，增持占格力电器总股本 3. 14% 的股票，约 1. 89 亿股。以这 8 个交易日格力电器的成交均价 25. 52 元/股计算，前海人寿为此投入的资金预估在 48 亿元左右。在 8 个交易日内，格力电器股价大涨 27. 1% 。

显然，董明珠特意选择在前海人寿尚未达到持股 5% 的披露标准时就公布其动作，无疑会提高前海人寿继续增持的成本。格力电器在公告中强调，2016 年 11 月 29 日公司收到格力集团的书面回复，称集团近期无计划对格力电器进行股权转让、资产重组以及其他重大影响的事项。这也从侧面对冲掉董明珠辞任格力集团董事长的负面影响。

此外，董明珠还抛出了另外两项举措。一是在银隆方案被否后，包括公司副总裁望靖东、董事徐自发等多位格力高管曾一度斥资千万元增持格力股票，展示管理团队对格力未来的信心，增加管理层的股权份额。二是 2016 年 11 月 24 日平安夜当晚，董明珠突然宣布所有员工加薪 1000 元，以格力 7 万多员工计算，一年需要近 10 亿元现金，不仅提升董明珠的个人威望和团队向心力，同时可达到在短时间内降低公司利润，减少股东分红的目的。

但对姚振华而言，这都微不足道。在几百亿的收购面前，这又能算什么?距离举牌只差 0. 87% 的份额。2016 年 11 月 28 日，珠海市国资委官网发布公告，任命周乐伟为格力集团党委委员、董事长及法定代表人，珠海市国资委强势进入格力。

11 月 28 日，中金公司研报标题就是《格力被举牌是大概率事件》。对此，中金列出三大理由称：①格力是 A 股最适合被举牌的公司之一。格力股权结构分散，PE 估值低，现金流好，在手可支配现金 1246 亿元（3Q16 末现金以及应收票据余额）；②11 月 17 日格力终止筹划发行股份购买珠海银隆，格力在 11 月 17 日—12 月 16 日不能筹划新的重大资产重组事项；③从万科被举牌可以看出，国资背景和管理层反抗都不足以吓退门口的野蛮人。

董明珠手中唯有的，就是目前的管理团队，和王石一样。董明珠表示："我不是搞金融的，但我认一个死理，有的股票炒得很高，有的几十倍、上百倍，大家都知道你，它不值，那是资本市场需要这样的炒作，把股票炒高赚回，而制造业不能搞这个。我们作为企业的关键人，你时时刻刻想到的事情是事业第一，而不是个人利益第一。"对很多上市公司管理层设计金色保护伞，董明珠表示："这不是我主要考量的内容之一，我相信我们格力团队。任何人接手，只会把这个企业搞垮不会搞好。任何一个妥协，任何一个人怠慢，在我们这里都是不允许存在。"

姚振华会如举牌万科一样，一路高歌猛进格力电器吗？

08 还有多大空间可供大佬们撒野

它就是庄股。

——王石

万科作为中国第一乃至全球第一的房地产公司，的确是块肥肉，吸引众多资本的抢夺，更显众多大佬们的身姿，从姚振华、许家印，到郑裕彤、张松桥……"万科股权大战已经进入最富有戏剧性的高潮期，在未来一段时间，此起彼伏的举牌大战仍可能是影响市场的一条重要线索，"

从 2015 年 7 月到 2016 年 12 月份，多轮举牌，多轮撕逼，万科还剩多大空间可以提供给众多大佬们撒野呢？公开资料显示，宝能目前合计持有万科总股本的 25. 4%；华润集团持股比例为 15. 24%；恒大持股 10. 07%；安邦保险及其一致行动人持股比例为 6. 18%；万科管理层与部分职工拥有权益的几个资管计划持有的万科股票数量加起来略高于 10%；"国家队（证金、汇金）"持股约为 9. 5%；与万科管理层关系密切的刘元生持股 1. 21%，上述各方合计持有万科总股本的比例约为 77. 60%，即万科流通筹码不足 22. 40%。如果再抛开 11. 91% 的 H 股占比（力信资本和鼎佩证券所持万科 H 股股份数包含其中），实际剩下可流通 A 股仅仅占比 10.49%。

由此可见，可供大佬们撒野的空间已经不大。难怪王石感叹万科已是庄股。当然，国家队不可能长期持有万科 A 股，未来的动向值得关注。

在港股市场，万科企业也被资本大鳄抢筹，参与抢购的资本包括黑石、花旗集团、摩根大通集团、力信资本、鼎佩证券等。前三大券商和基金一直以来就是万科企业的股东，而力信资本、鼎佩证券的入局则格外引人注目。

万科股权“全景图”

A 股总股本：97.24 亿股　H 股总股本：13.15 亿股

		持股数	占 A 股股本比例	占总股本比例
宝能系		28.043 亿股（A 股）	28.83%	25.40%
深铁		16.89 亿股（A 股）	17.37%	15.31%
恒大		15.532 亿股（A 股）	15.97%	14.07%
安邦		6.817 亿股（A 股）	7.01%	6.18%
万科管理层	国信金鹏资管计划	4.569 亿股（A 股）	4.70%	4.14%
	招商德赢资管计划	3.293 亿股（A 股）	3.39%	2.98%
	（注释：市场疑似金鹏和德赢两资管构成一致行动人，万科对此并未做披露，并表示两个计划互相独立。）			
万科工会		6716.85 万股（A 股）	0.69%	0.61%
中国证券金融股份有限公司		3.303 亿股（A 股）	3.40%	2.99%

09 小股东无法承受之重

万科正在从伟大一步步走向平庸！

——韦桂华

12 亿元诉讼担保金，一个天文化的数字。让两个小股东承受，更是不可想像的事情，不是小说的虚构，而是在现实中上演。主角是万科，还有就是两名合计持股仅为 2.11 万股的小股民起诉人。

2016 年 9 月 22 日，联合代理投资者袁女士、张先生诉讼万科一案的上海天铭律师事务所宋一欣律师、上海汉联律师事务所郭捍东律师收到深圳市盐田区人民法院送达的《通知书》，内称依照《民事诉讼法》第133条第4项及最高人民法院关于适用民事诉讼法的解释第224、225条，决定于2016年10月9日上午召开庭前会议。

郭捍东称，在两案举证期内，被告万科公司没有提出任何新的证据，但在答辩意见中，万科提出两份要求两位原告分别提供6亿元诉讼担保金的《申请书》，合计担保金总额为12亿元（2016年7月19日万科公司申请，2016年9月23日原告收到）。

万科的回应显然令两名投资者猝不及防，他们被指控以极低的持股比例动摇金额极高的交易，涉嫌“滥用诉权”，若万科败诉，将会蒙受280亿元的损失（详见｜背景链接｜）。

显然，两名投资者无法提供12亿元的担保金，如此，一是主动撤诉，不再要求撤销万科“6·17”董事会决议；二是申请驳回，在法律框架内提请法院驳回万科担保要求，诉讼继续进行。

事实上，两位小股东的起诉，并无多大胜算，亦有哗众取宠之嫌；万科此出，如姚振华“血洗万科”，任性胡为，霸王嘴脸。当时万科猛烈抨击，现今如出一辙的刁难小股东，令人不堪！宋一欣律师表示：“尽管起诉的原告股东们与被告之间在经济上存在严重的不对等，但试问：被告这般通过设置巨额诉讼担保金，就可以剥夺或阻止中小投资者的发言权吗？有钱就可以任性吗？”

10 刘士余棒喝谁

我希望资产管理人，不当奢淫无度的土豪、不做兴风作浪的妖精、不做坑民害民的害人精。

——刘士余 中国证监会主席

乐极生悲，物极而反。

当恒大会控股万科、宝能并吞格力电器的舆论喧嚣尘上，险资大举围剿“蓝筹股”之际，迎来了证监会主席刘士余的棒喝。

2016年12月3日，中国证券投资基金业协会第二届第一次会员代表大会在北京举行，刘士余脱稿演讲，“我还是希望或者说要求不当奢淫无度的土豪，不做兴风作浪的妖精，不做谋财害命的害人精。最近一段时间，资本市场发生了一系列不太正常的现象，举牌、杠杆收购，是对治理结构不合理的公司的一种挑战，这现象都有。但是你用来路不正的钱，从门口的野蛮人变成了行业的强盗，这是不可以的。你在挑战国家法律法规的底线，你也挑战了你做人的底线，这是人性不道德的体现，根本不是金融创新。有的人集土豪、妖精及害人精于一身，拿着持牌的金融牌照，进入金融市场，用大众的资金从事所谓的杠杆收购。杠杆是物理上的概念，用杠杆的强度、杠杆的长度、杠杆的支点，杠杆收购用的钱，出资人必须有风险消化能力。现在在金融市场，直接发展一些产品，实际上最终风险承受的不是发产品的机构，而是我们广大投资者。杠杆质量在哪里，做人的底线在哪里？这是从陌生人变成了野蛮人，野蛮人变成了强盗。挑战现行的金融监管的民商法是有力应对制度的创新和推进，有利于监管部门加强监管。当你挑战刑法的时候，等待你的就是开启的牢狱大门。”

刘士余如此高调喊话，直接上升到“挑战国家法律法规底线”的高度，或许令中国股市的资本玩家始料未及。所有人都这么猜测，这恐怕不仅是刘士余的个人观点，或许还代表了更高层的态度。一名参会人员回忆称，近千人的会场在听到此话后没有掌声，反而是诡异的时空静止。

巧合的是，保监会副主席陈文辉同日也在“第七届财新峰会”上表示，“保险公司如果通过各种金融产品绕开监管，偿付能力监管、资本监管就变成了‘马其诺防线’，修得再好也没有用。绕开监管的套利行为，严格意义上就是犯罪。关键是能不能发现的了，能不能切实有效监管。”

在刘士余以及陈文辉的讲话隔日，一份疑似保监会“内部录音”意外曝光，录音中提及“到目前为止还没有经过系统的数据分析，只是下意识地得出了结论，当然这个背后原因很复杂”。

把“杠杆资金”用到极致的，非宝能莫属。在 2016 年 12 月 2 日收到深交所关注函问询增持格力电器相关事宜后，前海人寿 12 月 3 日回复称，截至 12 月 2 日收盘，公司与一致行动人合计持有格力电器股份未达到或超过 5%。近期增持的目的也是基于投资价值，希望实现保险资金的保值增值。而对于未来 12 个月是否仍有意增持格力电器股份，前海人寿表示将视情况决定。此外，对于外界最为关注的增持资金来源，前海人寿亦作了解释，称增持资金为保险责任准备金和自有资金。

另有《界面新闻》报道，刘士余发表完对“野蛮人”的抨击言论后，当夜子夜一点，宝能集团董事长姚振华被人发现出现在深圳机场出口方向，他一个人在前，后面四人手提公文包跟随，着正装且表情严肃。12 个小时后，刘士余也出现在深圳。他与力推深圳地铁入主万科的深圳市委书记马兴瑞进行会谈。刘士余称将推动更多主业优、前景好的深圳企业尽早上市和并购重组；而马兴瑞则希望中国证监会一如既往指导深圳建设更加完备的多层次资本市场体系。

之后一天，刘士余与马兴瑞共同出席深港通开通典礼。万科集团总裁郁亮、董秘朱旭也出现在现场。万科股权之争，会出现新的转机？

11 宝能始料未及的逆转

我们发现各路资本都在对万科感兴趣，无非有两种情况，一种是它是一个很价值的壳，在壳上做文章；第二种是‘唐僧肉’，认为经营得好。我想对万科，应该这两种情况都存在。

——王石

在刘士余棒喝宝能后，2016 年 12 月 5 日保监会下发了监管函：针对万能险业务经营存在的问题，对整改不到位的前海人寿，采取停止开展万能险新业务的监管措施；针对前海人寿产品开发管理中存在的问题，也责令公司进行整改，并在三个月内禁止申报新的产品。对其他在万能险经营中存在类似问题的公司，保监会正密切关注其整改进展，视情况采取进一步的监管举措。

保监会随后派出两个检查组分别进驻前海人寿、恒大人寿。2016 年 12 月 9 日，保监会暂停恒大人寿委托股票投资业务。恒大人寿回应称深刻反省，不折不扣贯彻落实监管要求，全力配合检查组。

2016 年 12 月 13 日，中国保监会召开专题会议，保监会主席项俊波在会上直接指出，保险资金一定要做长期资金提供者，而不是短期资金炒作者，要成为中国制造的助推器。保险业助推中国制造，就是要做善意的财务投资者，不做恶意的收购控制者。

2016 年 12 月 17 日，恒大集团董事局副主席、总裁夏海钧表示，“万科是一个非常优秀的企业，我们投资万科是看好万科未来的发展前景，我们无意也不会成为万科的控股股东。”

2016 年 12 月 23 日，万科发布《关于欢迎安邦保险集团成为万科重要股东的声明》，称安邦是中国“一带一路”战略的优秀践行者。几乎同时，安邦也发了声明，称希望万科管理层经营风格保持稳定。此前9月，安邦还曾与万科联合发布过声明，表达了支持万科发展，明确希望万科管理团队经营风格保持稳定的想法，万科管理层更是对安邦表达了欢迎之意。

万科自2016年7月4日复牌，股份涨跌完全脱离了基本面，几乎都是资本玩家在操纵。这些资本玩家的主要“武器”就是万能险和券商、基金资管计划产品。央行原副行长吴晓灵就指出，万能险本身是一个成熟的保险品种，它不应该是一个短期的资金，这是宝能的一个问题。万能险“短期化”会造成短期资金来用于长期投资，加大流动性风险问题。

其实，对险资监管风暴的来临，姚振华早就有预感。宝能最后买入万科A的时间大概在7月11日至15日，万科A的均价在18.1元，最低价在17.56元，增持额度为0.4%，以后就不再续买。

据媒体报道，早在证监会、保监会发声之前的2016年11月初，姚振华就已经获知了高层的态度，多次赴京协调，试图找到更好的出路。12月1日，姚振华赴京与监管层做最后的协调，但协调三日无果后回到深圳。在与监管层的沟通同时，宝能在万科的股权退出方案也早已开始协商的过程，姚振华在当时与万科集团董事局主席王石有过几次沟通，但未能达成共识。

在逼宫万科管理层一年后，姚振华或许完全没料到整个事件会以如此的方式逆转。

“万科的股权之争慢慢明朗，一年过去了，我和团队坚守的万科文化没有任何动摇。对万科的业绩来讲，真正的增长现在才开始。”王石如是说。

万科A的股价在2016年11月18日触及历史最高点29元/股后，一路走低，12月30日年终收盘价跌至20.55元/股，万科A跌幅达29.14%。恒大系持有万科A的股数为15.53亿股，耗资362.73亿元，持有成本为23.35元/股。以此计算恒大亏损43.48亿元，浮亏约12%。按照摩根大通此前发布的一份报告显示，宝能系共斥资约451亿元买入万科A 25.4%的股份，按照目前万科2193亿元的总市值计算，宝能系的浮盈从最高时的359亿元降至目前105亿元，宝能买入万科的浮盈在回吐。

2016年12月30日，凯隆置业及恒大地产（均为恒大全资附属公司）与8家机构投资者订立投资协议。投资者已同意向恒大地产之资本投入出资合共人民币300亿元，以换取恒大地产经扩大股权合共约13.16%。据此，恒大增资后估值2280亿元。同一时间2016年12月30日，万科总市值为2206.63亿元，市值首次高于万科。

2016 年，恒大实现销售额 3733. 7 亿元，较 2015 年增长 85. 4%；万科 2016 年累计实现销售面积 2, 765. 4 万平方米，销售金额 3, 647. 7 亿元，丧失中国地产龙头地位。

时势易矣！

| 大咖观点 | 野蛮人强盗式收购是人性和商业道德的沦丧

2016 年 12 月 3 日，在中国证券投资基金业协会第二届会员代表大会上，证监会主席刘士余突然脱稿，做了震动市场的演讲，希望资产管理人，不当奢淫无度的土豪、不做兴风作浪的妖精、不做坑民害民的害人精。用来路不当的钱从事杠杆收购，行为上从门口的陌生人变成野蛮人，最后变成行业的强盗，这是不可以的。这是在挑战国家金融法律法规的底线，也是挑战职业操守的底线，这是人性和商业道德的倒退和沦丧，根本不是金融创新。

今天，中国证券投资基金业协会第二届会员代表大会在这里隆重举行，这是资产管理行业的一件盛事。我代表中国证监会对本次会员代表大会的顺利召开表示热烈祝贺，向与会代表和广大从业人员致以诚挚的问候，向长期以来关心支持资产管理行业健康发展的国务院各部门、各单位和各界朋友表示衷心感谢！

自协会第一次会员大会召开以来，中国经济金融改革持续深化，金融市场多维持续扩展、社会财富多元持续增长，资产管理行业实现了跨越式发展，取得了令人欣慰的成绩。

一是行业管理规模持续扩大。截至今年 10 月底，基金公司及其子公司管理规模达到 26. 24 万亿元，证券公司及其子公司管理规模达到 16 万亿元，私募证券投资基金和私募股权投资基金管理规模达到 7. 3 万亿元。目前，协会会员管理的资产规模突破 50 万亿元，与 2012 年底相比增长 6 倍。二是业务和产品快速发展。资产管理产品涵盖债券、股票、期货、股权等多种基础资产，有扎根国内市场的投资，也有面向全球的资产配置，满足了不同风险偏好、不同资产规模、不同期限的多元理财需求，并有力支持了实体经济发展，也促进金融市场多元多维发展。三是行业规则不断完善。2013 年 6 月开始实施的《证券投资基金法》，在市场准入、投资范围、业务运作等多方面优化了行业业态，还将非公开募集基金纳入法律调整范围，拓展了行业的发展空间。同时，中央编办明确证监会负责私募基金的监督管理，其他监管部门也从各自职责出发，制定了相关规章，逐步健全了行业发展的制度基础。

特别是《证券投资基金法》高度重视发挥行业自律的作用，专辟一章，明确协会的法律地位、行业属性和法定职责。2012 年 6 月 6 日成立以来，协会在民政部等有关部门和广大会员的大力支持下，积极进取，勇于担当，在加强行业自律、维护行业秩序、保护投资者合法权益等方面做了大量工作，发挥了桥梁和纽带作用。具体体现在以下几个方面：一是团结和带领会员，促进行业快速发展。及时收集行业建议，反映行业利益诉求，为相关法规政策的出台提供决策参考。加强政策解读和知识培训，营造良好的发展环境。二是切实实现好、维护好广大投资者的合法权益。推动行业树立“投资者利益至上”的理念，弘扬和培育理性投资文化。不断完善多渠道的纠纷调解机制和服务，支持投资者依法行使权利。三是加强行业自律，维护行业秩序。认真落实法律赋予的自律管理职责，完善公募基金和私募基金自律管理规则，形成基本全面覆盖登记、信息披露、内部控制、托管业务等在内的完整的自律规则体系。四是加强自身建设，不断优化治理结构。制定和完善《协会章程》，充分发挥协会理事会、专业委员会和行业联席会等的功能与作用，自身建设和管理水平不断提升。总体来看，四年多来，协会各项工作取得显著成绩，来之不易。这些成绩的取得，与各会员单位、行业各主体维护行业健康发展大局，积极参与支持协会工作密不可分。实践证明，协会已经成为中国资本市场发展中一支重要的行业自律力量，也是重要的引领创新的力量。

当然随着政府职能转换、监管方式转换，以及市场的创新，协会面临的任务会更加繁重和复杂，有些工作需要在实践过程中不断地摸索，与广大会员深入地沟通协商，真正的规则必须为会员所接受，受到会员拥护，不能有长官意志。

各位同志，资产管理行业担负着满足社会多元化投资需求，甚至满足把资金转换为资本服务实体经济的重担。行业机构、协会、监管部门等相关方面要深入学习习近平总书记系列讲话精神，主动作为，紧紧围绕国家经济社会发展的大局，在服务供给侧结构性改革、三去一降一补的五大重点任务，在惠民生、防风险、提升民族金融业国际竞争力的方面，更好地体现和实现自身价值。

希望协会：

首先，要注重协会的自身建设，尤其是要加强协会党的建设，强化对行业机构的政治引领和示范带动。刚刚结束的党的十八届六中全会对新形势下全面从严治党进行再动员、再部署、再出发，学习贯彻好六中全会精神是今后一个时期重要的政治任务。协会要认真落实中办、国办印发的《关于改革社会组织管理制度促进社会组织健康有序发展的意见》精神，切实加强协会党委和各级党组织的建设，发挥好协会党委在协会运作过程中的政治核心作用。各行业机构也要把加强党的建设与完善公司治理统筹一致，建立健全企业党的组织，把党员日常教育管理抓好，从而为各家会员的发展打下良好的内部政治保证和外部政治基础。

第二，协会要强化“为会员服务、为行业服务、为市场服务、为党和国家利益服务”的责任意识，把协会建设成为会员之家，保护会员合法权益，推动解决行业共同面临的共性问题。要坚决落实法律法规要求，承担好自律监管职责，净化行业发展环境。要坚持把保护投资者合法权益放在最重要的位置，切实促进行业可持续健康发展。不断加强自身建设，完善治理体制，着力构建深受广大会员支持拥护爱戴、深受市场欢迎、深受政府信任的现代行业协会。

第三，行业机构要结合经济社会发展的内在需求谋求创新发展，主动服务经济结构调整、创新驱动战略、脱贫攻坚战略等国家重点战略。要加强核心能力建设，提高专业服务水平，牢记“受人之托、代人理财”的初心，忠实履行“诚实守信、勤勉尽责”这一职业操守的底线。要坚决把依法合规作为“带电的高压线”，严格遵守法律的规定。要加强投资者适当性管理，牢固树立“投资者利益至上”的展业理念。作为市场重要参与者，行业机构要秉承价值投资理念，促进资本市场健康、稳定运行。

这里我希望资产管理人，不当奢淫无度的土豪，不做兴风作浪的妖精，不做坑民害民的害人精。最近一段时间，资本市场发生了一系列不太正常的现象，你有钱，举牌、要约收购上市公司是可以的，作为对一些治理结构不完善的公司的挑战，这有积极作用。但是，你用来路不当的钱从事杠杆收购，行为上从门口的陌生人变成野蛮人，最后变成行业的强盗，这是不可以的。这是在挑战国家金融法律法规的底线，也是挑战职业操守的底线，这是人性和商业道德的倒退和沦丧，根本不是金融创新。

同志们：

资产管理行业前景无限广阔，事业大有可为。证监会在习近平同志为核心的党中央领导下，将一如既往地大力支持行业发展。一是完善制度，健全规则。进一步完善《证券投资基金法》配套规则。会同市场各方面、政府有关部门共同推动《私募投资基金管理暂行条例》尽快出台，夯实私募基金监管法律基础，构建适应股权投资、创业投资基金规律的规范和制度体系。二是坚守监管本位，加快形成职权清晰、分工合理、标准统一的业务监管体系，全面加强监管，坚决查处触碰底线的行为，及时清除害群之马，强化扶优限劣导向，为行业管理创造良好的秩序。三是努力优化行业发展的外部环境，推动形成鼓励创新发展的政策支持体系。

我相信，在社会各界的大力支持下，在全行业的不懈努力下，中国的资产管理行业一定会抓住新机遇，创造新辉煌，以优异的成绩回报人民、回报市场，以更加优异的成绩迎接党的十九大顺利召开。

｜大咖观点｜　股份的争执仍未结束

2016 年 12 月 18 日，万科集团创始人、董事会主席王石在北京大学国家发展研究院主办的“第一届国家发展论坛”的主题演讲中称，“在这个过程中，相当一段时间第一大股东是政府所有，这是一年前发生的变化，第一大股东被一家民营（企业）所取代，显然关于这场争论还没有最后结束。”

站在这里刚才听了几位发言都涉及国有企业，混合所有制企业，我觉得我是最有资格就这个问题进行谈论的。因为万科是一家小型的国有公司，改造成为一家股份公司，一家上市公司。在这个过程中，其中相当一段时间，第一大股东是政府所有，这是一年前发生的变化，第一大股东被一家民营（企业）所取代，显然关于这场争论还没有最后结束。所以谈它我是最有资格的。但是显然在这个时候就这个话题谈是不大适合的。

好在适合的话题还不少。谈到企业管理，谈到一段经历的企业，谈到了创新和面对不确定。我想就在这里谈几点我的感受。

第一点来谈谈不确定。2016 年是黑天鹅事件频出的年份，再加上整个全球处于一种不确定，这种不确定性也不免让我们的企业家、创业者处在一种不确定的焦虑。当然我也应该是有资格的焦虑者之一，但是你们发现我这样子像一个焦虑者吗？应该说不大像。我来说一下为什么。我记得我是 1983 年到深圳的。我记得非常清楚在那个时代，下个月怎么样也不清楚，更不要说下半年、明年会怎么样，所以始终处在一种非常非常焦虑之中。这种状态差不多应该说一直持续到 20 世纪 90 年代初，差不多是七八年之后。是不是之后不需要你焦虑了呢？是不是一切就确定了呢？实际上不是。事情的变化出乎你的预料，各种变化你无法预计，但是你已经适应了这种不确定。

我这里想说的是什么呢？就是作为在中国的今天，我们的企业家，我们的创业家，我相信你从宋志平董事长的发言当中你会发现，他非常的淡定。我们是多年的交往，多年的私下谈话，我觉得他的淡定不一直是这样的。因为我们经历过那种焦虑，让我们不知道该怎么办好，但慢慢经历过来了。你会适应，你会知道，这种不确定性是一个常态。尤其像在中国转型当中，这样一个从高速增长开始转向增长速度越来越放慢，整个城市在转型、企业在转型，这种不确定性是个常态。所以我们首先一定要学会如何在不确定性下处理事情。所以这个淡定是非常非常重要的。

当然你没有那样的经历，说让你淡定也不太现实，但至少参加我们 MBA、EMBA 的各种训练，参加我们各种的论坛来体会，应该学会淡定。把不确定当成一种常态。因为你还要睡觉，你还要吃饭，你还要谈恋爱，你还要生孩子，你还要买房子，你还要上市。所以一定要学会淡定。我因为喜欢锻炼，锻炼之后也要会进行按摩，往往按摩师很容易就说你一定睡眠不好。我告诉他，我说我其他的优点没有，我躺床上一分钟没睡着就失眠了。一般按摩师看到中年人都说你睡眠不好，我说我睡眠非常好，睡眠非常深。你要自己调整自己。刚开始也不是这样，我也焦虑睡不着觉。一定要学会，这是我想说的第一点。

第二点，就是你的淡定来源于什么地方。我们现在往往说这一点，就是要重新上路，不忘初心。你的初心是什么，如果你的初心不对，你就不安定了。比如说一年半之争，对手是搞我的资料，搞万科团队的资料，一定要证明说怎么样在这个社会当中你这样一个王石上了市，把股权放弃了，你就拿工资，拿奖金。做了一年半这样的调查。有一个资料，就是把我四年的工资奖金加起来，大概是5000多万，说是占全体股东的便宜，拿这么高的工资，显然就是一种误导。你一定要不忘初心，你做什么事情你坦荡透明。所以无论做什么事情你都会很开心。这就是我刚才谈到的公司的文化，你的文化落脚点在什么地方，一定是你非常清楚要做什么样的事。如果你真正去干那些事，你不会到北大光华去讲课，你说我讲的课就是企业伦理。你说你是演戏，那戏演得很成功，演了33年了，而且还没有中断的趋势。我们要不要安定，要不要沉着，要不要不焦虑，这个要很清楚。

比如说到文化，万科的特点来讲，万科有个绰号，叫作万科运动员有限公司。万科在搞多元化的时候我们也没有投入体育产业，我们现在也没有投入体育产业。为什么万科有这么一个绰号呢？就是万科对员工的关心，对员工的身心健康的关心。如果说我们保持着这样一个企业的文化和伦理，我们不允许做那件事情，将来会损害公司文化，损害我们员工。比如说一个员工或行贿，或受贿，那迟早会出事，不仅仅影响自己，也会影响一个家庭。所以这就是万科本身从精神上对员工的要求，对管理层的要求，但同时我们知道现在这样一个焦虑快速，变化大，工作节奏非常非常紧张，再加上营养过剩，少运动，基本来讲就是三高。在万科是要求你一定就是体重不要轻易地增加，所以在万科的管理体系当中有这样的规定。当然有的员工他的基因就是比较重一些，不包括这个。

我们对一线公司老总是有这样的要求，我们每一个一线公司大概人员的构成是150人左右，基本是总重量除以员工数，有一个平均重量。这个平均重量增加的话我们一线老总要扣分的，要影响他的奖金。当然减少太多了也不行。这是万科管理层普遍的现象，郁亮比我还瘦。我曾经两次登顶珠峰，第二次是2010年，三年后我们的郁亮也登上珠峰了，但是他仅仅登了珠峰，人家说你跟着董事长学的，人家登两次，你才一次。但他从珠峰下来不到一个月，他又跑了一个马拉松。如果说第一次登珠峰是效仿我，第二次增加了马拉松就是创新了。

我想讲下面的话题，就是如何模仿和创新的关系。我非常赞同宋董事长关于模仿的话，模仿本身它不是一个贬义词，因为在中国改革开放那么长时间，显然从后发优势很重要的一点来讲，我们就是模仿，或者我们叫跟随。但是你跟随的时候你突然发现，你跟随的目标消失了，万科就面临这样的一个局面。我们曾经把美国的和中国香港的公司当成我们的目标，但有一天他们到万科学习的时候我非常惊讶，我说我们向你们学习的，他们说我们在中国香港很成功，我们到国内投了五六个城市，不知道该怎么管理。你们万科投了30多个城市，管理得井井有条。我们才发现我们作为一个地域性非常强的房地产企业，我们也在做我们的模仿目标，是他们不擅长的。

比如说我们模仿的帕尔地（音），他的规模最大的时候是150亿美金，我们去年已经超过了200亿美金，而且还是在增加的。你突然发现你的规模已经没有办法再借鉴了，必须要转型。但是我想说到这里，一般说中国的山寨的时候可能有点贬义，就是你并没有保护知识产权的模仿。比如说外形上，苹果7刚出来，马上就有类似的东西出来了，这个山寨应该是否定和批判的。我们中国到现在确实是如何在知识产权的保护下，进行跟送，进行模仿是没问题的。刚才有教授谈到我们华为，我们华为之所以能在国际上成功，很重要的就是他的创新是有知识产权保护的，所以才在国际上能走到今天，当然也面临了很多的问题。但是我们也看到了一些企业在我们中国称大王，产品一出去，在知识产权方面立刻败下阵来。所以模仿上，我们的知识产权要非常非常关注，非常非常注意保护。

再一个很想说说，现在国际上，国际的通用语言。2011年我是只身到了美国，差不多到了2000年底我才回来，在国外待了五年时间，很重要的一条就是语言关。我想我站在这里这不是我今天要说的国际语言，随着现在的技术的发展，你不会讲语文这不是交流的主要问题。我想说国际语言，如何面对全球变暖，面对资源的大量的浪费，我们是如何的一种态度。我清楚的记住，就是去年和今年两次在参加联合国气候应对大会之前，都是在我们北大开的新闻发布会。

去年我记得题目非常非常清楚，从哥本哈根到巴黎。今年的新闻发布会叫从巴黎到马拉喀什。我是2007年登乞力马扎罗，那是一座在我的印象当中常年积雪的雪山。我所知道的知识是从海明威小说里面，《乞力马扎罗的雪》，当登完以后我没有发现一片雪，答案非常简单，就是气候变化。下的雪，下了就化，也就是说在雪季可以看到雪，过了雪季就没有雪了。而且推测再过50年，乞力马扎罗山上的冰川也会全部融化掉。我曾经作为一个户外探险爱好者，我在5月1号徒步穿越罗布泊，在那里差不多一个礼拜，我差点没能出来。因为根据气候的温度资料在那个季节最高温度不超过45摄氏度，当然已经非常非常热了。也就是说在这之前可以通过，如果再到了5月中旬温度会上去。实际上我进去第一天就是49摄氏度，第二天52摄氏度，我说的还不是地面温度，是空气温度，地面温度差不多是65摄氏度。我那次差点严重中暑没出来。

当然还有到南极去，在南极点上全身赤裸站了20分钟。你会发现这个地球确实有变化了，由于人高度的消费、能源的消耗、二氧化碳的排放。自然而然，如果说我们对我们的员工有最基本的诉求，我们对他们的身体，对他们身心健康的诉求的话，我们住的这个地球乃至全人类，我们应该承担什么责任，作为一个中国的领导力应该承担什么责任。

自2003年之后我自然而然就走了一条环保主义的道路。这个道路走得非常非常艰难。我记得非常清楚，在那个时代，在那个时间中国说气候变化是迟早的事情，但不是现在。西方排放了200年，我们才排放20年。意思就是我们先发展经济，之后我们再治理。但是一旦你坚信必须要承担责任的话，这是迟早的问题，因为你有野心，你有雄心要把万科做得有影响力。你担心，如果你现在不开始这样去做，当你很大的时候就来不及了。现在没问题，将来一定会有问题。其结果即使舆论上，即使政府，即使股东，即使一线公司老总都不愿意搞绿色建筑，不愿意搞绿色供应链，我作为一个董事长，作为一个创始人，全力以赴往前走。我坚信我们只有走这条路才有未来。

一年一年过去了，可以说到现在万科是个什么局面呢？就是说中国搞的绿色建筑住宅当中两套，其中有一套就是万科建的。万科现在在绿色建筑方面是远远走在行业的前面，在万科所在中国的60个城市当中，只要是万科的地就是所在城市、所在省参观的关于搞绿色建筑面对未来的参观地。我们也知道刚才说刚开始非常难，逐步地从2007年建设部公布了绿色的标准，国家的政策慢慢引导到现在，已经是规定像北京40%投给的土地必须搞绿色建筑，必须搞住宅产业化。这个绿色建筑业走上了一条从模仿到创新。我们模仿的是日本，但是发现日本一个是我们的规范不一样，第二个是日本那一套对我们来讲成本太高。自然背后你会发现模仿中的一条符合中国国情的，质量非常高的，符合绿色建设的一套工法。一个发展商到现在我们也没有建筑公司，他却掌握着绿色建设住宅产业化的工坊，这是万科非常抢眼的部分。

既然说到日本，我们如何全球化，还是要更多的吸收、借鉴、学习。显然现在的主流还是以欧美为主的基督教文化圈形成的现代社会的文明。我们现在学习和借鉴，真正非欧美这样的一个经济圈成功的是日本，所以日本明治维新到现在的成功不是偶然，日本的成功其中包括很多中国的传统文化，而我们在这方面缺失了。所以面对未来我觉得我们不能因为日本30年的沉默，30年的泡沫经济的沉默，就说日本不行了。我个人认为面对未来日本是做得最好的，当然他有他的问题，有老龄化的问题，他的岛国的狭隘性。但是如何绿色环保、高科技，等等各方面，日本是走在前面的。所以我们如何面对未来，我们丢掉那些文化，日本是没有损失的，损失的是我们。

| 大咖观点 | 中国富豪为什么没有底线

2015 年 10 月 15 日，胡润在陆家嘴发布 2015 百富榜，邀秦朔“站台”，从学术角度做些分析。12 月 6 日早晨，秦朔在深圳南山的一个酒店醒来，思考如踏浪而来，澎湃不息，写下《亿万资产为何撑不起一条笔直的脊梁》，并表示，我写的中国富豪十大错，全部有事实为依据，排序不分大小，欢迎对号入座或者引以为戒。现摘其要点，以飨读者。

第一错：没有社会成本意识（social cost），对环境极不负责。

富豪向来觉得自己 NB，赚钱都是自己能耐。见过不少房地产富豪，拿江景、海景、湖景、山景这些伟大的自然做文章，可是盖的房子鬼头鬼脑呆头呆脑，严重影响城市景观。当一个“作品”形成的是公共视线污染，它就是在制造“负外部性”。以为只是你自己的事？当你把污染排到江河湖海，消耗（cost）的是我们的今天和未来。

弘毅投资的一个原料药企业，在内蒙古离黄河只有十几里的地方，把污水直接排进“污水池”，就是在沙漠挖个大坑直排，等着自然蒸发或沉淀。黎民饱受其苦。《第一财经日报》曝光后，这个原料药企业找我沟通，说主要是“政府承诺盖污水处理厂，给我们几个企业共用，但政府盖不起来，而我们已经上了设备要投产，所以是政府许可我们临时处理”。弘毅算是很不错的投资公司了，“士不可不弘毅，任重而道远”嘛，对这种事也处之泰然，视之漠然，只要不曝光就万事大吉，遑论其他？

第二错：没有对中小投资者负责的意识，鱼肉投资者。

富豪财富的计算是市值法（利润乘以市盈率，如未上市，就模拟已上市公司的平均市盈率）。市值定财富，所以市值管理和资本运作很重要。

“种田不如做工，做工不如经商，经商不如贷款，贷款不如不还，不还不如不管”，这是牟其中 20 年前对我说的话，意思是一产不如二产，二产不如三产，三产不如办银行，办银行不如去上市，去上市不如搞投行。

中国富豪这方面的悟性都是超强的，可惜他们的资本运作，往往都是把泡沫当故事讲，把故事当真事讲。在充满寻租干预的奇葩市场上，偏偏又能畅通一时。苦的就是中小投资者。郎咸平就是看准这一点，站在中小投资者一方，所以当年第一财经的“财经郎闲评”节目红火一时。

在第一财经 11 年，见的资本游戏太多。中小投资者如果不小心，难逃“人为刀俎，我为鱼肉”的命运。把自己的财富建立在鱼肉中小投资者、用他们分散的伤痛所铸就的财富大厦上，你就那么心安理得，以为是天生我才必有用?!

第三错：没有专心致志做产品、踏踏实实走长路的意识，喜欢的是赚钱越多越好，甚至不惜投机取巧去赚钱。

世界上唯一不变的就是变化，企业善于应变不是错。但是中国富豪的一个特征是不喜欢“立长志”，而喜欢“常立志”，在把握赚钱机会上嗅觉一流，在坚持初心上放任自流。所以多元化成为他们的企业战略偏好，隔三岔五改变主业也不稀奇。这导致中国的好产品少，能通达世界赢得尊重的好产品特别少，因为好产品是磨出来的，呕心沥血熬出来的。“好”，是时间的艺术。

前段在中国香港，一个广州的商业地产商对我说：“我们也偷过红线，改过容积率，在空地盖停车场再改成商业，但最近碰到一个北方开发商，才真算开了眼界。这哥们相信‘捂地才无敌’，死活不开发，等着土地升值。这样下去政府要收回土地的，而且最近几年越管越严。他就灵机一动，找了几个朋友谋划，用公司名义向他们借钱，故意违约不还。这几个朋友到法院申请冻结他的公司财产，土地就给冻结了。一个官司打了 N 年，地捂住了。”

中国的富豪真聪明，可是如果把聪明都用在这些地方，蝇营狗苟偷鸡摸狗，怎么可能有中国好制造?!

第四错：没有“官商之间淡如水”的边界意识，习惯于“不找市场找市长”，扭曲资源配置，导致不公平竞争。

尽最大努力消除官商勾结、寻租牟利，这是中国建设现代、文明、法治化的市场经济，避免“拉美化陷阱”“菲律宾式腐败”必过的大关。其中限制官员滥用权力的制度建设是根本。但是，也不能不说，正是一些富豪的行为加剧了官商勾结、寻租牟利的程度，使得我们的营商环境，在一段时间里不仅不公平而且加速劣质化。

从上世纪末“不怕领导讲原则，就怕领导没爱好”的走私大王赖昌星，到去年 8 月出逃的郭文贵，通过“搞掂”乃至“要挟”官员以实现特殊利益安排，曾是一些富豪的常规打法。用各种方式为官员及其亲属“埋单”、当官员的“白手套”，一边提供私人飞机和色情对象，一边用隐秘设备偷偷摄录，在富豪中也不鲜见。至于像刘汉那样通过与权力结盟，以司法手段置商界对头于死地的案例，其所践踏的不仅是商道，还有社会的基本正义。

倒下一批腐败官员不可怕，可怕的是因为官员的干预，使得普惠政策变成特惠政策，公平竞争原则荡然无存；原来没有自生能力的企业，通过多元化的补贴一直苟活。但总有一天，当补贴型企业的产能纷纷释放，就是大过剩，今天中国经济的困难之一就在这里。

第五错：没有健康的纳税意识，还口口声声承担社会责任，丧失了社会与企业间的基本契约精神。

企业和社会之间没有高下之分，而是分工不同。企业是商业组织、盈利组织，企业缴税后政府才能将税收用于民生支出，比如教育医疗。企业纳税天经地义，甚至可以说，纳税是每个企业的天职。这是一种社会与企业间“默示的契约关系”。

资本主义精神的完美代表富兰克林（Benjamin Franklin）说，“在这个世界上，只有两件事是逃不掉的，那就是税收和死亡。”在美国，林肯于 1862 年建立的 IRS（联邦税务局，Internal Revenue Service），被称为“最能让人闻风丧胆的部门”。

而我碰到的不少亿万富翁，谈到税收，最常见的态度是，“中国的税负太高了，雄踞世界前列”（依据是福布斯全球税收痛苦和改革指数），“必须减税，企业才能活下去”，“税务局还要我们提前缴税，太离谱了”，等等。

而有一次我问一位百亿级身家的富豪一年交多少个人所得税，他笑笑：“那倒不多，我月薪 1 万元，交不了多少。”还有一个房地产富豪，建了好几个珍宝馆，犀牛、象牙、字画、艺术品等大量添置，全由公司购买以冲抵成本。这些宝物在他办公室放一两天证明是企业资产，然后就挂回家了。

第六错：没有包容性发展意识，处理不好和利益相关者的关系。

中国的很多富豪出身草根，一路在夹缝中忍辱负重，拼力挣扎，可以说是自强不息。但或许是伤痕累累的历程扭曲了心智，在厚德载物方面的修为相对欠缺。我的一个体会是，他们一旦出头，“媳妇熬成婆”，气就粗了，话就大了，有些不一定真懂的地方也敢于“以其昏昏使人昭昭”了。

富豪在厚德载物方面的欠缺，也使得我们从整个生态和产业链的角度，看到了太多“渠道霸权”、“超期限占款”、“压榨供应商”、“以大欺下”和严重“三角债”。滚滚长江东逝水，富豪再富也是阶段性的。要生生不息，就要有包容性意识，真正构建共存共荣而不是一家通吃的大生态。否则，现在再牛，也撑不久的。

第七错：没有谦卑意识，当“企业皇帝”。

罗兰贝格咨询公司大中华区的CEO常博逸提出一个概念，所有的中国优秀企业都有一个“王”（king)，但“王”不是“皇帝”（emperor)，king是精神性的领袖，emperor是至高无上的层级，是不一样的。

从任正非、柳传志、张瑞敏到马云、刘强东、雷军，他们都是企业的精神之王，这是最重要的。同时，他们在职务上也是企业最高的或曾经最高的，但职位并不是最重要的。任正非在华为叫总裁，其实是个虚名，他也不管具体业务，但实际影响力摆在那里。但中国有一部分富豪正在异化，他们不满足当精神领袖，要当emperor，要万人迷万人从。

我们正在进入一个以创造能力代替复制能力的新经济。过去那种钢筋水泥时代造就的强人富豪，唯我独尊、别人就是好好执行的富豪，很快就会落伍。不让年轻人说话，不让周边的利益相关者说话，听不到消费者的真实声音，这种企业一旦没有成本优势，就会迅速退潮。

即使是从政治上看，在企业内部强化emperor的气氛、流程、仪式，也是非常愚蠢的。你真的以为企业就是封闭的、你个人的？我喜欢king这个词，因为everyone is a king，人人为王。富豪要努力做知识王，做学习型组织的倡导者，赋予员工更多的探索权，让他们在探索中真正找到自己。富豪要成为企业价值和文化的引领者，因为一切都会枯竭，而文化生生不息。

第八错：没有“诚信高于金钱利益”的底线意识，用“苍狼式”和“厚黑学”的打法污染商业空气。

天下熙熙皆为利来，天下攘攘皆为利往。企业赚钱，只要取之有道，天经地义。这个“道”，在我看来，就是诚信二字。诚信是商业活动的伦理底线。人而无信，不知其可。企业如果无信，向利益相关者隐瞒重要信息，或指鹿为马散播失真信息，严格一点说，就是欺骗。

中国富豪对诚信的理解水准如何？最新的案例是亚冠决赛中，广州恒大不顾赞助商东风日产的意愿，违约更换胸前广告。这叫不叫失信？本是一个小学生都会回答的问题，但我们的成人世界竟然没有结论。

我喜欢明基李焜耀的观点。差不多十年前，他在那篇著名的《苍狼终将消失最后生存下来的只有人类》的反思文章中说，台湾现在的产业主流价值已被严重扭曲，看到都是成功以后的故事，进而去赞扬、甚至效法这些苍狼式、游牧式的经营模式。但大家不知道或刻意忽略的是，在这些成功故事背后，可能用了多少的社会资源，与不尽合理、不一定合法、不见得合情的手段。如果这样的成功被大肆称道，而没有揭示背后的完整面貌，并探讨这种营运模式的利弊影响，这对社会是不公平的。李焜耀的话，拿到今天的大陆商界，不也很适合吗？

第九错：没有超越于金钱目标之上的精神原动力，辜负社会对于企业公民的合理期望

我承认，中国富豪的诸多过错和畸形，与我们所处的特定时代、转型环境、转轨生态、法治保障水平都高度相关，脱离这些背景去谈富豪的各种不足，并不公允。如果当代中国企业家都是些没有信仰理想的蝇营狗苟之徒，不可能在三十多年里劈波斩浪建功立业。

我要说的是，从总体上看，当代中国富豪的“企业家含量”还很不够，中国富豪对于价值伦理层面的思考还比较粗浅，这导致他们缺乏深刻的使命感和持久性的动力，也导致他们在创建伟大公司方面的动力远远赶不上快速获得财富和社会声名的满足。而在我们的社会必须沿着创新型方向超越既往的今天，要有一些人站出来，对那些目空一切、看不到知识文化作用的富豪们，大声说“不”！我们不是不要富

豪，我们需要的是具备企业家精神的新富豪。

按照这样的社会期许，你不觉得中国富豪要扪心自问、反思一下吗？他们习惯一掷千金地烧香拜佛，可是观音佛祖会保佑那些今天赌博（我亲眼看到过输了几亿、十几亿的富豪给朋友留的微信，叫“小赌怡情”）、明天忽悠（我亲自调查过用粉饰包装的“标的物”作为“金融资产”去集资行骗的案例，投资者还不敢公开）、后天压制媒体正常监督职能的富豪吗？我确实是在挑战一种我心里不喜欢、看不惯、却又深知非常强大的富豪文化。但我相信一点，富豪们的妻子和孩子会站在我的一边，他们哭诉祈求过N次不要再赌了。我不想举涉及富豪生活隐私的任何例子，不是顾及他们的颜面，是我祈祷每个富豪的家庭都平平安安。

如果富豪们没有超越于金钱目标之上的精神原动力，你怎么能指望我们的社会对他们应该扮演的企业公民角色，能够有所期望?!

第十错：缺乏敬天敬地的自我约束意识，财富骄人，狂妄自大，给外界带来“文化负能量”

德鲁克说：“企业家就是那些愿意过不舒服的日子，或者说不愿意过舒服日子的人。”稻盛和夫说，“如果你真想经营好你的企业，那么一定要尽可能地让员工们感到幸福，尽量为社会作贡献，具备这种光明正大的大义名分非常重要……经营者自己必须率先垂范，拼命工作，认真经营，精益求精，持之以恒。”

多年来，我看过不少这样的中国富豪：某个项目挣了几十亿，就说“李嘉诚的财富现在看也不算多”；出入社会场所，保镖森严地做“隔离防护”；对市长兴趣远超对市场兴趣，以当“地下组织部长”而得意；不读书少思考，却对身边的知识分子颐指气使；连一篇完整的讲话也写不出，连回归分析是什么也不懂，却完成了博士论文成了某某教授；带着劳力士手表，和下属开会却总是迟到，而下属晚一分一秒就要重罚；整日宣传“对社会公益的贡献”，心里想的却是如何通过优惠政策捞回来。自以为是者有之，贪天之功者有之，掠夺性开发者有之，我不能说都是“罪”，我非常谨慎地说只是“错”。但是，正如20世纪思想家汉娜·阿伦特发明的那个词语，我觉得中国很多富豪身上都有“平庸的恶”（banality of evil）。的确不是罪，不是“极端的恶”

（radical evil），但因为他们不是小人物，对内有号召力，对外有影响力，所以他们身上“平庸的恶”的无形危害其实非常大。

中国富豪，你考虑过这样的深层次问题吗？

｜背景链接｜　五次举牌万科，姚振华说了些什么

野蛮人入侵，让万科处于风雨飘摇之中。

占豪在博客中，将“万科股权之争”定义为：一次划时代的商战大剧。甚至宣称：中国资本开启了“战国时代”。中国资本的“战国时代”现在只是在中国资本市场上上演，10 年后中国企业就像今天宝能大战万科一样，在国际市场上上演这样的商战大剧。

作为万科股权大战的主角，宝能集团董事长姚振华一直低调，以致人们对宝能举牌万科的真实意图一直在猜测当中。在此，梳理姚振华先生在有限的场合，对万科事件的有限的谈话，以便我们更清晰地发现宝能真正的战略思路。在此不妨听听姚振华先生说了些什么。

2016 年 9 月 23 日，第三届粤商大会高峰论坛

第三届粤商大会由广东省委统战部、省经信委、省工商联共同举办，广东省委书记胡春华、省长朱小丹等领导出席，宝能集团董事长姚振华参加并做题为《深耕实业产融结合提升价值回馈社会》发言，这是姚振华近年来首次在公开论坛发言。姚振华首先详细介绍了宝能集团二十年的发展历程，称宝能集团已构建起以实体为支撑、以金融为纽带的产融结合的大型企业集团，业务涵盖综合物业开发、科技园区经营、综合金融、物流园区、民生健康等板块，资产规模超过 4000 亿元，员工超过 6 万人。对于楼市，姚振华表示，传统的地产开发模式已经无法满足客户多元化和高品质的需求，而且只能给政府带来一次性收入，对实体拉动作用有限。只有开发模式创新和理念创新才能顺应地产行业变革的新趋势，更重要的是能持续为实体创造价值。

姚振华未提及“万宝之争”，但阐述了自己对于金融产业的认知。姚振华认为金融的本质是资金融通，核心在于价值发现和资源配置，意义在于服务实体，降低实体运营成本，两者之间应该形成良性循环

互动的共生关系。姚振华结合近年的金融发展实践分享了宝能的金融路线：

一方面，通过运用股权、债权、基金等各种投资工具，进行养老、医疗产业发展模式探索，支持科技创新和战略新兴产业发展，支持城市重大基础设施建设等，实现资金源源不断地向实体经济输血和为产业整合提供有力支撑。

另一方面，发挥保险资金的规模优势，在资本市场出现困难时，积极响应国家号召，加大行业龙头公司的配置力度，成为长期坚定的战略投资者、基石投资者，支持上市公司的长期发展。

2016 年 7 月，新华社专访

2016 年 7 月 7 日凌晨，新华社连发三文，报道了“新华视点”记者近日对万科董事会主席王石、宝能系实际控制人姚振华的专访。姚振华表达了宝能的基本观点：

“我们投资万科既是去年股灾时响应国家号召的救市行动，又是‘新国十条’背景下保险资金对接实体经济的内在要求。我们投资万科股票是希望分享投资回报，做万科的战略投资人。”

“该重组方案严重违背上市公司和股东利益最大化原则。”姚振华说，经测算，万科对深圳地铁增发后，现有股东的权益将被摊薄约 5%。

我们作为万科的第一大股东，投入最多，迫切希望万科能够健康发展。但本届董事会无视股东利益行事，强行要引进深圳地铁，我们这才提议罢免董事会和监事会，符合条件的人选依然可以通过选举重回岗位，这并非是外界所说的“血洗”董事会。

我们希望推动万科董事会与监事会的合理改组，选出能够为公司全体股东负责的董事会和监事会，推动万科成为真正具有优良治理结构的上市公司，回到依法治理的轨道上来。

“我们将本着对事不对人的态度，从大局出发，从全体股东利益出发，从万科长远发展出发，以最大的诚意与各相关方进行坦诚沟通，尽快平息纷争。我们相信万科一定能够顺利、平稳渡过此次事件，也相信万科的明天会更好。”

“我们内部也进行了严格的压力测试，测试结果显示即便在最不利的情形下我们的现金流水平、盈利能力依然保持良好水平。”姚振华说，宝能旗下的钜盛华投资万科的资金来源风险可控、合法合规，实际杠杆倍数为1.7，最高不超过2：1，完全处于安全范围以内。

“我们在肯定万科乃至其他创始人和经理团队做出很大贡献的公司时，不要忘记不说话的股东，一定是股东的正确选择，然后才有了公司的高速成长。”

2015年12月23日，深圳市第四届金融发展决策咨询委员会全体会议

当天会议上，深圳副市长徐安良特意向姚振华询问“万宝之争”，姚振华首次公开回应：“其实没有那么激烈，主要是媒体炒作，我们一直与万科在做良好的沟通。”姚振华说，“王石是我非常尊敬的人，他是地产界的老大哥。”

｜背景链接｜　万科在《申请书》中提出的理由

申请人万科公司认为，被申请人即原告要求撤销《发行股份购买资产暨关联交易预案》的十二项董事会决议，涉及资产交易总额456亿元人民币，对申请人及广大股东理由影响极其重大。现由于被申请人提起的本案诉讼，导致本次交易轻则停滞不前，重则彻底无法实施，将给申请人和广大投资者的利益造成重大损失。而被申请人所持万科股份仅有10000/11100股，本次交易失败对其影响微乎其微，被申请人以极低的持股比例动摇金额极高的交易，申请人有理由相信被申请人有滥用诉权、恶意阻止公司重大经营决策，谋求不当利益的嫌疑，为平衡诉讼给双方造成的严重不对等的成本和风险，维护申请人及广大投资者的合法权益，申请人特依据《公司法》第22条第三款，请求贵院裁定被申请人提供相应担保。

就担保金额而言，申请人认为，被申请人缴纳6亿元作为担保是合理的。理由是：本次交易涉及金额达456亿元人民币之巨，未来预期收

益将十分可观，而万科为达成交易已经支付了相当金额的法律、财务费用。受本案诉讼影响，本次交易已很难正常推进，并可能最终无法顺利实施，届时不仅万科预期收益落空，为交易支出的成本费用也将彻底损失。经初步估算，截至目前，申请人因本次诉讼遭受的损失以及与其损失如下：申请人为本次交易而支出的财务顾问费、审计费和资产评估费约为3000万元；为本次交易聘请中国香港和大陆律师而支付的律师费约为850万元。

申请人在本次交易中的预期收益可分两部分，一部分为后期开发预期结算收益估计为314.9亿元，另一部分为本次交易涉及的52万平方米的物业为自持项目，此部分评估增值为225.2亿元。按照上市公司9%的平均收益率核算，该两笔与其收益核算现值为280亿元人民币，申请人的损失约为6.09亿元。若本次交易因本案诉讼而最终无法实施，申请人的损失则为前述预期收益的现值，即280亿元。

万科在申请书上表示，为平衡申请人和被申请人的诉讼成本，防止被申请人滥用诉权，损害申请人和广大投资者的合法权益，申请人特依据《公司法》相关规定，请求贵院裁定被申请人提供相应担保，担保金额暂根据最低损失额计算为6亿元，后续随着诉讼程序的进展申请人还将保留要求担保人追加担保金额的权利。若被申请人拒绝缴纳，恳请法院依法驳回其起诉。望贵院批准。

对于被告上述申请，原告律师向法院寄送两份《关于驳回被告要求原告支付诉讼担保金的申请函》，正式要求法院依法裁定驳回万科公司诉讼担保金的申请。

后　记

失序世界的初心

这些年，走过德隆，走过国美，走过万科，所见无不是权力、资本、知识的角逐，一个个跌宕起伏、波澜壮阔、惊心动魄，于是总会忍不住写下点什么。

“没有创造，战略成为空想；没有创造，资本只能空转；没有创造，产业必然空心。战略空想、资本空转、产业空心，绝非德隆独有，在一定程度上已升展为中国民营企业的普遍现象。”

——“从历史寻找未来”，《一个人的企业》，2006

“如何避免内部人控制？如何避免大股东一手遮天？如何保护创业者的激情？我们对此没有足够的思考。我们可以拥抱世界一切优秀公司文明，塑造新的公司文化。中国公司不仅需要一个强健的肌体，还需要一个强健的大脑和一个强健的心脏。”

——“中国企业的觉醒”，《国美之战》，2010

“《国富论》中亚当·斯密曾说，制造业应该在国家经济中被置于首位。对于人口基数庞大的中国，没有制造业的强大，就没有中国真正的崛起。未来的30年、50年，甚至更长的时间，我们都必须要倡导‘制造业崇拜’，我们的金融、税收政策也必须要倾斜、保护和扶持制造业的发展。”

——“谁在谋杀中国制造”，《中外管理》，2012

当今中国，没有哪一个大企业不涉足金融！脱实向虚，全民炒房子，全民玩股票，全民耍金融，全民逐暴利，往往会玩出一个又一个很大的泡沫，这显然是中国必须避免的道路。

这些年，我始终坚定地为中国制造鼓与呼，为中国创造鼓与呼！

2013 年，我曾经的同事袁锦回眸森达的岁月，写下《预约未来——我在森达 12 年》，邀我作序。7 月 7 日，我在上海远洋宾馆，欣然写下《让生命拥有过程》，“我们每个人在保持对自然，对法律敬畏的同时，也应当时刻保持对自己生命的敬畏，努力让自己的生命拥有有为的过程。”

宇宙的边缘在哪里？宇宙存在了多少年，还将存在多少年？于我辈而言，皆是个谜。

脚下的这个地球则是宇宙的一分子，尽管已经被人类浓缩成一个小小的村落，人类生活与繁衍的时间和地球相比仍然不值一提，我们每个人都只是地球的匆匆过客。

但这并不妨碍地球比我们所能发现的其他星球来得深邃而耀眼。因为众多前赴后继的过客的书写，让地球拥有真正的历史，让历史拥有鲜活的生命，让生命拥有精彩的过程。否则，历史只能是一个空白，如同没有任何笔墨、没有任何色彩、没有任何音符的空白，或者空洞。

作为历史的过客，有些过客用生命的智慧与奋斗，创造不断的传奇，或改变历史的轨迹，或加速历史的进程，或掀起历史的波涛，或成就历史的定位，或增添历史的精彩，成为所在时代的翘楚，人类崇拜的大家；而更多的过客全然无法做到这一点，诸如我类芸芸众生，在历史的长河中留不下任何痕迹，哪怕很浅很浅，哪怕只言片语。我们惟一能做的，就是让我们的生命拥有过程，拥有生存的意义和繁衍的价值，不至于生命终结时，从头至尾只是一个点，甚至连点都没有，只是一个呼吸。

回首走过的这五十年，虽然不曾浪费与糟蹋生命，但确也不曾为生命增添什么精彩与韵味，或许会成为我生命的憾事，但我会努力，让生命拥有一个过程。

人生的意义何在？

千百位大家给出了千百个答案，而对我最深刻的解读来自毕淑敏——

我在西藏阿里的雪山之上，面对着浩瀚的苍穹和壁立的冰川，如同一个茹毛饮血的原始人，反复地思索过这个问题。我相信，一个人在他年轻的时候，是会无数次地叩问自己——我的一生，到底要追索怎样的意义？

我想了无数个晚上和白天，终于得到了一个答案。今天，在这里，我将非常负责地对大家说，我思索的结果就是：人生是没有任何意义的！人生是没有意义的，但你要为之确立一个意义。

而在一个夜晚，在托馥咖啡店，一个十五六岁的男孩闪亮着一双清纯的大眼睛问我："人生的意义究竟是什么？"我无法将毕淑敏的解读传释予他，因为他还没有到能够"确定一个意义"的年龄，至少我是这么认为的。

于是我告诉他，人生的意义，有三点。第一点是看风景。"世界这么大，我想去看看"。人到这个地球上来走一遭，就是要在自己有限的生命时间内，最大限度地欣赏世界各地的风景，自然的，历史的，人文的……看多了，我们会更进一步，我们能够读懂这些风景吗？而这个世界最美的风景，是人，是人的内心，是人的智慧。我问那个小男孩，有没有决心让自己成为别人眼中的风景？无论是欣赏风景、阅读风景还是让自己成为风景，都得要自己拥有相应的能力。这种能力有着物质的，也有着精神的。要看更多、更深、更远的风景，就得要储备更多的能力。第二点是挖潜能。一个人的能力有多大？谁也说不清楚。若干年前，你会想到自己会把手机玩得这么溜么？你会把游戏耍得这么爽么？你会相信自己会成为足球球星控，对每位球星的年龄、爱好、技能，以及每一场比赛，每一个进球的瞬间，都描绘得那么动心、动景？一个简单的英文单词你记不得，但你能准确说出、写出每位球星的英文全名。你的潜能很大，只是没有很好地发掘。人生就是要通过各种方式，看看你到这个世界上究竟有多大的能力，并将其发挥到极致。能力的浪费，才是这个世界上最大的浪费，也是对生命的犯罪。第三点，当然是繁衍后代。如没有这第三点，这个地球就会成为智慧的沙漠，一个荒芜的世界。

直到现在，我都不知道这个小男孩是否听懂我的话，但有一点一直印在我的记忆中，那就是我们谈到旅游时，他眼中泛射出的那道兴奋的光。

今年春节后一上班，一件事情便震撼了我。

我现在的办公地，在上海普陀区的长城大厦。长城大厦的开发商叫钱仲明，江苏无锡人，已过古稀之年。他早年在无锡洛社创办了一家电气公司，现已成为香港上市企业。本世纪初，他只身一人来上海，投资开发长城大厦，获得超过20倍的回报。年前我曾与他一起去河南安阳，由此而成为朋友。

正月初八下午，来到他五十三层的办公室，他兴奋地向我介绍今年的学习计划。他写在笔记本上的计划，细化到每天读书的时间、阅读的字数、页码，以及每天需要做的笔记。他说，正月初一，吃过早茶，便从无锡来到上海，跑了几家书店，都关门。他后来碰到一家小书店，看到了《哈佛管理全集》三卷本，买了两套，一套给自己，一套给儿子。他要用6个月的时间把这套书通学一遍。

他还把自己做的读书笔记给我看，工工正正，写了十几页。他说，年纪大了，一看就忘，认真写写，不易忘。

学习是一种快乐，工作是最好的学习。对此，我汗颜！这些年，纸质书藉看得很少，更甭说做什么读书笔记了。当年在森达曾写下：一位伟人说过，活到老，学到老；对企业而言，学到老，才能活到老。

社会进步太快，不学习，便死亡，无论是对个人，对企业，还是对一个民族，一个国家。

学习是为了什么？

2015年圣诞节这天，我回到老家盐城。太太告诉我，学校要求父母给孩子写封信，作为孩子十岁成长礼的神秘礼物。我也觉得，确实需要与儿子进行沟通。儿子翰钦出生于2006年12月13日（农历十月二十三），实为九周岁，但在老家已称十岁了。

晚上九点，坐在床上，敲打键盘，直至凌晨一点十六分，才算完成老师布置的作业。

为什么要学习呢？增长知识。但老爸要说，知识只是学习的一个方面，而且不是最重要的。学习是为了什么呢？是要懂得仁善，激发潜能和梦想未来。

长大做什么？钦儿你一直不肯告诉爸。但爸知道，钦儿心中一定有着一个伟大的梦想。没有梦想，就没有地球；没有梦想，就没有世界；没有梦想，就没有未来！梦想，不能没有。钦儿你会说，我的梦想很大、很大，那也不怕，假如实现了呢？更何况，爸相信，钦儿的梦想一定能够实现。

懂得仁善，激发潜能，梦想未来，自由成长，我把这份“键谈”当作送你的圣诞礼物，不知你是否喜欢？

企业的发展有两大风险，一是投资，二是接班。孩子的教育集这两大风险于一体，所以众多家长感慨，孩子，难教。中国社会把孩子的教育大多推给了学校，而忽视了家庭教育与社会教育，这是非常遗憾的事情。2012 年女儿韦彦考取南京艺术学院，我曾叮嘱她：

“希望我的女儿能够牢记，生命是属于你自己的，而你人生的轨迹以及生命的长度、宽度与高度，却是你一生中所能遇到的生命的贵人与伟大的朋友决定的。如何结识生命的贵人与伟大的朋友？需要自己有足够的勇气与智慧，纵身更为广阔的世界、迎接更为刺激的挑战。没有这样的心理素质和能力准备，所有的贵人与朋友，都会与你擦肩而过！”

今年的春节，是在乡下老家过的。正月初四下午，漫天大雪骤袭盐城，整个世界苍茫一片。初五一大早，儿子便在雪地里兴奋地狂奔，欢快地抛打着雪球，亦或肆意地躺在雪地里，四肢舒展，仰面朝天，一会儿大声欢叫，一会儿静静地观望雪花的飘落。

乡下的雪真好，它是乡愁向宇宙下的订单，是太阳亲吻大地喜悦的眉飞。

近闻，美国人创造出“时间晶体”这一新型物质状态，原子不按空间而是按时间排列。物理学家指出，这些晶体“为我们敞开了非均衡态物质的大门”，并设想未来有一天，随着技术的高度发展，我们可以对时空晶体进行编程，设计出复杂的周期运动回路，然后把我们的人脑意识上传到这个时空晶体中，我们就可以把自己一生中最美好最难忘的回忆和感受存在其中，不断重演那些最美妙的瞬间。

利用“时间晶体”这一“永远运动的系统”，制造出的“时光胶囊”，即使所有的生命都消亡、枯寂，即使地老天荒，宇宙热寂，我们依然能够把爱保留到宇宙尽头之后。

敲下这段文字，我已经泪湿。这三四年，我的大哥、我的岳父、我高中同学徐宏群先后离我而去，走得都是那么突然，走时都不曾留下片言只语……

只有回忆，仍旧鲜活！

2010 年 11 月，《国美之战——公司股东博弈的中国启示》出版。那年 8 月份，我在新浪博客撰写陈晓与黄光裕之争的评论，每天有四五万网友阅读、争辩。我的责任编辑崔姜薇女士 9 月 10 日对我提出要求，书稿须在 10 月 10 日完成，逼得我在侄儿结婚的宴席上都在敲打着我的键盘。当我按期完稿，有一种如释重负的感觉。感谢崔姜薇女士，让我 11 月 10 日在新华书店如期看到了这本书，可以说创造了经济出版界的一个奇迹。

关注万科，纯是偶然。我和崔姜薇女士热烈讨论的不是王石，而是马云。是姚振华打乱了我们的思绪，于是便有了今天的《谁在拯救万科?》，尽管过程一波三折，但结局都在预料之中，一如当年的陈黄之争。

《谁在拯救万科》采用了大量的公开报道，以及众多智者的智慧。我在书中尽最大努力标出出处及作者，但依然难免疏漏，敬请谅解、包涵！在此要特别感谢华生教授，正是他的慨言，而有了本书《独董的呛声》章节，为了便于读者全面理解华生教授的良苦之心，本书录入了华生教授的系列文章。未来有机会一定当面向华生教授道歉、讨教！

2017 年 3 月 10 日，韩国宪法法院对总统弹劾案作出裁决，宣布国会在去年 12 月提出的总统弹劾案成立。朴槿惠随即被罢免，成为韩国宪政史上首位被弹劾下台的总统。在此想到特朗普，这位满嘴跑车、难以预测的美国总统，他的未来，是弹劾、遇刺还是辞职？从历史经验来看，美国历任44位总统，提前下台主要有三种类型：第一，“意外被刺”型；第二，“因病去职”型；第三，“弹劾下台”型。弹劾或许是美国人民最绿色无公害地让特朗普“滚蛋”的办法。不知特朗普能否挨得过这三大劫难？

从1984年开始，连续30年准确预测美国大选结果的美国美利坚大学（American University）历史学家阿兰—里彻曼（Allan Lichtman）教授最近预测说，特朗普将会以被弹劾的方式下台。“这不是特朗普会不会被弹劾的问题，而是他什么时候被弹劾的问题。”他正在撰写一本新书《弹劾案》（The Case for Impeachment），新书中说，特朗普的弹劾案主要围绕他与俄罗斯的联系，以及与他生意相关的潜在利益冲突。

特朗普的未来与他的性格一样难以预测，但我可以肯定地告诉特朗普，中华民族的伟大复兴，是任何力量都无法阻挡的。

韦桂华

2017年3月12日 于“和谐”号动车